明清帝制农商社会研究

MINGQING DIZHI NONGSHANG SHEHUI YANJIU

初编

赵轶峰◎著

科学出版社
北京

内 容 简 介

本书是作者探讨帝制后期即明清时期中国社会的结构性特质及其与现代社会的关联问题系列著作中的第一部。作者从事明清史研究30余年，于近年提出明清帝制农商社会说。该说尝试从比较文明和结构分析的视角重新审视明清中国，认为明清中国发生了多种不可逆转的深刻变化，已经从帝制早期的帝制农业社会发展成为帝制农商社会。作为人类历史上一种独特的社会形态，明清帝制农商社会以农商并为基础，与周边及西方世界发展变动密切关联，社会分层体系有向平面化演变的动向。与此同时，帝制政治结构进一步强化，科技革命并无迹象，思想学术领域也没有形成持续的挑战帝制体系的潮流。以商品经济繁荣为突出表征的新经济社会趋势与帝制体系构成了一种互洽格局，这是明清中国社会的根本特征。

全书分为4部分，共16个专题，兼具理论探索与实证考察的意蕴，应对有意深入探析明清中国历史的读者有重要参考意义。

图书在版编目（CIP）数据

明清帝制农商社会研究：初编 / 赵轶峰著. –北京：科学出版社，2017.6
ISBN 978-7-03-053497-2

I. ①明… II. ①赵… III. ①社会制度-研究-中国-明清时代
IV. ①D691.71

中国版本图书馆CIP数据核字（2017）第136368号

责任编辑：李春伶 耿 雪 / 责任校对：李 影
责任印制：张克忠 / 封面设计：润一文化
编辑部电话：010-64005207
E-mail: lichunling@mail.sciencep.com

科学出版社出版
北京东黄城根北街16号
邮政编码：100717
http://www.sciencep.com
北京凌奇印刷有限责任公司印刷
科学出版社发行 各地新华书店经销
*
2017年6月第 一 版 开本：720×1000 1/16
2018年3月第二次印刷 印张：25 1/2
字数：377 000

POD定价： 89.00元
（如有印装质量问题，我社负责调换）

前　言

明清文献浩繁，学术研究的传统不及先秦等更早时代历史研究之久远，虽然大多数基本问题已经过前人研究，但研究者在许多重要问题上仍存见解分歧。其中最突出的是明清时代中国社会的特质及其与现代社会的关联问题。

明朝和清朝是中国帝制时代最后两个王朝，从明朝建立的1368年到清朝灭亡的1911年，历时540余年。因为清朝与欧洲列强爆发大规模军事冲突的1840年是一个特殊的历史节点，若将其后的约70年作为一个特殊的历史时期另行研究，明朝与清前期依然经历了接近5个世纪的历史时期，足以展现一个社会体系的总体性征。近代以来无数中外历史学家的研究与此有关，然而相关的阐释迄今依然充满分歧。

释其原因，颇为复杂。择要而言，认识明清时代中国社会的特质及其与现代社会的关联，需要首先通过对史料的梳理和辨析来认识，而明清时期留下来的历史记载卷帙浩繁，穷毕生之精力爬梳理析，犹然不能一一通晓。任何一个研究者，都无法完全依赖考证的功夫，完全了解明清时代的所有史事，各有所见而相互不能尽同也就势所必然。如果我们把认识明清时代中国社会的特质及其与现代社会的关联视为一个在较大程度上取决于理论、方法或分析的视角的事情，那么理论、方法、视角层出不穷、日新月异，累积下来的说法不能尽同，更是必然的结果。所以，关于这一问题的学术阐释，在很长时期存在大量的歧义，并不是奇怪的事情。然而这又不等于说，关于明清时代中国社会特质及其与现代社会关联的所有被推出的阐释都具有同样的解释力与合理性。如果是那样，这段历史就成了一个混沌，历史研究成了无法评价的事情，失去知识探索的进步机制，也就成了逞言语文辞之能的争竞场。学术不能自言自语，必须与前人坦率对话。任何试图在该领域提出新见解的学者，都要对已有的研究做出评论，在对已有研究得失的辨析中，呈现自己的概念和理路。

一、学界对明清社会特质的几种论断

现代历史研究流派纷呈，各占胜场。不过，历史研究作为一门学术，无论具体的进路如何，都不能失离两个原则，它们既是评价的尺度，也是研究的规则。其一是证据原则，研究者必须尽可能穷尽所有相关的证据，如或不能做到——在研究宏大复杂问题时常常如此，也必须在做出判断的时候主动查寻并化解反证，即做到判断不与已知的证据存在相互否定关系，而判断者对这种关系又不能做出维持基本判断的合理解释；其二是逻辑原则，即研究过程中无论是关于事实的判定还是解释、说明与推断，必须采用含义明确的概念并符合语言表述的形式逻辑，并可以证伪——在任何情况下都不可能被证明为伪的论说，不是学术性论说。[①]我们在做出赞同或者否定某种历史论证的判断时，其实就是依据这两个基本原则，不多也不少。至于是否与某一权威说法一致，是附庸了最新的潮流还是与古人暗合，是中国特色还是普遍思潮，是微观还是宏观，是运用了量化的方法还是心理分析的方法，是从下而上看的历史还是从上而下看的历史等等，都是选择性的论证具体方式而不是研究与评价的根本原则。

以此为基点，我们可以回顾一下以往关于明清时代中国社会特质及其与现代中国关系的影响最广泛的论说，以便申明本书研究的必要性和考察的思路。因为相关内容在本书各章中还会结合具体论题再度涉及，故这里只用最

---

① 这里所说的证伪的逻辑，采用卡尔·波普尔（Karl Popper）的主张。相关讨论参看赵轶峰：《卡尔·波普尔的科学哲学思想与史学方法论的再思考》，赵轶峰：《学史丛录》，北京：中华书局，2005年，第116—130页。不过，本人虽然受到波普尔证伪逻辑的诸多启发，但基于历史学的专业特质，并不如他那样否定归纳逻辑。历史研究的性质，并非总是提出理论或假说，更为基础性的是依据证据厘清事实。厘清事实首先依靠归纳逻辑，其次是演绎逻辑。

简洁的方式来说明以往的研究在何种意义上存在辩驳的余地，因而还要继续研究，以及本书从怎样的角度切入考察。

关于明清中国社会特质理解的论说，较早出现而迄今依然影响学术界是中国社会停滞说。著名哲学家黑格尔（G. W. F. Hegel）在 19 世纪就说过："历史必须从中华帝国说起，因为根据史书的记载，中国实在是最古老的国家；它的原则又具有那一种实体性，所以它既然是最古的、同时又是最新的帝国。中国很早就已经进展到了它今日的情状；但是因为它客观的存在和主观运动之间仍然缺少一种对峙，所以无从发生任何变化，一种终古如此的固定的东西代替了一种真正的历史的东西。"[①] 他在对中国史家地位的崇高和史书的丰富表示惊叹之后，却说："这种历史的详细节目，我们用不着深入考究，因为这种历史本身既然没表现出有何进展，只会阻碍我们历史的进步。"[②] 借助黑格尔历史哲学的影响力，这种长期停滞、凝固的中国意象，深刻地渗透到先是西方，后是东方，乃至世界范围的思想学术话语中。黑格尔以一种"绝对"的尺度衡量一切文明、文化、社会意义上的他者，判定所有没有生发出他所界定的"绝对理性"的他者，都缺乏"历史"，或者中绝，或者停滞。这是近代西方中心主义历史思维的主要哲学理路。经后来历史学家一步步演绎下去，就有德裔美国历史学家魏特夫（Karl August Wittfogel）的"东方专制主义"、中国史学界的"中国封建社会长期停滞论"、美国历史学家费正清（John King Fairbank）关于近代中国和东亚变迁的"刺激——反应模式"等等。这类判定中国历史停滞的论说，在 20 世纪 70 年代以后受到中国、美国一些学者的质疑，但是相关批评虽然能够指出中国历史停滞论是一种西方中心主义的偏见并举出实证意义上的一些反证，但是都没有正面提出关于中国前现代历史的高度系统化的论说或叙述体系。一般地指出中国长期停滞论的西方中心主义偏见并不等于在学理上证明其谬误，要澄清问题，还需提出更贴切的概念并符合实证要求的叙述体系。可能由于没有足够丰富的关于中国历史、社会的资料信息，马克思当年也曾有过认为中国历史长期停滞的说法，这多少使得

① 黑格尔著：《历史哲学》，王造时译，上海：上海书店出版社，2001 年，第 117 页。
② 黑格尔著：《历史哲学》，王造时译，上海：上海书店出版社，2001 年，第 119 页。

中国当代历史学家在辨析这个问题的时候有些不知所措。

中国历史长期停滞论的根本问题在于：首先，这种说法起源于 17 世纪前后来华传教士表面观察形成的中国意象，始终未曾落实到全面、坚实的实证基础上；其次，这种说法之流行得力于强调文化本质的形而上学——中国历史停滞论不仅主张中国历史本身是没有发展的，而且认为这种停滞性是中国文化的特质，因而是不可能自发改变的。以文化本质推断经验历史推演中质变的可能性，实际是用以判定属性为核心的文化类型学替代以考察实际发生的经验性问题的历史学。在这种语境中，历史学其实是失声的。无论中国还是西方，都已有研究者从不同角度指出明清时代中国社会发展、嬗变的史事。对这些研究进行综合的审视就可以看到，明清中国社会基于自身的演变，不是“个别地方”“个别行业”的孤立现象，而是结构性的演变。晚近时期，明清历史停滞论已经很少有公开的主张者，但其话语影响犹存，而明清中国社会演变的结构性特征究竟是什么，则还缺乏明确的论证。

中国现代学术界很早就有诸多反对中国社会停滞说的主张。只是其论证方式偏于简单，主要是通过强调人类历史的普遍规律性，再将中国历史纳入这种规律，来证实中国历史的发展性特征。抛开人类历史的普遍性究竟体现在哪一层面这个理论层面的问题不论，这种方法取向不可避免地会夸大中国历史与欧洲历史的共性而忽视其差异性。具体而言，许多研究者将明清中国社会判定为人类社会发展普遍规律的五种社会形态依次递进模式中的封建社会，进而根据欧洲封建社会发展到资本主义社会的规律，论证明清中国在发生着同样或类似的向资本主义社会的转变过程。[①] 这种分析不可避免地遭遇到明清时代中国与资本主义发生之前的欧洲之间，无论社会组织方式、演进趋势还是结果，都存在巨大差异的问题。而且，因为明清社会的诸多基本特征可以上溯到秦汉时代，这种研究不可避免地要遭遇中国封建社会“长期停滞”的问题，从而再度落入中国历史停滞论的陷阱。封建社会的突出特征是

① 五种生产方式依次递进的模式并不应该被理解为人类历史的普遍规律，也不是马克思主义的基本原理。相关讨论请参看赵轶峰：《斯大林社会形态五阶段图式探源》及《从马克思到斯大林的社会形态论》，赵轶峰：《学史丛录》，第 58—88 页。

权力分层，而贯彻于秦到清中国国家与社会组织方式中的突出结构是中央集权的帝制体系，二者差异巨大。强以帝制为封建，是以历史事实迁就理论预设，势必难以说清帝制时代中国的特质。[①]

一旦基于“五形态”依次递进的概念判定明清时代的中国为“封建社会”，加以历史线性进化观念的影响，就会自然而然地把明清“封建社会”视为传统的基本制度与社会形态自我否定的时代，其演变趋势也就会指向资本主义社会。然而，明清时代的中国充满变化，但那些变化未必意味着传统基本制度与社会形态的解体或者自我否定，也可能意味着新旧融合的嬗变性推演，所以在 18 世纪前后会出现一个持续超过一个世纪之久并且主要基于传统制度而非新制度运行的“盛世”。明清时代与西方早期资本主义、工业化发展的时间平行，也发生了诸多新异性的变化，但变化的历史含义究竟如何，是否明确表明整体性转向资本主义社会结构、制度与文化的历史趋势？这主要用历史学的方式即实证性研究来回答。中国学术界在 20 世纪中叶以后大约半个世纪间的主流看法是肯定明清资本主义发展趋势的，一般称为“资本主义萌芽”说。这一论说的基本路径是通过指出明清时代中国社会经济领域存在的雇佣劳动关系、商品经济发达状态和资本运作现象立论，判定明清中国产生了资本主义生产关系的萌芽，因而即使没有西方资本主义的影响，中国也会自发进入资本主义。论者的确指出了明清中国社会诸多与资本主义经济体制契合的现象。问题是，这些现象表明当时存在一些与资本主义经济体制契合的社会要素，但除非执定了经济决定论的立场，要判定这些要素意味着向资本主义社会演变的结构和整体趋势，还需将之与政治制度、社会组织结构、国际关系格局、文化精神、信仰取向、科技状态等结合起来考虑。即使退一步说，把问题局限在经济领域，也还要对前述新异经济要素在整个经济体制中的地位做出清晰的评估。而这些是关于资本主义萌芽的讨论所未能透彻说明的。到 20 世纪后期，关于资本主义萌芽的讨论之焦点已经从对中国原发资

---

① 明清中国不应被视为“封建社会”，相关讨论已多，本书后面也有相关论证，此处不赘。如欲了解本书作者关于中国封建社会的理解，可参看赵轶峰：《关于中国“封建社会”的一些看法》，赵轶峰：《明代的变迁》，上海：上海三联书店，2008 年，第 299—304 页。

本主义前景的呈现性论证转向关于中国没有形成资本主义社会原因的说明，从而把另外一个问题凸显出来，即存在与资本主义经济可契合性要素但未发展为资本主义的明清中国究竟是一种怎样的社会形态？它究竟有怎样的结构特征和演进趋势？我们毕竟不能停止在明清中国社会没有呈现某种状态原因的论证，而不去论证明清中国社会究竟是什么状态的问题。其实，20 世纪 90 年代以后资本主义萌芽说的逐渐消沉，主要不是由于出现了有力的替代论说，而是由于该说的全部实证依据和理论话题都已经基本申说完毕。关于明清资本主义萌芽的研究澄清了大量明清经济史重要史实，发掘了大量相关文献、史料，撼动了明清中国历史停滞的说法，功不可没，但是未将明清时代中国社会特质与历史趋势彻底论证清楚，这也是不争的事实。

20 世纪后期，中外史学界先是流行各种借助社会科学理论、方法研究历史的潮流，接着是后现代主义思潮对各种所谓“宏大叙事”的解构，历史学呈现出前所未有的多元化状态。在这种潮流激荡中，关涉明清中国社会特质与历史趋势的研究不断涌现，但考察的高度并未提升，大多转向具体事实的考辨、梳理及文化诠释，或者地方知识的探索。其中相对说来器局比较宏大的是被称为加州学派的一些学者的研究。相关学者的研究并不尽相同，相互有所争论，但总体上说皆具有社会科学研究和经济史的特色，主要从经济模式和经济生产水平状态入手考察明清中国的现代性指征。他们不同程度地自觉矫正中国历史停滞的观点，把明清中国经济发展水平还原为事实层面需要具体考察的问题，通过大量量化分析，在资源、人口、商品经济状态等方面描绘出一个比“停滞说”更具有活力的中国帝制后期历史图景。同时，他们皆不认可中国资本主义萌芽说的方法论，倾向于把明清时代是否展现资本主义趋势与前景的问题转换成在何种程度上展现“现代性”的问题，从而弱化了前者带有的历史发展阶段线性思维色彩。在与本书所研究的核心问题相关联的角度看，这种研究方式的主要问题是在很大程度上将经济发展问题从其运行的制度、文化等环境中抽离出来加以考察，且经济数据又存在诸多在历史学意义上需要进一步精细考核之处，而且最终也并未对明清中国社会基本特质与历史趋势直接提出总体论证。晚近另一种影响广泛的关涉明清史的研究被评论者统称为“新清史”。相关学者所关注的不是经济状态、结构等问题，而是以清代族群关系、清朝的统治能力与帝国性质为论证的核心，在一定程度上体现政治史在融入族群关系及地缘政治视角后的回归。这种取向的研究，呈现出清代中国国家与社会研究中一些在一定程度上被忽略的问题，尤其是族群与国家认同方面的问题，与本书所考察的问题具有相关性，但除了族群关系与帝国性质角度的考察之外，“新清史”也没有就明清时代中国的政治、经济、文化总体特质做出全面分析。[①]

前面为说明本书研究的取径而从方法论视角对已有相关研究做了偏重批评性的分析，这丝毫不意味着对前人研究的根本否定。学术是一种前赴后继的事业，新的主张虽常以批评的方式切入，却仍要以原有研究作为证据和思想的基础。如果不通过推敲琢磨前辈、时贤的研究，新的研究就无从入手。本书试图呈现的说法得益于诸多学者的启发，许多判断借鉴了同仁的研究成果，前面所提到的几个研究范式也在其中。

二、本书缘起与核心视角

我自 1977 年考入东北师范大学历史系后不久，就因参加李洵先生组织的明清史学习小组而开始阅读明清文献。1981 年跟随先生攻读明清史专业硕士学位之后，逐渐明确了明清中国社会结构与历史趋势的研究主题。即使在稍后一度钻研史学理论以及到加拿大埃尔伯塔大学访问研究及攻读博士学位期间，这一研究始终没有放弃。在这 30 多年间，我所撰写的绝大多数明清史方面的论文皆与本书的主题有关，但早年的研究多是关于具体史实的梳理和理论方法方面的摸索，没有形成清晰的关于明清中国社会特质与历史趋势的总体看法。到 2008 年，我将此前所撰写的聚焦于明代的相关论文集结为《明代的变迁》时，关于“明清帝制农商社会”的概念体系基本成型。我把 2007 年发表的《明清中国历史趋势——帝制农商社会》一文加以补充修改，改称《明

① 关于“新清史”已有诸多评论，了解本书作者相关的基本看法，参看赵轶峰等：《关于“新清史”的对话》，陈启能主编：《国际史学研究论丛》第 2 辑，北京：社会科学文献出版社，2016 年，第 119—134 页。

代历史的自律》，作为该书的结论。[①]所以《明代的变迁》既是早年相关研究的总结，也是明确以帝制农商社会为核心概念研究前述主题的开始。接下来的事情主要是逐一扩展和落实对相关问题节点的具体探讨，并对总体看法进行必要的充实与修正。其中包括对明代史事的扩充性研究，对本人此前研究薄弱的清代相关史事的考论，对明以前历史推演的追溯和对明清时代国际环境的分析。2009 年，此项研究获得国家社科基金项目支持，得以加速进行。然而，由于问题宏大，加之其他研究课题与管理事务的牵绊，到 2015 年底课题必须结项的时候，还有一些关键问题没有落实到实证性分析的层面，能够提交的还只是一个分专题考察的系列，而不是一部完整的专论性著作。而且一种新的视角必将带来对许多前人已经研究过的问题的新思考，许多已往少被关注的问题也凸显出来。所以研究愈久，觉得需要考察的问题愈多，估计再有数年，相关研究还会继续延展而不能达到可以严密整合的程度。在这种情况下，我已年逾花甲，将来的研究能够持续到何时，不能自主。于是我决定以系列分论的方式集结已有研究成果，分编出版，这样或许可以及时获得同仁的批评，随时改进。此书作为初编，收入 16 篇论文，焦点皆指向明清帝制农商社会，编排略有次第，然而篇章之间的衔接，不免参差，文字风格也有些差异，所以要在这里把贯穿于全书的要旨做些说明。

关于本书的视角，基于所考察课题的宏观特质，有 4 个要点要特别说明。其一，规模宏大的社会共同体之特质以及推演的潜能需在其总体结构层面加以透视，依据任何单一因素决定论都难以得出同样有效的结果。这里所说的结构与哲学界所说的各种结构主义都没有什么关系，只是指社会共同体构成要件结合为一个运行系统时的关系状态。这种状态不由任何单一因素所决定，无论经济因素、政治因素、信仰因素还是其他因素，都在特定的结构关系状态中与其他因素相互作用，从而产生复杂的后果。因而，任一特定社会科学的理论、模式，无论是经济学的还是人类学的，对于本书探讨的问题而言，都不具有通体透视的直接功能。在这种意义上说，本书的考察其实就是一种历史学的考察——历史学对具有宏观性复杂问题的考察只能是综合的。其二，

① 参看赵轶峰：《明代历史的自律》，《明代的变迁》，上海：上海三联书店，2011 年，第 305—335 页。

对明清中国社会特质与趋势的研究需要引入文明史的视角。这是因为中国社会不仅是一个国家共同体，也是一个文明共同体（并非所有国家都同样构成文明共同体）。作为文明共同体的国家具有比其他类型的国家更深厚的文化积淀和独特性，因而具有更强的保持传统的势能，而且，文明生成与演进的宏观地缘环境会在其变迁的所有节点发生持续的重大作用。在这种意义上说，明清中国的历史演变，不仅涉及一般社会发展运动之类的问题，还涉及到文明与文化的嬗变问题。中华文明核心区域与周边区域之间长期的互动、融合运动在明清时代达到国家行政管理辐射范围与中华文明的地缘空间、民族融合范围大致重合的程度。后者与该时代经济、政治、思想、文化等领域的变动构成其他社会共同体所未经历的复杂关系。其三，明清中国处于世界大变迁的时代，无论中国如何，欧洲主导的一系列发展开始改变全球的面貌，并最终直接冲击中国，这使得明清中国的变迁必须被置于比以前时代更切实的世界普遍联系的视角下考察。在这种考察中必须承认，内部因素与外部因素都对明清中国历史的实际演变产生了重大影响。同时，欧洲在此一特定历史时期的强势地位，并不意味着欧洲社会发展模式代表着人类历史的普遍规律或者标准。同样，中国社会的演变历程也不构成普遍的标准。人类历史有普遍的、共同的基础，有一定的规律性和共同性，但这并不意味着各个文明、文化、社会共同体的结构模式与演进历程是同一而无差别的。历史学家要在比哲学家更具体的层面呈现和阐释特定文明、文化、社会共同体演进的特殊性。其四，现代化和现代性是 15 世纪以来人类世界历史演进的基调，但并不意味着“历史的终结”，这是人类历史在此一特定时期的面貌，却不是什么历史的终点，历史还会继续。在这种意义上，对非西方社会发展道路的澄清与阐释，具有探讨人类文明存继机理层面的特殊意义。

三、明清帝制农商社会说的基本观点

全书关于明清中国社会的核心观点在《明代历史的自律》中已经初步提出，近年的研究有所深化，但更多的是以实证方式对所涉及的一些重要节点进行具体印证，因而虽有一些修正，但核心主张并未改变。

在通贯审视中国历史的整个演变历程基础上看，明清中国社会的基本类型与自秦汉时代开始的帝制体系一脉相承，是中国帝制时代的后期。帝制本身是从国家权力架构角度概括的体制属性，不能涵盖社会形态的全部内容。如果以之作为概括社会形态的一种要素，至少还需要将社会经济结构特征与之结合，然后通过阐释来说明相关社会形态的全部涵义。中国帝制时代的经济基础始终以农业为第一根本，但在帝制时代之前即先秦时代，商业已经有所发展，已经成为构成社会经济体系的重要成分，商业所经营的商品来自手工业、农业、渔业、养殖业等多种经济活动。帝制时代的大幅员行政及交通、货币等的一体化构成了商业发展有利的条件，但是政府基于长久的农本传统，严格管控人口流动，对商业采取复杂严密的控制政策，手工业较大程度上为政府掌控，商业发展受到多方面局限。此种情况到宋代大为改观，政府对商业的限制性措施减少，政府从商业获取利益的考量增多，城镇生活和货币交换都已繁荣。但是，宋代覆盖地域较小，并且面对中华文明内聚宏大过程中北方民族整合南进的一波强大浪潮，而且国际局势尚未产生深刻持续的变化，社会的总体变动并未沿着宋朝覆盖区域的倾向发展。到明朝中前期即 15 世纪前后，多种机缘风云际会，中国社会开始持续且不逆转地展现出新的形态面貌。

15 世纪开始的那一年，是明朝第二个皇帝建文帝朱允炆在位的第二年。他的祖父，中国历史上最后一个汉族主导的皇朝——明朝的开创者朱元璋刚刚去世两年。朱元璋在位 31 年，以严苛的手段重建并基本稳定了中国的政治和社会秩序，同时也给他的后人留下了重重制度弊端和社会问题。如果以这一年作为一个历史的横断面，从中国历史的角度，我们看不到任何让人联想到不久以后的人类历史会展现一场前所未有的巨大变迁的明显迹象。朱允炆和他的一班谋臣思考的主要是如何对朱元璋时代比较严苛的政治和社会政策做出必要的调整，以及如何将诸王掌握的军政权力收归中央。这些其实都是以前历史上曾经出现过的传统性问题。然而从世界历史的角度看，15 世纪开始了人类历史上的一个颠覆性的时代。此前的几千年间，人类在地球上不同的区域，凭依自然环境提供的条件，发展起各种各样的社会体系、生产方式和生存文化，相互之间虽也曾发生影响，但人类文明的差异性和分散存在是基本的格局。15 世纪前期，具体说是在中国明朝永乐三年（1405 年）至永乐二十二年（1424 年）间，明朝政府组织的庞大舰队率先举行了多次大规模远洋航行，使得以黄河、长江流域为核心区的中华文明与东南亚、南亚、非洲的诸多国家或地区，包括掌握着印度洋交通贸易资源的阿拉伯诸国，形成了一个关联的网络。1497 年，葡萄牙航海家瓦斯科·达·伽马（Vasco da Gama）受葡萄牙国王派遣，率船从里斯本出发，绕过好望角，1498 年到达印度西南部的卡利卡特（Calicut，在中国古籍中称为古里），次年返回到里斯本。大体与此同时，在今意大利出生的航海家克里斯托弗·哥伦布（Christopher Columbus）得到西班牙国王的支持，于 1492 年带着给印度君主和中国皇帝的国书和地圆说的信念，率船从西班牙向西，经大西洋前行，寻找到达亚洲的航路，经 70 昼夜，意外到达了中美洲的巴哈马群岛。这次所谓的“地理大发现”使得欧洲在寻找通往亚洲新航路的努力过程中与美洲联系到了一起，也使欧洲、美洲、亚洲后来的历史演变开始进入前所未有的直接互动格局。显然，15 世纪的百年，是地球上的人们相互“发现”，并且直接关联起来的世纪。而当时的中国与欧洲，是促成这种新关联的两个主动的社会体系。欧洲人并没有走得更早，但肯定走得更远，而且是向两个相反的方向伸展，这得益于他们对地圆的认识。科学在现代世界兴起的时候就构成了东、西发展倾向的重要差异。

15 世纪发现的交通渠道在 16 世纪成为把世界连贯成为一个新体系的运行经络。运行的机制主要有 3 个：一是欧洲人的殖民扩张，二是天主教的传播，三是国际贸易流转。3 个机制中，前两个都以欧洲人为主动行为者，后一个是多边的，但欧洲人在其中的地位日益加强。16 世纪初，葡萄牙探险家麦哲伦（Ferdinand Magellan）完成环球航行，欧洲人从而率先了解了世界的地理格局和交通途径。欧洲的早期殖民者、冒险家和传教士，纷纷前往世界各地。葡萄牙势力在正德六年（1511 年）进入马六甲，正德十二年（1517 年）向明朝要求入贡。嘉靖十四年（1535 年），葡萄牙人在中国广东香山县壕镜澳（澳门）停泊船只，后逐渐搭造居停棚屋，建造房宇，使澳门成为葡萄牙在中国东南门户的一个殖民据点。16 世纪中叶，成立不久的天主教耶稣会配合欧洲殖民扩张，开始东来传教。耶稣会士方济各·沙勿略（Francis Xavier）于嘉靖三十年（1551 年）到达广东。万历四年（1576 年）澳门教区成立。意大利耶稣会士利玛窦（Matteo Ricci）于万历十一年（1583 年）入居肇庆，开始了对中国社会文化影响深远的传教活动。恰好在 17 世纪开始的 1600 年，英国东印度公司成立。两年之后，多家荷兰在亚洲的殖民贸易公司合并为荷兰东印度公司。这样，到了 16 世纪与 17 世纪之交，各个文明、社会之间的关系已经随着扩展的地理知识、进步了的交通技术、逐渐接近的相互往来一起变化，再没有哪个文明是完全孤立地存在了。

在 15 世纪初期最早举行大规模远洋航行的中国，很快由于内部的原因停止了这种活动。16 世纪的中国虽然与欧洲乃至美洲之间实际发生着很大规模的贸易，但中国人与欧洲人却很少直接交往，贸易主要是通过西印度洋及中亚区域的居民来间接实现的。与此同时，中国东南沿海的“倭寇”搅扰和长城以北游牧民族对中原北线的入扰，极大消耗了明朝维系周边稳定的资源与精力。到 16 世纪末，欧洲传教士进入中国的时候，中国的知识、思想精英在对于世界的了解程度方面，显然已经远远落后于欧洲的传教士。

17 世纪中叶发生的明清鼎革，意味着这一整个世纪内中国人要为内部事务所困扰，对于外部世界的感知也不敏锐。大致在 18 世纪的 100 年间，中国基于新兴王朝前期的生命力和更大规模统一带来的新的整合功能，实现了政府对内事务掌控的高度有效性，在西方尚无力、无暇、无意直接挑战中国体系的间歇期，造就了一个持续的经济、文化繁荣期，呈现为中国史家称道的“康乾盛世”。欧洲人则在这一个世纪间，控制了除中国及其藩属国以外的大多数国家和地区。同时，欧洲人在与中国的贸易关系中，既对中国政府垄断对外贸易深为不满，又对与中国的贸易需要大量支付白银通货而缺少足以扭转贸易逆差的产品无可奈何。这样，到 18 世纪末，中国与欧洲的关系走到了必定要有一场正面冲突的节点。

15 世纪以后，西方逐渐扩张，在稍后形成主导世界体系几百年的格局。

已经与这一国际大变局息息相关的中国，变化虽然不及西欧数国迅速，但也经历了史无前例的变革。我把所有变化中最具有结构性意义并且从此不再逆转的变化归纳为 7 点：①中国卷入了全球性大变迁，大批美洲白银通过贸易渠道输入中国，玉米和甘薯等北美的农作物传入中国，天主教随着欧洲海外殖民活动进入中国内地，一批士大夫认真研究西方，视野因而拓展，澳门、香港成为中国与西方接触的两个门户。②市场经济空前繁荣，体现为贵金属货币普遍使用，赋役体系全面货币化，形成了覆盖内地与边疆的诸多贸易中心，大批与行政治所无关的商业、手工业市镇发展，乡村经济更大程度上与商品交易联系到一起，城市流动人口增多，商品生产中出现了更多自由雇佣劳动关系，海外贸易虽然未完全自由化但贸易规模达到空前水平。③社会分层体系发生变动，尤其是占人口绝大多数的庶民内部层级结构趋于简单化，社会上下流动性超过以往时代，手工业者摆脱身份劳役制束缚成为自由职业者，农民受土地束缚程度降低，商人社会地位上升，且与政府结成多种合作关系，商人逐渐跻身社会精英阶层。④市民文化活跃，社会文化教育水平和普及性提高，精英文化与庶民文化融和。⑤人口爆炸，中国官方统计人口突破 6000 万峰值，并持续增长。⑥中央财政由实物主导体制转变为货币主导体制。⑦儒学社会化，由少数精英之学向社会下层渗透，更大程度影响社会，使得庶民生活具有了活泼精细的文化意味，但这同时也意味着儒家意识形态作为社会文化的整体基调更深入地渗透到社会中下层面。17 世纪中叶发生的明清两朝继替，并没有打断帝制农商社会的发展趋势。它的最主要的历史意义在于提供了中华文明覆盖区域与国家行政版图大致重合的契机，使边疆与内地长期的分合循环在多民族国家统一局面下安顿下来，同时也凸显了区域间的不平衡和主权保障的艰难，并带来了帝制国家体制的新一轮强化过程。

国际环境、经济趋势、社会结构、文化状态多维度结构性变化的同时，明清帝制国家体制没有发生根本性变化。中央集权的世袭君主制、科举——官僚精英体制，以及贵族制的残余，这些历史悠久的制度不仅依然运行，没有呈现出消退的迹象，而且有强化的态势。而且以商品经济繁荣为突出表征的新经济社会趋势与帝制体系构成了一种相互契合的互洽格局。国家更直接地卷入商业，政府与商人多方面合作，传统官僚士大夫精英与富有商人、地主相互渗透融合，而兼有绅商双重身份的人群地位趋于上升。思想学术领域依然呈现繁荣状态，但是其中虽有一些独到的思考，却没有挑战既有社会体制的潮流。技术继续精细化，但没有科技革命的迹象。信仰层面也没有发生质的转变。按照这种结构状态的推演，应该有商品社会、庶民社会延伸膨胀的直接前景，但不包含民主化政治趋势，没有内生工业革命的直接前景，如果没有强大外力的冲击，虽然会有政权更迭，但基本体制和社会结构则会在相当长的历史时期继续有序运行。这就是我所说的明清帝制农商社会。

四、本书结构

前言阐释明清帝制农商社会研究的基本视角与核心观点，其余各章分别从不同侧面展现明清帝制农商社会的情状。

第一章将明清帝制农商社会置于中华文明共同体的宏观演进历程中，以展现其发生的原委，并说明本书所采用的文明史视角。第二章将明清中国置于大致同时代世界大变迁的总体形势中，展现中国与西欧历史进程的相关性与差异性。第三、四章考察明清中国对外关系的基本格局，判定其主导性特征为有限开放，而非闭关锁国。第五章展现明清中国经济结构推演的基本趋势，要点在于指出包括货币白银化、赋役体制变化、从实物主导到货币主导的财政体制转变、国内和国际市场体系的发展、人口大幅度增长等具有新异性且不曾逆转的结构性变迁。第六章讨论明清商业与帝制体系的关系，认为商业是帝制体系的内在组成部分，明清国家不断调适商业政策，逐渐形成顺应契合关系，政府参与商业趋于增多，商人的社会认同程度趋于上升，但明清中国虽有贵金属白银货币体系但金融体系缺失，资本运行的体制环境改善缓慢。第七章和第八章以社会权利、社会身份与社会分层为核心概念，对明清中国社会结构演变情况进行梳理，认为明代社会贵族、士绅拥有不同程度的社会特权，占人口绝大多数的农、工、商等庶民阶层内部权利、地位和自由度趋于无差异化，社会流动性增强，但依附性社会关系在削弱之后又有再度扩张倾向；清代因八旗制度进入中华文明核心区并散布全国，重新增强了社会权利的差异，社会结构趋于复杂化，依附性人身关系扩张，保甲制度则强化了国家对庶民社会的强控制。第九章从政制精神、政治价值、政治思想、政治生态 4 个维度分析明清政治文化的基本特征，指出明清时代的中国政治文化虽有诸多变化，但基本在传统轨道上运行。第十章和第十一章通过对明代皇帝继位诏书、遗诏的文本研读，解读皇权转移节点发生的皇权政治与士大夫政治纠结运行的机理。第十二章以明宣宗御制《官箴》为文本范例，呈现明代皇权政治的秩序诉求及皇权对官僚角色的期待。第十三章以嘉靖初年"大礼议"为节点，考察明代中枢权力结构演变的轨迹，认为明中叶士大夫政治诉求在"大礼议"中遭受挫折，导致嘉隆万之际内阁对皇权的高度附庸，经万历初士大夫分裂之后，形成晚明内阁软熟局面和士大夫的难以作为。第十四章考察晚明士大夫在危机加重时局下的心态与抉择，呈现明代士大夫政治纠结的情状。第十五章对明清两代庙堂政治的异同进行比较，辨识清代皇权位势进一步提升、贵族重获政治权力、后妃干政复活、士大夫政治蜕化、宦官政治止息等变化情况，指出清代庙堂政治仍在帝制轨道内运行并更趋于极权化。第十六章以《明夷待访录》为中心，考察明清之际社会批判思潮的政治指向，认为当时最激进的社会批判思潮本质上是民本主义的新阐发，而与同一时代欧洲启蒙思潮存在深刻差异。

重新审视明清时代中国的社会结构、总体形态特征及演变趋势，是我多年研究明清史的基本目标，这本书将之概括为"帝制农商社会"。不过，研究愈久，我愈觉得这主要是一个实证性的问题，理论只是提供一些辨析的概念和透视的方法。所有的理论性辨析都只是为了说明研究的视角和方法，使具体方面研究的问题的指向明确起来，进而使明清中国各种面相的审视能够聚合为一个总体的认识。希望阅读此书的朋友，不要只关注其中论说性的观点，也要关注其呈现的史实性的面貌。

《明清帝制农商社会研究（初编）》收入的这些专题研究并没有覆盖本书要考察的基本问题的全部。《明代的变迁》已经研究过的一些问题，构成了本书论证的部分基础，可以视为本书的“前编”，《明清帝制农商社会研究（续编）》现已完成近半，近年可以出版，或有《明清帝制农商社会研究（三编）》，且待稍后。基于这项研究陆续推进的特点，明清帝制农商社会的全面性特征与结构性含义，在接近全部完成的时候还需要再度整合阐释，因而可能会对先前提出的看法有所修正，识者毋以为怪。

赵轶峰

2016 年 12 月 18 日于长春

目　录

前言

第一篇　文明史观与世界视角

一、中华文明的延续性、内聚性与历史演进的模式特征……3

（一）文明史的概念与视角……3

（二）中华文明的延续性……8

（三）中华文明的内聚性……14

（四）中华文明演进的模式特征……17

（五）中华文明传统与现代中国道路……22

二、世界大变迁与明清中国……26

（一）郑和下西洋时期的欧亚陆上帝国……27

（二）西欧霸权兴起的节点与历史轨迹……30

（三）“现代早期”的中欧比较……36

三、明代中国的有限开放性……48

（一）明代的“海禁”……50

（二）朝贡关系与郑和下西洋……56

（三）私人海外贸易及海盗……62

（四）中欧贸易与全球体系……64
（五）晚明时代的中外物质交流……67
（六）经由陆路的周边及外国贸易……73

四、清前期中外关系的格局……78
（一）清朝初年的禁海、迁海政策……79
（二）清前期中外贸易之发展……87
（三）朝贡、贸易与殖民主义……90
（四）“一口通商”与马戛尔尼来华事件……97

第二篇 经济结构

五、明清经济结构推演之大势……107
（一）货币白银化……107
（二）赋役体制变化……113
（三）从实物财政到货币财政……117
（四）国内和国际市场体系的发展……122
（五）人口大幅度增长……126
（六）明清经济结构变化的整体性与社会历史含义……127

六、明清商业与帝制体系的关系……131
（一）商业是帝制体系的内在组成部分……132
（二）对明清时代国家商业政策的基本判断……134
（三）白银货币与金融体系缺失……136
（四）权力与市场——政府的商业参与……139
（五）商业制度环境与商人社会空间……141

第三篇 社 会 结 构

七、权利、身份、社会分层与明代社会结构……147
（一）基本概念……148
（二）明代的社会分层……151
（三）社会分层体系中的依附关系……158
（四）社会流动与社会结构变化……163
（五）变与不变的纠结……167

八、八旗、保甲与清前期社会结构……171
（一）八旗制度与清代社会结构的复杂化……171
（二）人身依附关系的强化……185
（三）庶民社会控制与保甲制……194

第四篇 政治演进与政治文化

九、明清时代的政治文化特征……203
（一）概念与问题……203
（二）政制精神……206
（三）政治价值……208
（四）政治思想……212
（五）政治生态……213
（六）政治文化视角下的明清社会形态……216

十、明代皇权政治的运行——以皇帝继位诏书为中心……218
（一）洪武至正统的即位诏及明前期政策的推演……219
（二）明中期的即位诏与政治文化的流变……232
（三）明后期皇帝的即位诏……249

十一、明代皇权政治的运行——以皇帝遗诏为中心 …… 268

（一）明代皇帝遗诏的基本规制及传世情况 …… 268

（二）明代遗诏的内容及草拟背景 …… 274

（三）明代遗诏的政治功能 …… 279

（四）太后遗诏及矫拟遗诏 …… 282

十二、明宣宗御制《官箴》中的皇权政治秩序观 …… 286

（一）明宣宗时期的国家机关核心体制 …… 287

（二）明宣宗心目中各国家机关的职能与秉政要点 …… 291

（三）明宣宗《官箴》的政治文化意涵 …… 298

十三、明代中枢权力结构的演变 …… 301

（一）明初至正德末年士大夫政治地位的升浮 …… 301

（二）“大礼议”中皇帝与士大夫的对抗 …… 303

（三）议礼新贵及其后继阁臣立朝角色的扭曲 …… 307

（四）嘉、隆、万之际依附皇权的强权内阁 …… 312

（五）后张居正时代的士大夫分裂和内阁软熟 …… 317

（六）万历后期士大夫的无奈和乞休 …… 322

十四、晚明士大夫的救世情怀 …… 325

（一）晚明士大夫的社会危机意识：以吕坤为例 …… 325

（二）惨淡经营于庙堂：以叶向高为例 …… 332

（三）讲学干政：以东林人士为中心 …… 334

（四）乡邦淑世：以陈龙正为例 …… 338

（五）晚明士大夫的公共品格 …… 341

十五、明清庙堂政治的差异 …… 345

（一）清代皇权的进一步强化 …… 345

（二）清代贵族政治的回潮……347
（三）后妃干政在清代的复活……348
（四）士大夫政治在清代的蜕化……349
（五）清代宦官政治的止息……351

十六、明清之际社会批判思潮的诉求
——以《明夷待访录》为中心……353
（一）《明夷待访录》思想基本定位辨析……355
（二）《明夷待访录》政治、社会思想之要点……359
（三）《明夷待访录》与帝制农商社会……373

索引……376
后记……383

第一篇

文明史观与世界视角

一

中华文明的延续性、内聚性与历史演进的模式特征

人类历史上出现过许多文明，但现代社会以前形成的所有的文明，几乎都在其发展演变的漫长岁月里消亡了。然而中华文明却生生不息地从古代延续下来，这是人类文明史上的一个奇观。这种延续性与中华文明作为一个在内陆农耕文明发展历程中形成的内聚过程相互表里，是理解整个中国历史演进的基本趋势的一个不能不做认真理析的背景，当然也是理解 15 世纪以降中国社会结构与历史趋势的一个枢机。

（一）文明史的概念与视角

要从中华文明演进的视角对中国历史趋势做出分析，首先需要说明文明史作为一种历史研究方法的基本特点。

中国古典文献中早有文明一词，但现代中文语汇中所说文明的内涵，主要由英文 civilization 转译而来。该词起源于古代拉丁语中的 civis，原指公民权益的、合法的、民法的。这样的词根和语源使得文明一直保持着作为一种关于城市社会组织概念的特性。根据法国史学家布罗代尔（Fernand Braudel）的考察，直到 18 世纪，文明还是一个不太引人注目的词汇。18 世纪中后期，文明作为与野蛮对立的一个概念，在英国、法国思想家的著作中流传起来。这种用法显然与把civis这个词根所指的那些城市—公民—法制现象及其后来演变所展现并充实的社会状态看作积极进步的，而把与之差异的其他社会状态看作消极落后的观念有关。法国思想家基佐（François P. G. Guizot）就认为，文明“总而言之，是社会和人类的完善”。[①] 这反映出文明定义被纳入一元“进步”历史观和启蒙理性轨道以后的使用倾向——文明主要是作为一种物质水准和精神状态概念使用，成为一种依托西方经验的价值性概念。19 世纪 20 年代前后，文明逐渐开始被用作复数，文明的社会文化属性体现于世界上诸多大规模人类共同体的文化和成就中，不再被理解成唯一的，从而形成文明比较的意识。20 世纪初，德国哲学家斯宾格勒（Oswald Spengler）在《西方的没落》中，把文明看作有生命的社会共同体，认为文化充分发展以后就会僵化，从而进入文明状态，文明是文化开始没落的阶段。在这种语境中，文明体现于人类普遍经验中，逻辑上看也是复数的。英国史学家汤因比（Arnold Toynbee）讨论了人类历史上的 20 多种文明，把文明看作复数的社会共同体。这样，20 世纪人们的文明概念实际具有两重含义，一重是与野蛮相对的、与表现主体的群体归属无关的普遍属性；另一重是指与具体人群共同体的具体历史活动相关的人类共同体。[②]

文明与文化在学术论辩中时常被交错使用，其相互关系易于混淆。布罗代尔将文化界定为初级的文明，他说：“所谓文化，这是指尚未完全成熟和未能确保其成长的文明。”[③] 这与斯宾格勒的文化、文明界说基本一致。文明比文化规模更大且更具有稳定性，一个文明既具有总体的精神境界特征，也包含相互差异的文化表象。在讨论一个文明内部话题的时候，可以区分成不同的文化来进行分析。美国政治学家亨廷顿（Samuel Huntington）的说法与布

---

① 基佐著：《法国文明史》（第一卷），沅芷、伊信译，北京：商务印书馆，2007 年，第 9 页。

② 在许多关于文明的定义中，类似下述说法很常见：“文明可视为人类生存环境、生产方式、社会构造及文化特点的总和。”这类定义是相对于整个人类而言的，并不区分不同文明的差异，大致是一种人类社会发展史意义上的说法，与本书所讨论的文明所指不同。参看盛邦和、井上聪：《新亚洲文明与现代化》，上海：学林出版社，2003 年，第 2 页。

③ 布罗代尔著：《15 至 18 世纪的物质文明、经济和资本主义》（第一卷），顾良、施康强译，北京：生活·读书·新知三联书店，2002 年，第 115 页。

罗代尔相似："文明和文化都涉及一个民族全面的生活方式，文明是放大了的文化……一个文明是一个最广泛的文化实体……文明是对人最高的文化分类，是人们文化认同的最广范围。"[①]按照他的说法，文化是具体层面的小规模文明。

综合前述说法，再加推敲，可以形成关于文明的一个比较明确的定义。文明指具有较大规模的具有复杂分工和管理体系并展现出复杂精神生活的具有持续性的人类社会共同体。如此定义的文明可以作为一个基本的分析概念，帮助我们将人类具有创造性的生活经历区别于人类的动物祖先和自然界其他类属的存在方式，并能够在比较的意义上考察人类各个大共同体的精神文化特征，思考关于人类群体冲突、交往、演变背后的宏观精神结构。更具体地说，文明是发生于一定地理区域的，建立在一定的经济、技术、生态、人口基础上的，具有高度组织性的人类共同体；文明的特质通过集体心态、社会制度和规范、习惯、信仰及艺术表现体现出来；文明归属感从内在层面把人类区分为最宽泛的社会群体。

以文明为基本概念来梳理的历史就是文明史。这种研究视角，比较一般注重社会发展普遍规律的社会发展史视角，更注重各大人类群体生存的状态、质量、意义、前景；比较思辨历史哲学以抽象本质为线索的历史透视，更注重人类群体实践的具体轨迹和经验内容；比较人类学化的历史，更能区分人类精神文化表现的特殊境界与生物界其他类属的差别；比较小人物的日常生活史，更关注大社会共同体层面的结构性征、文化取向与生态样貌；比较国家史，更多关照超越国家范围的关联、互动并凸显比较分析的视角。因而，文明史与其他视角的历史研究，应当并存而各有功用。

文明是人类历史所特有的，故研究者必然基于基本的人文立场，这无疑将带来价值介入。但这种价值介入只带来人本的立场，而非任何特定种族、民族、国家、阶级、阶层、群体的立场。在人本立场基础上，追求历史审视、叙述的客观性，意味着明确尊重人的价值，关注社会平等状况，尊重所有人

① 亨廷顿著：《文明的冲突与世界秩序的重建》，周琪等译，北京：新华出版社，2002年，第24—26页。

类大共同体生存经验的价值。这样的文明史，就不可能是任何一种机械的规律论，不可能是进化竞争的策略论，也不可能是形而上学。其实，现代历史学，从来不是价值中立的，但是却在科学主义的感染下每每过分强调其客观中立性，结果就在后现代主义的解构下捉襟见肘。后现代主义通过历史学家使用的语言的建构性质，推断历史叙述中包含诗性，不失为是一种深刻的剖析，但如进而认为历史学的本质就是诗性的而不可能达成任何客观性的事实陈述，就否定了历史学的基本价值，流于以偏概全，或者随意建构或解释人类经验。

文明史偏重于从社会共同体整体角度考察社会、文化的历时经验。整体的视角必须凸显对所研究的文明与其他文明相互关系的比较和考察，而任何这类比较和相互关系考察，又必须通过长时段的考量才能实现。正如布罗代尔所指出的那样，历史学家至少是在 3 个层面上进行工作。①传统历史学层面，历史学家就像今天的记者一样叙述事件的本末，构成充满偶然事件的多彩的故事；②把一系列事件作为整体加以叙述和解释，如法国大革命、工业革命、第二次世界大战等等；③超出个别或者系列性事件的范围，按照一个世纪或者更长的时间来衡量人类现象。“在这个最后的视角——社会学家自有他们自己的说法，他们称之为‘最深的层面’——中，文明被看作不同于标志着它们发展的、偶然的和变幻无常的事件：文明所揭示的是它们自身的长期性、恒久的特征以及它们的结构——文明的近乎抽象的，但却是不可或缺的图形……所以，文明只能在长时间段中进行研究，这样才能把握一条逐渐呈现的主线——为一群人所共同遵守的某种东西。尽管历史上出现过动荡和骚乱，但是，这种东西还是被人们视为最珍贵的遗产，一代又一代地传承下去。”[①] 从这个意义上说，文明史注定是一种大历史观。

由于文明史明确地取长时段的和大共同体精神特质审视的视角，因而在文明史的视角下，更容易使历史学家将以往人类经历与当下人类处境关联起来，从而导向历史知识与现实问题的关联。布罗代尔说：“一种文明的历史，

① 布罗代尔著：《文明史纲》，肖昶等译，桂林：广西师范大学出版社，2003 年，第 54—55 页。

就是对古代材料中那些对今天仍然行之有效的东西的探索。它有待解决的问题不在于要告诉人们我们所知的关于希腊文明或中世纪中国的一切——而是仅仅要告诉人们在西欧或现代中国以前的时代与今天仍旧相关的东西：这些东西之中无不存在着过去与现在之间的短路，它们常常跨越了几个世纪的鸿沟。”[①] 历史上所发生的许多事情，与今天人们的处境之间，经历了无数相互作用的过程，已经消失了直接因果关系，在一般的历史叙述中，其关联性难以察觉，但是在文明史的视角下，这种关联则因为长时段和精神理路角度的关照而较多地显现出来。所有现代民族、国家都有历史学家对以往的历史按照自己的观念进行总体的或选择的重述。这类重述都有一个特点，就是强化现代与前现代的本质差异，因而往往深描了本来连贯的历史在叙述中的断裂性。在文明史的视角下，历史学家能够很自然地看到，今日之历史与昨日之历史生动地关联在一起。今日人类的大多数行为方式，与以往并没有根本的不同，历史学家需要看到迅速变化的情况背后那些变化比较缓慢的结构、关系和文化气息。

文明史取大共同体经历考察的长时段视角，因此就使得人类生存与环境的关系凸显出来。环境之变化在短时段中难以察觉，其对人类生存的影响，一般在很长的、缓慢的变迁中发生作用，因而在一般的政治史、社会史中都易于将其当作社会外部的因素。但是在文明史的视角下，环境始终是现实的内在因素。比如农耕社会与游牧社会的冲突与交往，直接基于自然条件的差异，环境是历史思维的基本要素之一。疾病、瘟疫、气候、资源等等，在文明史的视野下，也都会受到更多的关注。在这种意义上，文明史更直接地按到了人类共同命运的脉搏，构成历史学普世关照的基础。从文明史的视角出发，可以建构人本的、整体的、长时段的以大社会共同体精神文化表现、命运为单位而又普遍联系或者可比较的历史叙述体系。

历史叙述有多种可能的方式，在建构中国这样一个本身构成一个文明的大共同体的历史叙述体系的时候，文明视角是一种具有切实意义的选择。文

---

① 布罗代尔著：《文明史纲》，肖昶等译，桂林：广西师范大学出版社，2003 年，第 44 页。

明史的终极对象是构成文明共同体在长时段经历中所展现的精神文化风貌，这是中国历史的核心内容。展示了这种风貌，就揭示了中国历史最内在的特色，从而可能展现中国历史经验的知识意义，也便于叙述和解释中国历史在世界历史中的位置。具体些说，文明视角下的中国历史叙述有助于凸显以下基本线索：中华文明的精神文化特征；中华文明演变经历的空间格局和内聚倾向；中华文明共同体的组织方式和制度特点；中华文明在各个历史时期最突出的建树；中华文明以往经历中的杰出人物；中华文明与周边及世界文明的关系；中华文明演进的阶段性和基本轨迹；中华文明历史经验的遗产。

（二）中华文明的延续性

文明是具有宏大规模并在较长历史时段中存续的社会文化共同体，其基本特征体现在特定的生产生活方式、制度设置、信仰和价值取向、艺术表现方式中。当某一个文明中断或者湮灭的时候，前述各方面的特征就会发生根本性变化，其主流人群构成通常也发生较大变化。如当古代地中海文明断裂的时候，原来城市和商业生活的主导地位让位给了农村和农牧业生活，贵族民主制度让位给部族军政集团控制体制及稍后的封建体制，泛神主义信仰让位给基督教信仰，人本主义价值观让位给神本主义的价值观和相应的艺术表现。与之相应，“蛮族”取代希腊人、罗马人成为欧洲社会的主导人群。

中华文明与欧洲文明不同，其基本制度和文化精神在大约公元前 8 至前 3 世纪的古典时代充分展开以后，虽然不断发生重要的变化，但没有发生文化主线索和主导人群的根本断裂。古典时代的文化精神延伸到了后来的历史发展和社会生活中去，构成社会知识的根基和价值观的核心。直到 19 世纪的时候，人们依然把公元前 5 世纪孔子提出的学说作为修身、齐家、治国的指导思想。中华文明的人群主体，虽然经历不断融合，却保持了回溯久远的先祖认同，在不断汲取周边和外来因素的同时，保持了古典时代形成的语言、文字和信仰方式。正是基于这些，历史上的中华民族能够保持认同的基准，得以长久延续。

中华文明认同延续最深厚的根基在于中华文明基本文化精神的一脉相承。中华文明演进历程中作为基本文化价值倾向流布的观念在今天看来，依然是比较清晰的，这包括：

第一，在人与自然的关系方面，倾向于天人亲和，而不是天人对立。古人比今人更直接地面对自然，在自然界的赐予中生存，以更直接的方式应对自然界中那些对人类生存构成压力、挑战的现象，于是，在中华文明发展到古典时代的时候，形成了倾向于天人亲和的观念。道家讲的“道法自然”①，就将人类从起因到生存，从个体到群体，从规则到伦理都归因于自然，以自然的逻辑为生命的逻辑、生活的逻辑、治理国家的逻辑。这种思想在后来影响深远，构成了中国人理解人类事物的最宏远的观念意识。春秋战国以后，老子思想在实践层面淡出到边缘，但道法自然的思想却深深地与儒家的政治哲学融会贯通，②也与大众的生活态度融会贯通。这种观念，从积极的意义上说，保持人与自然比较和谐的生活方式，是一种意蕴深远的生活智慧，同时也使得中国古人对于自然缺乏分析性探索，影响到自然科学的发展。

第二，在信仰层面，中国古人在总体上倾向于“神道设教”③，兼容并蓄，而不是信仰任何形态的单一神教。所有文明都在早期就直接关照到了人类存在的终极问题，包括对世界起源、自然现象根源和生命本质的解释。中华文明起源较早而延续性较强，没有被外来势力彻底征服过，所以文明早期形成的泛神论信仰倾向延伸下来，融会推演，形成了以“天”为元概念的、多神并存的、神道设教的信仰方式。中国的各种信仰，其最崇高的本元都是天。先秦时代人就敬天法祖，老子讲“人法天，天法道，道法自然”，孔子讲“畏天命”④，荀子讲“天行有常”⑤。这些说法之间有区别，但都以天为终极存在

---

① 王弼注：《老子注》第25章，“人法地，地法天，天法道，道法自然”，《诸子集成》第3册，北京：中华书局，1956年，第14页。

② 中国政治文化中的“天”主要指作为自然存在的宇宙，以此概念为轴心推演出的大量政治文化语汇，如天理、天道、天人、天听、天下、天伦、天休等等，都含有顺天以应人的意蕴。

③ 王弼注，孔颖达正义：《周易正义》卷3《观》，“观天之神道，而四时不忒，圣人以神道设教，而天下服矣。”《十三经注疏》，北京：中华书局，1980年，第36页。

④ 何晏集解，邢昺疏：《论语注疏》卷16《季氏第十六》，“君子有三畏：畏天命，畏大人，畏圣人之言。”《十三经注疏》，北京：中华书局，1980年，第2522页。

⑤ 王先谦：《荀子集解》，《天论篇第十七》，“天行有常，不为尧存，不为桀亡。应之以治则吉，应之以乱则凶”，《新编诸子集成》，北京：中华书局，1988年，第306—307页。

的权威。中国古人观念中的天，具有永恒、公正、权威、终极的含义，故“天理”意味终极之理。死为“升天”，最通行的感叹语为“天啊”，而不是“My God”。天道冥冥，其人格性是模糊的。所以天以下，可以有诸神的存在。又因有天在上，诸神也都有局限。人敬天需诚敬无妄，人敬其他神则礼仪形式性或实用性更强，可以敬多个神，可以不理会各种信仰的排他性。这种信仰方式体现在公共生活中，最主要的就是没有形成教权政治，保持了国家政治的世俗性。这种信仰方式表现在社会生活中，既体现为对各种信仰的包容心态，也保留了泛神论的色彩。

第三，在公共社会价值观方面，即在关于公私关系、权力、法律、家国关系、权利与责任关系的观念方面，中国古人在主流意义上说，崇尚“天下为公”①，“民贵君轻”，“为政以德”②。传统社会文化积淀的很大一部分时间是君主制社会。在这种社会现实环境中，人们的公共社会价值观中包含着许多适应君主制的观念，自由和人权的观念是边缘化的。与此同时，中国古人比较具有政治理性，政治合理性、合法性观念都超越于现实统治者之上，所以统治者永远是受评价的而不是天然有理的。③

第四，在道德价值观方面，中国古人推崇刚健、仁厚、止于至善、推己及人。中国古典时期的思想文化，突出地关注道德价值，后世得以影响公众的思想者也多在道德价值领域论证言说，从而呈现出相当充备、底蕴深厚的中国道德价值文化。要在浩如烟海的中国道德价值文化文献中概括出最为根本的道德价值观，并不容易，因为在如此漫长的历史中，各种思想、观念都可能会有与之反悖的言说存在。即使如此，在中国传统道德价值中还是能够辨识出一些公认度较高的、通常作为正理来表述的道德价值概念来。其中，中国古人在诠释被视为“五经”之首的《易》的“乾卦”的卦象时所表达的

① 郑玄注，孔颖达疏：《礼记正义》卷 21《礼运第九》，“大道之行也，天下为公”，《十三经注疏》，北京：中华书局，1980 年，第 1414 页。并请参看拙文《中华传统文化中的“天下为公”及其现代回响》，《东北师大学报（哲学社会科学版）》2011 年第 5 期。

② 何晏集解，邢昺疏：《论语注疏》卷 2《为政第二》，“为政以德，譬如北辰，居其所而众星共之”，《十三经注疏》，北京：中华书局，1980 年，第 2461 页。

③ 参看赵轶峰等：《关于王权主义与中国政治文化的对话》，赵轶峰主编：《权力·价值·思想·治道——明代政治文化丛论》，北京：社会科学文献出版社，2014 年，第 321—335 页。

“天行健，君子以自强不息”，就体现出中国古人体察天的格调而对刚健自强境界的追求；在诠释《易》中“坤卦”的卦象时所表达的“地势坤，君子以厚德载物”，则体现出中国古人体察地的格调而对宽仁朴厚境界的追求。以此为基准，平允中庸、和而不同、止于至善、推己及人等道德价值观都可以合逻辑地推导出来。

第五，在认知方式和知识观念方面，中国古人注重整体参悟、格物致知、经世致用。整体参悟的思维，在《易》中已经有所表达，在天文学、医药学中展现得更为具体。格物致知[①]，其实是整体参悟思维的认知实践路径，是入世者个人修养和社会作为的起点。“经世致用”四字合用出现略晚，论者每每认为是晚明人特有主张。但“经世”之语的出现，最迟不晚于汉代，可能更早。经世本就是致用，故经世致用的基本思想虽得宋明若干思想家特别发挥，却是中国传统认知的基本取向。先秦儒学乃至百家之说，皆有强烈的以知识干预世道的倾向，皆求致用。[②]因而经世致用，其实是一个“大传统”。整体参悟、格物致知、经世致用的传统较能避免过度分解认识对象造成的知识肢解和过度破碎，对经验能够持续珍视，且较能保持知识与人事之间切近的关联。与此同时，忽略剖割分析的研究，不注重对看不到当下功用的纯粹知识的探究，也可能是造成中国没有发达的以实验分析为基本方法的自然科学的文化原因之一。

第六，在中外关系方面，中国古人倾向于以华夏为中心观察内外，安绥远人，相安并存。商代人将自身视为文化上承继夏代的，时或以夏自称，以别于周边的“夷”。其后以文化为基本尺度而将中华文明核心区诸国称为诸夏的记载增多，并有“内诸夏而外夷狄”的中外观的表述。[③]这种中外观在今

① “格物致知”语出《礼记》，在《大学》从《礼记》中析出后得到更广泛流传。其说云：“古之欲明明德于天下者，先治其国；欲治其国者，先齐其家；欲齐其家者，先修其身；欲修其身者，先正其心；欲正其心者，先诚其意；欲诚其意者，先致其知；致知在格物。”郑玄注，孔颖达疏：《礼记正义》卷 60《大学第四十二》，《十三经注疏》，北京：中华书局，1980 年，第 1673 页。

② 《淮南子》有言：“百家殊业而皆务于治”，何宁撰：《淮南子集释》卷 13《氾论训》，《新编诸子集成》，北京：中华书局，1998 年，第 922 页。今人张舜徽更明确指出：“夫周秦诸子之言，起于救时之急，百家异趣，皆务为治。虽各自成一家，不相为谋；然亦有所见大合、殊途而同归者。后人籀绎其书，但知其异而不见其同，犹不足谓善学也。”见张舜徽：《周秦道论发微》，北京：中华书局，1982 年，前言，第 1 页。

③ 公羊寿传，何休解诂，徐彦疏：《春秋公羊传注疏》卷 18《成公十五年》，《十三经注疏》，北京：中华书局，1980 年，第 2297 页。

天看来，过于以自我为中心，对周边文化有所差异的人群有歧视的意味。但是较早形成的文化认同心理，却也是中华文明保持向心力，不易在外部压力或政权更迭中流散的必要条件，是社会文化认同的基础。同时，中国古人虽然有自我文化优越感，但对周边、遥远之地的人群，并无持续强烈的征服心理，从主流看是乐于招徕远人的，倾向于在保持中华尊崇地位的基础上与邻邦相安并存。一些学者基于清代对外交往中的若干未能变通事件，判定中国人对外部事物有很强排斥心理。这其实有所偏颇。因为从中华文明的整个历程看，中华文明始终保持着与外部的交流，中华民族在历代都有周边的人群加入进来，从宗教、习俗、器物、技术、生物物种角度看，中华文明一直与外部世界交流互惠。当然，中古以后，中国人对外部事物缺乏敏感性，学习热情不高，但这并不是中外关系的主流。

所有前述特征都有反悖现象与之颉颃，但它们是主流，各个时代都有体现。这些特征当然并不都是可取的，其中许多要素在现代社会生活中已经被扬弃或者改造，并不值得固守；也有一些与历史上的许多弊病有关；还有一些在过去的时代曾经是比较可取的，随着历史的发展和社会的进步就显露出缺陷来。尽管如此，这是中华文明的基本精神特质和群体认同的基础，是中华文明生生不息的源泉，值得认真体认，以求阐发其可取的精髓，扬弃其衰朽的糟粕。

中华文明的延续性特征曾经被一些西方学者视为“停滞性”，他们倾向于认为中华文明在达到了高度精细复杂的程度以后，就停止了发展，接下来在几千年中不断地复制着已有的生活方式。这种中国封闭固守的意象是晚明来华传教士传往欧洲的。后来，英国经济学家亚当·斯密（Adam Smith）在其《国富论》中多次用“停滞不前”之类言语表述中国历史特征。亚当·斯密说：“长期以来，中国一直是最富的国家之一，是世界上土地最肥沃、耕种得最好、人们最勤劳和人口最多的国家之一。但是，它似乎长期处于停滞状态。五百多年前访问过中国的马可·波罗所描述的关于其农业、工业和人口众多，与当今的旅行家们所描述的情况几乎完全一致。也许早在马可·波罗时代以前，中国就已经达到了充分富裕的程度。”[①] 著名哲学家黑格尔（G. W. F. Hegel）在《历史哲学》中也说：“中国很早就已经进展到了它今日的情状；但是因为它客观的存在和主观运动之间仍然缺少一种对峙，所以无从发生任何变化，一种终古如此的固定的东西代替了一种真正的历史的东西。中国和印度可以说还在世界历史的局外，而只是预期着、等待着若干因素的结合，然后才能够得到活泼生动的进步。”[②] 后来的欧洲知识界长期在对中国缺乏足够深入细致实证研究基础上，沿袭了这种中国停滞论的看法。20 世纪的德裔美国学者魏特夫（Karl August Wittfogel）提出了解释中国历史特色的古代东方专制主义说，美国学者费正清（John King Fairbank）在其阐释亚洲历史的论著中，继续强调了中国的封闭停滞性。我国的主流学者在 20 世纪 80 年代以前，大致延续了“明清时代中国封闭性”的看法。其后，西方和中国学术界都对先前漠视中国本土发展机制的成见做出了一些批判性的反思，支持明清中国封闭说的声音趋于降低，但持此类看法者仍不乏其人。这种关于中国历史长期停滞的看法的出现，还与欧洲近代的一些思想家把“理性”看作文明历史的目标，同时又把当时欧洲的社会文化看作这一目标实现的典范有关。在他们眼中，除了欧洲，其他地方都缺乏朝向理性目标的真正的历史。西方的一些文明理论也对此类看法形成强固作用。但是这种欧洲中心主义的论说，已经随着全球历史的发展而暴露出其短视和局限。人类历史上的所有文明，都是在自成体系的社会生活中逐步形成的，与外部都有一些接触交流的缺断。所有的文明都有保持自己基本特征的惯性，都有一定的保守性。同时，文明的精神、文化、传统都是在历史中展开的，都在历史中嬗变，并非一成不变。历史是一种复杂的过程，文明、文化和传统的嬗变不一定永远意味着进步，也可能是没落，也可能转向另外的利弊得失纠缠的方向。到了现代社会兴起的时代，也就是在最近的几百年间，被概括为“现代性”的社会精神伸展笼罩到所有文明之上，于是人们逐渐习惯了将现代社会视为历史的目的、文化的方向的思维方式。这种思维方式赋予 14 至 19 世纪欧洲经验以历史进步的

---

① 亚当·斯密著：《国富论》，唐日松等译，北京：华夏出版社，2005 年，第 55—56 页。
② 黑格尔著：《历史哲学》，王造时译，上海：上海书店出版社，2001 年，第 117 页。

“标准”的意义。以此为尺度来衡量，就将其他文明的经验判定为处于缺乏进步含义的“状态”，漠视了非西方文明历史自身演变的大量事实。而且，这种主张在推崇现代性的语境中过度强调文化趋同、同质化的意义而忽视文化多样性的意义。在更长远的视角下看，它掩藏着一种文明固化于“现代”西方模式的判断。现代的事物其实也是历史的事物，以往人类经验中的所有内容都在其后的历史上被更新的事物反衬成为有缺失的，我们当下面临的这个“现代”也会成为过去。所以，中华文明历史经验中显示出来的比较突出的延续性，固然一度显示为发展变化的缓慢，但同时也是中华文明在世界大变迁中保持整体性的基础，是人类历史进步所需的文化多样性的基础条件。

（三）中华文明的内聚性

中华文明的时间延续性与其空间内聚性相辅相成。这种内聚性是指这样的一种时空景观：在中华大地上各处分布的远古人群各自发展到接近文明时代的门槛的时候，适合农耕的大河流域较大的部族在应对洪水和外部侵扰的挑战刺激下，率先发展起了比较完备的国家体系和共同体竞争实力。这个共同体具有超过所有周边社会单位的吸引力、凝聚力。周边的各种力量，要么加入这个共同体，要么挑战它的权威，要么和它保持较远的距离。每次竞争的胜利，都使这个共同体汇聚成更强有力的组织体系。经历夏、商、西周的长期演进，这个共同体成为亚洲大陆上最强大的国家共同体，也是文明特征最为充备的共同体，于是其人民形成了日益强化的自我认同意识，形成了专门实践和用特殊手段传承这个文明的精神文化的知识精英、管理阶层和具有较强管理功能的制度。到了大约公元前 8 至公元前 5 世纪末的时候，这个共同体内部的经济能力和知识累积达到了一定程度，以至于其先前通过联盟和层累分封关系构成的服从于中央的小共同体也具备了运作强有力国家体系的能力，于是围绕华夏文明核心区域展开了长时间的竞争，这就是春秋争霸和战国争雄。长期的激烈竞争激发了人们的创造力，战争的苦难激发了沉思智者对于生命、社会、政治、伦理的反思，相对开放的人文环境为个人才华提供了宽阔的舞台，从而使中华文明逐渐累积起来的智慧和知识前所未有地百花绽放，凝聚成为中华文明的古典精神。这种古典精神提供了运作更大规模国家共同体的经验和智慧，秦汉大一统的国家体系应运而生。到了这个时代，在整个亚洲大陆上，中华文明核心区域已经组成了在规模和组织精密程度意义上无与伦比的国家共同体，形成了对于周边更为强大的吸引力和对于外部挑战的整体抗争力。

此后，中华文明的内聚运动继续围绕核心区展开。中原王朝时强时弱，但是入主中原的群体，要认同中原的文化才有可能长期立足，要采用中原的基本制度才能统治，古典时代奠定的基本文化精神成为所有后来建立的王朝立国的基础。中原王朝时分时合，但是当出现诸多政权分立的局面时，必定有一个出来将之统合，否则所有的政权都难以长期稳定。在这样的过程中，中原地区形成了人口最为众多的民族——汉族。汉族其实是许多古代部族后裔的融合体，是共同生活方式和文化认同而不是原来的族属渊源，把它融会成一个大民族，而且它的成员愈是众多，就愈具有文化吸纳和包容的特性。这样的一个大民族其实是一个文明的核心载体，其成员的生活方式和历史记忆都使文明更易于延续而不易于离散。汉民族的周边，是许多人口较少的少数民族共同体。这些民族主要由于其生活区域的生态条件特点而保持了游牧等生产和生活方式，从而与发达的农耕区域为主要生活区的汉族有文化上的差异。不过，核心农耕区域与游牧区域有物质产品交换的需求，也有文化往来的愿望，且有边界区域民生的直接交融，他们之间在不断的互动中结成互补的关系。这种互补关系的形态既包括和平的往来互市，也包括和平往来交流受到阻碍情况下的相互战争——所有的这种战争，客观上都达成社会和文化生活的互补，并且使之在国家组织方式、文化内涵与风气、艺术等方面相互借鉴。

周边与核心区域之间的互动以中原为轴心，而其外缘则是亚洲大陆顺畅交通路线的自然阻隔线。我们看中国的自然交通条件，西部阻于昆仑山脉、喜马拉雅山脉，北阻于大漠和西伯利亚寒冷区，东阻于海，南阻于丛林和当时的烟瘴之地。在此范围，互动是向心的，出此范围，则远飏而去。所以，中华文明是一个覆盖广大的内陆文明体系，和古代地中海文明相比，她的形成和发展的突出主题是内向的组织化整合，而不是外向的扩展。核心之外的边缘区也有巨大的文化活力，并不断地将这种活力带给核心区域，但是其自身的发展却以其与核心区域的关系状况为条件。核心区与边缘区的关系构成了一个有内聚倾向的“场”。这样一个文明的内聚运动使中华文明虽少受外来的挑战，但却不乏核心区域与边缘区域之间各种复杂形式的矛盾、交往与融合，使得古代的中国人保持了文化进取的强韧和包容精神。这个运动的形式要素是古代的国家、民族关系，其内容则是中华文化精神的明晰化和大地理范围内的认同。这个过程经历了漫长的岁月，使中国的历史充满戏剧性。到17、18世纪间，这个过程达到了中国的行政版图与中华文明分布的空间基本复合的状态，从而奠定了现代中国版图的基础。

中华文明作为一个以内聚方式覆盖亚洲内陆的文明体系，内向的组织化整合是长期的倾向，所以中华文明在国家体制运作和国家政治哲学领域很早贯通而理论化、传统化，形成以华夏共同体之自我为中心的世界文化观念，对于外部世界的关注则主要是被动反应式的。这种类型的文明的基础是农业，商业、手工业、畜牧养殖业是补充。所以中国古代文明中的国家政治精神也较多地体现着农业精神，突出的表现是国家经济和社会价值体系中的农本主义。中国古代的农本主义以对于群体生存基本条件的关注为中心，在这个基础上形成了关注抽象化的和群体的“人”的价值却忽视个人价值的一种国家主义的取向。这在政治上体现为以强大的国家权力实现对分散的社会单位的强行控制的传统，其演进表现为君主政治强化以及官僚政治复杂完备的过程。从经济角度来看，这是个总体上自给自足而区域发展程度差异又很大的体系。从文化的角度来观察，则可以看到丰富的多样性、重视生存而忽视发展的传统和重视地缘与血缘关系的倾向。中华文明在原本联系微弱的众多原生态文化逐渐团聚成宏大的文化社会共同体的过程中，将多种多样的民族、社会、文化因素包容到一起，各种文化因素在这个体系中都有存在的空间，又不断地相互激荡融合，展现出主导文化和地区文化并存，在融合与变异中保持基本文化特征，精英文化与民间文化差异共生、持续演进的风貌。

（四）中华文明演进的模式特征

从延续性和内聚性的视角来看中华文明的历史，可以看到中华文明从核心区文明生成，到中华文明的古典绽放，到帝制农业社会繁荣发展，到帝制农商社会形成的大致轨迹。而现代中国，是在这样的基础上应对西方挑战而推演形成的。这种轨迹，意味着中国历史发展走过了一条不同于西方的道路。现代中国与西方乃至非西方的其他国家在社会体制、文化精神方面的诸多差异，是有深厚历史渊源的。①

第一，前古典社会。文明的确切形成以国家为突出标志。中华文明在夏以前就有早期国家性质的方国形成，但夏朝的建立是中华文明确切建立起具有核心线索的演进系列的标志。从夏朝建立的公元前约 21 世纪到商朝末年的公元前 11 世纪的大约 1000 年间，可以被看作中华文明的前古典时代。夏王朝建立标志着在黄河中、下游一带形成了具有内聚力的历史和文明运动中心，中华文明的内聚运动开始展开。这个特定区域具有农业发展较为优越的条件，同时又需要集结成为比分散的城邦和氏族组织更强大有力的共同体来应对水患和周边势力挑战。集中的王权国家为夏王朝带来相对于周边地区的竞争优势，并使较大规模的科技、文化创造活动成为可能。《诗经》中所说的“洪水芒芒，禹敷下土方，外大国是疆，幅陨既长”②就是生动的写照。商代的国家政治是与泛神论的宗教精神相结合的。祭祀活动频繁，卜祝之官和巫者是重要的国家管理者，也是以天文历法、医药、文字、历史记录为中心的知识的握有者。当时已经形成了成文法典，故《尚书》称“惟殷先人，有册有典”③。商代青铜器种类繁多，规模巨大，主流器物是礼器和兵器，这意味着中国历

---

① 笔者关于中华文明演进阶段性的一般看法，最初表述于与赵毅共同主编的《中国古代史》（高等教育出版社，2002 年版、2010 年版）导言中，晚近研究中保持了基本线索，但在各阶段之划分及含义分析方面，有所修改并趋于明确化。

② 高亨：《诗经今注》，《商颂·长发》，上海：上海古籍出版社，1980 年，第 529 页。

③ 孔颖达疏：《尚书正义》卷 16《多士第十六》，北京：中华书局，《十三经注疏》，1980 年，第 220 页。

史上礼仪文化相对于生产工具来说是优先发展的。当时社会构成中有贵族、平民、氏族公社成员和奴隶，多种社会关系并存，但奴隶并不是社会经济生产中的主要劳动者。商之后建立起来的周朝改造和完善了以礼乐和宗法为中心的国家社会体制，推动了以周朝王畿为核心的华夏文明内聚运动，建立了更为系统复杂的包括官僚体系在内的国家管理体制，对宇宙、哲学观念进行了更系统化的探索。中华文明经过周前期的整理与积淀，在公元前 8 世纪之后，逐渐进入了古典时代。

第二，古典社会。公元前 770 年周都城东迁，王权削弱，出现了一个充满竞争和创造性的繁荣发展期。这个时期包括春秋、战国，直至公元前 221 年秦统一六国，是中华文明的古典时代。这个时代的历史主题是诸侯纷争、变法改革、思想争鸣，其结果是中华文明思维和价值理论的高度精细化与大一统帝制体系的建立。纷争强化了小国家内部整合以求富强的需求，而其取向和经验实际为更大共同体的国家化提供了基础。变法改革的普遍方向是削弱内部分权势力，简化社会分层，加强中央集权，这也等于是大一统帝制体系的区域性试验。当时的思想争鸣是中国历史上最为持久、活跃的一次思想学术争鸣运动，它以当时的一切精神文化成就为基础，以整合、创新和变通为取向，以国家政治哲学和谋略体系为关注的重心，以诸子学说为标志，奠定了中国古典精神文明丰富的概念体系和流派纷呈的基本格局。诸子学说中对后世影响最大的是儒、道、法三家。孔子代表的古典儒家学说以发掘和弘扬古代人文主义与礼制文化精神为核心，以社会精英的个人伦理完善为国家政治完善的原点，强调道德的本体价值，他的学说是中华文明有理想、重道德、崇礼仪、行教化特征的基础。道家学说是以对自然整体充满睿智的体悟为基础的关于人的行为和国家政治的哲学。老子阐述了辩证法思想，并且提出了以守虚、无为为要点的谋略思想，这使道家学说具有了实用的意蕴。法家学说是一种实践性极强的集权国家主义的政治哲学与谋略体系，其关注点是君主权力的运作和国家势力的增长，倡导严格的法律和赏罚体系，推进国家对社会生活的全面参与，强调非伦理化的权谋艺术，是中国君主集权政治的思想基础。这些思想后来在汉代融会整合，成为以儒学为核心而包涵道法思想因素的国家政治思想体系，支配着整个帝制时代中华文明的权力运行。这个时代社会结构的新气象是士族阶层的崛起。当时的士是依据个人能力和行为定位的社会精英群体，既是官僚阶层的储备，也是文化活动和传承的主要群体，他们在当时的历史潮流中逐渐与君主政治契合，同时形成了以天下、民生为己任的独立的责任意识，成为后世中国士大夫政治文化的基础。

第三，帝制社会。公元前 221 年秦统一六国后，中华文明进入到以核心区域的帝制国家体系与周边区域的互动共生为基本格局的状态。这种帝制体系一直持续到了 1911 年清朝灭亡。这一阶段为中国的帝制时代。这个漫长时代的前期，从秦统一到唐后期，可以称为帝制农业社会。其后期，即明清时期，可以称为帝制农商社会。中间从唐后期经五代到辽宋金元时期，是从帝制农业社会到帝制农商社会的过渡期。

帝制农业社会在空间格局上看是大一统与多政权分立交替的。这种“天下大势，分久必合，合久必分”的现象背后，正是中华文明内聚运动的总体趋势。秦汉时代的历史主题是帝制国家体系的展开。秦兼并六国，实现了华夏文明核心区域长久孕育着的政治统一和基础设施、制度、文化的整合。在此基础上，秦汉政权积极抵御周边游牧民族的侵扰，推进中央集权国家政治的展开。在这个过程中，修葺连贯了战国时代留下的沿农耕区与游牧区域交界修筑的边墙，成为后来举世闻名的万里长城。长城在这个历史时期比较有实际的意义，是因为农耕核心区与游牧区之间还有较大的差异。秦汉王朝都实行郡县制加官僚制的国家管理模式，对商业实行较严格的控制政策，社会结构中包括贵族、地主、自耕农、商人、奴隶。从公元 3 世纪到公元 6 世纪的隋朝重新统一天下，历史的主题是直接的民族大汇合。汉室衰微的时代，周边已经受到中原文化深度影响的游牧、半游牧社会不仅学习中原文化，而且有能力和动力直接向中原发展。所以这时的民族关系，不是中原政权与边疆民族政权在边缘地区的相互渗透和攻防战争，而是聚合为同一国家体系的周边少数民族主动向华夏文明核心区域持续内向推进。以往作为华夏文明核心区的黄河流域在此期间长期处于少数民族政权管理下，中原的国家政治精神和文化在此过程中渗透成为所有政权的政治文化基调。佛教和道教也在这个包容汇合的时代迅速发展，给中华文明增加了一些宗教的和外来文化的因素。隋统一到唐朝灭亡，历史的主题是开放性多民族统一国家的政治、文化整合。重建的大一统国家内部的文化认同性超过了秦汉时代，以中原国家政治体制传统为核心形成了更为精细的三省六部制、科举制。国家对儒家经义和礼学进行大规模整理，中央政府建立专门机构来编纂史籍，对国家政治观进行深度反省，编纂高度整合的法典文本——意味着政治和文化方向的重新确认，同时也安置了佛教、道教的合法位置。贵族制度在这个时代历史性地趋于没落，庶民阶层逐渐成为社会基本人群。在这些整合的基础上，唐王朝于公元 8 世纪前后成为世界上最强大繁荣的国家体系和国际性的政治、经济、文化中心，文学和艺术也呈现出多姿多彩的样貌。

唐中期以后，与血缘纽带密切关联的士族在帝制体系中的主导地位式微，主要依凭本人学识、能力、品德而参与国家治理的科举士大夫伴随儒家思想文化的复兴而成为国家管理系统中的主流人群。其后，中原政权进入到又一个相对孱弱的时期，黄河、长江流域多政权并立，而北部游牧、半游牧社会则学习中原政治、文化体制精神也先后形成多个相对稳定强盛的政权体系，与中原政权分庭抗礼。这种多政权体系并存状态的背后的历史主题，是中华文明融合、内聚运动的新一阶段推进。其新特点是北方各民族以更严整的国家组织形态和与中原更内在化的文化融通为基础的内向运动，中华文明呈现为分区域差异化发展而总体趋于新整合的局面。政治势力孱弱的宋朝的统治空间缩小，内部差异也小于汉唐，事实上却出现了相对发达的核心经济区商品货币关系和空前高度繁荣的手工业生产，以及相关的一些经济制度变革，这为后来更大范围的商品化经济和庶民社会发展铺垫了新的基础。同时，核心区文化更为集中的宋朝实现了对中华古典文化的深入研讨，尤其是对儒学经典进行了深度重释，在人性体认、修养路线、国家政治理念方面都形成了新的系统论说。北部游牧、半游牧社会则将中原政治、文化精神与当地社会基础结合，组成更为稳定的政权体向中原推进。这种格局的政治结果就是中华文明在元代的重新统一。唐后期到元的一系列演变，为帝制农业社会转变为帝制农商社会铺垫了基础。[①]

唐后期到宋发生的诸多社会转变，被元朝囊括在同一个帝制政治框架下，中华文明再度作为一个统一的行政体系融通汇合。明朝虽未能全面继承元朝统一的规模，但不仅直接控制了中华文明的核心区，而且以藩封、羁縻等方式覆盖了大多数边缘区，从而主导中华文明沿着唐以降的社会文化变迁的基本趋势继续发展。明初约半个世纪的社会稳定与制度建构，调整巩固了华夏文明核心区的制度和文化价值取向，恢复了前一时期中原区域的商品经济和庶民文化繁荣，并且将这一趋势推展到远比宋朝版图更广大的地理区域。这时欧洲发生了深刻的变革，文艺复兴深刻地影响了欧洲文化精神向世俗化方向演变，科技探索快速发展，开始了向全球的殖民扩张。从此，人类文明勾连成为一个直接关联的世界体系，中华文明也在多方面加入了世界的变迁过程，当时中国国内政治体制没有本质变化，中央集权程度甚至有所强化，但经由经济和文化往来关系而与世界历史的现代性发生过程有内在的关联，在此意义上与此前时代的社会形态形成了深刻的差别。当时中国已经从经济意义上卷入了全球性大变迁，市场经济空前繁荣，货币主导的财政体制已经确立，商业被普遍认可为社会生活的基础，商人成为与士绅密切关联的社会主要支配人群之一，庶民文化活跃，而且发生了人口的爆炸性增长。此时的商业是社会的结构性要素而不是被歧视的异己要素，与帝制体系已经形成复杂的纠结依赖关系，帝制体制与农商混合经济形成了具有稳定性的共生态。明以后的清朝在短暂的调适期之后，基本继承了明代的社会变迁趋势，并将华夏文明圈核心区与边缘区进一步整合，形成了中华文明地理覆盖区域与国家行政版图的基本重合，中华文明共同体核心区农耕社会与周边区游牧社会之间的周期性的分合聚散从此结束。

从文明史的角度看，前古典社会、古典社会、帝制农业社会、帝制农商

---

① 唐中叶以至宋代，中国发生了诸多深刻的社会变迁。这是一个学术界很早就认识到的基本事实，但相关的解释却有许多差异，还需要继续研讨。此处需要特别指出的是，前人研究中影响甚大的内藤湖南在20世纪初期提出的“宋代近世说”无论从实证角度还是从理论角度看，都缺乏依据，如从其现实取向角度看，则更是出于从学术角度为当时日本侵华政策提供合理性的目的。笔者相关看法，参看《明史以外看明史：明史研究范式的四个问题》，《学术月刊》2010年第6期。其他学者的相关论证，可参看黄艳：《“贵族政治”与“君主独裁”——内藤湖南“宋代近世说”中的史实问题》，《古代文明》2014年第4期；黄艳：《内藤湖南宋代近世说研究》，博士学位论文，东北师范大学，2016年。

社会，是中国社会演变的几个大的阶段。其基本线索是中华文明本身的形成、文化与制度定向与内聚推演和社会发展，前后相承，不断演进，从未停滞。与欧洲的历史发展模式相比，并非循依同样的轨迹。

（五）中华文明传统与现代中国道路

19世纪中叶以前，中华文明经常发生外缘区域对核心区域的挑战。这种挑战都是中华文明内聚运动的表现，周边挑战者即使可能在军事上占据优势，但在文化上从来没有占据过优越地位，中华文明内聚过程并不因之而停止。19世纪的挑战则是中华文明遭遇的外部重大挑战，而且挑战者具有技术和制度乃至文化方面的一些优势，西方推动着一场全球普遍联系的时代浪潮。中国既不能置身在这个浪潮之外，也无法改变这个浪潮，只能适应这个浪潮。所以，在当时国际大环境下，中国与西方国家进入直接对抗状态之后，社会演变的原本逻辑就发生了重大改变，前述历史趋势和传统从直接的基础变成了更复杂背景中的部分要素。中国必须在普遍关联的世界体系中明确界定自己的位置，必须适应世界格局和形势改造社会制度和相关的文化，必须直面比以往更严峻的国际竞争。这就把帝制农商社会的中国直接放到了需要快速现代化——为此在很大程度上必须学习西方的历史节点。在清王朝统治衰落期，从列强围困的帝制农商社会向现代化社会转变，这注定是一个充满苦难的、需要很长时间的过程。中国现代化的历程，脚步凝重，但一旦完成调适，更为深厚的底蕴就使中国可能更稳固地自立于世界民族之林。

近代以来，在持久艰难的社会改造历程中，中华文明传统始终深刻地影响着中国发展的道路。

第一，中国保持了国家共同体的整体性。中国没有像许多亚非国家那样在西方殖民主义推进中沦为殖民地，也没有在日本旨在灭亡中国的全面侵略中瓦解，而是在始终保持着中华共同体的整体性的前提下逐步实现了现代化发展。从自强运动到君主立宪的尝试，再到推翻帝制、建立共和政体，进而扫荡军阀势力，抗击日本侵略，重新组建有效的政府，探索快速现代化的发展道路，这一过程虽然历时较长，但却是在欧洲向世界扩张的过程中为数不多的能够在现代化转变过程中较多保持文化自我和文明共同体整体性的例证。其根源，主要在于中华文明传统的凝聚力。

第二，中国形成的现代国家形态是族群国家（Multinational State），而不是单一民族国家（Nation-state）。中华文明史上，城邦不发达，核心区很早就凝聚为规模较大而且比较稳定的国家，并且形成相对于周边族群的经济、文化的优越性。这意味着中华文明的认同心理很早就开始了积淀。尤其是在汉代形成汉民族以后，中华文明的内聚就有了更稳定的核心人群为依托和趋于清晰化的文化内核，同时伴随着核心人群与周边族群的不断融合。在后来的发展中，无论最高统治集团的族属如何，以汉民族与汉文化为核心并具有一定开放性的多民族共同体一直是中华文明国家组织形态的基础。中华民族作为一个族群共同体，包含若干狭义民族，其中有的有自己的语言和文字，有的有自己的语言而没有文字，有的在演变中逐渐改用汉语言文字。这种在帝制时代就在发生的情况一直延续到了现代。这意味着现代中国依然是在一个文明共同体基础上构建的国家体系，而不是一个单一民族国家。现代西方的国家、民族理论主流倾向于认定单一民族构成主权国家的合理性，而对族群国家的合理性论证不清。这造成了理解现代中国时的许多歧义。中华文明的多族群国家历史和社会组成方式的确意味着核心区与边缘区认同的差异，但是认同大于差异。也正因为如此，中华文明具有博大的包容力和变通的能力。随着全球化的发展和人的自由度的提高，现代世界单一民族国家愈来愈少，族群国家正在成为普遍的国家共同体的基本组织形态。中国在这方面的历史经验可能具有世界意义，同时也会不时遭遇解构倾向的挑战。

第三，中国大幅度借鉴西方经验但并没有全面西化。欧洲率先进入现代社会，发展慢的国家学习西方是不可避免的，许多国家的现代化过程伴随西化过程，甚至以西化为目标。但是，现代国家依然是社会共同体，依然在各自特有的文化历史传统基础上发展演进，不同的文化历史传统与普遍性的现代精神、制度融合的时候，会形成差异的格局，而对于文明文化历史久远的社会共同体而言，其传统的现实影响力大于其他共同体。所以，较小的、历史短的社会共同体以及经历过殖民地历史的社会易于更大程度上西化，较大的、历史悠久的社会共同体则难以全面西化。而且，西化的可能性不仅基于选择，也基于条件。拉美国家曾经努力采用西方制度，但长期处于依附性社会状态或者强人政治状态。印度较早追求西化，但也没有进入发达国家行列。其中原因各自不同，但也有共同背景。[①]而且，现代西方社会制度与文化也有自己的问题，所以才会有后现代主义对之进行反思。这意味着中国的现代化发展需要更谨慎地摸索学习西方与保持自我之间的关系，需要根据国情摸索新的经验。

第四，中国没有在现代化过程中走向殖民主义、霸权主义和侵略。一些西方研究者看到日本在遭遇西方直接挑战之后进行社会改革的高速度，以之作为判断中国文化保守性的根据。但他们没有看到19世纪的中国的转变是一个自成理路的悠久文明的转变；而当时的日本的确是构成了一个文化社会共同体，但不构成一个自成体系的文明。日本可以像一个小行星般很快“脱亚”，实际是脱离中国的文化轨道影响，而中国却不能脱离自己，必须承担着整个中华文明来面对新的时局。中华文明的体量远超过日本，中华文明的本土因素也远深厚于日本，文明的嬗变需要足够的时间，过度急速的全面变革不得不借助极端的思想，会造成文化扭曲。所以日本在遭遇外来挑战后急速实现技术上的现代化，但嫁接来的欧洲文化难以在很短时间内化。日本过多接受了当时欧洲的殖民意识和侵略意识，与其固有的皇国主义、武士道之类文化汇合，就演出了从19世纪70年代到20世纪40年代近70年的殖民侵略、残害他者的罪恶历史。中国没有走向殖民和侵略的道路，不仅因为晚清中国内部问题太多和长期落后，也因为中国在文化取向上，更倾向于招徕远人，吸引内化，而不崇尚殖民拓展。这一传统，在中国国势崛起的时代，可能成为维持世界和平的一个有意义的历史遗产。

---

① 20世纪60年代以后，西方和拉美国家的一些学者，如特奥托尼奥·多斯桑托斯（Theotonio dos Santos）、萨米尔·阿明（Samir Amin）、安德烈·冈德·弗兰克（Andre Gunder Frank）等提出了“依附论”，大体认为现代资本主义是一个中心与边缘两元的结构，中心区国家即发达资本主义国家需要边缘区国家提供劳动力、原料和市场，这种结构使得边缘区很难达到发达区域的经济水平，所以长期结构性地依附于中心区。这一理论在阐释许多努力复制欧美体制的国家的历史道路时是发人深省的，但如用以分析中国道路，解释力就大为削弱。

第五，中国大众在现代化发展中保持了共同富裕的诉求。中国民本主义传统中包含比较深厚的均平存续诉求，万民乐业是社会合理性的目标和尺度，并不特别崇尚内部竞争发展。西方现代化发展，则主要通过资本主义竞争来推进社会经济繁荣，其主要优势是充分发挥市场作用，在一定程度上抑制政治权力滥用，主要弊端则是财富必然逐渐集中于少数人手中，从而形成严重的贫富分化和社会分裂。民主政治和相关法治体系虽能通过保护所有合法社会成员的基本人权而将贫富分化的后果做一定程度的中和弱化，但是从资本主义的历史经验看，贫富分化程度不曾缩小而在扩大，资本财富暨少数人控制支配社会的局面难以克服。而且，从世界经济角度看，发达资本主义的发达在一定程度上是建立在欠发达国家的欠发达状况基础上，这就是保持国家间世界性竞争的一般基础，因而资本主义体制不能带来人类社会的永久和平。资本主义体制和现代国际资本主义体系被安置在中国社会土壤之中时，会因为中国悠久的社会均平文化而形成比西方更严重的颠簸，中国帝制时代留下来的政治专制文化也会与资本主义体制的财富支配力耦合而形成比在西方更严重的少数人支配社会的局面。所以，中国社会发展即使遭遇许多艰难的问题，仍然需要选择普遍富庶、和谐平等的基本目标，既需要利用资本、市场、竞争带来的社会推动机制，也需要适当节制资本、权力对全社会的支配力。这作为人类的一种探索，有超过中国本身实现发展目的的意义。

并不是历史传统的所有因素都能有效地构成现代化过程中的正能量。比如中国古人注重天人合一，倾向于人与自然的和谐，但中国的现代化过程中却严重破坏了环境。也有一些宝贵的文化传统，在中国现代化历程中被过多地遗忘，没有发挥积极的作用。比如中国古代贤哲推崇社会和谐，现代中国却曾经过度推崇社会内部的斗争，演成社会悲剧。所以，历史和传统是当下人们生存发展的基础和经验财富，但当下的人们并不能一味顺流而下，还需要理性地采择弃取，变通借鉴。在这种努力中，无论如何，体察中华文明历史中展现出来的延续性、内聚性特征，思考中华文明演进历程的阶段性和社会文化特色，对于理解中国历史，把握现实中国的发展取径，都具有积极意义。

二

世界大变迁与明清中国

公元 1450 年至 1750 年之间的世界历史处于普遍联系和大变迁的特殊时期，世界各地的主要文明之间原有的相互疏离或平衡关系发生了改变，西欧成为世界各文明中最主动、活跃的力量。在这个时期，“最初在西班牙和葡萄牙，继而在荷兰、英国和法国的率领下，西欧获取了主要国际贸易航线的控制权，在美洲建立起了殖民地，在非洲以及亚洲部分地区以远为有限的方式建立起了殖民地。”[①]这一过程为欧洲社会的现代化转型做了准备，因而被视为“全球历程中的现代早期阶段”。但是，欧洲的崛起并不是处于这个大转变时代的世界历史的唯一主题，欧洲的崛起经历了漫长曲折的历程，其间其他地方，尤其是在欧亚大陆的中部和东部还在发生其他具有深远含义的历史运动。“这一时期也是以中东的奥斯曼帝国、亚洲的莫卧儿帝国、明帝国的形成，以及在摆脱了两个世纪的蒙古统治后俄罗斯的脱颖而出为开始的。”[②]关于明代和清前期的中国与这场世界大变迁关系的研究已经很多，但主要是考察该时代欧洲与中国之间所发生的相互联系和影响。这里要做的，则是对这一时代欧洲所发生的结构性变迁与同一时期中国所发生的相对应领域的推演进行比较，以求从这一侧面说明，在世界历史上的现代早期进程中，中国与欧洲

---

① 皮特·N. 斯特恩斯等：《全球文明史》，赵轶峰、王晋新、周巩固译，北京：中华书局，2006 年，第 476 页。

② 皮特·N. 斯特恩斯等：《全球文明史》，赵轶峰、王晋新、周巩固译，北京：中华书局，2006 年，第 475 页。

的社会历史演进虽然存在相似性和一定程度的关联性，但从基本结构与趋势角度而言，却有很大的差异。

（一）郑和下西洋时期的欧亚陆上帝国

建立于1368年的明朝，在经历初期的社会稳定和制度调适之后，就进入了前述的世界历史上的大转变时期。明朝建立的时候，欧亚大陆各国的相互往来已经有长久的传统，但却缺乏一种强而有效的力量将这种往来包容到一个广大的贸易秩序网络中。曾经控制欧亚大陆南端国际交流通道的阿拉伯哈里发政权趋于衰落，一度主导欧亚大陆交通秩序的蒙古帝国在明朝建立的时代分崩离析。到15世纪中叶，奥斯曼帝国兴起，在今天的中东一带建立了自己的控制区。但是奥斯曼帝国并不特别提倡海运贸易，而是较多地关注领土扩张和行政治理。曾经在基督教教权统治和分封体制框架下相对沉寂的西欧，则在14世纪以后逐渐发生着文化、社会转变，但一时还不具备大规模向全世界扩张的能力。在这种情况下，明朝在15世纪上半期举行了当时人类历史上最大规模的海上远洋贸易活动。从1405年到1433年，明朝派遣的大规模政府武装远洋舰队满载货物，到达了印度、中东和非洲东海岸，营建起来一个从中国东南沿海经印度洋、波斯湾、红海到非洲东海岸的贸易交通网络，并使得印度洋沿岸的诸多政权对明朝称臣纳贡。

这场大规模的远洋航行，无论在世界交通史上还是在科技史上，都是伟大的壮举。然而西方学者更为关注的是：中国的这场早于欧洲人的大规模武装远洋航行活动如果继续下去，就可能带来中国的海上霸权和中国式的大规模海外殖民，从而改写人类的历史。[①] 从技术角度看，这不无道理。但也是以欧洲历史文化为基础来考量的见解，实际问题要比这复杂。

第一，郑和下西洋是中央政府的行为，因而其全部开支都要由国家财政

---

① 关于郑和下西洋的文献与研究已经非常丰富，特别重要的是郑鹤声、郑一钧编：《郑和下西洋资料汇编》（上、中、下），济南：齐鲁书社，1980年。后经郑一钧增补，分为上、下两册，由海洋出版社于2005年再版。近年学术界的相关论述则可参看王天有等主编：《郑和远航与世界文明——纪念郑和下西洋600周年论文集》，北京：北京大学出版社，2005年；万明：《明代中外关系史论稿》，北京：中国社会科学出版社，2011年，第265—469页。

来支撑。而中国帝制时代的财政，包括明朝的财政，都奉行较低税收原则，以保持民生丰足为第一目标。所以，除非这种远洋航行能够收支平衡或者带来盈余，否则就不可能长期继续下去。而郑和下西洋虽然将大量域外珍奇带到中国，其财富价值却难以弥补开支。这与欧洲人在海外殖民贸易中获得巨大财富不可同日而语。与此相关，永乐、洪熙、宣德时期，北京作为晚近确定的首都，建设尚在进行中，相关开支已经造成沉重的财政压力。当时北部边疆的防御，也需要较大的开支。稍晚发生的欧洲人的远洋航行，虽然经常受到政府鼓励，但并不全部依赖政府财政，因而无论成败，都不对政府财政造成巨大的直接压力，政府也无需去决定是继续还是停止这类航行。

第二，《明史》记载，郑和下西洋的动机是“成祖疑惠帝亡海外，欲踪迹之，且欲耀兵异域，示中国富强”。[①] 此外还肯定包括搜罗海外珍奇，以满足皇室奢侈需求。踪迹建文之事无论虚实，肯定与殖民拓张无关。耀兵异域以示中国富强虽然包含更多国际关系含义，但最终也只是与所到各国家、地区建立往来关系，而非占据其土地。搜罗海外珍奇也不会直接导致海外殖民。因此，抛开海外殖民的道义合理性问题不论，即使下西洋活动继续下去，主要会形成的是中国政府对印度洋沿岸地区的影响力，不会形成中国官方或民间势力对这些地区的直接控制。

第三，中国帝制时代以人民为立国的根基、赋税的来源，对招徕远民内附的积极性远高于将人民送往远方的积极性。而且，明太祖朱元璋在《皇明祖训》中明确表述了对“四方远夷”不事征伐的立国原则。[②] 这在表明明代政府无意远拓的政策精神之外，还反映出中国政府不推崇殖民主义的文化倾向。所以下西洋活动即使继续下去，也难以演变成中国政府推动中国人大规模向海外移民的局面。当然，下西洋的确形成了长久的影响。即使在官方的

① 张廷玉等：《明史》卷 304《郑和传》，北京：中华书局，1974 年，第 7766 页。当代学者对于郑和下西洋目的包括耀兵异域，示中国富强，并无异议，但对于当时成祖是否也以踪迹建文帝为目的，意见尚不一致。

② 朱元璋：《皇明祖训》有：“四方诸夷，皆限山隔海，僻在一隅；得其地不足以供给，得其民不足以使令。若其自不揣量，来扰我边，则彼为不祥。彼既不为中国患，而我兴兵轻伐，亦不祥也。吾恐后世子孙，倚中国富强，贪一时战功，无故兴兵，致伤人命，切记不可。”《四库全书存目丛书》史部第 264 册，济南：齐鲁书社，1996 年，第 167—168 页。

大规模远洋航行停止之后，中国与东南亚地区乃至更远区域的交通航道还是顺畅的，一些中国商人前往这些地区经商，有的驻留下来，成为明清时代中国东南沿海对外贸易活动中的活跃人群。

更具有世界冒险精神的欧洲人在郑和下西洋停止以后的年代里逐渐主导了国际贸易，并且扩展到全球范围，连从前与欧亚大陆诸文明未取得直接联系的美洲也被卷入全球性交往中间。到18世纪中叶，人类世界的关系网络已经覆盖了全球。在这个网络体系中，发生了大量物种的传布。其中包括美洲的番薯、玉米、木薯、烟草等传入中国，加速了中国的人口增长和社会变化。在这个新的时代，“西方的扩张、世界商业网络的加强和全球化以及火药所导致的军事与政治效应”从诸多方面影响着各个文明的发展，“每个文明都不得不对这些潮流做出反应”。[①]

也是在15世纪中叶开始，以莫斯科公国为核心的俄罗斯逐渐摆脱了蒙古人的统治，随即强化沙皇极权统治，开始了对以中亚地区为主的多国的疆土扩张。这种扩张在基本特征方面还是直接扩大统治区域的行为，但沙皇们关注欧洲的繁荣，积极与欧洲各国建立文化往来和贸易关系。17世纪末，沙皇彼得一世在继续推行其先世沙皇的专制和扩张政策的同时，模仿西方，推动了俄罗斯经济文化的一些变革。其突出的成就是推动上流社会生活方式的西化，发展科学文教事业，并发展起了新型工业，从而长期保持了沙俄的强大军事实力。但是俄罗斯虽然推崇欧洲文化潮流，却没有发生持久深刻的文化思想蜕变。西化实际上强化了沙皇专制国家，却没有带来社会的全面变革。俄国农奴制延续到19世纪中期，沙皇制则到20世纪初才被废除。18世纪，俄罗斯同中国在黑龙江流域发生领土争端，经过一系列战役和谈判，签订了《尼布楚条约》，将双方边界确定下来。

1453年，奥斯曼帝国攻陷拜占庭帝国首都君士坦丁堡，随后将之变成了奥斯曼帝国的首都。在其后的两个世纪中，奥斯曼帝国版图扩大到叙利亚、埃及，并且横扫巴尔干半岛，攻入匈牙利，占据了环黑海和红海地区，称雄

① 皮特·N. 斯特恩斯等著：《全球文明史》，赵轶峰、王晋新、周巩固译，北京：中华书局，2006年，第480页。

地中海，甚至在 17 世纪后期直接威胁奥地利哈布斯堡王朝的首都维也纳。君士坦丁堡处于欧洲同亚洲的分界带，是欧亚交通的一个枢纽。虽然从 17 世纪起开始衰落，但是奥斯曼帝国一直延续到了 20 世纪。在以今天的伊朗为中心的地带还存在其他强大的政权，如建立于 16 世纪初的伊斯兰什叶派主导的萨菲王朝，一直延续到了 1722 年。奥斯曼帝国和萨菲王朝都曾使用比较先进的火器，包括滑膛枪和火炮。在更接近中国的印度，16 世纪初建立的莫卧儿帝国是南亚地区历史上最强大的穆斯林王朝，它把印度教与伊斯兰教融合并曾经一度辉煌。到 18 世纪初，莫卧儿帝国内部政治力量碎化，外国势力和地方诸侯各逞其能，英国人趁机在那里发展起自己的实力。

这些出现在世界历史大变迁时代的帝国意味着，在欧洲人展开殖民扩张的时代，世界历史并非立即笼罩在了欧洲人活动的阴影之下，欧亚大陆上仍在发生别种方式的繁荣昌盛，其中包含大量文化艺术的创新和科技进步。亚洲的几个强大帝国在沿着其自身内部的逻辑推演，它们虽然已经与扩张的欧洲紧密关联，但欧洲历史的逻辑并没有深刻改变亚洲历史原有的趋势。亚洲的这些帝国，都学习了欧洲在诸如火器方面的一些先进技术，但都没有因此而产生更深层面的考察和了解欧洲的热情，没有发生接近西欧的那种深层思想变革。

（二）西欧霸权兴起的节点与历史轨迹

明清时代的欧洲和亚洲都在发生变化，但引领后来若干世纪世界历史基本趋势的主动者，毕竟是欧洲。这不是由于包括中国在内的非欧洲地区没有发生变化，而是由于西欧发生了更深刻的变化。欧洲的变化涉及到社会结构、宗教精神、国家组织体系、文化意识形态到科学技术各个领域。变化的一些根源，早已埋藏孕育在欧洲中世纪甚至古典时代历史的土壤中。

恰好是在中国进入明清时代的时候，欧洲发生了对其后来历史产生深远影响的文艺复兴运动。以古典人文文化为旗帜的文艺复兴从一开始就具有一种普世主义精神，对人类和个人荣耀的信心激发了欧洲人对世界性探险的巨大热情，出现了若干富有进取性的君主制政权，成为稍后向外扩张的基础。商业精神则改变了社会结构和社会观念，科学原则也得到了高度注重。

随着新文化精神和生活方式的蔓延，对宗教在现实生活中角色的重新定位也开始了。16 世纪初，德国教士马丁·路德（Martin Luther）公开抗议教皇特使利用出售赦罪状聚敛财富，提出通过信仰而不是参加教会礼仪行为而获得拯救，以及教士应当可以结婚等主张。[①] 这不仅直接挑战了教皇的神圣性，而且启发了欧洲各国各阶层的人们去发泄他们受教皇长期压抑的对罗马的不满。关于国家教会摆脱罗马教廷控制的诉求伴随着各种新教派的兴起流行起来。其中，法国宗教改革家约翰·加尔文（John Calvin）在瑞士建立起加尔文教派，宣扬拯救的预定论和上帝选民说，影响波及德国、法国、尼德兰、匈牙利、英格兰、苏格兰，并且在 17 世纪传播到了北美。[②] 在这场宗教改革运动中，于 16 世纪后期进入中国的耶稣会在信仰层面是属于守旧的天主教阵营中的中坚力量，但是却又通过政治参与、普及教育和传教活动，推动了欧洲社会与其他社会之间的联系。宗教改革触动了欧洲社会组织的基础，导致 16 世纪中期延伸到 17 世纪中期的一系列宗教战争。[③] 这些战争显示出欧洲社会变革过程本身的巨大振荡性和深刻性。类似的情况，在中国并无踪影。宗教战争之后，天主教独尊的局面被打破，人们逐渐接受了宗教多元的理念，宗教本身的真理性也被进一步动摇。

科技明显推动了欧洲的政治变革。16 世纪初，波兰天文学家尼古拉·哥白尼（Nicolaus Copernicus）的日心说颠覆了地球中心说。其后的德国天文学家约翰尼斯·开普勒（Johannes Kepler）对行星运转规律进行了更为精细的解释。在望远镜得到改进的基础上，意大利天文学家伽利略（Galileo Galilei）验证了新的引力说并对行星运动法则做出新的探索，指出了传统宇宙观的谬

---

① 参看威尔杜兰著：《世界文明史之十九·宗教改革》，幼狮翻译中心编译，台北：幼狮文化事业公司，1977 年，第 1—31 页。

② 参看威尔杜兰著：《世界文明史之十九·宗教改革》，幼狮翻译中心编译，台北：幼狮文化事业公司，1977 年，第 190—195 页。

③ 参看威尔杜兰著：《世界文明史之十九·宗教改革》，幼狮翻译中心编译，台北：幼狮文化事业公司，1977 年，第 155—186 页、268—276 页。

误。英国生理学家威廉·哈维（William Harvey）解释了动物躯体以心脏为中心的血液循环。英国哲学家、实验科学的创始人弗兰西斯·培根（Francis Bacon）发表《新工具》一书，阐释了实验研究和科学主义的方法论。法国哲学家勒内·笛卡儿（René Descartes）提出了普遍怀疑，以人类理性重新审视一切的思想原则，创立了解析几何学，开辟了现代哲学和自然科学方法论的新路径。1687 年，英国物理学家伊萨克·牛顿（Isaac Newton）发表《自然哲学的数学原理》，提出了万有引力定律和牛顿运动定律，将天文学、物理学众多理论置于一个统一的自然规律框架中，奠定了经典物理学的基石。在科学探索和科学思维精神成为强大文化社会潮流的过程中，科学研究的保障体系也逐渐建立起来。文艺复兴以来受到世俗化和人文主义影响的各国政府，常常为科学研究提供资助，科研机构获得发展的空间，各种实验、演讲活动得以进行并获得推广。科学和理性，包括对于人类能够通过自身的探索和努力而进步的信念，逐渐成为欧洲普遍的文化氛围。

宗教权威的式微，中世纪封建体制的没落，殖民拓张利益，以及世俗文化的兴起，都促使欧洲各国的政治体制发生相应的转变。在宗教战争中加强了实力的君主，尽量将权力更多地集中到自己手中，强化军事组织和行政管理体系，酝酿更大规模的国际竞争和扩张。这一转变的积极后果是欧洲各国民族国家体系的形成。1648 年签署的《威斯特伐利亚和约》（*The Peace Treaty of Westphalia*），确立了尊重别国疆域、不干涉他国内政、国家主权平等的原则，至今仍是构成国际关系的概念基石。①

强化了国内文化认同感的欧洲民族国家在 18 世纪发生了一场更为深刻的文化变革。启蒙运动在法国兴起，逐渐主导了整个西方世界的思潮。这一运动倡导用理性精神认识自然和社会，主张个人可以凭借理性而不是盲目信仰获取精神自由，拥有自由的人民更能实现社会进步，个人基于自我利益而做出的行为在竞争环境下会促进社会经济的普遍发展，政府不应过度干预个人的此类行为和市场现象。新的知识潮流以及经过殖民地和国际贸易流入欧

① 参看闫瑜：《三十年战争和〈威斯特发里亚和约〉》，《德国研究》2003 年第 3 期。

洲的世界各地的产品，日益浸透民众的知识和观念，改变着欧洲的社会生活方式。西方的人口也随着美洲农作物引入以及新工业提供的就业机会增加而进入了快速增长期。

人类历史上，各文明之间的接触很早就在进行，但接触空间有限，在很多情况下并未构成文明演变的主要推动力。15 世纪以后，西欧各国高举着殖民和贸易的旗帜向外部世界快速扩张，整个世界终于被连贯成为一个密切关联的体系。

早在 13 世纪末，欧洲人已在尝试驾驶小型木船穿过直布罗陀海峡去寻找当时欧洲人意象中很模糊的“印度”。15 世纪，欧洲造船业取得了一些进步，并且通过阿拉伯人学会了使用中国人所发明的指南针，以及观测星象来测定船只位置的知识，地图测绘技术也有所改进。火药也与欧洲人的金属冶炼技术结合，产生了当时世界上威力最大的火炮。15 世纪中叶，正是中国的郑和下西洋消歇下来的年代，葡萄牙王子“航海者亨利”出于传播基督教和获取经济利益的目的积极赞助葡萄牙人航海探险。其后不久，葡萄牙和西班牙人就控制了大西洋上的亚速尔群岛、马德拉群岛、加那利群岛，并开始在新控制的区域进行殖民农垦生产，以其产品供应欧洲市场。从西北非运送奴隶参与殖民地生产也开始了。到 15 世纪末，哥伦布“发现”了美洲，达・伽马抵达了印度。此后不久，葡萄牙人到达了巴西并宣布对巴西拥有主权。16 世纪前期，葡萄牙人到达了印度尼西亚群岛、中国和日本。1519 年，斐尔南德・麦哲伦率领的船队从欧洲向西航行，绕地球一周，在 1521 年到达了印度尼西亚群岛，不久宣布西班牙对菲律宾拥有主权。16 世纪末，英国在欧洲海上争霸战争中打败西班牙，成为又一个海外殖民强国。17 世纪，英国人将北美东部海岸变为了自己的殖民地。荷兰、法国也加入到殖民扩张的行列中。荷兰在北美获取了一些殖民地，并于 17 世纪初排挤了印度尼西亚群岛的葡萄牙人。法国探险者则于 16 世纪中叶抵达今天的加拿大，将之变为自己的殖民地，然后从那里南下，进入大湖区和密西西比河流域。

殖民浪潮加强了世界各地的联系。美洲的玉米、红薯、烟草、蔗糖、马铃薯等作物传播到包括中国在内的世界各地，马、牛等欧亚大陆的牲畜则被输入殖民地。殖民地发展起了与世界贸易体系紧密关联的农业和工业制造业，在原住民被摧毁了的生活废墟上建立起殖民地政府。到 18 世纪，“新大陆”美洲的一些商人已经开始同中国直接进行贸易往来了。

殖民主义也传播了疾病，使从未患过天花、麻疹等欧亚大陆流行病的美洲等地原住民大批死于非命。[①] 人类历史上最残忍的直接奴役他族人民的奴隶制度也借诸殖民主义扩张而大规模复兴。这种大规模奴隶贸易和奴隶制构成了欧洲现代化发展的动力之一，所以欧洲现代化从一开始就带着血腥。18 世纪中叶，欧洲思想界才兴起谴责奴隶制度和奴隶贸易的思潮，英国于 1807 年正式废除了奴隶贸易，但在 1888 年巴西废除奴隶贸易之前，美洲的奴隶贸易一直没有结束。[②]

基督教传播一直与欧洲人的殖民主义扩张相伴而行。这种努力既是为了彰显基督教神的荣耀，也与扩大欧洲人在当地的世俗影响力一致。但是，欧洲人传教事业在亚洲的那些处于半原始状态的社会以及国家政治不发达的地区进展顺利，在亚洲大陆和日本这些本土文化比较深厚、国家政治相对发达的地区则都遭遇较多困难。中国虽有一些士大夫以宽容的态度对待基督教教义，但对皈依基督教却很少有兴趣，远不如对了解欧洲人的科技的热情那样高。相应地，明末清初活跃在中国的欧洲基督教传教者花费大量精力向中国人介绍他们的天文知识、大炮铸造、钟表修理等知识，但他们争取中国皇帝皈依的努力归于失败，他们争取士大夫皈依的努力也成效甚微，在下层民众中间虽然赢得了数量可观的皈依者，但那并不足以影响中国与欧洲的基本关系。

经过 3 个世纪的殖民扩张、财富积累、科技革命和社会变革，到了 18 世纪中叶，欧洲工业革命悄然来临。工业革命与政治革命同样构成现代西方霸权的基础。引发工业革命的因素很多，包括自然资源、人口压力、世界贸易、技术创新、政府推动、金融变革等。

18 世纪的英国首先发生将自动化机械装置应用于纺织机器中的变革。该世纪 70 年代，苏格兰技工詹姆斯 · 瓦特（James Watt）发明了可以作为工业

---

① 参看洪玲艳：《欧洲流行病入侵与北美印第安人社会变迁》，《史学月刊》2015 年第 3 期。
② 参看周世秀：《巴西奴隶制长期延续和最终废除的原因》，《拉丁美洲丛刊》1984 年第 6 期。

动力的蒸汽机。其后不久，机械纺纱和工厂体制即吞没了英国原来以家庭和小作坊为主的棉纺织业，早期的机械纺锤也得到了改进。煤和焦炭取代木炭应用在金属熔炼中，推动了冶金生产的进步。19世纪初，电报、轮船、铁路都发展起来，加速了信息和物资传送。蒸汽机动力机械使工业生产大规模集中到城市中，大批劳动者从农村汇集到城镇，从事细致分工和严格纪律的雇佣劳动。人口集中深度改变了社会生活方式和政府功能。所有西方政府都鼓励实业和科学教育，致力于改善都市生存条件和管理秩序。下层民众则要求普选权。19世纪中叶，欧洲发生了一系列体现底层民众生存诉求和自由民族主义的革命运动，许多国家在这些运动中得到整合。19世纪下半叶，欧洲工人阶级要求改善自身社会处境的运动仍然活跃，但是大规模的民众革命消沉下来，西方社会的各种社会势力之间达成了许多妥协。与此同时，普鲁士通过战争统一了德国。美国内战结束了南北分裂的局面，并且结束了奴隶制度。法国推翻了新帝国体制，重建了共和体制。

工业增长使西方国家成为世界制造业中心。把机器制造的产品推销到海外市场并获取海外原料和农产品，成了西方国家进行更大规模殖民扩张的核心目标。这时，轮船、来复枪、机关枪等机器工业产品使西方国家拥有了无与伦比的军事优势。到19世纪，包括后起的美国在内的西方工业帝国势力已经覆盖了非洲、南亚、中东及太平洋主要岛屿。

在西方工业化和帝国主义扩张加剧的时代，中国的清朝正处于中国帝制历史上的最后一个繁荣期。版图广大，人口增长，社会基本稳定，而且不仅国内商品经济繁荣，对外贸易也带来巨大的收益。[①] 在16世纪就竭力通过贸易和传教进入中国的西方人，基本被局限于中国沿海地区和若干点状分布的传教区域。18世纪末，清朝皇室与官僚腐败，社会动荡，人口压力严重，军队丧失战斗力，国家控制力全面衰退。这时，更为强盛且在毗邻中国的印度经营起前所未有的实力基础的英国开始通过将在东印度种植的鸦片输入中国来改变与中国的贸易关系。中国白银开始大量外流，导致国家财政困难，生

① 参看庄国土：《16—18世纪白银流入中国数量估算》，《中国钱币》1995年第3期。

产萎缩，失业增加，人民萎靡。清朝政府在 19 世纪中叶尝试禁绝鸦片，结果爆发了众所周知的鸦片战争。中国战败，西方殖民者终于跨出了直接进入中国内地的步伐。

（三）“现代早期”的中欧比较

明清时代的中国，一方面与西方的变局乃至逐步主导了世界历史演变的主流趋势相互关联，另一方面又与这场变局的核心区相对分离。从这场带来人类历史根本转变的大变局的结果向前回溯，中国不是这场变局的主动者，甚至不是积极参与者，所以才有 19 世纪中叶以后中西方直接撞击时感受的亘古未有之大震荡。在那以后的一个多世纪里，中外学术界和思想者一直在追问中国为什么没有能够与西方相向而行，为什么没有能够基于郑和下西洋时代的远洋航行能力在西方国家之先向世界扩展，甚至为什么中国没有率先成为现代化国家等问题。然而，迄今没有哪种相关的解释得到一致的认同。各种解释通常从某一学科视角出发。例如从经济学角度出发，将西方的社会变迁归结为资本主义兴起，并在这一基点上来追问中国明清时代的历史道路，提出中国为什么没有在明清时代发展起资本主义这样的问题。然而前述西方演变的历程表明，那是一场比一种经济体制的发生史要宏大得多的一场历时数百年且包含无数利益动机和矛盾关系以及选择的文明的嬗变，而且是多舞台的演出。如果把这场变革中导致西方社会组织方式、文化最终在 19、20 世纪主导了世界历史的重大事件理析出来，会看到一个长长的系列。其中至少包括文艺复兴、科技革命、宗教改革、殖民扩张、启蒙运动、政治革命、工业革命、帝国主义，以及资本主义的兴起本身。其中每个大事件又都各自体现在漫长的历程中，都在西方社会变革中发生了重要作用，而且相互之间又经常互为条件、互为因果。无数作用因子在推演的历程中产生、凸显，因此在许多重大的转变节点包含着诸多可能性。这样的一场长时段的复杂变迁，不能被包容在资本主义发生学这样的一个命题中，也不可能完全同样地发生两次。事实上，当西方在不断发生深刻变化的时候，世界上仍在发生其他具有深远影响的社会变迁运动，欧亚大陆上的奥斯曼帝国、苏菲王朝、莫卧儿帝国、沙皇俄国和中国的明清两个朝代都在此期间出现过与西方变迁不同轨迹的新繁荣期。而且，除了俄国以外，这些社会对于欧洲的变化都没有巨大的热情关注，没有一个国家自主选择了全面模仿西方。在欧洲工业革命以前，西方的殖民主义蚕食的是那些没有组织成为强大国家体系的社会，还没有表现出全面的“先进性”。如果我们把前述西方历史的重大事件作为线索，与同一时期中国所发生的演变加以比较，就会看到其间虽然有诸多关联甚至相似，但差异巨大，欧洲与中国两大文明所发生的变动并不在同一轨迹上。

1. 文艺复兴

文艺复兴是西方一系列重大演变的一个重要节点——如果不将其视为起点的话。中国没有发生类似的文艺复兴。个中原因，早就埋藏在中西两大文明的基本差异之中。复兴的核心含义是曾经兴盛的事物经历了衰退然后又再度兴起。欧洲文艺复兴所复兴的地中海古典文明的人文主义文化精神。这种曾经在古希腊、罗马时代繁荣昌盛的文化精神随着罗马帝国的衰亡，被北方“蛮族”粗陋的文化风气和基督教会势力的膨胀所吞没，从而在整个中世纪消亡殆尽，仅在欧洲东南部的拜占庭帝国之内有所保存，但也局限在狭义文化即知识文化的范围，不再是笼罩整个社会制度的主导性文明精神。因为发生过这样的文明中断，所以才有可能发生复兴。

中华文明具有延续性特征，古典时代的人文主义文化精神延伸到了后古典时代，既没有发生承载文明实践的主流人群的转移，也没有发生整个文明的宗教化或“蛮族”化。中国帝制时代的文化精英保持了相当完整的古典文化知识和精神取向，并不断地从古典文化的原点生发舒展，至明清时代，仍然具有生动的活力。所以，明清时代的中国思想文化界无可复兴，西方的文艺复兴没有发生在中国，是很自然的事情。这并不意味着中国历史在这个时代错过了什么应该发生的事情。然而文艺复兴这种事情具有一种文化革命的意义。它在欧洲精神文化世界启迪了一种对于当下事物的反省、批判、改造的氛围，并且实际上实现了古典人文精神与中世纪欧洲文化和社会体制之间的一场融合。明清时代的中国，虽有依然具有生命活力的文化精神，但缺乏文化变革的内在动力。

那么，当时传播到中国的西方文化为什么也没有造成文化变革的冲击力或魅力呢？这主要是因为文艺复兴以后在欧洲蓬勃兴起的新文化精神主要激荡在欧洲文化体系的内部，当时从欧洲传入中国的文化主要不是文艺复兴带来的新文化，而是基督教文化。尤其是在16、17世纪间，向中国传播欧洲文化的主要是天主教耶稣会士，他们虽然具有科学知识和个人道德修养，却是欧洲文化内部的保守主义者，他们所传播的东西，虽然包含许多新颖的科学知识，却主要是宗教信仰，这对于已经拥有信仰理念的中国知识精英来说还不构成一种足以促成全面文化反省的新文化。欧洲古典文明的曾经中断，在这场文化变革中成为一种新的财富，而明清时代的中国文艺复兴无从谈起。[①]

2. 科技革命

科技革命的根源深植于欧洲文化传统之中，包括古典时代就具有的注重分析的思维方式和中世纪形成的学院体制与对抽象知识与精密机械的热情，而文艺复兴带来的思想文化解放无疑是一个新的巨大推动力，同一时代欧洲人对外部世界增长的兴趣和实际需求也是科技发展的动力因素。在人类文明史上，诸如伦理、艺术等领域的演变常是推演的，中间经常发生状态循环和歧义并存，而以自然界为基本对象的科学技术则可以用直观的经验方式来衡量，因而更具有累积增长的性质。增长达到范式困境即达到原有的方法、理论预设被证明有明显缺陷的时候，就可能发生革命性发展。

明清时代的中国对于科技知识的实际需求处在平稳的状态，与这个时代的思想文化也处在基本平稳的状态一样，没有巨大迫切的变革需求。而且前现代的中国人倾向于民生日用，对于可以直接应用于经济社会实践的技术的热情超过对于纯粹知识和理论科学的热情，自然科学家很难作为一个特殊的

① 中国思想学术界有以清代汉学为中国文艺复兴的主张，并不成立，参看赵轶峰：《中国历史上有过文艺复兴吗？——中国与欧洲两大文明比较视野下的讨论》，《南国学术》2016年第1期。

职业人群在中国传统社会中获得崇高的地位，也没有发达的自然科学研究的社会保障机制。中国古人掌握一些精密仪器，但主要用于天文观测、历法编制，很少用于纯粹的物理、化学领域。总之，当欧洲发生科技革命的时候，中国并没有呈现出类似的现象，甚至也没有呈现出发生类似变革的迹象和一些必要条件。如果说科技革命是人类历史上的这场现代化运动无法缺少的一个环节，而这个环节没有也不大可能出现在明清时代的中国，那么当时中国与欧洲的历史变迁就不在同一个方向上。

3. 宗教改革

宗教改革是基于基督教信仰传统而在 16 至 17 世纪间发生的一场变革。天主教会自身的腐败、对民众的剥削、对欧洲各国政治的干预、文艺复兴带来的思想动荡、天主教信仰者内部思想的分化、下层信仰者对统治性信仰秩序的反感、欧洲各国与教廷关系的差异等等，都是发生宗教改革的相关因素。从社会后果看，宗教改革直接导致了欧洲天主教分裂，一元状态终结，路德教、加尔文教等基督教新教信仰流传，各国教会独立化，以及白话宗教文献带来的新宗教信仰在下层社会的普及。然而这场宗教改革改变了欧洲人的宗教信仰方式和宗教生活方式，却基本没有动摇欧洲人对基督教本身的信仰。

耶稣会是在 16 世纪中叶作为完全忠实于教皇和天主教信仰的反新教改革组织而建立起来的。即使把耶稣会士向亚洲等地的传教活动视为广义宗教改革的表现之一，还是不能忽视其带到亚洲的思想并不是当时欧洲正在发生的深刻社会文化变革的主流，因而也就不足以把中国思想文化与欧洲思想文化的前沿概念、话语连接起来。

明清时代中国人的信仰取向与当时欧洲人的信仰取向全然不同，这不仅在于中国没有基督教信仰，而且在于中国没有一个统一的宗教权威来笼罩社会上的教会组织。当时中国最有影响力的佛道两大宗教，都在中央政府的控制之下，表示僧道合法身份的度牒都是由世俗政府发放的证书。[①] 在这样的

---

① 参看赵轶峰：《明代僧道度牒制度的变迁》，《古代文明》2008 年第 2 期；赵轶峰：《度牒制度与清前期社会制度变迁》，《求是学刊》2008 年第 4 期。

局面下，中国的宗教无论发生什么改革，都不会造成巨大的社会变动。那么，如果承认宗教改革是欧洲大变革的一个内在的组成部分并且对于其后来的推演发生了作用，同样的过程在中国不仅没有发生，而且不可能发生。

德国社会学家马克斯·韦伯（Max Weber）在《新教伦理与资本主义精神》中提出，欧洲宗教改革推出的新教伦理是欧洲资本主义发展的主要推动力。[①] 此说受到许多学者的质疑，但是所有的质疑能够令人信服地看到韦伯对新教伦理对于欧洲资本主义发展作用的夸大，但并不能推翻其关于新教伦理构成欧洲资本主义发展时代更积极的价值观基础的认识。欧洲的宗教改革是一场宏大的社会思想变革的组成部分，明清中国即使存在一些与新教伦理类似的价值意识线索，也没有同样的思想变革。中欧历史在这一个节点没有汇合。[②]

4. 殖民扩张

殖民扩张是欧洲变革在世界历史图景中最直接鲜明地表现出来的特点。从技术角度说，达·伽马和麦哲伦的航行并不比郑和下西洋时的航海水平有本质的突破，以郑和船队的规模和技术也可以实现跨太平洋、大西洋的航行。当时中国没有进行向更远方向的航行，是由于文化和国家政治的原因，不是由于技术的原因。以郑和船队的军事实力，当时至少也可以实现如后来葡萄牙人对印度洋沿岸弱小民族、社会的殖民控制，或者建立比较稳固的贸易集散中心，但是这样的事情并没有发生。所以，欧洲早期殖民主义的特殊基础是欧洲的外向文化、更强烈的对外贸易需求和探险精神。

而且，欧洲人在 16 世纪的殖民扩张，很难说是一种资本主义经济体制的扩张，因为欧洲人当时所做的主要是贸易，商业资本是在前资本主义时代就已经发展起来的经济现象，类似的贸易在古典时代的地中海随处可见，在同一时期甚至更早时期的印度洋沿岸也已经非常发达。欧洲人的不同之处，不

---

① 参看马克斯·韦伯著：《新教伦理与资本主义精神》，于晓、陈维纲等译，北京：生活·读书·新知三联书店，1987 年。

② 余英时教授曾为探寻明清时代中国宗教伦理中与“新教伦理”相似的新伦理观做过认真的研究，参看余英时：《中国近世宗教伦理与商人精神》，台北：联经出版事业公司，1987 年。但余先生所发现的相似性是在剥离社会环境后的相似，并不能表明当时中国的社会趋势与欧洲是相似的。

过是在其实现贸易的方式中使用了更多的武力。到工业化和殖民帝国主义时代，西方才兼具了航海和军事技术上的明显优势，同时也拥有了壮大的资本主义经济机制作为基础。同一时期的欧亚大陆，还在不断地发生更为传统性的陆地扩张，包括奥斯曼帝国、沙皇俄国，都在向新的空间拓展，即使清代的中国，也实现了对周边一些原来控制松散区域更直接的管理。这就是说，欧洲人当时与欧亚大陆的几个帝国一样具有了扩展能力和精神驱动的时候，没有陆地空间可供其实现拓展，只能向海上扩张。陆地的扩张是核心区权力的直接伸展，一般需要将新开拓地区纳入行政管理系统，因而与国家空间控制、管理能力相对应，受到交通、信息条件和财政能力更大的限制。海外殖民扩张皆以所到之处的财富为目标，并不要求宗主国直接的财政支撑和管理，一旦立足，就可能作为相对独立的体系单独发展。这样看，现代早期的欧洲与欧亚内陆的几个帝国外向能量发挥的途径不同，主要与其内在需求、文化、地缘环境相关。这些差异，使欧亚大陆的几个强国并非不知欧洲人之所为，但皆没有起而效法，也没有谋求与之在海上竞争。

然而，海外殖民的确构成了欧洲后来快速发展的必不可少的条件。第一轮欧洲资本主义发达国家，都是殖民主义国家。接下来是美国那样的由原欧洲人主导的殖民地独立而建立的国家。即使在海外殖民扩展中动手较晚的德国，也在非洲拥有殖民地。在这种意义上看，殖民主义如果不一定是在逻辑上也肯定是在事实上是西方现代化的基本条件，为西方各国资源、市场、劳动力、财富、人口发展提供必不可少的基础。而这个基本条件本身，直接意味着对无数弱势社会的奴役和掠夺，伴随着人类历史上最大规模的奴隶制度，酝酿着更大规模的帝国主义和空前残酷的国际竞争，资本主义的兴起本身只是其诸多后果中的一个后果。正是在这种意义上，马克思指出，“资本主义来到世界上，从头到脚每一个汗毛孔都滴着血和肮脏的东西。”[①] 到了帝国主义时代，世界上一些尚未实现工业化的国家宁可让双手沾染血和肮脏的东西，也要努力跻身于列强之林。然而到了那时，欧洲早期相对轻松就可以实现的

① 中共中央马克思恩格斯列宁斯大林著作编译局译：《马克思恩格斯全集》第23卷，北京：人民出版社，1972年，第829页。

殖民扩张空间却已经消失，于是殖民主义的最后一轮浪潮分外残酷和野蛮。19 世纪末到第二次世界大战期间，日本对中国、朝鲜、东南亚和南太平洋地区的侵略，就是其突出的表现之一。

将殖民主义的不合伦理性暂且搁置一边，前述情况的含义是，殖民拓展只有有限的空间，这种空间消失的时候，尚未发达的国家就不再可能模仿现代早期的欧洲人那样通过获取殖民利益来推动本国的经济社会发展。所以，后发达国家并不可能重走欧洲现代化的道路。从这种意义上说，明清时代中国的历史道路，与欧洲的历史道路也不在同一轨迹上。

5. 国家体制改革

国家体制改革是欧洲现代化早期就开始的一个漫长过程，各国走过的道路有诸多差别，但都经历了重大的改组变动。其间普遍的情况是层级分割的封建权力架构基本瓦解，原有的主要权力支配阶层——贵族失去了社会主导地位，形成了更具有统一行为能力的，具有民族国家认同和国民意识基础的国家行政体制。当文艺复兴发生在欧洲，乃至 16 世纪欧洲各国推动海外殖民的早期浪潮的时候，欧洲各国还处于封建性的王权政治体制下。17 世纪的欧洲各国也非由民主政治主导。民主政治体制基本是于 18 世纪后期展开的，其后还发生过旧体制回潮的复杂推演过程。而且欧洲的民主政治，颇受美国政治的感染，而美国是殖民浪潮本身的产物。民主政治既然不是欧洲各国早期现代化进程的必要条件，而是欧洲各国现代化历程的中间结果，那么其他地区在早期现代化时期没有发生欧洲式的社会变革的原因就不在于缺乏政治民主的基础。但是，在现代化高度发达阶段，民主政治体制就成为了一个巨大的加速器，乃至现代化本身的内在含义之一。

欧洲政治变革的早期内容首先是摧毁旧式封建体制，形成集权和世俗化的民族国家，然后是民主政治的逐渐蔓延。之所以如此，应与早期现代化时期欧洲各国既有的等级分割的封建政治体制密切相关。封建政治体制妨碍国内市场的发育，也不利于逐渐变得更为严酷的国际竞争和海外扩张，反倒与教会权力支配有更大的契合性。所以，封建王权、贵族虽然支持海外殖民，却在海外殖民发展推动的一系列后续发展中走向没落。专制王权则一度整合了欧洲各国的国内市场，增强了民族国家认同，为各国宗教改革提供了条件，更有力地推动了殖民扩张，甚至促进了庶民文化的繁荣。欧洲各个政权并立的格局，也激发了更强的竞争意识并容纳了较多的创新机缘。

同一时期的中国已存在中央集权的体制，贵族、宗教势力早就被限制在相对次要的地位，中央集权制也能发生维护国内市场秩序及提供文化秩序框架的作用，并且也具有一定国家、民族凝聚的作用。但是，中国当时的国家体制并没有发挥出推进现代化的重大作用。它将晚近快速繁荣起来的商业资本和学术文化都纳入到以国家统治稳定为核心目标的体制格局掌控之内，推动形成了一种帝制体制与商业、文化繁荣并生的局面，这种类型的社会稳定与繁荣，消解了社会直接变革的诉求和能量。

6. 工业革命

如果欧洲没有在 18 世纪发生工业革命，那么欧洲各国的殖民扩张可能终究会停止在欧亚大陆几个传统大帝国的门外，资本主义经济体制不会很快弥漫于全球，欧洲的政治、社会运动也未必会蔓延形成全球性的新秩序。

许多历史学家，主要是我国的历史学家，投入巨大的精力来探寻明清时期中国的资本主义萌芽，以便说明当时的中国也在发生与欧洲同样的历史变迁过程。[①] 但是，论者所说的“资本主义萌芽”，主要用为市场而产生的企业雇佣劳动关系来界定，有的甚至将商业资本运作也作为资本主义的早期萌芽来考虑。但是，这类与资本主义经济秩序相吻合的社会经济因素，并不一定会成长壮大成为资本主义经济秩序，也不一定能构成向资本主义主导的经济秩序稳步推进的历史过程。商业资本在中西文明的古典时代已经产生，但只能达到商业繁荣，却不能催生出资本主义体制。在中国的明清时代，不只中

① 参看南京大学历史系明清史研究室编：《明清资本主义萌芽研究论文集》，上海：上海人民出版社，1981 年；南京大学历史系明清史研究室编：《中国资本主义萌芽问题论文集》，南京：江苏人民出版社，1983 年；吴承明：《中国资本主义与国内市场》，北京：中国社会科学出版社，1985 年；田居俭、宋元强编：《中国资本主义萌芽》（上、下册），成都：巴蜀书社，1987 年；李文治等：《明清时代的农业资本主义萌芽问题》，北京：中国社会科学出版社，2007 年。

国，还有欧亚大陆的若干强大帝国，乃至欧亚交接部及印度洋沿岸各国，都有发达的贸易，甚至有很复杂精细的贸易秩序。但后来除了欧洲，都没有基于商业繁荣而进入资本主义体制。所以商业资本是诞育资本主义的必要条件，却不是充分条件。雇佣劳动关系在中欧历史上也很早就有发生。[①] 商业资本经营运作的是商品交换，商品交换的基础是商品生产，在商业资本存在的前提下，只要生产环节中发生自由人的有偿劳动，雇佣关系就会发生。这在明清时代的欧亚大陆上并不罕见，却大多没有引发资本主义经济体制的快速发达。因而，雇佣劳动关系也是诞育资本主义经济体制的必要条件，但不是充分条件。其间难以跨过的环节是工业革命。也就是说，即使在发生资本主义萌芽的情况下，如果接下来没有发生工业革命，资本主义主导的经济体制就不能形成。

回溯地看，引发欧洲工业革命的因素包括煤炭等新能源的发现、人口增长、世界贸易发展、科技革命、政府推动、金融体制变革等。在这些因素中，同一时期中国完全缺失的是技术创新，其次是金融体制虽有变化，但并未形成充分市场化的金融运行体系，再次则是程度性的，包括世界贸易远不如欧洲活跃，政府对工商业推动不及欧洲各国有力。技术创新，指带有革命性的运用机械动力而产生的技术创新，在明清时代的中国踪影未见，其原因深植于自然科学观念和科技发展的社会体制环境中。所以，明清时期中国的资本主义经济关系“萌芽”虽然提示着当时中欧经济历史的共性，但欧洲发生工业革命，而中国不仅没有发生工业革命，而且没有确切的工业革命迹象，这是 18 世纪中欧历史道路差异的明确标识，而其原因却又深深埋藏于此前的历史基础，尤其是 15 到 17 世纪间的历史推演中。

7. 启蒙运动

17、18 世纪欧洲发生的启蒙运动，重塑了欧洲社会文化精神。这一场重塑，直接的背景正是前面所梳理的 15 世纪以降欧洲社会历史多方面的演变，

① 如秦末人陈涉年少时就“尝与人佣耕”，见司马迁：《史记》卷 48《陈涉世家第十八》，北京：中华书局，1959 年，第 1949 页。

间接但非常重要的背景是古典文明在中世纪的断裂。这种断裂到复兴的波折，造成了欧洲文明演进过程中更强的革命性。中世纪长久的封建统治和宗教文化对理想、人文精神和公民社会生活的压抑，在新的社会条件下恰好成为一种强烈社会改造的动力。中国古典文化虽然也经历过一些挫折和变异，但是其主要原典始终存世，始终构成中国政治、文化精英阶层思想的依据和社会秩序的理念基础。这一方面反映出中国古典文化长远的社会实践有效性，同时也蒙蔽了其深度反省的机缘。

自梁启超以后，曾经有一些学者着眼于明清之际对专制皇权的批评言论，将其突出者如顾炎武、黄宗羲、王夫之等人的思想称之为启蒙主义。[①] 这种比附从单一思想要素的角度看并非全无着落，但是如果看到欧洲启蒙运动长久孕育的社会背景及其重塑整个欧洲社会思想文化的结果，就无论如何不能忽视两者的巨大差别。更重要的是，欧洲启蒙运动带来的不仅是个别激进的封建主义批判思想，而且是整个社会体系的公共性基本原则的确认和系统阐述，是一场全社会的知识、文化、政治、社会运动。在其漫长的过程中，崇尚知识、理性的自由公民文化溥被整个社会，个人尊严与公共社会的重新建构同步进行，哲学、科学、新社会思潮相辅相成，而不是仅仅被个别思想者思考。这个问题与所谓“资本主义萌芽”问题类似且相互关联，但个别要素性质的类似，与同质的社会转型趋势不是一回事。明清时代的中国思想文化虽有多方面的新动向，但其强度与同一时期的欧洲对比，还是温和得多，在诸多方面还沿着先前既有的推演逻辑进行，没有形成全面深刻文化反思的社会条件。在古典时代以后，中国思想文化在具有较强延续性的基调轨迹上代有变化，但最大的具有深刻反思性的变化却是在 19 世纪末和 20 世纪前期。大约一个世纪的思想探索，重塑了中国的社会文化精神。

8. 经济资本主义

从前面的梳理看，欧洲现代化并不能被简单归结为资本主义的兴起历程。从文艺复兴到工业革命和欧洲帝国主义发展，经历了大约 500 年复杂的历史

---

① 参看侯外庐：《中国早期启蒙思想史》，《中国思想通史》第 5 卷，北京：人民出版社，1956 年。

推演，发生的变化涉及社会各个层面，是比经济体制变化更宏阔的整体性变化，实质是文明的嬗变。经济体制作为社会基础层面的结构系统，肯定与所有的变化都发生关系，但不能单独存在，从来是运行于整个社会体制之中的。经济资本主义既然从来不是一个纯粹经济现象，也就不存在经济资本主义作为一个原动力推动欧洲思想和社会变革的逻辑，经济变革是与思想和社会变革交融并行的。

在比较的视野下，与前述其他领域的变革相比，经济资本主义似乎是在欧洲与中国 15 到 18 世纪历史上都曾出现的，早期都是商业资本支配地位的上升。从资本、雇佣劳动、商品生产、商品市场这几个要素看，中国与欧洲经济在 15 到 17 世纪有大量的共性现象，中国虽然没有海外殖民地，但其商品也有很大的海外市场。然而，中国的商业资本从来没有能够发展成为在社会体系中足够独立的势力，明清商人与官绅形成了紧密的关系，或者受制于政府与官绅，或者身兼商人与官绅双重身份。大商业资本一般通过专卖制度、公行制度、捐纳制度与朝廷形成利益纽带，一方面成为既有国家政治体制中的既得利益者和支撑势力，另一方面则失去了不受政治限制的发展潜力。这种结构并未使中国的商业发展窒息，但却衍生出一种非自由或者半自由的市场秩序，使得资本、市场处在政治权力直接制约之下，经济学意义上的那只神秘的“看不见的手”是系在朝廷裤带上的。朝廷也并不总是设法破坏市场经济，但却有诸多摆布商人和市场秩序的工具手段。到欧洲发生工业革命以后，欧洲的经济资本主义获取了大机器工业的支撑，工业资本地位明显上升，而同一时期中国的资本运行仍旧由商业资本支配，与欧洲的经济体制差别，遂判为两途。

搁置殖民地问题不论，资本主义在明清时代的中国可以萌芽，但不能获得自由发育的温床，即没有将经济行为合理化、理性化、法制化、摆脱政治力常态干预的社会环境。所以中国即使有资本主义的萌芽，直到 19 世纪中叶，也没有可以称为“主义”的经济资本环境。然而，欧洲的资本主义兴起，从一开始就与国际市场联系，包括与中国经济联系，中国也感受到了欧洲资本主义发展过程带来的触动。

综上所述，明清时代的中国并没有孤立于现代化的世界大变革之外，但欧洲是人类历史上这一次大变革的主要推动者。同一时期中国所发生的社会变动，与欧洲的变动之间有关联，有相似处，但总体而言不在同一轨道上。二者之间的差别，并不比二者之间的相似性更难于察觉。

欧洲发生深刻变动的根源在欧洲文明传统的深处。变动最初的明显节点是欧洲南部开始的文艺复兴。将欧洲变动推演成为全球性历史运动的主要事件是欧洲人的远洋探险及与之伴随并日益发展的殖民浪潮。欧洲变革的前期虽然采取了外向进取的积极姿态，但无论从科技还是财富能力角度，抑或国家管理功能角度看，都不比欧亚大陆的几个强大帝国包括中国更为发达。只是后者各自还在先前已经展开的自身演变路径上继续行进，与欧洲的变化并没有构成共振和弦。文艺复兴与接下来持续数个世纪的文化思想解放变革运动以及海外殖民带来的知识与财富，与科学知识的飞跃式发展一起，极大地增强了欧洲各国的实力和变革能量。到了 18 世纪，当欧洲通过启蒙运动、工业革命和政治革命重塑了自身体制与文化精神的时候，欧洲在接下来两个世纪的世界历史进程中的主导格局就难以动摇了。这场世界性大变迁过程中的中欧差异，在根源意义上说是文明之间的差异，在过程的意义上说则是不同文化精神和社会组织、运行方式的差异。

因此，所有试图通过单一要素，无论是雇佣劳动关系、GDP，还是伦理价值的比较，来分析中欧历史道路的相似的关联性的方法，能够说明的问题都甚为有限，有时甚至是误导性的。在关于这个时代的研究中，必须正视中欧历史道路既有差异又有关联的特性。

在这场巨大变迁发生的大约 500 年间，中国并不是唯一没有及时调整发展方向的社会。欧洲以外其他地方的变动，都有自己的基础和惯性，也在与欧洲关联密切起来之后，具有被动性。同时，没有任何东西证明，这种在特定的历史背景和特定时代发生的被动性，是永远不能改变的。

三

明代中国的有限开放性

中国学术界和诸多西方学者中一直回响着一种关于明清时代中国“闭关锁国”的说法。这实际上是关于中国历史长期停滞论的一个支脉言论——长期停滞的中国在对外关系方面体现为闭关锁国，闭关锁国又强化了中国的长期停滞。中国历史长期停滞的说法，自亚当·斯密在《国富论》中多次用“停滞不前”之类言语判定中国历史特征之后，成为西方思想理论界看待中国历史的基调。亚当·斯密说：“长期以来，中国一直是最富有的国家之一，是世界上土地最肥沃、耕种得最好、人们最勤劳和人口最多的国家之一。但是，它似乎长期处于停滞状态。五百多年前访问过中国的马可·波罗所描述的关于其农业、工业和人口众多的情况，与当今的旅行家们所描述的情况几乎完全一致。也许早在马可·波罗时代以前，中国就已经达到了充分富裕的程度。”[①]黑格尔在《历史哲学》中也说：“中国很早就已经进展到了它今日的情状；但是因为它客观的存在和主观运动之间仍然缺少一种对峙，所以无从发生任何变化，一种终古如此的固定的东西代替了一种真正的历史的东西。中国和印度可以说还在世界历史的局外，而只是预期着、等待着若干因素的结合，然后才能够得到活泼生动的进步。”[②]在这种语境中，马克思在《中国革命和欧洲革命》中也说过：“与外界完全隔绝曾是保存旧中国的首要条件，而当这种隔

① 亚当·斯密著：《国富论》，唐日松等译，北京：华夏出版社，2005年，第55—56页。
② 黑格尔著：《历史哲学》，王造时译，上海：上海书店出版社，2001年，第117页。

绝状态在英国的努力之下被暴力所打破的时候，接踵而来的必然是解体的过程，正如小心保存在密闭棺木里的木乃伊一接触新鲜空气便必然要解体一样。”[①]他们提出或重述此类看法的时候，欧洲知识界对中国历史的了解并未建立在足够深入细致的实证研究基础上，却一起构成了很长一个时期欧洲人关于中国意象的基调。在这一意象基础上，20世纪西方学者魏特夫提出了解释中国历史特色的古代东方专制主义说，后来的美国学者费正清又在其阐释亚洲历史的论著中，尤其是在对中国与日本近代史的对比中，以及展开其中国近代化依赖于西方刺激的模式说中，继续强调了明清时代中国的封闭性。另外，20世纪前期还有一些外国学者，出于服务于本国对华政策的意图，刻意强调中国社会发展的停滞、封闭特性，以便为其染指中国事务提供某种合理性的话语支撑。我国的主流学者在20世纪80年代以前，在中国历史是否停滞问题上有所争论，但却大都强调现代中国的革命性兴起，延续了明清时代中国封闭性的看法。其后，西方和中国学术界都对先前漠视中国本土发展机制的成见做出了一些批判性的反思，支持明清中国封闭说的声音趋于降低，但持此类基本看法者仍不乏其人。[②]与此同时，中国学界在晚近时期出现了许多考察明清时期中外交往的著述，梳理出了更为生动具体的明清中国与外部世界关联互动关系的画面，但是对于该时期中国对外关系的基本格局，却还没有明确的总体论说。[③]在此基础上，对明清时代中国对外关系的基本格局做出明确的判断，是必要的。

明清时代中国的商业经济占有很大的比重而且处于上升态势，当时的社会组织方式也表现出引人注目的庶民化、流动性、自由性，当时的文化政策

① 马克思：《中国革命和欧洲革命》，《马克思恩格斯选集》第2卷，北京：人民出版社，1972年，第3页。

② 20世纪80年代以来表达明清为闭关锁国时代看法的论著仍有很多，不能尽举，参看黄国强：《试论明清闭关政策及其影响》，《华南师范大学学报（社会科学版）》1988年第1期；徐明德：《论十四至十九世纪中国的闭关锁国政策》，《海交史研究》1995年第1期；薛国中：《论明王朝海禁之害》，《武汉大学学报（人文科学版）》2005年第2期。

③ 学术界已有学者对明清时期“闭关锁国”说提出不同看法，但并未详加阐释，如刘军：《明清时期“闭关锁国”问题赘述》，《财经问题研究》2012年第11期。还有个别学者提出了“有限开放”这一概念，如雷斌、鲜于浩：《有限开放与闭关趋向的交汇——16至18世纪澳门在中西交流史上的作用》，《中华文化论坛》2006年第2期。但该文仅就澳门这个特殊地区而言，同时认为明清时期中国对外政策的基本格局仍然是“闭关锁国”。

和文化心态也具有一定包容性。这种具有很大活性的社会在逻辑上说，内部之间与内外之间都会有大量信息、物质置换行为，很难会是高度封闭的。从“话语”角度说，明清两朝的官方文件乃至史籍中，都并未使用“闭关锁国”“封闭”这样的语汇。这意味着当时的中国，可能并不具有自我封闭的政策取向或者文化倾向。当时也并不存在一种外在力量迫使中国封闭。关于明清中国封闭性的论说，夸大了当时中国的封闭性特征，忽略了同一时期中国社会也具有的开放性特征。然而，明清时代的中国，也肯定不是“开放社会”，综合考量，应该概括为有限开放的社会。

（一）明代的“海禁”

在明确或模糊地将明代中国看作封闭社会的论说中，最初的例证大多是明朝初年的“海禁”，以及“海禁”在后来的断续延伸。严厉的海禁，肯定会造成对外贸易的阻隔，但问题是，明清时代的海禁因何而行？海禁在明清约5 个世纪间实施的状况如何？这是判断所谓“海禁”在何等程度上造成了明清时代中国的“封闭”时需要追问的。

自元朝开始，以日本为基地的倭寇侵扰中国东部沿海边境的事件经常发生，明朝建立以后愈加频繁。从频率言，洪武 30 余年间，平均每年约有一次较严重的倭寇侵扰，仅少数年份没有记载。从地理范围言，倭寇侵扰覆盖整个东部与东南海岸线数千里区域，构成了对明朝国土安全及其治下民生的巨大威胁，促使明朝对此威胁的来源地高度警惕。洪武初，明朝曾积极与日本南朝交涉，以求通过建立朝贡关系，形成中日和平、倭寇止息的格局。但在了解了日本南北两政权皆处于权臣控制下的局面以及交涉受挫后，明朝转为消极外交，积极防御。洪武二年（1369 年）二月，明太祖朱元璋致日本国主书明确提出，日本无论“奉表来庭”，还是“修兵自固，永安境土，以应天休”，都可实现与明朝和平并处，只是不可“必为寇盗”，其中没有实行海禁之意。此书没有获得积极反应，其间倭寇又侵扰不止，于是朱元璋于洪武四年（1371

年）底发布加强东南海防的诏令，提到“仍禁濒海民不得私出海”。[①] 洪武七年（1374 年）编成，后经多次修订，在洪武三十年（1397 年）重新颁布的《大明律》中将与“海禁”有关的条款列于《兵律》，显然是将此事作为国防事务对待的，并不表明这是明朝对外基本方针。“海禁”令发布之后的洪武五年（1372 年），明太祖曾向日本北朝持明天皇转达通商之意，书内有“商贾不通，王宜通之”之语，并提到希望“修两国之好，使商贾交通，民安其土，兵不加境”。[②] 其后，倭寇不止，明朝在沿海地区采取了更为严厉的举措，包括迁徙沿海居民内撤、禁止人民入海捕鱼。这都是明确针对倭寇侵扰而行的边疆防御政策。从立意角度说，明初“海禁”政策并不意味明朝初年实行了闭关锁国的政策。

由于明初海禁是为了应对倭寇侵扰这一具体时局而实行的对应的、有条件的举措，并未刻意追求与外部隔离，所以在“海禁”期间，对外贸易并未停止。洪武时期编定颁行的《大明律》中有关于民间对外贸易的管理规定，载于《户律》而非《兵律》：“凡泛海客商，舶船到岸，即将物货尽实报官抽分。若停塌沿港土商牙侩之家不报者，杖一百；虽供报而不尽者，罪亦如之，物货并入官，停藏之人同罪。告获者，官给赏银二十两。”[③] 这里提到的“泛海客商”，显然是民间商人，其泛海贸易，入境时报官纳税，当为合法。洪武四年七月，朱元璋“谕福建行省，占城海舶货物，皆免其征，以示怀柔之意”。[④] 洪武三十年八月，明太祖曾回忆说：“洪武初，海外诸番与中国往来，使臣不绝，商贾便之。”[⑤] 他在此处所说的商贾，多半指伴随朝贡使臣入明贸易的商贾，这也可表明明太祖并不希望禁绝商贾来华贸易。《明太宗实录》也曾记载明成祖对礼部的话，说：“太祖高皇帝时，诸番国遣使来朝，一皆遇之

① 《明太祖实录》卷 70《洪武四年十二月丙戌》，台北：台湾“中研院”历史语言研究所校勘本，1962 年。下文所用明各朝实录皆出此本，不再一一注出。

② 克勤：《致延历寺座主书并别幅》，伊藤松辑，王宝平、郭万平等编：《邻交征书》，上海：上海辞书出版社，2007 年，第 226 页。

③ 怀效锋点校：《大明律》卷 8《户律五 • 课程 • 舶商匿货》，北京：法律出版社，1999 年，第 80—81 页。

④ 《明太祖实录》卷 67《洪武四年秋七月乙亥》，台北：台湾“中研院”历史语言研究所校勘本，1962 年。

⑤ 《明太祖实录》卷 254《洪武三十年秋八月丙午》，台北：台湾“中研院”历史语言研究所校勘本，1962 年。

以诚。其以土物来市易者，悉听其便。或有不知避忌而误干宪条，皆宽宥之，以怀远人”。[①] 后来明人王士性曾说：“市舶司，国初置于太仓，以近京，后移福、浙，虽绝日本而市舶不废，海上利之。”[②]

洪武以后，前述海禁政策曾经被多次重申，但实施时紧时松，总体上在永乐到嘉靖之间，比洪武时期宽松。主要原因是，日本北朝的足利义满在明洪武末年基本统一了日本，并一再向明朝表达朝贡的愿望。建文时期，明朝与足利政府的关系已经有所缓和。永乐初，随着明朝对外联系的增强，日本也成为对明朝贡国，并回应明成祖的要求，发兵抓捕倭寇，将倭寇首领约 20 人献给明朝。虽然此时明朝基于此前长期的不信任关系以及倭寇并未彻底止息的事实，对日本入明朝贡的限制偏于严格，但是明朝与日本政府之间的关系趋于缓和。[③] 此外，永乐到宣德时期，明朝政府组织了 7 次远洋航行，积极扩大与外国的外交和贸易往来，海禁在这种情况下自然难以严格实施。但此期间，倭寇侵扰未曾停止。[④] 宣德后期，明廷重申“私通番国”之禁。[⑤] 宣德、正统之际，日本入贡者也曾对明朝进行侵扰，故海禁政策被加以重申。[⑥]

---

① 《明太宗实录》卷 12 上《洪武三十五年九月丁亥》，台北：台湾“中研院”历史语言研究所校勘本，1962 年。按洪武年号至三十一年止，此“洪武三十五年”为建文四年，因明成祖刻意取消建文年号而致如此书之。关于洪武时期明朝对日政策的详细讨论，可参看赵轶峰：《重谈洪武时期的倭患》，《古代文明》2013 年第 3 期。

② 王士性：《广志绎》卷 4《江南诸省》，北京：中华书局，1981 年，第 76 页。

③ 明朝在永乐二年（1404 年）曾重申“禁民下海”：“时福建濒塘海居民私载海船，交通外国，因而为寇，郡县以闻。遂下令禁民间海船。原有海船者，悉改为平头船，所在有司防其出入。”见《明太宗实录》卷 27《永乐二年春正月辛酉》，台北：台湾“中研院”历史语言研究所校勘本，1962 年。关于永乐时期倭寇入扰大致情况，可参看谷应泰：《明史纪事本末》卷 55《沿海倭乱》，北京：中华书局，1977 年，第 841—843 页。

④ 明成祖于永乐四年向日本国王源道义颁发玺书、勘合，赞其能约束海寇。然而“明年，倭复入寇”。见顾炎武：《天下郡国利病书》原编第 21 册《浙江上》，《续修四库全书》第 597 册，上海：上海古籍出版社，2002 年，第 8 页。

⑤ 宣德六年（1431 年），“上闻并海居民有私下番贸易及出境与夷人交通者，命行在都察院揭榜禁戢”，见《明宣宗实录》卷 78《宣德六年四月丙辰》，台北：台湾“中研院”历史语言研究所校勘本，1962 年；宣德八年（1433 年），朝廷宣布“私通外夷，已有禁例。近岁官员、军民不知遵守，往往私造海舟，假朝廷干办为名，擅自下番，扰害外夷，或诱引为寇。比者已有擒获，各置重罪。尔宜申明前禁，榜谕缘海军民，有犯者许诸人首告，得实者给犯人家赀之半。知而不告及军卫有司纵之弗禁者，一体治罪”，见《明宣宗实录》卷 103《宣德八年七月己未》，台北：台湾“中研院”历史语言研究所校勘本，1962 年；宣德十年（1435 年），朝廷又“严私下海捕鱼禁。时有奏豪顽之徒，私造船下海捕鱼者，恐引倭寇登岸。行在户部言，今海道正欲堤备，宜敕浙江三司谕沿海卫所严为禁约，敢有私捕及故容者，悉治其罪。从之”，见《明英宗实录》卷 7《宣德十年七月己丑》，台北：台湾“中研院”历史语言研究所校勘本，1962 年。

⑥ 如正统四年（1439 年）四月，倭寇浙东。“先是，倭得我勘合，方物、戎器满载而东。遇官兵，矫云入贡。我无备，即肆杀掠，贡即不如期。守臣幸无事，辄请俯顺倭情。已而备御渐疏。至是，倭大嚣入桃渚，官庾民舍焚劫，驱掠少壮，发掘冢墓。束婴孩竿上，沃以沸汤，视其啼号，拍手笑乐。得孕妇卜度男女，刳视中否为胜负饮酒，积骸如陵。于是朝廷下诏备倭，命重师守要地，增城堡，谨斥堠，合兵分番屯海上，寇盗稍息”。见谷应泰：《明史纪事本末》卷 55《沿海倭乱》，北京：中华书局，1977 年，第 843—844 页。

到嘉靖二年（1523 年），宁波发生日本贡使“争贡之役”，争贡的日本人相互残杀之后在宁波一带大肆掳掠杀戮，多名明朝将官也被杀死。因此，明朝廷将闽、浙、粤三地市舶司罢除，海禁顿严。然而即使在嘉靖时期，也并非禁绝一切海外贸易。嘉靖中期，兵部侍郎提督两广军务吴桂芳曾就当时广东布政司右布政使陈暹的汇报上疏称：

> 照得蒲丽都家国名，史传所不载，历查本朝，并未入贡。恐系佛郎机国夷人，近年混冒满剌加名目，潜通互市，今又托名求贡，以为阻赖抽分之计……等因到臣，据此会同议照，外夷求贡，事出非常，若使在彼者委有真实效顺之心，而在我者初无隐伏可虞之患，则礼其使人，纳其方物，有何不可？但广东于嘉靖八年该巡抚两广兵部右侍郎林富题准复开番舶之禁，其后又立抽盘之制，海外诸国，出于《祖训》《会典》所载旧奉臣贡者，固已市舶阜通，舳舻相望，内如佛郎机诸国，节奉明旨，拒绝不许通贡者，亦颇潜藏混迹，射利于其间。驯至近年，各国夷人，据霸香山濠镜澳恭常都地方，私创茅屋营房，擅立礼拜番寺，或去或住，至长子孙。当其互市之初，番舶数少，法令惟新，各夷遵守抽盘，中国颇资其利。比至事久人玩，抽盘抗拒，年甚一年。而所以资之利者，日已薄矣。①

从陈暹说法和吴桂芳的奏疏文字中看，自嘉靖八年（1529 年）起，广东已经开放海禁，不仅传统修贡之国正常往来，而且“各国夷人”往来贸易日多，起初尚能依照“抽盘”即抽分之法向明朝缴纳关税，后来因为人多，渐渐逃避抽分了。按严从简的记载，嘉靖二十六年（1547 年）以后，明朝命都御史朱纨巡抚两浙，开军门于杭州，调福建都指挥卢镗统舟师围剿倭寇，“时海禁久弛，缘海所在悉皆通蕃，细奸则为之牙行，势豪则为之窝主，皆知其利而不顾其害也”。② 由此可知，嘉靖前期名有海禁但实际沿海私人对外交易盛行。至嘉靖末年，大规模倭寇止息，明朝重新制定沿海政策方针，终于在

① 吴桂芳：《议阻澳夷进贡疏》，陈子龙等：《明经世文编》卷 342，北京：中华书局，1962 年，第 3668—3669 页。

② 严从简：《殊域周咨录》卷 2《东夷·日本国》，北京：中华书局，1993 年，第 74 页。

隆庆初年进一步开海。[①] 此后不仅允许外商到中国贸易，而且允许中国商人出海贸易，惟不准前往日本。中日之间贸易，须通过第三方中介转口进行。明代东林七君子之一的周起元说："我穆庙时除贩夷之律，于是五方之贾，熙熙水国，刳艅艎，分市东西路。其捆载珍奇，故异物不足述，而所贸金钱，岁无虑数十万。公私并赖，其殆天子之南库也。"[②]

万历时期，日本入侵朝鲜，明朝曾考虑再度实施东南全线海禁。万历中期出任福建巡抚的许孚远在《疏通海禁疏》内称：

> 案照先准兵部咨为申严海禁并御倭未尽事宜以弭隐患事，内开凡有贩番诸商，告给文引者，尽行禁绝，敢有故违者，照例处以极刑，官司有擅给文引者，指名参纠等因，题奉圣旨，是。着该抚按官严加禁缉，犯者依律究治。钦此钦遵，备咨在卷。[③]

此政一出，福建沿海商民及地方官纷纷告请通海，许孚远就此上疏主张疏通海禁。其说大致强调：东南沿海人民贩海为生已久，"襟山带海，田不足耕，非市舶无以助衣食"。海禁未通之时，民间已行私贩，厉禁则盗兴，盗兴而倭入。隆庆初开市舶，通东、西二洋，惟禁通日本及以硝黄、钢、铁违禁之物夹带出海，行三十载，大盗不作，海宇宴如。如今若因倭寇侵朝鲜而顿然禁海，则贩海之人"千百为群，谋生无路，溘溘訩訩，其势将有所叵测"。现在海外者又无以返回家乡，倘若激成海上变动，其祸不可胜言。所以当以通海为基本政策，同时申禁不得往日本贸易。于走东、西二洋贸易者，也实施船只多寡、往来程限、贸易货物等严格管理。如此则民有生计，内外有无互通，诸国之情联属于我，"而日本之势自孤"，缓急时商船可供调遣，商税可补军需。[④] 于是明朝保持了禁止对日本贸易而开放其他贸易的基本方略。

---

① 徐学聚《报取回吕宋囚商疏》中称："原因漳、泉滨海居民鲜有可耕之地，航海商渔乃其生业，往往多至越贩诸番，以窥厚利。一行严禁，辄便勾倭内讧。嘉靖季年，地方曾受蹂躏之惨。维时当事，议以吕宋素不为中国患者，题奉钦依许贩东、西二洋。华夷相安，亦有年矣。"见陈子龙等：《明经世文编》卷433，北京：中华书局，1962年，第4727页。

② 张燮：《东西洋考》，北京：中华书局，1981年，周起元序，第17页。

③ 许孚远：《疏通海禁疏》，陈子龙等：《明经世文编》卷400，北京：中华书局，1962年，第4332页。

④ 许孚远：《疏通海禁疏》，陈子龙等：《明经世文编》卷400，北京：中华书局，1962年，第4332—4334页。

从许孚远的奏疏中可以明显看出，明朝上至皇帝，中及封疆大吏，下至地方官，谈及“禁海”之理由，都出于不得不禁的原因，若无外来侵扰等情况，都是希望开通海上贸易的。这一点之所以重要，是因为它透露出，明朝上下基本没有从价值观念、文化观念的层面上确立与外部世界隔离的主张。由于禁海并非出于基本价值、文化观念，所以一旦条件允许，开放海禁就可能发生。至于政府在开海禁之后仍有一些控制乃至某些限制，如隆庆开海之后，并未将中国东南沿海变成自由贸易区，而是由市舶司征税、管理贸易资格并有其他限制，也并不意味着封闭。市舶司的角色，是为了管理海外贸易秩序及征税，类似现代的海关。现代的贸易，也并非全无国家权力的介入。诸如贸易配额、选择性禁止贸易、关税、最惠国待遇等等，都是现代社会基于政治、经济关系和具体利益关系而形成的贸易关系格局。

主要由于倭寇问题而导致的明朝海禁政策，毕竟使得其推行期间的东南沿海地区事实上出现了与外部的一定意义上的隔离，但不能就此认为明朝在基本政策倾向上是自我封闭的。洪武时期前后 31 年，自洪武四年（1371 年）开始申严海禁至其末年，有 27 年为严厉海禁时期。建文元年（1399 年）到宣德十年（1435 年），前后 36 年间有海禁而较和缓。正统元年（1436 年）到嘉靖二年（1523 年），前后 87 年间海禁时宽时严。[①] 嘉靖二年到隆庆元年（1567 年）的 44 年，中国处于抗倭战争期间，为海禁严厉时期，但如前所论，其间仍有大量合法对外贸易发生。隆庆以降至明末的 77 年间，并未实施海禁。如此，明朝真正严格实施海禁的时间，在洪武和嘉靖两个时期，共 71 年。这种大致的时间分布，我们不难看到，明代“海禁”并不是一个不变的国策，也不是一个一贯的事实，这种断续、张弛的海禁不至于使明代中国成为“封闭”的体系隔离于世界其他地区之外。

---

① 如据明实录记载，正德时期曾经允许“四夷”随时贸易：“海外佛朗机前此未通中国，近岁吞并满剌加，逐其国王，遣使进贡，因请封。诏许来京，其留候怀远驿者，遂略买人口，盖房立寨，为久居计……近因布政使吴廷举首倡缺少上供香料及军门取给之议，不拘年分，至即抽货，以致番舶不绝于海澳，蛮夷杂沓于州城，法防既疏，道路益熟。此佛郎机所以乘机而突至也。乞查复旧例，悉驱在澳番舶及夷人潜住者，禁私通、严守备，则一方得其所矣。礼部覆议……以后严加禁约，夷人留驿者不许往来私通贸易，番舶非当贡年驱逐远去，勿与抽盘。廷举倡开事端，仍行户部查例停革。诏悉如议行之。”见《明武宗实录》卷 194《正德十五年十二月己丑》，台北：台湾“中研院”历史语言研究所校勘本，1962 年。

万历时期，中国大批商人往来于吕宋与中国大陆之间，其中许多长驻吕宋。其间发生了名叫张嶷的人到明朝诉请在吕宋机易山采矿榷税的事情，明朝派员到吕宋查看并未发现有矿，却导致统治吕宋的西班牙人纠结该地的日本人和土著人对中国人进行大规模屠杀。当时明政府曾经考虑出兵吕宋，后来终于采用交涉方式解决。当时身任福建地方主官的徐学聚曾致书西班牙人：

> 会檄传谕佛郎机国酋长吕宋部落知道……尔吕宋部落，无故贼杀我漳泉商贾者至万余人，有司各爱其民，愤怒上请，欲假沿海将士，加兵荡灭，如播州例，且谓吕宋本一荒岛，魑魅龙蛇之区，徒以我海邦小民行货转贩，外通各洋，市易诸夷，十数年来，致成大会，亦由我压冬之民，教其耕艺，治其城舍，遂为隩区，甲诸海国。此辈何负于尔？有何深仇，遂至戕杀万人？蛮夷无行，负义如此，曷逭天诛？[①]

经明政府交涉，被困在吕宋的中国人，各由家属领回安置，并讨回了中国人被劫去的财货。此案涉及多方面问题，尚有待深入研究。[②]如仅就明朝政府态度而言，则显然还是站在了保护中国外贸商人的基本立场上，并进行了有效的对外交涉。[③]

总之，明代的海禁并不构成明代中国作为一个社会体系的封闭状态。

（二）朝贡关系与郑和下西洋

明清两代官方与外部交往的一个主要方式是朝贡。学界关于朝贡的研究甚多，[④]其中比较晚近时期对明清时代朝贡的研究多强调其负面作用，强调

---

① 徐学聚：《报取回吕宋囚商疏》，陈子龙等：《明经世文编》卷433，北京：中华书局，1962年，第4727—4728页。

② 相关情况可参看张彬村：《美洲白银与妇女贞节：1603年马尼拉大屠杀的前因与后果》，载朱德兰主编：《中国海洋发展史论文集》第8辑，台北：台湾“中研院”中山人文社会科学研究所，2002年，第295—326页。

③ 按如前引徐学聚书行文，明朝官方把当时在吕宋的国人基本都看做商贾。然而其中包含从事其他行业的劳工及其他移居者。

④ 参看李云泉：《朝贡制度史论——中国古代对外关系体制研究》，北京：新华出版社，2004年。

其“虚妄”性。[①] 从本书考察的角度看，朝贡体制不失为前现代中国与周边国家形成有序交往格局及实现其有限开放性的一种有效体制。

朝贡固然如论者所说，不能构成对周边国家直接的或者宗主国式的控制，也不能构成顺畅自由的贸易体系，但也非纯然“虚幻”。中国历史上的朝贡关系可以上溯到有文字记载的最早时期，流演直到明清时代，这种贯穿先秦与整个帝制时代的重要体制的基本精神是表达认同，即通过朝贡者向被朝贡者贡献方物以及做出相应的礼仪性行为，表达二者之间有等次的认可关系。帝制时代后期的朝贡关系比先前时代增加了贸易性内容，但前述基本精神并没有被取消，至少对朝贡方而言，朝贡过程中的贸易活动是认同关系获得重申后的报偿。最初，这种关系发生在中华文明核心区政权与周边对其有一定向心倾向的政权之间，更遥远区域的势力还没有形成与此核心区密切交往的需要和能力。因而，早期朝贡关系实际体现的是中华文明核心区域在其有效行政管辖区以外而影响所及范围之内形成的认同体系，主要作用是形成和平稳定的周边秩序。朝贡国与中国关系最紧密者，可能与中国构成藩属关系——一种宗主与属国之间的有较直接权利责任内涵的关系；其关系疏远者，则仅仅构成松散的国家间时节问候关系。对于向中国朝贡的国家而言，其近密者，期待从中国获得保护，至少表明中国对其国家政权的基本认可态度，并因而获得与中国密切交往可以得到的经济、文化利益；其疏远者，则主要是保持与中国和平往来的渠道。[②] 这种关系属于现代民族国家和现代国际秩序原则发生以前的毗邻国家间关系，不适合用现代国际关系尺度与原则或者现代世

---

① 如庄国土认为：“所谓的‘朝贡制度’，基本上是中国统治者虚骄的自我标榜和官吏文人为取悦皇上的阿谀奉承，以及海外诸国统治者或官员和商人以朝贡名义谋求经济利益。”见庄国土：《略论朝贡制度的虚幻：以古代中国与东南亚的朝贡关系为例》，《南洋问题研究》2005 年第 3 期。

② 日本学者滨下武志认为，朝贡“是国内基本统治关系即地方分权在对外关系上的延续和应用。将中央—各省的关系延续扩大到外国和周边，将中央—各省—藩部（土司、土官）—朝贡诸国—互市诸国作为连续的中心—周边关系的总体来看待，并将其整体作为一个有机的体制来把握”。见滨下武志著：《近代中国的国际契机——朝贡贸易体系与近代亚洲经济圈》，朱荫贵、欧阳菲译，北京：中国社会科学出版社，1999 年，第 31 页。这样的分析，在注意到朝贡体系的国内、国外关联意义上具有一定合理性，但是把明清时代中国的基本统治关系归结为地方分权是需要商榷的。而且，这样的讨论，过分淡化了明清时代中国的国家意识，淡化了中国内部关系与其对外关系的差别。在此问题上，笔者同意万明在相关研究中指出的明朝前期的对外政策已经展现出将周边各国视为“国家”的观念。参看万明：《明代外交观念的演进——明太祖诏令文书所见之天下国家观》，《古代文明》2010 年第 2 期；万明：《明代外交模式及其特征考论——兼论外交特征形成与北方游牧民族的关系》，《中国史研究》2010 年第 4 期。

界竞争关系法则去衡量其得失。直到西方国家在16世纪向全世界推进之前，这种朝贡关系以承认中国优越、中心地位为前提，是等差的关系，显然不具备现代国际关系中所有国家无论大小一律平等的性质。①这本是发生在前现代的区域性国际关系，将之与同一时期，即大致相当于老殖民主义时期，国家间弱肉强食的关系相比，朝贡关系更具有保持和尊重其他国家共同体存在的意义，也是该时代中外政府间实现和平交往的一种现实的方式。明清时代的中国在明显强盛于周边国家的情况下，没有进入殖民扩张的轨道，而是采用朝贡体制与毗邻国家共处，甚至在可能情况下保护某些国家抵御他国侵略，是具有肯定性价值意义的。

沿着历史的惯性，明朝建立之后，通报周边各国，吁使承认明朝并乐于与明朝交往的国家入明朝贡。这是明朝"开国"即整个国家体制确立的重要组成部分，与是否实行海禁，并无关系。明朝建立朝贡体系的努力，记载颇多，毋庸详举。此间值得注意的是，明朝太祖立"不征"之国祖训。训称：

> 四方诸夷，皆限山隔海，僻在一隅。得其地不足以供给，得其民不足以使令。若其自不揣量，来扰我边，则彼为不祥。彼既不为中国患，而我兴兵轻伐，亦不祥也。吾恐后世子孙，倚中国富强，贪一时战功，无故兴兵，致伤人命，切记不可。但胡戎与西北边境，互相密迩，累世战争，必选将练兵，时谨备之。今将不征诸夷国名，开列于后：
>
> 东北：朝鲜国（即高丽。其李仁人，及子李成桂，今名旦者，自洪武六年至洪武二十八年，首尾凡弑王氏四王，姑待之）。
>
> 正东偏北：日本国（虽朝实诈，暗通奸臣胡惟庸，谋为不轨，故绝之）。
>
> 正南偏东：大琉球国（朝贡不时，王子及陪臣之子皆入太学读书，礼待甚厚）；小琉球国（不通往来，不曾朝贡）。
>
> 西南：安南国（三年一贡）；真蜡国（朝贡如常，其国滨海）；暹罗国（朝贡如常，其国滨海）；占城国（自占城以下诸国来朝贡时，内带行

① 其实直到今天，国家大小强弱依然事实上在国际关系中影响各国的影响力。联合国常任理事国都是大国，小国、弱国仅可作非常任理事国。超级大国依然拥有比其他国家更大的影响力和事实上更大的发言权。

商，多行谲诈，故沮之。自洪武八年沮至洪武十二年，方乃得止。其国滨海）；苏门答剌（其国滨海）；西洋国（其国滨海）；爪洼国（其国居海中）；湓亨国（其国居海中）；白花国（其国居海中）；三弗齐国（其国居海中）；浡泥国（其国居海中）。[①]

这一被视为明代立国基本原则的“祖训”体现出明朝虽然鼓励周边各国朝贡，但却并不强其入贡。有的国家如明初的高丽和初取高丽而代之的李氏朝鲜要求入贡时，明朝都曾拒绝。对屡屡放任倭寇侵扰中国的日本，明朝“绝之”，但仍不征。[②] 占城等国入明朝贡是“多行谲诈”，明朝“沮之”。[③] 故明朝努力建构的朝贡体系并不是一个强迫的体系，也不是一种严格意义上的区域国际秩序体系。即使与明朝疆土比邻的国家，也可参与或不参与这种关系，而且欲参与者尚需符合明朝尺度下礼仪仁义之邦的基本条件。这种选择性的朝贡关系根本不足以构成一个对外关系的全息格局。朝贡关系其实主要是明朝与外国进行官方交往的方式——同意与明朝发生官方交往者需采取此种方式，不欲同明朝发生官方交往关系的国家则可以不参与朝贡但同时仍可保持与明朝之间的相安无事。

正是因为朝贡关系的核心是政治认同，所以明太祖曾一再要求入贡国不要携带大量贡品，且不可频繁入贡。如洪武五年（1372 年）九月，明太祖谕中书省臣曰：

曩因高丽贡献烦数，故遣延安答里往谕此意。今一岁之间，贡献数

---

① 朱元璋：《皇明祖训》，《四库全书存目丛书》史部第 264 册，济南：齐鲁书社，1996 年，第 167—168 页。

② 滨下武志称：“根据《万历明会典》，朝贡国的分类如下：即‘东南夷’（上）包括朝鲜、日本、琉球、安南、真腊、暹罗、占城、爪哇等 18 国。”见滨下武志著：《近代中国的国际契机——朝贡贸易体系与近代亚洲经济圈》，朱荫贵、欧阳菲译，北京：中国社会科学出版社，1999 年，第 35 页。然而所引（万历）《明会典》卷 105 中相应部分如较完整引出为：“[东南夷上]（见《祖训》及《职掌》凡二十国）《祖训》列不征诸夷：朝鲜、日本、大小琉球、安南、真腊、暹罗、占城、苏门答剌、西洋、爪哇、彭亨、百花、三佛齐、浡泥。凡十五国。《职掌》所载，又有琐里、西洋琐里、览邦、淡巴、须文达那诸国，与祖训稍有不同。”见申时行等修：《明会典》卷 105，北京：中华书局，1989 年，第 571 页。这里的问题是，滨下武志误把《明会典》根据洪武时期形成的《皇明祖训》《诸司职掌》开列的“不征”之国，解释成了“朝贡国”。洪武时期的明朝没有与日本建立朝贡关系。

③ 又如，洪武四年冬，安南国王遣使入贡。礼部侍郎曾鲁取其表文副本查看，“前王乃陈日熞，今表曰叔明”。追问之下，“使者不敢讳，盖日熞为叔明逼死而代其位，中心怀惧，故托贡以觇朝廷意。上怒曰：‘岛夷乃狡狯如此。’却其贡不受”。见《明太祖实录》卷 77《洪武五年十二月壬辰》，台北：台湾“中研院”历史语言研究所校勘本，1962 年。

至。既困弊其民，而使涉海，道路艰险，如洪师范归国蹈覆溺之患，幸有得免者，能归言其故，不然岂不致疑？夫古者诸侯之于天子，比年一小聘，三年一大聘；若九州之外蕃邦远国，则惟世见而已。其所贡献，亦无过侈之物。今高丽去中国稍近，人知经史、文物、礼乐，略似中国，非他邦之比，宜令遵三年一聘之礼，或比年一来，所贡方物，止以所产之布十匹足矣，毋令过多。中书其以朕意谕之。[①]

所以，今天的研究者对朝贡的核心目的不是贸易、朝贡期间的赏赐不遵循等价交换原则，无需视为咄咄怪事。朝贡本身主要是政治关系，其展开总是伴随贸易活动，但今人其实不应用“朝贡贸易”这个粘连的语汇来替代本来在不同层面的“朝贡”和“贸易”两种行为。同理，朝贡贸易的目标本不在于构成自由贸易体系，今人如果用自由贸易的尺度来评价朝贡体系之得失，也难得要领。

洪武期间，由于海上不靖，而且“海外诸夷多诈”，明太祖绝其往来，“唯琉球、真腊、暹罗许入贡”。[②] 永乐时期开始，断续延伸到宣德时期的远洋活动，超出了乃父朱元璋反复推敲而留下祖训时设想的范围。这是一种高度积极的出于多种目的的外向性举措。其中一个目标是招徕外国到中国朝贡。永乐皇帝还曾施行比鼓励朝贡更积极的开放性政策，包括允许外国人到中国长期居留。他在永乐元年（1403 年）称：

帝王居中，抚驭万国，当如天地之大，无不覆载。远人来归者，悉抚绥之，俾各遂所欲。近西洋、回回哈只等在暹罗，闻朝使至，即随来朝。远夷知尊中国，亦可嘉也。今遣之归，尔礼部给文为验，经过官司毋阻。自今诸番国人愿入中国者听。[③]

---

① 《明太祖实录》卷 76《洪武五年九月甲午》，台北：台湾“中研院”历史语言研究所校勘本，1962 年。万明对此问题有详细梳理和分析，参看所著《明代外交观念的演进——明太祖诏令文书所见之天下国家观》，《古代文明》2010 年第 2 期。

② 《明太祖实录》卷 231《洪武二十七年春正月甲寅》，台北：台湾“中研院”历史语言研究所校勘本，1962 年。

③ 《明太宗实录》卷 24《永乐元年冬十月辛亥》，台北：台湾“中研院”历史语言研究所校勘本，1962 年。

另一个目的是宣示国威，这与招徕朝贡有关，同时也体现了永乐皇帝本人的好大喜功。再一个目的是获取海外珍奇，因而远洋船队总是携带大量国内产品与外国进行贸易交换。这三重目的应是纠缠并存的。此外，论者每每提及的“踪迹建文”，是一个一时难以用实证方式查实的情节。但从逻辑上说，容或有之，也不是长时期实施这种耗资巨大的远洋活动的主要原因。而且，如果永乐时期尚有找寻建文帝下落的意图，到了宣德时期，前距靖难之役已经 20 多年，现实君主的合法性再无可质疑，如何仍要远洋寻觅？无论出于何种目的，郑和下西洋展现出了明前期中国的外向的姿态，探询了解了外部世界情况，通过贸易获取了域外产品，招徕了外国人到中国来。而实现这些远航，需要动用巨大的资源，运用复杂高超的科学技术，调动大批人力。这种努力就性质而言，展现的主要是当时中国统治者视野向外的开放性心态，而不是自我封闭的心态。

关于郑和下西洋意义的研究，无论国内国外，都已汗牛充栋，无论具体方面持论如何，皆承认其巨大的历史意义，无需更议。对其终结原因，则尚未形成基本共识。依笔者考察，无论从后人角度看郑和远航有如何伟大的意义，其对于当时的中国社会而言，是难以为继的重负。下西洋获取的物资，大多是宫廷所需的奢侈品，当时中国社会层面对之需求不强。在经济意义上，相关收益无法补偿其开支，势必转化为政府尤其是皇室对于国内人民的盘剥。明朝通过将下西洋获得的苏木、胡椒等强行定为高价品充当给官员、军人的赏赐、报酬的做法，其实是扰乱财政，进而扰乱经济的做法，并不能持久。而且下西洋所得主要进入宫中内库，与国家财政系统的关系甚为复杂，包含较强皇室私藏性质，与完全进入政府财政系统尚有区别。此问题复杂，容将来详细考察。[①] 正因如此，仁宗、宣宗即位之际，都把停止下西洋宝船作为惠民德政公布。[②]

朝贡关系虽然主要不是为了贸易，而且主要是官方行为，但体现的是不与

---

① 万明认为郑和下西洋并未造成明朝财政负担，甚至有益，笔者则觉此说还待进一步考量。参看万明：《郑和下西洋终止相关史实考辨》，《暨南学报》（哲学社会科学版）2005 年第 6 期。

② 关于洪熙、宣德、正统皇权交接之际对下西洋事的处置，参看赵轶峰：《明代的遗诏》，《西南大学学报》（社会科学版）2010 年第 1 期；赵轶峰：《明前期皇帝的即位诏——从洪武到正统》，《求是学刊》2011 年第 1 期。

外部世界隔绝的取向。与之相关的郑和下西洋举动，是其间的一次外向亢奋表现，虽然从国内经济角度看并不具有可持续性，但从中外关系角度看，体现的含义却主要是积极的。朝贡与禁海抑或开海之间，都涉及对外关系，是有关联的，但如前所说，朝贡的核心含义是政治性的，并非由于禁海才发生朝贡。禁海或者开海主要涉及民间海外贸易活动，所以禁海时期固然实行朝贡，开海之后，朝贡依旧存在。关于隆庆开海以后的明朝末年，乃至清代的朝贡，研究甚多。朝贡关系直到清朝后期方才由于亚洲以外势力的冲击而瓦解。①

（三）私人海外贸易及海盗

中国对外贸易，源远流长。尤其自秦汉帝制时代以降，多数时间处于亚洲乃至亚欧区域贸易的中心位置。汉代对外贸易，主要通过陆路，形成穿越西域、中亚的“丝绸之路”。唐中后期、五代、宋、明清时期，中原王朝对西部边疆缺乏实际控制力，原来通往中亚、欧洲的交通路线上的繁荣方国亦多衰落，而海路交通较前通畅，海路遂成为主要的外贸途径。中国的丝绸、瓷器、茶叶、药材等，大量出口；香料、珠宝、白银等域外产品则大量进入中国。抵于元代，中国东南的泉州成为世界上最大的海港城市之一。到了明初，受元末已经嚣张起来的倭寇侵扰的影响，沿海实行海禁，对外贸易一时处于低潮。然而东南沿海的对外贸易，并没有如海禁条文要求的那样销声匿迹。除了政府控制的随朝贡使团发生的贸易活动之外，整个明清时期，贯穿着规模巨大的民间海外贸易活动。关于这个问题，张维华、林仁川、晁中辰、李金明等学者都曾从不同地域、时间段的角度进行研究，已经展现出了明清时代私人海外贸易以合法与不合法两种方式顽强发展的基本面貌。②合法的私

---

① 晁中辰认为“隆庆初年开放海禁，私人海外贸易得到蓬勃发展，朝贡贸易体制遂趋于瓦解”，参看晁中辰：《论明代的朝贡贸易》，《山东社会科学》1989年第6期。

② 参看张维华：《明代海外贸易简论》，上海：上海人民出版社，1956年；林仁川：《明末清初私人海上贸易》，上海：华东师范大学出版社，1987年；李金明：《明代海外贸易史》，北京：中国社会科学出版社，1990年；晁中辰：《明代海禁与海外贸易》，北京：人民出版社，2005年；晁中辰：《明代海外贸易研究》，北京：故宫出版社，2012年。

人贸易自然体现出明清时代中国的开放性，不合法的对外走私贸易并不体现当时中国政府的开放姿态。但从中国是一个社会体系角度而言，其特征并不仅仅通过政府表现出来，亦从社会本身的面貌表现出来，较大规模的、长时期的走私贸易，仍然表示当时的中国具有与外部世界置换资源和产品的需求，而且实际上通过部分实现这种需求而使得中国与外部世界更紧密地关联起来。

民间商业活动的最初动因是求生，常常由于环境不利于小农经济存活而发生，也可能反过来，因应地利而发生，这在中国历史上由来已久。明代私人海外贸易从元代继承而来，在洪武时期，受到倭患和海禁的影响，有所消沉，永乐以后又逐渐趋于活跃。到成化年间，海上亦商亦盗的势力，已经很发达。据张燮记载："成、弘之际，豪门巨室间有乘巨舰贸易海外者。"[①] 累积成势的私人海外贸易活动延伸到明中叶以后，逐渐衍生出东南沿海一带诸多具有组织性的私人海上贸易集团。其中很多卷入嘉靖时期大规模的倭寇侵扰。有的如汪直之类，甚至能够在日本建立据点，与倭寇混同出入中国沿海。还有的行止如同倭寇，蹂躏沿海。倭寇的大规模侵扰在嘉靖末期基本平息。在这种情况下，明朝实施开海。此后虽然万历中期曾一度因日本侵略朝鲜再议禁海，但基本保持了积极的对外贸易的姿态。即使与特别被禁绝贸易的日本，也有大量私人海商与之交易。据晚明朱国祯记载，"自（万历）三十六年至长崎岛，明商不上二十人。今不及十年，且二三千人矣。合诸岛计之，约有二三万人"。[②] 到崇祯时期，明朝控制力削弱，民间对外贸易空间更为扩大。据万明研究，隆庆初在福建漳州月港开海允许中国商民出洋贸易之后，中国海商出洋贸易合法化，"从而孕育了海商集团的迅速崛起"。[③] "郑芝龙之初起也，不过数十船耳，至丙寅（天启六年）而一百二十只，丁卯（天启七年）遂至七百，今（崇祯初年）并诸种贼计之，船且千矣。"[④] 这一势力纵横东南

① 张燮：《东西洋考》卷 7《饷税考》，北京：中华书局，1981 年，第 131 页。

② 朱国祯：《涌幢小品》卷 30《倭官倭岛》，《四库全书存目丛书》子部第 106 册，济南：齐鲁书社，1997 年，第 724 页。

③ 万明：《晚明海上世界的重新解读：商品、商人与秩序》，赵轶峰、万明主编：《世界大变迁视角下的明代中国》，长春：吉林人民出版社，2012 年，第 124 页。

④ 董应举：《崇相集》卷 4《米禁》，《四库禁毁书丛刊》集部第 102 册，北京：北京出版社，2000 年，第 200 页。

海上，官兵无法制衡，到崇祯初接受明朝招抚。万明认为，郑芝龙受抚“就意味着郑芝龙完成了身份的转换。身份转换，标志着明朝官方对于海商的认可和海商对于国家的认同，二者有了合作的基础。面对海上的无序，重建秩序成为官民共同的利益所在”。[①]郑芝龙势力由海商集团而兼为海盗，又由海盗而转变为明朝东南沿海区域秩序乃至海域国防的维系者。自郑芝龙就抚以后，“海舶不得郑氏令旗，不能往来。每一舶例入三千金，岁入千万计，芝龙以此富可敌国。自筑城于安平，海梢直通卧内，可泊船径达海，其守城兵自给饷，不取于官。旗帜鲜明，戈甲坚利，凡贼遁入海者，檄付芝龙，取之如寄，故八闽以郑氏为长城”。[②]中国历史上的官商关系以此为标志，更紧密地结合起来。无论这种结合对于国家总体控制力意味什么，肯定增强了这个社会体系的开放性。

明朝前期的郑和下西洋，也曾进一步打通中国内陆通往当时南洋各地的海上通道，带动大批华侨移居南洋各地。据包乐史研究，到明朝中期，爪哇、婆罗洲、菲律宾、泰国、马来半岛、越南、柬埔寨等地皆有中国人定居。[③]大量华人定居海外，其中相当多的人保持着与家乡的联系，这使当时中国的“人脉”在周边绵延伸舒。

（四）中欧贸易与全球体系

明代中国开始了与欧洲国家之间较大规模的、直接的贸易，并通过这种贸易实际成为当时正在形成的全球贸易体系中的一个重要的组成部分。两宋时期，与中国贸易的国家和地区已经包括日本、高丽、东南亚各国、西亚的阿拉伯各国和非洲东海岸各国。元代亦设市舶提举司管理海外贸易，出海船只需经市舶司发给公凭，输入外国货物需抽分。当时和中国有海上贸易关系

---

① 万明：《晚明海上世界的重新解读：商品、商人与秩序》，赵轶峰、万明主编：《世界大变迁视角下的明代中国》，长春：吉林人民出版社，2012年，第134页。

② 邹漪：《明季遗闻》卷4《福建两广》，《续修四库全书》第442册，上海：上海古籍出版社，2002年，第648—649页。

③ 包乐史著：《巴达维亚华人与中荷贸易》，庄国土等译，南宁：广西人民出版社，1997年，第1—3章。

的国家和地区已经很多。就政府对于海外贸易的态度而言，宋元两代都较明代更为积极。但是当时新航路未通，中国与欧洲国家之间并未形成直接的经常化贸易，欧洲本身也没有成为连接美洲与亚洲的中介力量，因而当时的全球贸易是各贸易区域间较微弱的、间接的而且不包含美洲的连缀。明朝前期政府虽然在多数时间内并未积极推动海外贸易，但是人类历史却是在中国的明代终于通过美洲的“发现”和新航路的开辟而进入了全球普遍联系的时代。明中叶以后形成的中欧贸易也在事实上将中国卷入了全球贸易体系，而不再仅仅作为亚洲区域贸易体系的中心。从此种意义上说，明代中国的对外开放性与宋元时代有根本的差别。

明朝七次派出大规模武装贸易舰队出使“西洋”诸国，时间早于达·伽马和哥伦布远航数十年。这意味着，在宋、元和明前期，中国是印度洋区域性国际贸易的主要参与者。从宣德后期（15 世纪 30 年代）明停止下西洋到 16 世纪初葡萄牙人侵入满喇加进而逼近广州，其间有不足一个世纪的时间，是中国官方对外贸易消沉时期，但其间私人贸易包括海盗从事的贸易活动颇为繁盛，欧洲人的对华贸易也开始推进。从葡萄牙人到达广州到隆庆开海，虽然明朝官方因倭寇问题而并未积极推动对外贸易，但实际上此时的中外贸易处于快速发展期。

16 世纪初，葡萄牙人在亚洲满喇加等地建立据点，随后一直盘桓于中国广东沿海，努力居留扩张，其使者进入宫廷。[①] 但因佛郎机在广州一带“犷悍不道”，明朝廷将之驱逐，“并禁各国海商亦不许通市。由是番船皆不至，竞趋福建漳州，两广公私匮乏”。到嘉靖时期，经巡抚林富疏请，再许原载于《祖训》《会典》的众国经广州入贡贸易。当时对佛郎机仍加驱逐，但“虽禁通佛郎机往来，其党类更附诸番舶杂至为交易。首领人皆高鼻白皙，广人能辨识之，游鱼洲快艇多掠小口往卖之，所在恶少与市，为驵侩者日繁有徒，

---

① 《明史》载正德十五年（1520 年）佛郎机“入贡”，见张廷玉：《明史》卷 17《武宗本纪》，北京：中华书局，1974 年，第 212 页。据《明实录》记载，“佛郎机国差使臣加必丹末等贡方物，请封并给勘合。广东镇巡等官以海南诸番无谓佛郎机者，况使者无本国文书，未可信，乃留其使者以请。下礼部议处。得旨，令谕还国，其方物给与之”。见《明武宗实录》卷 158《正德十三年正月辛丑》，台北：台湾“中研院”历史语言研究所校勘本，1962 年。明朝廷处置葡萄牙人此次要求“入贡”事既在正德十三年正月初一日，则葡萄牙人要求入贡事当发生在正德十二年，即 1517 年。

甚至官军贾客亦与交通云”。[①] 葡萄牙遂获得了长期在中国南部沿海活动的空间。嘉靖中后期，倭寇侵扰严重，葡萄牙人既参与了在东南沿海的掳掠，也曾协助明朝对抗倭寇及打击海盗，与明朝的总体关系没有过分激化。嘉靖后期，林希元说：

> 夫夷狄之于中国，若侵暴我边疆，杀戮我人民，劫掠我财物，若北之胡、南之越、今闽之山海二寇，则当治兵振旅，攻之不逾时也。若以货物与吾民交易，如甘肃、西宁之马，广东之药材、漆、胡椒、苏木、象牙、诸香料，则不在所禁也。佛郎机之来，皆以其地胡椒、苏木、象牙、苏油、沉速檀乳诸香，与边民交易，其价皆倍于常，故边民乐与为市，未尝侵暴我边疆，杀戮我人民，劫掠我财物。且其初来也，虑群盗剽掠累己，为我驱逐，故群盗畏惮，不敢肆……据此则佛郎机未尝为盗，且为吾御盗；未尝害我民，且有利于吾民也。[②]

可见当时的葡萄牙人与中国通商的环境和舆论都趋于和缓。庞乃明研究指出，葡萄牙与明朝建立的贸易关系与西方人来到亚洲之前的朝贡关系并不相同：“1554 年，葡萄牙特许到东方的船长苏萨通过与广东地方官员的接洽商谈，终于得到他们允许，葡萄牙与中国开始建立一种不同于过去朝贡贸易关系的新型贸易关系。这种中葡之间寻求确立的新型国家关系与传统朝贡关系明显不同，可以看作是明朝自身对于自己一贯奉行的朝贡外交模式的局部修正。此一修正虽然力度不大，范围也极狭窄，但它却是中国由古代外交模式向近代外交模式进行艰难转折的开始，此后之明清王朝虽然仍旧坚守朝贡外交模式，但在处理中欧国家关系时几乎都毫无例外地选择了这种模式。”[③] 这一分析是颇有见地的。

葡萄牙人的对华贸易活动带动了澳门地区的兴起。[④] 葡萄牙人开辟了多条国际贸易航线，包括：澳门—果阿—里斯本；澳门—日本；澳门—马尼拉—

① 以上参看严从简：《殊域周咨录》卷 9《佛郎机》，北京：中华书局，1993 年，第 322—324 页。
② 林希元：《与翁见愚别驾书》，陈子龙等：《明经世文编》卷 165，北京：中华书局，1962 年，第 1673 页。
③ 庞乃明：《明人的佛郎机观初探》，《兰州大学学报》2006 年第 1 期。
④ 关于葡萄牙在澳门地区的早期经营，参看万明：《中葡早期关系史》，北京：社会科学文献出版社，2001 年，第 77—113 页。

墨西哥；澳门—东南亚。[①]比葡萄牙人稍晚来到中国沿海的西班牙人也很快成为与中国贸易的西方商贸对象。晚明人评论说：

> 是两夷者，皆好中国绫缎杂缯，其土不蚕，惟藉中国之丝，到彼能织精好段匹，服之以为华好。是以中国湖丝百斤，值银百两，若至彼，得价二倍。而江西磁器、福建糖品果品诸物，皆所嗜好。[②]

西班牙人在16世纪后期占领吕宋岛，随即寻求与明朝贸易。西班牙人的努力受到更早开始在广东沿海与华贸易的葡萄牙人的阻挠，转向闽浙方向发展。1626年，西班牙人用武力占领台湾北部，用为对华贸易的据点，直到1641年被荷兰人赶走。如此，西班牙人在明代后期也已成为中国与东亚、南亚，乃至欧洲贸易的中介者之一。荷兰人也在明末来到中国东南沿海，曾一度占据澎湖、台湾，参与了当时的亚洲海上贸易，并试图长期占据中国台湾。

从中欧贸易角度看，明代中国通过贸易所联系的地理范围和社会体系是中国历史上空前广大的。这主要不是中国政府推动的结果，但中国作为一个社会体系，却在这场具有早期全球化性质的全球贸易体系建构过程中扮演了重要的角色。没有中国作为重要产品生产输出国和白银货币推动国，欧洲对于整个亚洲的航海与贸易动力会大为萎缩，欧洲的社会变革会放缓，整个世界的普遍联系和开放性也会削弱。

（五）晚明时代的中外物质交流

明代中后期，来自欧洲的事物在中国社会逐渐增多。突出者除了主要由耶稣会士传入的天主教以及西方科学知识以外，还包括火器、白银、玉米等。

1549年，耶稣会士沙勿略开始在日本传教。1601年，耶稣会士利玛窦定居北京，并建立天主教堂，尽量附会中国传统文化概念传播天主教教义。他

---

① 参看万明：《中国融入世界的步履：明与清前期海外政策比较研究》，北京：社会科学文献出版社，2000年，第281—282页。

② 孙承泽：《春明梦余录》卷42《兵部一》，《景印文渊阁四库全书》第868册，台北：台湾商务印书馆，1986年，第719页。

把“God”翻译成“上帝”，称其学为“天学”，身穿儒服，融通儒学与天学，将《万国舆图》介绍到中国。这种努力，切实打动了当时中国儒家士大夫中的许多精英人物，大学士徐光启认为天主教“必可以补儒易佛”，西方“格物穷理之学”可以帮助中国富国强兵。他同利玛窦合译欧几里德的《几何原本》，并参考西人水利著作写作了《农政全书》中的水利章。明代科学家王徵与传教士邓玉函（Joannes Terrenz）合译了《远西奇器图说》，介绍物理学原理和简单机械构造；明代科学家李之藻随利玛窦学算法，写成《同文算旨》。崇祯二年（1629 年），钦天监推测日食发生错误，于是由徐光启主持，吸收西方人参加，对《大统历》进行了修订。当时耶稣会士的中文著作大多得到中国学者的润色方才出版。晚明虽然发生个别排斥耶稣会士的教案，如南京教案，但就主流而言，明末中国士大夫是以比较开放的心态对待西方学术、文化乃至宗教的。耶稣会士东来之前，欧洲主要通过《马可·波罗游记》了解中国。1585 年，西班牙人门多萨出版《中华大帝国史》，该书不是作者亲历见闻，主要是辑录当时在欧洲能查见的文献成书，大致体现大批耶稣会士进入中国前夕欧洲人所了解的中国。晚明大批耶稣会士进入中国以后，欧洲人通过传教士的书简、回忆录以及大批翻译并西传的汉籍，相当深入地了解了中国的国家社会状态，以及中国人的精神文化世界。利玛窦于明万历二十一年（1593 年）将《四书》译成拉丁文，寄回本国。明代后期成为欧洲人的中国知识大拓展的时期。

进入明朝的欧洲事物中，火器是当时文献记载最多者。明朝对欧洲火器的了解当发生在正德时期葡萄牙人试图在广州一带立足展开贸易的时候。嘉靖三年（1524 年），南京守备魏国公徐鹏举等上疏“请广东所得佛郎机铳法及匠作。兵部议，佛郎机铳非蜈蚣船不能架，宜并行广东取匠，于南京造之。诏可”。[①] 可知嘉靖初年，明朝人已经开始自己制造佛郎机铳。到嘉靖八九年间，因都御史汪鋐奏请，开始大批制造佛郎机炮、铳。《明史·兵志》载：

① 《明世宗实录》卷 38《嘉靖三年四月丁巳》，台北：台湾“中研院”历史语言研究所校勘本，1962 年。

至嘉靖八年，始从右都御史汪鋐言，造佛郎机炮，谓之大将军，发诸边镇。佛朗机者，国名也。正德末，其国舶至广东。白沙巡检何儒得其制，以铜为之，长五六尺，大者重千余斤，小者百五十斤，巨腹长颈，腹有修孔。以子铳五枚，贮药置腹中，发及百余丈，最利水战。驾以蜈蚣船，所击辄糜碎。[①]

《明实录》亦载嘉靖八年（1529 年）末汪鋐疏请如式制造佛郎机铳，兵部覆议后，“诏铸造三百，分发各边”。[②]嘉靖九年（1530 年），提督沿江巡捕总兵官崔文又奏请模仿广东制式制造蜈蚣船，“置佛郎机其上，以便冲击”。诏可。[③]嘉靖九年，都察院右都御史汪鋐又言，北边设镇置军守御，然而：

每当虏入，卒莫能御……盖墩台初无遏截之兵，徒为瞭望之所，而城堡又多不备，所执兵器不能及远，所以往往覆败。为今之计，当用臣所进佛郎机铳，小如二十斤以下，远可六百步者，则用之墩台，每墩一铳，以三人守之；大如七十斤以上，远可五六里者，则用之城堡，每堡三铳，以十人守之。五里一墩，十里一堡，大小相依，远近相应，星列棋布，无有空阙，贼将无所容足，可以收不战之功。[④]

疏入，兵部尚书李承勋等覆奏曰：“佛郎机手铳诚为军中利器，宜申饬各边如所议修墩堡，拨军士，给发教习，为守堡守墩之具……”[⑤]此后，佛郎机火器遂成为明朝军队的重要武器，尤其在北部沿边一带，使用更多。[⑥]万历初年，总督蓟辽都御史刘应节题讨火器，工部：

查得京库厂局收贮火器，专备防护都城，听京营官军关领，例不发

---

① 张廷玉等：《明史》卷 92《志第六十八・兵四》，北京：中华书局，1974 年，第 2264 页。

② 《明世宗实录》卷 108《嘉靖八年十二月庚寅》，台北：台湾“中研院”历史语言研究所校勘本，1962 年。

③ 《明世宗实录》卷 110《嘉靖九年二月丙子》，台北：台湾“中研院”历史语言研究所校勘本，1962 年。

④ 《明世宗实录》卷 117《嘉靖九年九月辛卯》，台北：台湾“中研院”历史语言研究所校勘本，1962 年。按此条记载是否与前引嘉靖八年十二月汪鋐请为北边制作佛郎机事为一事，待考。

⑤ 《明世宗实录》卷 117《嘉靖九年九月辛卯》，台北：台湾“中研院”历史语言研究所校勘本，1962 年。

⑥ 如《明世宗实录》卷 135《嘉靖十一年二月丁未》条：“命工部增造佛朗机铳，颁十二团营演习。”《明世宗实录》卷 191《嘉靖十五年九月辛巳》条：“以铜铁佛郎机铳二千五百副，分给陕西三边。”《明世宗实录》卷 196《嘉靖十六年正月戊戌》条：“给陕西三边熟铁小佛朗机三千八百副，铜旋风炮三千副。从总督刘天和请也。”

边。独该镇密迩京师，自隆庆元年以后，破格量发数次。今仍于盔甲厂动支见贮铁佛朗机二千架、鸟铳四百副、夹把枪二千杆，并各随用子铳、铅弹、火药、药线等项，听差官领回。其兵仗局题欲添造合成造中样铜佛朗机铳三千副、大将军十位、二将军七十九位、三将军二十位、神炮六百六十九个、神铳一千五百五十八把，补造中样铜佛朗机铳一千二百副、小铜佛朗机铳五十副，并各随用子铳、铅弹、火药等项，定限三年之内尽数报完。诏可。①

可知嘉靖到万历初年，北京军事防御已经大批量、多品种使用西式火器。其后直至明末，西式火器一直大量使用。万历四十七年（1619 年）三月，兵部尚书薛三才核查了京营现有战车火器，“查得……火器枪炮原额七万九百九十二具，内查堪用者止四万六千余。近以辽左告急，借发三千六百具，止存堪用者四万二千余具”，② 可知当时明军配置火器枪炮甚多。天启元年（1621 年）四月，刑部尚书黄克缵疏请演习“神器”，内中力称西式火器的军事效用。③ 天启二年（1622 年）三月，工部统计了万历四十六年（1618 年）起至天启元年（1621 年）止发往东北前线的火器总数，计有：

天威大将军十位、神武二将军十位、轰雷三将军三百三十位、飞电四将军三百八十四位、捷胜五将军四百位、灭虏炮一千五百三十位、虎蹲炮六百位、旋风炮五百位、神炮二百位、神枪一万四千四十杆、威远炮十九位、涌珠炮三千二百八位、连珠炮三千七百九十三位、翼虎炮一百一十位、铁铳五百四十位、鸟铳六千四百二十五门、五龙枪七百五十二杆、夹靶枪七千二百杆、双头枪三百杆、铁鞭枪六千杆、钩枪六千五百杆、快枪五百一十杆、长枪五千杆、三四眼枪六千七百九十杆、旗枪一千杆、大小铜铁佛朗机四千九十架、清硝一百三十万零六千九百五十斤、硫黄三十七万六千二百八斤、火药九万五百斤、大小铅弹一千四万

① 《明神宗实录》卷 23《万历二年三月辛丑》，台北：台湾“中研院”历史语言研究所校勘本，1962 年。
② 《明神宗实录》卷 580《万历四十七年三月壬寅》，台北：台湾“中研院”历史语言研究所校勘本，1962 年。
③ 《明熹宗实录》卷 9《天启元年四月壬辰》，台北：台湾“中研院”历史语言研究所校勘本，1962 年。

二千三百六十八个……[①]

崇祯时期，明朝继续制作佛郎机等西式火炮。崇祯五年（1632年）九月，宣大总督张宗衡奏报近期制造各类火炮，数目仍然很大。

> 先造佛郎机母炮一百具、子炮九百具，业已奏闻。兹又造佛郎机母炮一百具、子炮六百具、小西洋炮一百五十具、灭卤炮一百具、鸟枪三眼枪各一百杆，俱在营练放外，又有山西造成未运到小西洋炮一百具，前后大小子母炮共计二千二百五十具……[②]

从利用为葡萄牙人工作的华人仿制西式火炮，到自己大批量制作并应用西式火炮，明朝在自己的军事体系中以很快的速度和很大的力度推广了西方军事技术。这种军事技术，在明后期政治历史上发挥了重要作用，西式火炮制作、使用过程，也自然导致了知识、技术、观念的一些变化。

中国古代使用多种材质货币，多数情况下多币种并行。宋、元社会，古老的铜钱一直行用，白银也具备流通货币功能，同时政府竭力推行纸币。有时布帛等实物，也会被充作交换媒介使用。明初大明通行宝钞与作为辅币的铜钱并行。但纸钞不久落入持续贬值漩涡，铜钱又不便大额交换，官方与民间逐渐更多使用白银，到正统时期政府承认白银合法流通。在中国对白银有大量需求而国内产量不足情况下，进口白银为中国货币体制的全面转化补充了重要条件。

海外输入白银占据明后期社会白银流通量的大部分。晚明给事中傅元初引据先前何乔远请开海事疏再论“开洋禁”，内有：“东洋则吕宋，其夷佛郎机也。其国有银山。夷人铸作银钱独盛。中国人若往贩大西洋，则以其产物相抵，若贩吕宋，则单得其银钱。”[③]当时大量白银通过以吕宋等地为据点的欧洲人经营的北美、欧洲、亚洲三角贸易流入中国。据梁方仲先生估算，“由

① 《明熹宗实录》卷20《天启二年三月庚戌》，台北：台湾“中研院”历史语言研究所校勘本，1962年。

② 《崇祯长编》卷63《崇祯五年九月乙巳》，《明实录》附录，台北：台湾“中研院”历史语言研究所校勘本，1962年。

③ 孙承泽：《春明梦余录》卷42《兵部一》，《景印文渊阁四库全书》第868册，台北：台湾商务印书馆，1986年，第719页。

万历元年至崇祯十七年（1573—1644）的七十二年间合计各国输入中国的银元由于贸易关系的至少远超过一万万元以上”。[①] 根据西方学者贡德·弗兰克（Andre Gunder Frank）的研究，“从1560年到1640年，欧洲从美洲获得19 000吨白银（巴雷特的估算），另外有1000吨以上白银从太平洋上运走。而日本的白银出口就多达8000吨或9000吨。也就是说，在28 000吨的总量中，日本就提供了8000吨或9000吨，将近30%”。[②] 万明认为，中晚明时代的中国作为最大的白银需求国，通过对外贸易推动白银成为国际通用结算货币，从而推动了世界经济体系的初步建立。她对20世纪30年代以降学者的相关研究进行重新梳理，形成对明代白银输入量的综合判断，认为从1540年到1644年的约100年间，平均每年由日本通过东南亚输入中国的白银约为75吨，合计7500吨左右；大致同一时期通过欧洲经果阿输入中国的白银共约5000吨；由美洲经太平洋通过菲律宾输入中国的白银共约7620吨。[③] 上述统计数字虽有差异，但皆表明海外输入的白银构成了明后期社会经济的重要成分。[④]

中国可能很早就有糯玉米种植，[⑤] 但可以肯定的是，从美洲输入的玉米品种和番薯在明朝后期的中国普遍种植，大大提高了中国的粮食产量。农业总产量的提高，为17世纪人口的快速增长提供了基础。关于这个问题，珀金斯、何炳棣等学者已有研究，此处不赘。[⑥]

此外，自鸣钟、眼镜、望远镜之类也已经出现在晚明时代中国社会生活中。与此同时，在新航路开辟之后，中国瓷器、漆器、丝绸等产品大规模输入欧洲，引起欧洲对中国手工业制品的好尚和更大规模的持续需求。

---

① 梁方仲：《明代国际贸易与银的输出入》，原载《中国社会经济史集刊》第6卷第2期（1939年），见梁方仲：《梁方仲文集——明清赋税与社会经济》，北京：中华书局，2008年，第562页。

② 贡德·弗兰克著：《白银资本》，刘北成译，北京：中央编译出版社，2000年，第206页。

③ 万明：《明代白银货币化：中国与世界连接的新视角》，《河北学刊》2004年第3期。

④ 大量白银输入推动白银成为明代货币体系中的主导货币之过程，已经诸多学者讨论，然而此种变化并不仅仅意味着处于商品经济发展中的明代中国恰好获得了大量货币，还带来了国家与社会关系的重大变化，关于后者的考察尚未充分。此处亦难展开讨论，容待后议。

⑤ 参看向安强：《中国玉米的早期栽培与引种》，《自然科学史研究》1995年第3期。此说尚有争议。

⑥ 参看何炳棣：《美洲作物的引进、传播及其对中国粮食生产的影响》，《世界农业》1979年第4—6期；德·希·珀金斯著：《中国农业的发展（1368—1968年）》，宋海文等译，上海：上海译文出版社，1984年。

天主教传教士来华展现出明后期中国与欧洲在思想、文化、科技、信仰等精神层面正在发生深度的交流。同一时期由海外流入中国的白银、玉米、火器及火器制作技术等，则构成晚明社会生活中难以或缺的外来物质。此时，西方对于中国的了解也在迅速增强，中国的思想、文化、产品都成为欧洲、东南亚、日本等地社会经济文化生活中的要素。此时的中国，不是封闭的。

（六）经由陆路的周边及外国贸易

一般思考明清时期中国的开放性或闭锁性，首先考虑由沿海展开的对外关系，相关研究亦远较对经由陆路发生的中外往来关系的研究为多。尽管如此，如果结合学界已经进行的研究来爬梳相关史料，可以看到，明朝经由陆路展开的对周边地区及外国的相互关系，与其从海路展开的关系基本一致，也属有限开放性质。

明朝的陆路对外联系，大致可分 4 个基本方向：东北主要对女真[①]；北方主要对蒙古；西南主要对吐蕃；西域即嘉峪关以西区域则可分为周边区和域外区两层，周边区主要是对哈密、别失八里、吐蕃等政权，域外区才是对撒马尔罕即帖木儿帝国等中亚政权。至于中亚以外通往欧洲的地区，并没有发生具有政策性的和连续性的交往关系。西南通往南亚，虽也有交通路径，但未形成有效的交通路线。

明朝对基本处于其北部的蒙古诸部的基本方针是防御为主。但在隆庆抵于明末时期，双方形成和缓的封贡互市关系。对于东北地区西部、哈密、吐鲁番等地区，采用更为近密的羁縻、封贡、互市关系。此类关系中包含通过敕封、入贡等活动表现的统辖关系，也包括在接受敕封与入朝进贡前提下进行的互市关系，乃至民间往来。其中特别突出的是东北与河套地区的马市以及西南地区的茶马贸易，以及围绕这些互市关系而建立的民间商贸往来。明

① 朝鲜亦在明东北方向，相互交往水陆并行，其关系特质已在前节交代，此处不再讨论。

朝对于其核心控制区外缘区域的这种关系的基调是积极联系、互通有无、有所防范。这种周边关系与对外关系也有一定关联性，但不是这里讨论的核心。其中主要是西域方向的周边政权，处于明朝与中亚世界之间，作为明朝与中亚各国关系的中间区域，与明朝对外关系密不可分。处于明朝与撒马尔罕之间的重要政权之一为别失八里，中心地域在今新疆境内，它与明朝保持密切的朝贡关系并接受明朝授予的官职，在明朝对中亚关系中扮演重要角色。另一重要政权是哈密，处于明朝在嘉峪关以西所设 7 个卫所的最西处，是明朝与西域外国往来的主要中介区，所居人民主要为蒙古、回回、畏兀儿，“诸番贡使，皆由哈密译送”。①

《明史》记载，“洪武中，太祖欲通西域，屡遣使招谕，而遐方君长未有至者”。至洪武二十年（1387 年）九月，撒马尔罕王帖木儿“首遣回回满剌哈非思等来朝，贡马十五，驼二。诏宴其使，赐白金十有八锭。自是频岁贡马驼……而其国中回回又自驱马抵凉州互市。帝不许，令赴京鬻之。元时回回遍天下，及是居甘肃者尚多，诏守臣悉遣之，于是归撒马儿罕者千二百余人”②。由此观之，洪武时期对西域外国，采取积极联系的政策，主要目标是建立朝贡关系。其间有来华贸易的民间商人，也并不完全拒绝，只是不许在边疆与民间自行贸易，而要求其入京发卖。这样，对于西域经陆路入华的外国民间商人，就在国家间已有朝贡关系的前提下，设置了一个进行市场贸易的途径。据严从简记载，在洪武三十年（1397 年）时，明太祖曾遣书谕别失八里王曰：“朕即位三十年，西方诸国商人入我中国互市，边吏未尝阻绝。朕复敕吾吏民不得恃强侵慢番商，由是尔诸国获厚利，疆场无扰，是我中国有大惠于尔诸国也。”③《明史》所记载的明太祖在洪武三十年向撒马尔罕传达的说法与前述对别失八里的说法类似，可能是同一说法而对象被记录为两个，其中也提到与回回的互市：“朕即位以来，西方诸商来我中国互市者，边将未尝阻绝。朕复敕吏民善遇之，由是商人获利，疆场无扰，是我中华大有惠于

① 申时行等：《明会典》卷 107《礼部六十五・朝贡三》，北京：中华书局，1989 年，第 579 页。
② 张廷玉等：《明史》卷 332《外国传・西域四》，北京：中华书局，1974 年，第 8598 页。
③ 严从简：《殊域周咨录》卷 15《亦力把力》，北京：中华书局，1993 年，第 494 页。

尔国也……是以近年回回入境者，亦令于中国互市……”[①]可见洪武时期与撒马尔罕等国，基本保持了朝贡关系和朝贡关系前提下的民间贸易。

《殊域周咨录》还记载：“按夷中百货，皆中国不可缺者。夷必欲售，中国必欲得之。以故祖训虽绝日本，而三市舶司不废……盖北夷有马市，西夷有茶市，江南海夷有市舶，所以通华夷之情，迁无有之货，收征税之利，减戍守之费。且以禁海贾抑奸商，使利权在上也。”[②]可见保持中外贸易，被明朝官方认为是符合明朝自身利益的。

当然，在此种关系格局中，明朝强调的是朝贡关系体现的外国对明朝上国地位的认可，而西域朝贡国则多着眼于与明朝保持贸易往来关系。这种差异，并不妨碍当时的此种“朝贡加贸易”的关系构成明朝对西域各国在一定程度上的开放性。

永乐初，撒马尔罕王帖木儿曾计划进攻明朝，后因病故中止，撒马尔罕对明朝的朝贡恢复频繁状态。至弘治时期，撒马尔罕贡使曾由海路经满喇加至广东，进贡狮子、鹦鹉等物，明朝以其“非西域贡道”，降低其回赏，后仍经陆路入明朝贡。直至正德中，撒马尔罕贡使“犹数至”。[③]嘉靖十二年（1533年），西域有称王号者百余人入贡。明朝就此反复讨论，内中有云：

> 西域称王者，止土鲁番、天方、撒马儿罕。如日落诸国，称名虽多，朝贡绝少。弘、正间，土鲁番十三入贡。正德间，天方四入贡，称王者率一人，多不过三人，余但称头目而已。至嘉靖二年、八年，天方多至六七人，土鲁番至十一二人，撒马儿罕至二十七人……今土鲁番十五王，天方二十七王，撒马儿罕五十三王，实前此所未有。弘治时回赐敕书，止称一王。若循撒马儿罕往岁故事，类答王号，人与一敕，非所以尊中国制外蕃也。盖帝王之驭外蕃，固不拒其来，亦必限以制。其或名号僭差，言词侮慢，则必正以大义，责其无礼。今谓本国所封，何以不见故牍；谓部落自号，何以达之天朝。我概给以敕，而彼即据敕恣意往来，

① 张廷玉等：《明史》卷332《外国传·西域四》，北京：中华书局，1974年，第8607页。
② 严从简：《殊域周咨录》卷8《暹罗》，北京：中华书局，1993年，第284页。
③ 张廷玉等：《明史》卷332《外国传·西域四》，北京：中华书局，1974年，第8601页。

恐益扰邮传，费供亿，殚府库以实谿壑，非计之得也。[①]

最后决定每拨入贡者只给一份敕书，并且晓以“国无二王之义”。然而这些入贡者并不理会，嘉靖十五年（1536年）复入贡如故，至万历中仍其故事。“盖番人善贾，贪中华互市，既入境，则一切饮食、道途之资，皆取之有司，虽定五年一贡，迄不肯遵，天朝亦莫能难也。”[②]暂不论明朝核实西域入贡者名实身份的困难，从中可以看出的是，明朝与西域各国保持了相当密切的往来关系。

明朝为建立和保持与西域各国的往来关系，曾多次派出使团前往各地。其中最著名者，一是洪武、永乐时期数次出使西域的陈诚使团。永乐十一年（1413年），陈诚以吏部员外郎身份护送西域哈烈等国贡使回国，并行赏哈烈、撒马尔罕等国。回国后，他与同行使者李暹将该行所见情况报告朝廷，基本内容可见于《西域番国志》《西域行程记》，所涉山川风土人情等，包括哈烈、撒马尔罕、俺都淮、八剌黑、迭里迷、沙鹿海牙、塞兰、达失干、卜花儿、渴石、养夷、别失八里、土尔番、崖儿城、盐泽城、火州、鲁陈城、哈密等地。[③]另一位重要的连接起明朝与西域的使节是傅安。傅安自洪武二十八年（1395年）以后，先后6次出使西域，前3次出使撒马尔罕和哈烈，后3次出使别失八里，曾游历撒马尔罕，被拘禁西域十余年后归国。[④]其事颇类汉代苏武。

明代中国经由陆路的对外往来，在当时的交通条件下，应视为相当频繁畅达的。往来的方式中，明朝与西域各国之间建立的朝贡关系是基本的官方框架。不过，这个框架实际发生的作用主要是界定一个大致的往来格局，对于往来的频次、规模都没有发生实际上的严格限制作用。明朝对于以朝贡为名入明贸易的商人，也并不甚追究端的。在这种宽缓松散的朝贡关系框架之

① 张廷玉等：《明史》卷332《外国传·西域四》，北京：中华书局，1974年，第8601—8602页。

② 张廷玉等：《明史》卷332《外国传·西域四》，北京：中华书局，1974年，第8602页。

③ 关于陈诚出使西域的情况，参看王继光：《陈诚西使及洪永之际明与帖木儿帝国的关系》，《西域研究》2004年第1期。

④ 万明对此有详细研究，见所著《傅安西使与明初中西陆路交通的畅达》，《明史研究》第2辑，合肥：黄山书社，1992年，第132—140页。

下，明代的中国与诸多国家通过陆路保持了频繁往来。

综上考察，可见明代中国作为一个社会体系，具有一定的开放性。这种开放性情态应该被视为明代中国在社会形态意义上并非“封建”的一个印证。以层级分权和人身附庸性为特征的封建社会，从逻辑和历史上说都更倾向于自然经济和地域自足性，因而更倾向于封闭性。明代中国的帝制体系，弱化了世袭贵族地位，包括其对于人口的直接控制权，使得广大空间范围的地域社会与其外部构成经常化、多途径的关联，拥有基本自由权的人口所占比例也远大于封建社会，因而较强的流动性是这个社会的本质特征之一。这个时代交通条件与商品经济的发展，以及社会生活方式中对非本地产品的需求，已经在一定程度地超过了“自给自足”的水平，许多外来事物是这个社会体系逐渐内化的要素。这个社会并没有理由完全拒绝外来的事物，实际也没有主动拒绝外来的事物。外部世界，尤其是比邻近诸国更远地区的国家，并未构成对这个社会存亡的根本威胁，因而这个社会无需为安全的考虑而自我隔绝于外部世界之外。周边国家的一些挑战，主要是来自日本的侵扰，能够促使明朝做出的反应仅限于在沿海地区布防和实行断续的“海禁”，并不足以迫使明朝对所有外国断绝往来。

针对以往将明清时代中国描绘为“封闭”社会的论说语境，我们不能不明确指出当时中国是具有开放性的。但是，又不能不指出，这种开放性是有限的，明代的中国并不是一个完全开放的社会。其重要的原因，首先也在于帝制体系对社会的强控制需求，要求其对外来事物保持警觉和一定的限制，以防造成国内社会控制的松动；其次在于中华文明演进的中原核心区与周边区域之间在长期互动融合过程中造成的周期性政治秩序振荡；第三在于作为主导意识形态的儒家文化传统保持着文化优越的传统心态，使得当时多数中国人对域外文化、事物缺乏了解热情；第四在于明朝政府在很长时期将涉外贸易过度严格地控制在政府手中，留给民间的对外合法往来空间狭小；最后在于中国广大腹地对外来生活必需品需求有限，对外接触的内驱力不强。这些方面的事实甚为明显，且不详论。

四

清前期中外关系的格局

前面的论证表明，明代中国是一种具有很大活性的社会，这种社会内部与内外之间有大量信息、物质置换行为，不应被判定为是“闭关锁国”的或者“封闭”的，而应是“有限开放”的。那么，鸦片战争爆发之前的清代情况如何呢？

明清易代，政权主体构成发生很大变化，内外政策也有改变，同时又有诸多制度与政策存在继承性。同时，作为社会共同体的清代中国所面对的世界形势，也比明代中国所面临的更为复杂。与此相关，中外理论界、学术界关于传统中国封闭性的论说，也常常是以清代史事为参照的。如前所述，西方学者很早就形成了中国帝制时代后期封闭性的基本判断，20 世纪 80 年代前后，中国的一些学者沿袭类似看法，用“闭关”“锁国”等语汇来表述清代中国对外政策和对外关系的基本倾向，强调清代对外关系封闭性的主张实际构成了主流看法。[①] 但也有学者对清代闭关锁国说提出质疑。郭蕴静提出，清初为对付郑成功反清力量而实行的“海禁”令和“迁海”令是权宜之计，并非闭关锁国，后来实行的对海外贸易的限制和其他相关规章制度都没有超出限制与防范界限，并非从根本上断绝对外通商往来，康熙开海后对外贸易

① 代表性的论文如：戴逸：《闭关政策的历史教训》，《人民日报》1979 年 3 月 13 日；胡思庸：《清朝的闭关政策和蒙昧主义》，《吉林师大学报》1979 年第 2 期；汪敬虞：《论清朝前期的禁海闭关》，《中国社会经济史研究》1983 年第 2 期等。陈尚胜对相关研究曾做详细评述，见陈尚胜：《“闭关”或“开放”类型分析的局限性——近 20 年清朝前期海外贸易政策研究述评》，《文史哲》2002 年第 6 期。

的发展证明清朝并未闭关锁国。[①]黄启臣也认为，清代前期只有顺治十二年（1655年）至康熙二十二年（1683年）实行较严格海禁，康熙五十六年（1717年）至雍正五年（1727年）实行部分地区海禁，总计不过39年，其余157年基本开放海外贸易。即使禁海期间，也没有完全断绝与外国的贸易往来。故清朝前期实行的是开海设关、严格管理贸易的政策，不是闭关锁国政策，因此才有清前期海外贸易不断发展的局面。[②]近年来，学术界关于中国明清时代对外关系基本格局方面又有新的讨论。万明提出，明代中国在对外政策方面基本是开放的，清代则是更为封闭的。[③]陈尚胜对此表示反对，认为清代的对外贸易政策比明代更具有开放性。[④]陈尚胜还提出，“闭关”和“开放”等词汇是在西方国家通过工业革命奠立机器大工业生产格局后所出现的一种话语，与其贸易扩张和殖民侵略需要密切相关。汉语系统中的“闭关锁国”最初是日本学者翻译德国学者所著日本史著作中描述德川幕府初期对外政策的词汇，在清朝末年从日本输入中国。这个带有西方国家殖民主义诉求的词汇不适合被用来分析描述清前期海外贸易政策演变的复杂进程。[⑤]如此看来，关于清前期中国对外关系的基本格局，学术界长期争论，却迄今尚未形成一致的看法。如欲就明清时代中国历史趋势做出总体判断，对被视为清代中国封闭性突出表征的若干历史事件节点，还要重新加以梳理和分析。

（一）清朝初年的禁海、迁海政策

清朝顺治年间，为遏止台湾郑氏集团的反清势力，在东南沿海实行禁止

---

① 郭蕴静：《清代对外贸易政策的变化——兼谈清代是否闭关锁国》，《天津社会科学》1982年第3期；郭蕴静：《试论清代并非闭关锁国》，中外关系史学会：《中外关系史论丛》第3辑，北京：世界知识出版社，1991年，第182—195页。

② 黄启臣：《清代前期海外贸易的发展》，《历史研究》1986年第4期。按将顺治十二年到康熙二十二年及康熙五十六年到雍正五年加起来当为38年，清前期“其余”则当为158年。

③ 万明：《中国融入世界的步履——明与清前期海外政策的比较研究》，北京：社会科学文献出版社，2000年。

④ 陈尚胜：《明与清前期海外贸易政策比较——从万明〈中国融入世界的步履〉一书谈起》，《历史研究》2003年第6期。

⑤ 陈尚胜：《论清朝前期国际贸易政策中内外商待遇的不公平问题——对清朝对外政策具有排外性观点的质疑》，《文史哲》2009 年第2期。

出入的政策，称为“禁海”。康熙前期，为了同一目的，又强迫东南沿海多地人民迁入内地，称为“迁海”。禁海与迁海成为现实史学研究者分析清朝是否实行“闭关锁国”政策的第一个节点。所以要对清代对外关系的基本格局做出判断，必须首先对清初禁海与迁海的举措，做出分析。首先梳理基本事实。

顺治三年（1646年）编制的《大清律》保留了《大明律》中有关“私出外境及违禁下海”的条文。顺治四年（1647年）七月，清廷以广东初定，所颁诏书中提到：“广东近海，凡系飘洋私船，照旧严禁。”[①]但顺治初年的这些政令，并没有严格推行。康熙十五年（1676年）江苏巡抚慕天颜《请开海禁疏》就称：“犹记顺治六七年间，彼时禁令未设。见市井贸易，咸有外国货物。民间行使，多以外国银钱，因而各省流行，所在皆有。自一禁海之后，而此等银钱，绝迹不见一文。”[②]可知顺治初年的海禁甚为宽纾，后来方才严厉起来。顺治十二年（1655年），清政府颁令：

> 海船除给有执照、许令出洋外，若官民人等擅造两桅以上大船，将违禁货物出洋贩往番国，并潜通海贼，同谋结聚，及为向导，劫掠良民，或造成大船图利，卖与番国，或将大船赁与出洋之人，分取番人货物者，皆交刑部分别治罪。至单桅小船，准民人领给执照，于沿海近处捕鱼取薪，营汛官兵，不许扰累。[③]

顺治十三年（1656年）敕谕：

> 海氛未靖，必有奸民暗通线索，资以粮物。若不立法严禁，何由廓清？今后凡有商民船只私自下海，将粮食货物等项与逆贼贸易者，不论官民，俱奏闻处斩，货物入官，本犯家产尽给告发之人。其该管地方文武各官不行盘缉，皆革职从重治罪。地方保甲不行举首，皆处死。凡沿海地方口子，处处严防，不许片帆入口、一贼登岸。如有疏虞，专汛各

---

① 《世祖章皇帝实录》卷33《顺治四年七月甲子》，《清实录》第3册，北京：中华书局，1985年影印本，第274页。

② 慕天颜：《请开海禁疏》，贺长龄辑：《皇朝经世文编》卷26《户政一·理财上》，沈云龙主编：《近代中国史料丛刊》第74辑，台北：文海出版社，1966年，第966页。

③ 《钦定大清会典则例》卷114《兵部·职方清吏司·海禁》，《景印文渊阁四库全书》第623册，台北：台湾商务印书馆，1986年，第394—395页。

官，即以军法从事，督抚提镇并议罪。[①]

顺治十八年（1661 年）八月，清廷发布“迁海令”，要求福建、广东、浙江、江苏、山东、直隶6省的沿海及各岛屿居民迁徙到离海30—50里之内，毁焚界外房屋村舍，并严令军民人等不得私出境外，违者处斩。[②]其中，福建、广东、浙江距台湾较近，沿海人民被迫内迁50里，山东距台湾较远，迁海规则稍宽。奉行此令最严格的广东在顺治十八年（1661年）、康熙三年（1664年）、康熙十八年（1679年）3次迁界。这些举措，对于遏止郑成功势力的军事进攻产生了作用，同时也使晚明时期活跃的海外贸易遭受巨大挫折，并且造成了严重的民生灾难。[③]但是即使在“迁海”期间，被葡萄牙人占据的澳门不在迁海之内，依然进行贸易。由来已久的走私贸易也没有停止。

康熙七年（1668年），广东放松海禁。到康熙十五年（1676年），慕天颜上疏说到：

> 今则盛京、直隶、山东之海船固听其行矣，海洲云台之弃地亦许复业矣，香山、澳门之陆路再准贸贩矣。凡此庙谟之筹略，岂非见于海利之原可通融，而故弛其禁耶？今所请之开禁，亦即此意推广之而已。[④]

康熙二十二年（1683 年），清朝消灭郑氏集团，统一台湾。次年即康熙二十三年（1684年）下令取消海禁。

---

① 崑冈等修，刘启端等纂：《钦定大清会典事例》卷776《刑部·兵律关津·私出外境及违禁下海二》，《续修四库全书》第809册，上海：上海古籍出版社，2002年，第523—524页。

② 清初广东番禺人屈大均对迁海在广东地区引发的社会破坏有详细的描述，参看氏著：《广东新语》卷2《地语·迁海》，欧初、王贵忱主编：《屈大均全集》（四），北京：人民文学出版社，1996年，第51—52页。关于清朝迁海政策的谋划与出台，清初人江日升记载，出于郑成功叛将黄梧向清朝提出的“灭贼五策”。五策中第一、二两策称：“一，金、夏两岛，弹丸之区，得延至今日而抗拒者，实由沿海人民走险，粮饷、油、铁、桅船之物，靡不接济。若从山东、江、浙、闽、粤沿海居民，尽徙入内地，设立边界，布置防守，则不攻自灭也；二、将所有沿海船只悉行烧毁，寸板不许下水。凡溪河竖椿栅，货物不许越界，时刻瞭望，违者死无赦。如此半载，海贼船只无可修葺，自然朽烂；贼众许多，粮草不继，自然瓦解。此所谓不用战而坐看其死也。”见江日升：《台湾外记》卷11《何斌献策取台湾，黄梧密疏迁五省》，台北：文化图书公司，1983年，第174—175页。

③ 参看潘蒔：《清初广东的迁海与广东人民的反迁海斗争》，《华南师范学院学报》1956年第1期；陈柯云：《论清初的“海禁”》，《北京师院学报》1980年第1期；谢国桢：《清初东南沿海迁界考》《清初东南沿海迁界补考》，载氏著《明清之际党社运动考》，北京：中华书局，1982年，第237—270页；顾诚：《清初的迁海》，《北京师范大学学报》1983年第3期。

④ 慕天颜：《请开海禁疏》，贺长龄辑：《皇朝经世文编》卷26《户政一·理财上》，沈云龙主编：《近代中国史料丛刊》第74辑，台北：文海出版社，1966年，第966页。

九卿等议覆工部侍郎金世鉴疏言：浙江沿海地方，请照山东诸处见行之例，听百姓以装载五百石以下船只往海上贸易、捕鱼。预行稟明该地方官，登记姓名，取具保结，给发印票，船头烙号。其出入，令防守海口官员验明印票、人数，至收税之处，交与该道，计货贵贱，定税轻重，按季造册报部……俱应如所请。从之。[①]

时内阁学士席柱陈奏福建、广东两省沿海居民情形。康熙帝曰："百姓乐于沿海居住，原因海上可以贸易、捕鱼。先因海寇故，海禁不开。今海氛廓清，更何所待？"九卿詹事科道寻议："今海外平定，台湾、澎湖设立官兵驻扎，直隶、山东、江南、浙江、福建、广东各省，先定海禁处分之例，应尽行停止。若有违禁将硝磺、军器等物私载出洋贸易者，仍照例处分。从之。"[②]次年，又"严饬开洋贸易"。[③]

开海之后，"山东、江南、浙江、广东各海口，除夹带违禁货物仍照例治罪外，商民人等有欲出洋贸易者，呈明地方官，登记姓名，取具保结，给发执照。将船身烙号刊名，令守口官弁查验，准其出入贸易。"[④]同年九月，康熙帝谕大学士等：

向令开海贸易，谓于闽粤边海民生有益。若此二省民用充阜，财货流通，各省俱有裨益。且出海贸易非贫民所能，富商大贾懋迁有无，薄征其税，不致累民，可充闽粤兵饷，以免腹里省分转输协济之劳。腹里省分钱粮有余，小民又获安养。故令开海贸易。今若照奉差郎中伊尔格图所奏，给与各关定例款项，于桥道渡口等处概行征税，何以异于原无税课之地，反增设一关科斂乎？此事恐致扰害民生。尔等传谕九卿詹事

① 《钦定皇朝文献通考》卷33《市籴考二·市舶互市》，《景印文渊阁四库全书》第632册，台北：台湾商务印书馆，1986年，第692页。

② 《钦定皇朝文献通考》卷33《市籴考二·市舶互市》，《景印文渊阁四库全书》第632册，台北：台湾商务印书馆，1986年，第693页。

③ 《钦定皇朝文献通考》卷33《市籴考二·市舶互市》，《景印文渊阁四库全书》第632册，台北：台湾商务印书馆，1986年，第693页。

④ 《钦定大清会典则例》卷24《吏部·考功清吏司·海防》，《景印文渊阁四库全书》第620册，台北：台湾商务印书馆，1986年，第462页。

科道，会议具奏。[①]

次年，在江苏松江、浙江宁波、福建泉州、广东广州设立江海关、浙海关、闽海关和粤海关，分管各口岸对外贸易出入和税收。清廷并允许欧洲国家在中国东南沿海指定地点设立商馆。康熙三十六年（1697 年），康熙帝还在耶稣会士白晋回国的时候，要求他设法邀请法国商人来华经商。

康熙五十五年（1716 年）十月，康熙帝对中国出海商民滞留海外及将船只卖予海外表示忧虑。他对大学士等说：

天下事未有不由小而至大。小者犹不可忽，大者益宜留心……朕南巡过苏州时，见船厂问及，咸云每年造船出海贸易者多至千余，回来者不过十之五六，其余悉卖在海外，赍银而归。官造海船数十只尚需数万金，民间造船何如许之多？且有人条奏，海船龙骨必用铁梨竻木。此种不产于外国，惟广东有之，故商人射利偷卖。即加查讯，俱捏称遭风打坏。此中情弊，速宜禁绝。海外有吕宋、噶喇吧等处，常留汉人。自明代以来有之，此即海贼之薮也。官兵出哨，或遇贼船四五只，官兵船止一二只，势不能敌，舵工又不奋力向前，将领亦无可如何，不过尾追而已，何能剿灭耶？张伯行曾奏，江浙之米多出海贩卖。斯言未可尽信，然不可不为预防。出海贸易，海路或七八更，远亦不过二十更。所带之米适用而止，不应令其多带。再东洋可使贸易。若南洋，商船不可令往。第当如红毛等船，听其自来耳。且出南洋，必从海坛经过。此处截留不放，岂能飞渡乎？又沿海炮台，足资防守，明代即有之，应令各地方设立。往年由福建运米广东，所雇民船三四百只，每只约用三四十人，通计即数千人聚集海上，不可不加意防范。台湾之人，时与吕宋地方人互相往来，亦须预为措置……海外如西洋等国，千百年后，中国恐受其累。此朕逆料之言……国家承平日久，务须安不忘危。[②]

① 《圣祖仁皇帝实录》（二）卷 116《康熙二十三年九月甲子》，《清实录》第 5 册，北京：中华书局，1985 年影印本，第 212 页。

② 《圣祖仁皇帝实录》（三）卷 270《康熙五十五年十月辛亥》，《清实录》第 6 册，北京：中华书局，1985 年影印本，第 649—650 页。

经兵部等衙门会同入京陛见的广东将军管源忠、福建浙江总督觉罗满保、广东广西总督杨琳议准：

> 凡商船照旧东洋贸易外，其南洋吕宋、噶罗吧等处不许商船前往贸易，于南澳等地方截住，令广东、福建、沿海一带水师各营巡查。违禁者严拏治罪。其外国夹板船照旧准来贸易，令地方文武官严加防范。嗣后洋船初造时，报明海关监督，地方官亲验印烙，取船户甘结，并将船只丈尺、客商姓名、货物往某处贸易，填给船单，令沿海口岸文武官照单严查，按月册报督抚存案。每日各人准带食米一升并余米一升，以防风阻。如有越额之米，查出入官。船户、商人一并治罪。至于小船偷载米粮，剥运大船者，严拏治罪。如将船卖与外国者，造船与卖船之人皆立斩。所去之人留在外国，将知情同去之人枷号三月，该督行文外国，将留下之人令其解回立斩。沿海文武官如遇私卖船只、多带米粮、偷越禁地等事隐匿不报，从重治罪。并行文山东、江南、浙江将军督抚提镇，各严行禁止。①

推敲这一曾被现代研究者称为“南洋禁令”的政令原委与行文，都表明当时康熙帝与清朝主管官员所考虑的都是防范东南沿海地区逐渐积聚起的足以威胁清朝统治与国家安全的问题，主要是对中国商人出海的管制与限制，对西方商船并无特别的规定。因而，这一政令并不具有“闭关”的性质。值得注意的是，康熙帝这时对“西洋等国”威胁的预感，后来终于成为事实。

继续康熙后期的政策，清朝在雍正元年（1723 年）规定：

> 出海商渔船，自船头起至鹿耳粱头止，大桅上截一半，各照省分油饰。江南用青油漆饰，白色钩字；浙江用白油漆饰，绿色钩字；福建用绿油漆饰，红色钩字；广东用红油漆饰，青色钩字。船头两披，刊刻某省某州县某字某号字样。沿海汛口及巡哨官弁，凡遇商渔船验系照依各本省油饰刊刻字号者，即系民船，当即放行。如无油饰刊刻字号，即系

---

① 《圣祖仁皇帝实录》（三）卷 271《康熙五十六年正月庚辰》，《清实录》第 6 册，北京：中华书局，1985 年影印本，第 657—658 页。

匪船，拘留究讯。[①]

澳门不在禁止南洋贸易范围之内，但是清朝对澳门贸易的管理还是趋于严格。雍正三年（1725 年）二月，兵部议准："广东香山澳，向有西洋人来贸易，居住纳租，逾二百年。今户口日繁，总计男妇多至三千五百六十七名。大小洋船，近年每从外国造船回澳，共有二十五只，恐致日增。请将现在船数作为定额，除朽坏重修之外，不许添置。西洋人头目自彼处来更换者，许其存留，其无故前来之人，仍令随船归国，不许容留居住。"[②] 雍正五年（1727 年），兵部议覆福建总督高其倬疏称：

> 闽省福兴漳泉汀五府地狭人稠，自平定台湾以来，生齿日增，本地所产不敷食用，惟开洋一途，藉贸易之赢余，佐耕耘之不足，贫富均有裨益。从前暂议禁止，或虑盗米出洋。查外国皆产米之地，不藉资于中国。且洋盗多在沿海直洋，而商船皆在横洋，道路并不相同。又虑有逗漏消息之处。现今外国之船许至中国，广东之船、许至外国，彼来此往，历年守法安静。又虑有私贩船料之事。外国船大，中国船小，所有板片桅柁，不足资彼处之用。应请复开洋禁，以惠商民。并令出洋之船，酌量带米回闽。实为便益。应如所请，令该督详立规条，严加防范。

雍正帝从之。[③] 雍正六年（1728 年）又规定："商船、渔船不许携带枪炮器械。至往贩东洋、南洋之大船，原与近洋不同，准其携带。鸟枪不得过八，腰刀不得过十，弓箭不得过十副，火药不得过二十斤。洋商投行买货，即同牙人将应带军器数目呈明海关，给票照数制造，錾书姓名号数。完日报官点验，填入照内。守口官弁，验明放行。回日如有短少，即行讯究。果系遗失，取通船甘结存案。"[④]

---

① 《钦定大清会典则例》卷 114《兵部・职方清吏司・海禁》，《景印文渊阁四库全书》第 623 册，台北：台湾商务印书馆，1986 年，第 396 页。

② 《世宗宪皇帝实录》（一）卷 29《雍正三年二月己巳朔》，《清实录》第 7 册，北京：中华书局，1985 年影印本，第 430 页。

③ 《世宗宪皇帝实录》（一）卷 54《雍正五年三月辛丑》，《清实录》第 7 册，北京：中华书局，1985 年影印本，第 822 页。

④ 《钦定大清会典则例》卷 114《兵部・职方清吏司・海禁》，《景印文渊阁四库全书》第 623 册，台北：台湾商务印书馆，1986 年，第 405 页。

清朝中后期，国内粮食价高。康熙四十七年（1708 年），都察院佥都御史劳之辨疏言：“江浙米价腾贵，皆由内地之米为奸商贩往外洋所致。请申严海禁，暂撤海关，一概不许商船往来，庶私贩绝而米价平。”康熙帝则说：“闻内地之米贩往外洋者甚多，劳之辨条陈甚善，但未有禁之之法。其出海商船，何必禁止？洋船行走，俱有一定之路，当严守上海、乍浦及南通州等处海口。如查获私贩之米，姑免治罪，米俱入官，则贩米出洋者自少矣。”[①] 户部讨论后认为：“自康熙二十二年开设海关，海疆宁谧，商民两益，不便禁止。至奸商私贩，应令该督抚提镇于江南崇明、刘河，浙江乍浦、定海各海口，加兵巡察。除商人所带食米外，如违禁装载五十石以外贩卖者，将米入官，文武官弁有私放者，即行参处。”得旨如议。[②] 于是清朝并未一概禁绝商船往来，只是禁止商人贩米出洋。乾隆初年，清政府还曾鼓励从东南亚市场进口粮食。乾隆八年（1743 年）九月，乾隆帝谕称：

> 朕轸念民艰，以米粮为民食根本，是以各关米税，概行蠲免。其余货物，照例征收。至于外洋商人，有航海运米至内地者，尤当格外加恩，方副朕怀远之意。上年九月间，暹罗商人运米至闽，朕曾降旨免征船货税银。闻今岁仍复带米来闽贸易。似此源源而来，其加恩之处，自当著为常例。著自乾隆八年为始，嗣后凡遇外洋货船，来闽粤等省贸易，带米一万石以上者，著免其船货税银十分之五。带米五千石以上者，免其船货税银十分之三。其米听照市价公平发粜。若民间米多，不须籴买，即著官为收买，以补常社等仓，或散给沿海各标营兵粮之用。俾外洋商人，得沾实惠，不致有粜卖之艰。[③]

综上所述，清朝在 1644 年推翻明朝北京政府，但因南方各地的抵抗，到顺治四年（1647 年）方才就东南沿海地区对外政策发布政令。从顺治四年申

① 《圣祖仁皇帝实录》（三）卷 232《康熙四十七年正月庚午》，《清实录》第 6 册，北京：中华书局，1985 年影印本，第 318 页。

② 《圣祖仁皇帝实录》（三）卷 232《康熙四十七年二月庚寅》，《清实录》第 6 册，北京：中华书局，1985 年影印本，第 319 页。

③ 《高宗纯皇帝实录》（三）卷 200《乾隆八年九月甲申》，《清实录》第 11 册，北京：中华书局，1985 年影印本，第 566 页。

明海禁算起，包括稍后实行的迁海在内，到康熙二十二年（1683 年）开海解禁，海禁持续时间为 36 年。此 36 年的禁海、迁海皆出于遏制、消灭东南沿海以郑成功为主的敌对势力，是一种以军事战略为主要出发点的政策，并非以遏止对外贸易为目的，而且在相关军事目的达到之后，立即解除。其后关于商船出入的规定，包括禁止贩米出洋等政策，都是出于调节经济、市场的举措。因而，清朝前期的禁海、迁海，并不能表示清朝前期实行了“闭关锁国”政策，更不表明清前期的中国是封闭的。

（二）清前期中外贸易之发展

帝制国家体制在上升期一般具有强大的社会控制力，清朝前期也是如此。如果清朝前期政府持续推行闭关政策，则中国在该历史时期的对外贸易是难以发展的。然而事实是在康熙二十三年（1684 年）之后的一个半世纪间，中国海外贸易的活跃程度和规范化程度都超过了明代的水平。对此，学术界已经有比较丰富的研究，此处对相关研究做纲要性的梳理，以呈现清前期中外贸易发展之概况。

海关体系建立之后，清朝制定了对东南亚国家来华商船、欧洲国家来华商船、本国商船的不同税率，清朝对海外贸易的管理和民间海外贸易活动都接近常态化。清朝初期采用明朝的抽分税制，后来实行的则是复合性关税制度，除按照船体大小抽税外，将货物种类、货物价值也作为税收尺度。陈尚胜通过对比分析数种清代文献指出，康熙二十四年（1685 年），东洋船分 1120 两、880 两、480 两、320 两四等收税；西洋船分 2800 两、2400 两、2000 两三等收税。至康熙三十七年（1698 年），改为西洋船与东洋船一体分 1120 两、880 两、480 两三等收税。同时对本国出海贸易船只根据船体大小，按照一等船每平方丈征银 15 两，二等船每平方丈征银 13 两，三等船每平方丈征银 11 两，四等船每平方丈征银 9 两征税。①

---

① 参看陈尚胜：《明与清前期海外贸易政策比较——从万明〈中国融入世界的步履〉一书谈起》，《历史研究》2003 年第 6 期。

从表面看，清朝对外商所征关税似乎重于对华商所征关税。但近年有学者研究指出，对比清朝对外商、华商的相关政策，可以看到清朝实际是优待外商而限制华商，这主要体现在优免关税方面。前面已经提到，雍正、乾隆时期曾准许暹罗商人运米来华时其他货物免税，乾隆时期还曾将外商带米免税的待遇规定为长期政策。而同一时期，华商船只在前往东南亚贸易必须运载大米回国，却多年没有相应的免税待遇，直到乾隆十七年（1752 年），才准华商比照外商之例一体减免船货税。陈尚胜还指出，清朝海关对中外海商征收的船钞、规礼银、杂税，在核算载货量的情况下实际上是本国商船负担重于外国商船。在茶叶、生丝出口贸易方面，清朝政府对华商的限制也多于对外商的限制。他认为，"清朝无论是在海外贸易的基本政策上，还是在关税政策和具体的管理制度方面，都呈现出一种限制本国商人要远远甚于来华外商的政策特征，而外商从清朝那里所得到的贸易利益待遇也远远高于本国商人，甚至还以牺牲本国商人利益来成就来华外商的利益。从这一比较看，清朝在海外贸易政策方面可以说是'排内'而不'排外'。"[①] 清朝对于外贸的其他鼓励政策也随处可见。

开海以后的一个半世纪间，中国海外贸易量不断扩大。其中，中国与日本的贸易虽然受到日本闭关政策一定程度的影响，但仍然趋于增长。据朱德兰研究，"仅就 1684—1722 年间的中日贸易市场圈而言，年平均航日商船约 70 艘，39 年间前往长崎的海商便多达 130 000 人次，其中以 1688 年度驶日的 194 艘，9216 人次（缺录的三艘船除外）最多，这种民间海外贸易盛况恐怕是以往所罕见的。"[②] 清朝曾动用关税、盐税银为办铜资本，令官员在沿海地区招募商人，预付铜价，使其前往日本采购铜料，回国后交给出资的政府机构。乾隆三年（1738 年），官商办铜因亏空而暂停，改为商人自出资本出海办铜，回国后由海关收买。至乾隆九年（1744 年），清朝又允许某些官商

① 陈尚胜：《论清朝前期国际贸易政策中内外商待遇的不公平问题——对清朝对外政策具有排外性观点的质疑》，《文史哲》2009 年第 2 期。

② 朱德兰：《清开海令后的中日长崎贸易商与国内沿岸贸易（1684—1722）》，张宪炎主编：《中国海洋发展史论文集》第 3 辑，台北：台湾"中研院"三民主义研究所，1989 年，第 414 页。

出洋办铜。[①]

欧洲人在明代就已经开始大量从中国进口瓷器。这种需求在清前期继续成为中欧贸易的推动力。据徐晓望研究，荷兰东印度公司在 1602 年到 1682 年的 80 年间，共从中国运走了 1600 万件瓷器。[②] 郑成功占据台湾期间，荷兰东印度公司很难通过走私获得足够的华瓷供应，不得不从日本进口伊万里瓷，以补充欧洲市场对瓷器的需求。1715 年英国东印度公司正式在广州设立商馆，大量中国瓷器被运往欧洲。18 世纪，法国、奥地利、瑞典商船也积极参与了对中国的瓷器贸易，直到 18 世纪末欧洲瓷器品质已高，中国瓷器对欧出口才衰落下来。后起的美国则一度成为中国瓷器外销的主要购买者。[③]

茶叶是清前期中外贸易的另一个大宗商品。经由海路的茶叶消费市场是西欧、北美；经由陆路的茶叶消费市场是俄国。荷兰人于 17 世纪初首次从印尼群岛的万丹将茶叶输往欧洲，中欧茶叶贸易随之兴起。到 18 世纪，欧洲各国都从中国大量进口茶叶。俄国人虽然早在 17 世纪初了解了中国的茶叶，但是到 17 世纪中叶以后才开始从中国进口茶叶。到 18 世纪末，俄国的茶叶消费才广泛化，其后输往俄国的茶叶价值才超过其他产品。庄国土对清前期英国、荷兰、法国、丹麦、瑞典、西班牙、葡萄牙、普鲁士等国对华贸易的规模做了估算，认为“18 世纪欧洲各国商船运走的中国茶叶，当在 8 000 000 担以上”，“在欧洲国家对华的海上贸易中，茶叶约占其购买中国货值的 75%—80%”，而这些茶叶基本以白银支付。[④]

丝绸也是清前期中外贸易的大宗出口商品。欧洲、日本等都有对中国丝的巨大需求。清代中国仍然使用铜钱，而铜产量不足，利用丝出口特许来办铜进口曾是清朝增加铜进口的一个重要方式。但是中国国内对丝的需求也很大。大量丝出口，抬高了国内丝绸价格。乾隆二十四年（1759 年），清朝禁

① 刘序枫：《清康熙乾隆年间洋铜的进口与流通问题》，汤熙勇主编：《中国海洋发展史论文集》第 7 辑上册，台北：台湾“中研院”中山人文社会科学研究所，1999 年，第 93—144 页。

② 徐晓望：《十七世纪环台湾海峡区域市场研究》，博士学位论文，厦门大学，2003 年，第 50—51 页；万钧：《东印度公司与明清瓷器外销》，《故宫博物院院刊》2009 第 4 期。

③ 关于明清时期中国瓷器外销与国家政策的关系，可参看陈玉芳：《16 至 18 世纪中西贸易中的外销瓷》，硕士学位论文，东北师范大学，2010 年；余张红：《17 世纪中期—19 世纪中期中西陶瓷贸易》，硕士学位论文，宁波大学，2012 年。

④ 庄国土：《18 世纪中国与西欧的茶叶贸易》，《中国社会经济史研究》1992 年第 3 期。

止丝绸出口，以便平抑物价。[①]但是其后丝价依然昂贵，也妨碍了与外国的贸易，“各番首重者丝斤，今因禁止贩洋，近来粤、闽贸易番舡甚觉减少。即内地贩洋商舡，亦多有停驾不开者。在外番因不能置买丝斤，运来之货日少，而内地所需洋货，价值亦甚增昂，是中外均无裨益”。[②]乾隆二十九年（1764年），“准部咨，海洋内外商船，每年许配土丝一千斤，二蚕粗丝一千斤。”[③]于是对丝的贸易限制逐渐放宽。

清代中国在对外贸易中保持出超地位，大量白银流入中国。许多研究者曾经对明清时期流入中国的白银量进行估算。据庄国土的估计，在1700—1823年间，“英国东印度公司共输 53 875 032 两白银到中国”。荷兰东印度公司在1720—1795年间，则从欧洲运送了 63 442 651 两白银到亚洲，其中四分之一流入中国。法国、丹麦、瑞典公司的商船比英船更大，每船携入中国的白银和运出的中国货物更多。在 1805—1840 年间，美商共运 61 484 400 两白银到广州，每年平均 1 607 899 两。占据菲律宾群岛的西班牙人也在 18 世纪将大量白银输入中国。庄国土认为，明代后期到鸦片战争前约 280 年期间，“白银流入中国的数量可能高达 51 560 万两”。其中还不包括从西属美洲经菲律宾输入中国的白银数量。[④]

上述情况表明，清代前期中国对外贸易，除了清初一段短暂的禁海、迁海时期外，基本上是中国对外贸易的一个发展期。中国社会虽不仰赖外贸而运行，但对于外贸有一定需求。清朝政府对外贸实行控制，但并不禁止，且有诸多鼓励政策。这种情况，无论如何不能称为是“闭关锁国”。

（三）朝贡、贸易与殖民主义

朝贡是从先秦时代就已经形成的中华文明核心区王朝与周边政权之间的

① 参看《闽浙总督杨廷璋等奏为丝斤出口弛禁事宜折》，方裕谨：《乾隆二十九年的丝斤出口》，《历史档案》1983 年第 4 期。

② 《闽浙总督杨廷璋等奏为丝斤出口弛禁事宜折》，方裕谨：《乾隆二十九年的丝斤出口》，《历史档案》1983 年第 4 期。

③ 《闽浙总督钟音奏为丝斤出口仍遵前例事折》，方裕谨：《乾隆二十九年的丝斤出口》，《历史档案》，1983 年第 4 期。

④ 庄国土：《16—18 世纪白银流入中国数量估算》，《中国钱币》1995 年第 3 期。

往来关系。这种体制的核心是周边政权通过定期进入中原王朝呈送贡品来表达对中原王朝主导权威地位的认可，中原王朝则以回赐、册封为主的方式确认入贡政权的统治合法性。中原王朝因此负有维系其主导的政治认同圈内基本秩序的道义责任，入贡政权也有在必要情况下支持中原王朝维持秩序的义务。在中原王朝极度衰弱的情况下，偶尔也会发生中原王朝向周边政权纳贡的个别情况。这种关系演变到明清时代，由于中华文明圈的内聚过程接近完成，朝贡所涉关系愈来愈接近于现代所说的“中外关系”，通过海路往来的朝贡尤其明显。同时，由于对外贸易的发展，朝贡与贸易形成了一定程度的交织，界限趋于模糊。明清时代的中原王朝并不要求入贡国对中国承担明确的政治义务，除了周边常态化入贡的国家之外，其他声称向慕中华，携带贡品，并被判定能够代表其所属国家的使团，也尽量以礼相待。当时以朝贡为名义入华的外国使团，总是在贡品之外携带一些商品，完成进贡事务之后在市场进行交易。因为这种商品交易通常能够为入贡国带来利益，贸易是当时许多国家来华入贡的主要动机之一。由于入贡行为无论如何表达出入贡方对明、清朝廷区域主导地位的政治认可，两朝一般会基于入贡行为赋予入贡者一些与华贸易的权益。当时的一些文献在记述相关事件、情况的时候，大多并不交代朝贡与贸易的关系原委，使阅读者容易把贸易与朝贡二者做混合的理解。有一些研究径直把这种复杂关系称作“朝贡贸易”，或者把贸易视为“朝贡体系”的核心内容，这就使朝贡与贸易的关系更加纠缠不清。[①]

清朝对朝贡的政治涵义是很了解的，对朝贡附加的贸易与一般贸易的关系也尽量加以区分。顺治四年（1647 年）二月，以浙东、福建平定颁诏曰：“东南海外琉球、安南、暹罗、日本诸国，附近浙闽，有慕义投诚、纳款来朝者，地方官即为奏达，与朝鲜等国一体优待，用普怀柔。”[②]同年七月，顺治帝又借清军平定广东之机发布诏书，鼓励周边国家入清朝贡：“南海诸国、暹罗、安南附近广地，明初皆遣使朝贡。各国有能倾心向化、称臣入贡者，朝

① 关于“朝贡体制”研究甚多，晚近关于清代朝贡与朝贡贸易的较为深入的研究是祁美琴：《对清代朝贡体制地位的再认识》，《中国边疆史地研究》2006 年第 1 期。

② 《世祖章皇帝实录》卷 30《顺治四年二月癸未》，《清实录》第 3 册，北京：中华书局，1985 年影印本，第 251 页。

廷一矢不加，与朝鲜一体优待。贡使往来，悉从正道，直达京师，以示怀柔。”① 顺治初年规定的朝贡细则与明朝的大致相同：“外国朝贡，以表及方物为凭，该督抚查验的实，方准具题入贡”②，“凡外国贡使来京，颁赏后在会同馆开市，或三日或五日，惟朝鲜、琉球不拘期限。由部移文户部，先拨库使收买，咨覆到部，方出示差官监视，令公平交易。又定，外国船非正贡之故无故私来贸易者，该督抚即行阻逐。又定，正贡船未到，护贡、探贡等船不许交易”③。顺治时期还规定：“凡外国贸易，不许收买史书、黑黄紫皂大花西番莲缎，并一应违禁兵器、焰硝、牛角等物。各行户人等，将货物入馆交易，染作布绢等项，立限交还。如有赊买及故意迟延欺诈致外国人久候，并私相交易者，会同馆内外四邻军民人等有代外国人收买违禁货物，及将一应兵器、铜铁违禁等物卖与外国人图利者，各问罪。贸易时，由部出示晓谕。”④ 顺治八年（1651 年）以后，清朝陆续明确了各国入贡的道路、人数。

> 顺治九年议准，各国由陆路进贡，每次不得过百人，入京只许二十人，余皆留边听赏；由海道进贡，不得过三船，每船不得过百人，一应接贡、探贡等船，不许放入。十一年议准，琉球进贡人数，不得过百五十人。正副使、从人十有五名入京，余留边听赏。十三年议准，荷兰入贡，贡役不得过百人，入京员役止二十名。余留住广东，该地方文武官严加防卫，俟进京人回，一同遣还，不得久住海滨。康熙四年议准，暹罗正贡船二，令员役二十人来京，补贡船一，令六人来京。六年覆准，暹罗国进贡，不得过三船，每船不得过百人，来京员役二十二人。存留边界梢目，给予口粮。其接贡、探贡等船，概不许放入。七年覆准，安南贡船，不得过三。每船不得过百人。来京员役，不得过二十人。又覆

① 《世祖章皇帝实录》卷 33《顺治四年七月甲子》，《清实录》第 3 册，北京：中华书局，1985 年影印本，第 272 页。

② 《钦定大清会典则例》卷 93《礼部・主客清吏司・朝贡上》，《景印文渊阁四库全书》第 622 册，台北：台湾商务印书馆，1986 年，第 902—903 页。

③ 《钦定大清会典则例》卷 94《礼部・主客清吏司・朝贡下》，《景印文渊阁四库全书》第 622 册，台北：台湾商务印书馆，1986 年，第 931—932 册。

④ 《钦定大清会典则例》卷 94《礼部・主客清吏司・朝贡下》，《景印文渊阁四库全书》第 622 册，台北：台湾商务印书馆，1986 年，第 934 页。

准，西洋国入贡，正贡一船，护贡三船。嗣后船不许过三，每船不许过百人。令正副使及从人二十二名来京。其留边人役，地方官给予食物，仍加防守……雍正八年议准，南掌国进贡员役，不得过百人。赴京止许二十人。乾隆十六年议准，缅甸国进贡员役，不得过百人，赴京止许二十人。①

康熙二十四年（1685 年）规定："外国贡船所带货物，停其收税。其余私来贸易者，准其贸易。听所差部员，照例收税。又定，番船贸易完毕日，外国夷人一并遣还，不得久留内地。又定，贡船回国，带去货物，免其收税。"②《粤海关志》将贡舶与商舶分开记载，其卷 21、22、23 为贡舶；卷 24 为市舶。该书凡例称："因贡而来者，税应免则免之；专以市而来者，货应征则征之。此海外诸蕃所以畏怀也。今入贡各国入贡舶门，来市各国入市舶门。"③此类规定表明，清朝很明确地将朝贡视为国家之间的政治关系，其间附带的贸易，只是对入贡者在回赐之外的附加优惠。朝贡者必须代表国家，不能过分频繁，需要到京城举行相关礼仪，有规定的入贡路线，有食宿接待，其附加贸易在规定的时间和地点进行，而且并不征税。与此同时进行的纯粹贸易，则既无刻定的频率，也没有免费接待，需在海关进行而不入朝，必须缴纳贸易税。

清朝继承了中国传统的由中国辐射周边的朝贡观念，因而有前述的制度。从当时中国社会状态和周边环境状况而言，保持传统的朝贡关系是符合当时中国和周边多数国家利益的。这种关系虽然并不体现大小国家一律平等，但却是一种和平的国际关系。在此关系框架中，中国对朝贡国并无侵夺之举，甚至在可能情况下帮助其捍御国土平安。中国也并不强迫周边国家参与此种朝贡体系，并不因为某国拒绝朝贡而对之使用武力。参与对华朝贡，在绝大多数情况下，为朝贡国带来利益，因而许多国家主动要求来华朝贡。14 到 19 世纪亚洲地区的国际和平，在很大程度上，是由这一朝贡体系维系的。

---

① 《钦定大清会典则例》卷 93《礼部・主客清吏司・朝贡上》，《景印文渊阁四库全书》第 622 册，台北：台湾商务印书馆，1986 年，第 911—912 页。

② 《钦定大清会典则例》卷 94《礼部・主客清吏司・朝贡下》，《景印文渊阁四库全书》第 622 册，台北：台湾商务印书馆，1986 年，第 932 页。

③ 梁廷枏：《粤海关志・凡例》，广州：广东人民出版社，2014 年，第 2 页。

欧洲人在16世纪以后在全球范围内仗剑经商，所向披靡，获利无数，因而把自由贸易作为一种天经地义的原则，在菲律宾群岛、印度所向披靡，却在中国东南沿海所获不丰，势必谋求打破东亚地区既有的国际关系体系。他们原本不在中华文明辐射范围之内，既不理会朝贡与贸易之间的分寸，不满足于仅仅在海关地带与中国商人的普通贸易，又不肯尊重东亚地区既有的规则，遂一再要求中国政府割出一些地域供其建立殖民贸易据点，要求将整个中国对其贸易一举开放。这就不可避免地与清朝政府发生冲突，并将在冲突中遭受的挫抑，归结为中国人的傲慢和愚昧。

但是，自由贸易从来是居于国际贸易中优越地位的国家的诉求。贸易中处于优越地位的国家主张国家对贸易采取不干预政策，以自由竞争为原则，取消一切贸易限制和政府赋予本国商业的进出口特权。但是对于贸易中并非处于优越地位的国家来说，这意味着失去巨大的经济利益，可能导致本国经济崩溃，在殖民主义时代更可能带来殖民地化的危险。所以，所有国家都在必须情况下对本国贸易进行保护，自由贸易只能在相关国家利益共赢的基础上，通过协商才能建立起来。早期殖民主义者东来的时候，亚洲国家在对欧贸易中并无同等利益需求，而且目睹了欧洲人在亚洲通过贸易而不断扩张甚至侵略的事实，所以大多不接受自由贸易原则。16到19世纪的欧洲商人皆有武装，自由贸易对于亚洲各国而言，带来不安全感是正常的。对欧洲国家来说，自由贸易曾是其殖民扩张的手段之一。但当重商主义在18世纪成为欧洲主导的经济学理念的时候，自由贸易的“自由”内涵就萎缩了。欧洲国家在重商主义的影响下更注重扩大本国贸易顺差，实行干预经济、禁止金银输出、增加金银输入、推进对外贸易垄断和高关税政策。所以，从历史上看，自由贸易并不是西方国家一以贯之的国际关系原则，也不是其外交实践的基本原则，而是在对其自身有利前提下才鼓吹的策略。在论及清代中外关系的时候，很多现代论著也把自由贸易这种强国策略视为天经地义的国际关系原则，把亚洲国家揆度国际关系格局而选择符合自身利益的贸易政策视为愚昧，背后的观念其实是认同殖民主义的正当性。

假设当时清朝同意了来到东亚地区的欧洲势力的各种要求，结果会如何呢？稍一思索就会明白，中国难以因此快速成为世界上先进富裕的国家，难以与欧洲同步进入现代化。因为当时欧洲的财富积累在很大程度上是依赖海外殖民地和海外贸易利益而实现的。换言之，包括中国在内的非欧洲国家和地区正是欧洲快速发达的条件。如果中国也在当时进入快速发达，欧洲的发展就会遭到阻滞，出现的不会是欧洲与东亚的共同快速现代化，而是欧洲与中国更直接的冲突。而且欧洲的现代化还有科技发展和社会观念、体制的深刻变化基础，这些都不会随着中国敞开对欧贸易的大门而很快在中国生根长大。比较有可能发生的情况是中国丧失很大范围的沿海领土，丧失很大程度的国家主权，发生在印度的事情可能在中国重演。且中国的文化自我意识及其统一性强于印度，于是必然引发激烈的排外运动和社会震荡，而当时将社会引导到有序状态的社会条件和社会力量尚不存在，中国将进入长期混乱状态。

在考虑这个问题的时候，不能忘记当时的欧洲势力不仅是贸易者，也是殖民者，贸易和武装殖民一直是其并用的两手。清代中国处于比明代更为复杂的周边形势之中。明代西班牙人在亚洲初试锋芒，摧毁了菲律宾群岛的土著民社会，将之变为殖民地。其间曾经大规模屠杀华侨。隆庆、万历时期，一些来到亚洲的西班牙人还曾经怂恿西班牙国王入侵中国，但没有实施。[①] 荷兰人在17世纪初建立东印度公司之后，曾经试图以武力从葡萄牙人手中夺取澳门，因葡萄牙人的对抗而失败。天启四年（1624年），荷兰人试图以武力占领澎湖，被福建巡抚南居益等驱逐。[②] 荷兰人于同年转而占居了台湾，建立热兰遮城，赶走先前就已经盘踞淡水、基隆的西班牙人，把台湾变成了自己的殖民地，直到郑成功于1662年以武力夺回台湾。入清以后，荷兰人组织强大舰队来华，表示要以自由贸易和同意荷兰人占据台湾殖民地为条件，助清朝消灭郑成功势力。清朝权衡利弊，没有应允，而是令其八年来华朝贡一

① 参看邹云保：《西班牙征服中国计划书的出笼及其破产》，《南洋问题研究》2001年第3期。

② 据《明史》记载，“红毛夷者，海外杂种，绀眼，赤须发，所谓和兰国也，自昔不通中土，由大泥、咬𠺕吧二国通闽商。万历中，奸民潘秀引其人据彭湖求市，巡抚徐学聚令转贩之二国。二国险远，商舍而之吕宋。夷人疑吕宋邀商舶，攻之，又寇广东香山澳，皆败，不敢归国，复入彭湖求市，且筑城焉。巡抚商周祚拒之，不能靖。会居益代周祚，贼方犯漳、泉，招日本、大泥、咬𠺕吧及海寇李旦等为助。居益使人招旦，说携大泥、咬𠺕吧。贼帅高文律惧，遣使求款，斩之。筑城镇海港，逼贼风柜。贼穷蹙，泛舟去，遂擒文律，海患乃息。”见张廷玉等：《明史》卷264《南居益传》，北京：中华书局，1974年，第6818页。

次。稍晚进入亚洲的英国商贸集团也是武装殖民势力。崇祯年间，英国人威德尔率领的一支船队强行占领澳门附近亚娘鞋岛的中国炮台，骚扰当地百姓，火烧中国船只，后来因两广总督张镜心调遣福建水师支援广州，才被迫撤退。由于晚明清初中国商人在南洋贸易中占据主导地位，欧洲贸易势力联合打击中国竞争对手，包括抢劫中国帆船。英国东印度公司借诸武力打破葡萄牙对印度洋的控制权，夺取了葡萄牙人占据 100 多年的霍尔木兹岛，在印度建立城堡，以武力迫使印度政府给予其不断扩大的殖民利益。乾隆六年（1741 年），英国海军司令安逊带领兵船"百夫长号"在中国海域捕获了一艘葡萄牙商船，之后因为粮食缺乏，驶入虎门要求接济，乘机向广州当局提出减免海关规费要求。为此，乾隆帝降旨申斥粤省督抚。之后，广州府设立海防军民同知，加强对船舶进出口的管理。1740 年 10 月，荷兰殖民者在爪哇巴达维亚城（今雅加达）大规模屠杀华侨，造成"红溪惨案"。屠杀持续 7 天，近万华侨被杀，在巴达维亚的中国商人组织也被破坏殆尽。

清朝统治者对欧洲人的种种做法并非没有认识。如前提到，康熙帝早就曾说："海外如西洋等国，千百年后，中国恐受其累。此朕逆料之……国家承平日久，务须安不忘危。"[①]乾隆帝也曾在继位之初就提出，入华洋人船只炮位必须起去，方得入港，至于税收，则可酌量减轻：

> 朕闻外洋红毛夹板船到广时，泊于黄埔地方，起其所带炮位，然后交易，俟交易事竣，再行给还。至输税之法，每船按梁头征银二千两左右，再照则抽其货物之税。此向来之例也。乃近来夷人所带炮位，听其安放船中，而于额税之外，将伊所携置货现银，另抽加一之税，名曰缴送，亦与旧例不符。朕思从前洋船到广，既有起炮之例，此时仍当遵行，何得改易？至于加添缴送银两，尤非朕嘉惠远人之意，著该督查照旧例，按数裁减，并将朕旨，宣谕各夷人知之。[②]

---

① 《圣祖仁皇帝实录》（三）卷 270《康熙五十五年十月辛亥》，《清实录》第 6 册，北京：中华书局，1985 年影印本，第 650 页。

② 《高宗纯皇帝实录》（一）卷 28《乾隆元年十月甲子》，《清实录》第 9 册，北京：中华书局，1985 年影印本，第 597—598 页。

乾隆二十一年（1756 年）七月，乾隆帝对军机大臣的上谕指出："顾向来洋船进口，俱由广东之澳门等处，其至浙江之宁波者甚少。间有遭风漂泊之船，自不得不为经理。近年乃多有专为贸易而至者。将来熟悉此路，进口船只不免日增，是又成一市集之所。在国家绥远通商，宁波原与澳门无异。但于此复多一市场，恐积久留居内地者益众。海滨要地，殊非防微杜渐之道。其如何稽查巡察，俾不致日久弊生，不可不豫为留意。"①显然，清朝对西方商人入华贸易的许多政策，都有国家安全方面的考虑。

（四）"一口通商"与马戛尔尼来华事件

如前所述，欧洲人到亚洲，从一开始就不是单纯的贸易者，而且是殖民者。他们不满足于与亚洲其他国家一样将商品输入和输出中国，而是谋求在中国周边建立永久殖民地，并待机在中国内地建立贸易、殖民、传教多重功能的据点，使中国成为能够最大限度满足欧洲人利益的地区。他们不认同中国为中心的朝贡体制，完全不打算参与到朝贡体系中，也不满足于中国对非朝贡国商人实行的贸易规则，希望通过与清朝官方的直接交涉，把中国原有的朝贡、贸易规则一举瓦解，实现自己在亚洲的全面意图，因此才一再尝试进入北京，同中国的最高统治者直接接触。但是，清朝中央政府将朝贡使团之外的纯粹来华贸易活动视为民间经济事务，只是交由相关地方官员以及后来的公行来处理，并不直接与之接触，欧洲人必须用朝贡的名义才能接触中国最高统治者，因而欧洲人有时将自己的身份朦胧处理，促使中国官员将其视为贡使，以谋入京。

顺治年间，盘踞台湾的荷兰总督遣人入清，清朝允其八年一次入贡，人员不得过百人，只令 20 人入京。②顺治十三年（1656 年），荷兰东印度公司

---

① 《高宗纯皇帝实录》（七）卷 516《乾隆二十一年七月乙亥》，《清实录》第 15 册，北京：中华书局，1985 年影印本，第 522 页。

② 《敕谕和兰国稿》，中央研究院历史语言研究所：《明清史料》丙编第 4 册，上海：商务印书馆，1936 年，第 387 页。

使团从巴达维亚来到北京。他们采用了贡使的礼节，包括行三跪九叩之礼。[①]顺治皇帝在给荷兰入贡使者离京时所颁布的敕谕中说到：

> 至所请朝贡出入，贸易有无，虽灌输货贝，利益商民，但念道里悠长，风波险阻，舟车跋涉，阅历星霜，劳勚可悯。若贡期频数，猥烦多人，朕皆不忍。著八年一次来朝。员役不过百人，止令二十人到京。所携货物在馆交易，不得于广东海上私自货卖。尔其体朕怀保之仁，恪恭藩服，慎乃常职，祗承宠命。[②]

显然，清朝对表示国家间关系的朝贡与属于民间事务的贸易的区别还是有明确区分的，既然将荷兰使节视为朝贡者，对其贸易要求就不深理会。这当然不能使荷兰人满足。此后，荷兰东印度公司多次派使团到中国，以协助中国消灭郑成功势力为名，要求获得在中国自由贸易的权利。清朝虽然对荷兰军事力量帮助清朝消灭郑成功势力的说法颇感兴趣，但对荷兰人企图占据台湾和中国沿海一些港口的野心和在中国沿海烧杀抢掠的暴行也已经洞察无遗，只曾允许荷兰人两年一次入华贸易，却并不应允其自由贸易等其他条件，后来连两年一次贸易的特权也取消了。到康熙开海之后，荷兰获准五年一次朝贡，并可以由福建进入中国。

乾隆初期，清朝为便于对外贸的管理，提高了浙海关的关税。乾隆二十一年（1756 年），英国东印度公司派遣洪任辉（James Elint）率船进入宁波港口贸易，遭到拒绝后，洪任辉北上天津，书面向清廷状告粤海关贪腐。乾隆二十二年（1757 年）十一月，清廷规定外商只许在广东交易，不得再赴宁波。谕称：

> 从前令浙省加定税则，原非为增添税额起见，不过以洋船意在图利，使其无利可图，则自归粤省收泊，乃不禁之禁耳。今浙省出洋之货，价值既贱于广东，而广东收口之路，稽查又加严密，即使补征关税樑头，而官办只能得其大概，商人计析分毫，但予以可乘，终不能强其舍浙而

① 参看约翰·呢霍夫原著，[荷]包乐史、[中]庄国土著：《〈荷使初访中国记〉研究》，厦门：厦门大学出版社，1989 年，第 85 页。

② 《世祖章皇帝实录》卷 103《顺治十三年八月甲辰》，《清实录》第 3 册，北京：中华书局，1985 年影印本，第 804 页。

就广也。粤省地窄人稠，沿海居民大半藉洋船谋生，不独洋行之二十六家而已。且虎门、黄埔在在设有官兵，较之宁波之可以扬帆直至者，形势亦异，自以仍令赴粤贸易为正。本年来船虽已照上年则例办理，而明岁赴浙之船，必当严行禁绝。但此等贸易细故，无烦重以纶音。可传谕杨应琚，令以己意晓谕番商。以该督前任广东总督时，兼管关务，深悉尔等情形。凡番船至广，即严饬行户善为料理，并无与尔等不便之处。此该商等所素知。今经调任闽浙，在粤在浙，均所管辖，原无分彼此。但此地向非洋船聚集之所，将来只许在广东收泊交易，不得再赴宁波。如或再来，必令原船返棹至广，不准入浙江海口。豫令粤关传谕该商等知悉。若可如此办理，该督即以此意为咨文，并将此旨加封，寄示李侍尧。令行文该国番商，遍谕番商，嗣后口岸定于广东，不得再赴浙省。此于粤民生计并赣韶等关均有裨益。而浙省海防，亦得肃清。看来番船连年至浙，不但番商洪任等利于避重就轻，而宁波地方必有奸牙串诱，并当留心查察。如市侩设有洋行及图谋设立天主堂等，皆当严行禁逐。则番商无所依托，为可断其来路耳。如或有难行之处，该督亦即据实具奏，再将前折随奏交部议覆。可一并传谕知之。①

这就是所谓“一口通商”政策。“一口通商”时期，清朝先后颁布了多次有关限制外商和外贸活动的规约。其中，乾隆二十四年（1759 年），清朝批准了两广总督李侍尧制定的防范外夷规条。该规条包括五部分：一，禁止夷商在省住冬；二，夷人到粤，宜令寓居行商管束稽查，并禁行商有意把持，短价勒措；三，借领外夷资本及雇请汉人役使并应查禁；四，严禁外夷雇人传递信息积弊；五，夷船泊处，酌拨营员弹压稽查。② 这些规约并没有禁绝中国与欧洲人的贸易，但是显然加强了对来华的欧洲人的管理。防范欧洲人自然是所谓的“一口通商”和后来多次规条颁布的原因，但对外贸易在规定

---

① 《高宗纯皇帝实录》（七）卷 550《乾隆二十二年十一月戊戌》，《清实录》第 15 册，北京：中华书局，1985 年影印本，第 549—550 页。

② 《高宗纯皇帝实录》（八）卷 602《乾隆二十四年十二月戊子》，《清实录》第 16 册，北京：中华书局，1985 年影印本，第 760 页。其后，清朝于嘉庆十四年颁布《民夷交易章程》，嘉庆二十年颁布《互市章程》，道光十一年颁布《防范夷人章程》，道光十四年颁布《防范贸易夷人新规》。

口岸交割至今依然是各国商品贸易的通例，所以固然给欧洲人带来不便，但依然在国际贸易关系常态之内。

近年有学者研究指出，乾隆二十二年（1757年）规定的欧洲商人到广东贸易并不意味着“一口通商”。因为该上谕并没有关闭江、浙、闽三个海关。此后江、浙、闽三个海关一直存在并执行海关职能，为清政府带来关税收入。同时，乾隆二十二年上谕只针对西洋各国，中国商人不在限制之列，允许其由四个海关出海到日本、朝鲜、琉球、南洋各国贸易。该政策也没有严格限定南洋各国商民必须赴广东通商，而是允许其继续到闽、浙、江海关贸易。[①]而且四大海关之外，北方还有登州、天津、锦州、牛庄等口岸。所以，乾隆二十二年（1757年）后的政策规定了西方商人以广州为口岸入华贸易，但在严格的意义上说，并不意味着清朝执行了一个口岸通商的外贸政策。

乾隆五十八年（1793年），英国使臣马戛尔尼（George Macartney）来华，要求改变“一口通商”政策，增加天津、江浙等地的贸易口岸。入华时，马戛尔尼也是先假意接受了清朝将之视为朝贡者的身份，以便顺利进入北京，并未表明其访华的核心意图。入京后，马戛尔尼在觐见乾隆皇帝的礼仪问题上与清朝官方发生争执。清朝方面当时留下的史料记载，马戛尔尼最后还是对乾隆皇帝行了三跪九叩之礼。但是该使团回到英国后的说法都是马戛尔尼拒绝照中国礼仪规范行礼，所以受挫回国。现代中外研究者中，也有人认为当时马戛尔尼拒绝按中国方式行礼，因而双方未能达成协议。关于这个问题，综合所有资料和现代人的研究，还是秦国经在对近年重新整理公布的清宫有关档案进行分析基础上提出的马戛尔尼对乾隆皇帝行了三跪九叩之礼的说法最具有可信性。[②]从前后类似的历史事件看，情况也是如此。乾隆六十年（1795年），德胜（Isaac Titsingh）率领的荷兰使团到达北京，受到乾隆帝的召见，他们对皇帝行了三跪九叩之礼。[③]嘉庆二十一年（1816年），英国国王又派遣

① 参看刘军：《明清时期海上商品贸易研究（1368—1840）》，博士学位论文，东北财经大学，2009年。

② 秦国经：《从清宫档案，看英使马戛尔尼访华历史事实》，中国第一历史档案馆编：《英使马嘎尔尼访华档案史料汇编》，北京：国际文化出版公司，1996年，第23—88页。

③ 关于荷兰使节此行情况，参看曹秀丽：《朝贡制度与清前期的中荷关系》，硕士学位论文，山东师范大学，2008年，第47—55页。

阿美士德（William Pitt Amherst）为正使，小斯当东（Thomas Staunton）为副使，再次到中国提出英国的要求，但因为明确拒绝向嘉庆皇帝行三跪九叩礼，被驱逐出境。[①]所以马戛尔尼见到乾隆帝这一事实本身，以及清朝行事的惯例，都指向马戛尔尼曾向乾隆皇帝行三跪九叩之礼。不过，如何行礼的问题并不是问题的关键。关键是马戛尔尼在获得乾隆帝接见之后又代表英国提出了 6 项要求。其中包括：①如在广州一样，向英国商人开放舟山或宁波、天津；②允许英国商人按俄国人之例在北京设立货栈；③允许英国商人在舟山附近拥有一个小岛或小块空地以存储商品；④允许英国商人在广州附近拥有同样性质的一个地方，或最少在必要时可以常住广州；⑤对航行在广州和澳门之间及珠江上的英国商船免征关税或捐税，至少不征收比 1782 年前标准更高的税；⑥对英国商品或船只不征收任何关税或捐税，除非有皇帝前述的文件规定，在这种情况下要向英国商人提供副本。此外，英国人还提出了允许英国人在华自由传教的要求。[②]

这一事件被许多研究者视为中国闭关锁国的标志。但是，此类说法是夸张的。中国对外贸易并未因为马戛尔尼来华事件而停止，甚至中国与英国的贸易也还如前进行着。1840 年的鸦片战争不是积极贸易的英国对闭关锁国的中国的战争，而是不堪对华贸易的入超而积极向中国输入鸦片的英国对有限开放的中国的战争。

清代广州对外贸易要通过官方认可的牙行机构进行。牙行是商品交易的中介，在中国早就存在。清朝于康熙二十四年（1685 年）设立粤海时，特许若干牙行处理西洋贸易事务。康熙五十九年（1720 年），广州 16 家洋行成立“公行”，但因外国商人反对，次年被两广总督废止。乾隆二十五年（1760 年），洋商潘振成等 9 家向粤海关请求成立了公行，但在 1770 年裁撤。乾隆四十五年（1780 年），户部曾因处理行商借欠洋商银两案，奏准“其买卖货物，令

① 托马斯·斯当东少年时曾跟随其父亲参加马戛尔尼使团来华，他在嘉庆时期作为副使来华受挫回国之后，强烈主张以武力征服中国。

② 参看秦国经：《从清宫档案，看英使马戛尔尼访华历史事实》，中国第一历史档案馆编：《英使马嘎尔尼访华档案史料汇编》，北京：国际文化出版公司，1966 年，第 23—88 页；［法］戴廷杰：《兼听则明——马嘎尔尼使华再探》，中国第一历史档案馆编：《英使马嘎尔尼访华档案史料汇编》，北京：国际文化出版公司，1966 年，第 89—150 页。

各行商公同照时定价代销”[①]。公行体制逐渐明确下来。具有公行资格的行商号称“十三行”但并非固定。如前引乾隆二十二年（1757 年）上谕就称有 22 家。公行对官府承担对外商的担保，缴纳外船税饷、规礼、传达官府政令、代递外商公文、管理外商人员，同时所有外商进出口商货都要经其买卖。广州“十三行”垄断广州对外贸易，英商为打破公行垄断，采用收买、贿赂等手段加以瓦解，又因为外商担保，常常需要为之赔垫债务，经常倒闭。乾隆四十七年（1782 年）以后，开始利用公所基金来清偿行商拖欠、罚款等，遂得延续到 19 世纪中期。

公行制度的基础，主要是由于中国帝制时代的政府皆避免直接卷入商业，但是又需要对商业实行管理，尤其是清朝前期的欧洲商人，与中国本土商人以及周边国家与地区的其他商人都不同，经常提出改变中国既有制度规则的要求，并且挟持武力。在这种背景下，公行就成为清朝管理欧洲来华贸易事务的中介。凭借这一中介，清朝政府既可以推行与外商贸易的规则，保持商贸交通，将外商违规、欠债后果承包给行商，又可以回避与欧洲商人的直接接触日常化。清朝自乾隆二十四年（1759 年）开始，明令行商如有对外商拖欠款项，就会将该行商财产变卖偿还，甚至会以强迫其他行商分摊的办法来偿还破产行商对外商的债务。与此同时，清朝对外商拖欠本国行商的债务却不过问。所以，公行制度虽然的确对外商有所限制，但也有维护贸易秩序的作用，对于当时的来华外商也有保护的作用。

清前期中国的对外关系并不限于朝贡、贸易。欧洲的天主教在 17 世纪初就进入了中国，在晚明时期就与中国的士大夫有了诸多文化交往，并且在民间进行传播，形成了初步的基础。明清政权更替之际，一些耶稣会士凭借其科技知识，参与火炮等武器制造，在朝野上下已经颇具影响力。清朝前期，更多欧洲传教士来华。其中进入宫廷任官的南怀仁曾掌管钦天监，负责清朝的天文观测和历法修订。张诚等人曾参与清朝最大的地图《康熙坤舆全图》的实地勘查和绘制。当时来华的欧洲传教士的第一使命是传播基督教信仰，

---

① 《钦定皇朝文献通考》卷 33《市籴考二・市舶互市》，《景印文渊阁四库全书》第 632 册，台北：台湾商务印书馆，1986 年，第 723—725 页。

其在华传教事业一直受教皇的制约。随着基督教在华传教事业的发展和人事变迁，教皇要求在华信徒杜绝祖先崇拜等传统礼仪行为，引发了康熙皇帝与欧洲教宗之间的冲突，导致康熙末年发布了禁止欧洲传教士在华传教的政令。但是，欧洲传教士始终没有被驱逐出境，也没有因此而终止中国与欧洲之间的贸易及其他往来。意大利人帮助清朝建筑的圆明园，就是一个融合了中西科技文化的园林。郎世宁等人在清朝宫廷中为乾隆皇帝充当画师，对中国后来的绘画产生了很大的影响。也是在清前期，中国与俄罗斯签订了具有近代国际条约性质的《中俄尼布楚条约》，并签署了一系列后续条约。从总体看，清前期中国对外部世界的往来关系，比前代更为密切。

第二篇 经济结构

五

明清经济结构推演之大势

如果把政治、经济、文化、社会作为4个分析社会组织方式的基本领域，那么明清时代的经济领域所发生的变化，远比其他 3 个领域所发生的变化要明显。通过对学术界已经做出的相关研究进行梳理，我们在明清时代经济领域变化中可以辨识出 5 项最具有结构性意义的突出变化。首先是白银成为主导货币；第二是赋役体制中基于土地并以货币征收的赋税比例扩大；第三是货币主导的政府财政体制形成；第四是国内和国际市场体系发展；第五是人口大幅度增长并带来新的经济局面。这 5 种经济结构演变趋势是贯穿明清两代的，与此同时，宏观经济视角下，明清两代之间也有很大的变化，主要表现在清朝疆域扩大，从而经济体量大于明代，尤其是由于边疆开发而大大扩展了可耕地面积。明清史家和经济史家的已有研究对这些领域的变化都有涉及，也不乏较深入的分析。但在对这些变化总体含义的理解方面，还有许多差异性的见解。在前人研究的基础上，此章首先对这 5 项重要变化进行要点梳理，进而对其综合含义进行分析，力求对明清社会经济基本结构推演的大势作出总体的说明。

（一）货币白银化

货币是交换关系的媒介，中国历史上的货币有 3 种基本形态，一是自然形态的货币，凭借其使用价值获得一定范围的价值认可，从而充当交换媒介，如金、银、帛等；二是由国家用具有价值的金属制造的与其材料价值接近并统一量度和交换比价的金属制币，主要是铜钱；三是由国家发行进而实际上提供担保而充当交换媒介的纸币，主要是交子、宝钞，以及民国以后使用的纸币。明代之前，中国历史上主要流通货币包括铜钱、称量白银、纸钞 3 种。其中铜钱是持久行用的，白银在宋以后才明显进入流通货币领域，纸钞也是在宋、元时期才开始流通的。中国主导货币的白银化主要发生在明代，清代则继续了明代形成的以白银为主要货币而以铜钱为辅币的体制。

明代货币制度的演变可以分为 4 个时期。第一时期是洪武七年（1374 年）以前的铜钱时期。该时期国家以铜钱为法定货币，但对于民间交易中行用的各类通货并不施加积极干预。这是国家草创时期的一段过渡状态。第二时期从洪武八年（1375 年）至宣德十年（1435 年）的纸钞时期。洪武七年（1374 年）始设宝钞提举司。次年印行“大明通行宝钞”。发行宝钞之始，即严禁以金银和实物进行交易。到洪武二十七年（1394 年），铜钱也被收缴禁用，宝钞成为唯一合法流通货币。第三时期是正统元年（1436 年）至嘉靖初（16 世纪 20 年代）的银、钱、钞三币兼用时期。此时期原则上银、钱、钞都是国家准行货币，但实际上钞依银、钱定值，已经贬值到无法使用的地步，只是因为国家用以赏赐、支俸、和买，以及部分税收，才得以保留货币的名目。在货币流通中真正起作用的是一种银、钱平行本位制。但私铸铜钱日益增多，造成钱值混乱波动，只有白银的使用呈现稳定发展趋势。第四时期是 16 世纪 20 年代至明朝灭亡的银两制时期。嘉靖初年，“钞久不行，钱亦大壅，益专用银”。[①] 政府做出种种挽救铜钱货币地位的努力，但是赋税中收之于民者几乎全部用银，官给于民者方银钱兼用，税课三两以下小额收钱，其余用银。这样，铜钱丧失价值尺度功能，又落入有限法偿地位，实际上降为白银的辅助货币。万历初，一条鞭法推行全国之后，举凡国家农商赋税、军饷官俸、京库岁需、民间贸易借贷等无不用白银。白银成为唯一具有充分货币职能的

① 张廷玉等：《明史》卷 81《志第五十七・食货五》，北京：中华书局，1974 年，第 1965 页。

货币，货币白银化完成。[①]

清入关后，沿用了明代已经形成的白银与铜钱并用的平行本位制。随着清朝统一台湾，实行开海，海外白银大量输入，出现了银贱钱贵的现象。清政府积极从海外进口铜，用来增加铜钱铸造量，以维持银钱比价接近稳定。白银大量流入及铜钱供给增加，促进了物价缓慢上涨和经济繁荣。

货币白银化的成因，首先是商品交换关系的发展，其次是明朝政府垄断货币政策从反、正两个方向的推动，再次是海外贸易提供的白银资源。商品货币交换关系在五代、宋时期已经明显活跃。宋代的中原地区，尤其是南宋时期的江南地区，货币交换关系已经达到中国历史上的一个新高峰。元代版图扩大，各地经济状况差异很大，但江南货币交换关系并没有停止发展。明初承大战残破之后，为稳定社会秩序、恢复经济、巩固新朝统治，实行农本主义和强管制的经济政策。农本主义表现为军事—财政体制中的兵农合一精神和均平赋税取向，经济领域的强控制则体现在强制禁止白银货币流通和推行旨在垄断货币并将社会财富大量聚集到中央政府的“大明通行宝钞”。这种政策的结果是政府发行的纸钞急剧贬值，社会经济失去了既符合国家立法又符合经济法则的流通货币。于是，民间经济行为自然倾向于使用白银作为交换媒介和价值尺度。政府在这种情况下被迫接受白银的流通货币的地位，商品货币经济也在这个过程中恢复了宋代核心区的发展方向。所以，明朝政府在货币白银化过程初期扮演的是一种反向推动角色。在正统时期货币白银化趋势已经形成的情况下，明政府又成为白银的最大追求者，转而直接推动货币的白银化。因为明前期一直涌动着货币白银化的暗流，且在正统时期就已经展现出货币白银化的明显趋势，所以明代中国货币白银化的起因与国外白银的输入并没有直接关系。明中叶以后，美洲和日本的白银大量流入中国，为明代中国货币白银化最后完成提供了丰厚资源。中国白银蕴藏量不丰，经宋元时期大量开采和外流，至明前期白银的国内流通量已觉不足。15 世纪末“地理大发现”以后，西属殖民地有巨量白银流入西班牙，引起欧洲白银充斥、

① 参看赵轶峰：《试论明代货币制度的演变及其历史影响》，《东北师大学报》1985 年第 4 期。

贬值。16 世纪中，随着东西方航路的开辟，西班牙、葡萄牙人先后来到亚洲。大量白银随着中欧贸易涌入中国。此时，日本白银产量也大幅度增加，通过长崎到澳门贸易，转而大量进入中国。

货币白银化对于市场经济活跃产生了积极的影响，缓和了明前期政府强制发行纸币造成的货币体制混乱，形成了相对稳定的货币流通条件，促进了赋役制度与市场经济的联系，并且把社会各个阶层都更大程度地拖入商品交换关系中。此外，货币白银化使中国货币与国际货币体系接轨，为中国对外贸易进一步发展提供了重要条件。但货币白银化带来的影响远远不是全面的光明。在明代上升为主导货币的白银是称量形态的。也就是说，明代发生的不仅是“货币白银化”或者“白银货币化”，而是“货币称量白银化”或“称量白银货币化”，与之相对应而没有发生的是“货币白银铸币化”。这在经济结构变动中是一个需要具体分析的情况。

贵金属本身具有较高价值，且便于切分、储藏，因而人类历史上诸多文明很早开始使用金、银作为价值尺度和交换媒介。这意味着金银成为货币，本身不一定意味着社会的“现代性”。明初宝钞既无硬通货作为发行的基础，也没有对发行量的理性控制，又不保障破烂纸钞的全额兑换，政府把发行纸币当作了操控和搜刮社会的工具，体现的不是经济法则而是赤裸的超经济的强制统治关系。社会拒绝政府的掠夺，政府的金融信用也就随之荡然无存。因为如此，接下来不仅明朝挽救纸币的种种努力归于失败，连在纸币逐渐退出流通和赋税的过程中试图运行的纸钞、铜钱并行体制也没有成功，连带政府发行制钱的信用也被严重撼动。白银正是在纸币崩溃而铜钱功能不足且供应也不足的情况下，上升为主导货币的。比较而言，纸钞附加的政府信用最大，铜钱次之，称量白银则不附加政府信用。而社会的选择是：白银第一，铜钱第二，纸钞不用。因而明代发生的白银成为主导货币的变化，一定意义上也是社会在经济意义上对政府说“不”的变化，是经济规律瓦解政治强制的变化。明政府承认称量白银作为货币行用的合法性，也就大幅度地退出了金融主导地位。明代的主要货币成为一种消除了政府印记的贵重矿物，是直接的经济生产品，只有成色与重量标准，没有权威发行者的信用标准。政府在这样的货币体系运行中成了一个被动的环节和使用、收储者。这又意味着整个社会的货币流通量只有来自存量的自然波动，没有来自主导机构的调控。所以，白银成为主导货币一面造成了社会经济的解放，另一面又造成了货币金融的“自然状态化”和政府功能退化。明朝政府失去通过货币发行调控市场的能力和利用货币流通量控制增加财政弹性的能力，却又大幅度地转入要求政府功能更为强化的货币财政体制，所以明朝在货币白银化开始的时候，其实就开始一步步走向财政困境。失去财政弹性的政府在不得不增加财政收入的情况下只能采取公开增加赋税甚至公开掠夺的方式满足财政需求和皇室开支，从而直接激化了统治阶层与社会各阶层的矛盾。

称量白银成为主导货币带来的弊端，起初并不十分严重，且被其带来的摆脱政府行为性通货膨胀的利好所中和，继续行用的铜钱也产生部分调节作用，因而在短时段内主要表现为积极的经济后果。但到了万历中期以后，与其他社会变动汇聚一起，成为了加剧全面社会危机的基本因素。

构成经济共同体的社会需要稳定统一的货币，而市场本身通过无数差异的个体之行为运行，本身并不自动倾向有序。稳定统一的货币需要一定的调控。能够承担货币、金融调控职能的主要是政府，其次是民间金融机构。明代没有发达的民间金融机构，政府也较大幅度地退出货币发行。因而明中叶以后的中国是金融调控缺失的社会。

明政府不去发行白银铸币的原因可能有三。首先是明代以前中国历史上出现过的贵金属货币，无一是曾经作为主导货币在市场长期流通的，明人没有直接看到使用白银铸币为主导货币的成功经验，其货币思想基本是以自然经济占主导地位的社会经济历史经验为参照的。第二是明代官、私铸造金属货币的技术在同一个水平状态。如果政府发行白银铸币，所有曾经发生在铜钱上的私铸滥造都会发生在白银铸币上。第三是明朝并没有人认真地就贵金属铸币和称量货币之间的差异以及是否铸造和发行白银铸币提出系统论证。他们只讨论过用银的利弊与用银还是废银的问题，不讨论白银铸币问题。行用白银铸币需要相应的理论，而当时没有这种理论。

明代中前期发生的白银成为主导货币的转变的具体形式是称量白银成为

主导货币。这既帮助社会在摆脱明前期政府滥发纸币的情况下依然拥有可行用货币，便利了商品交换关系的发展，推动了赋税从力役和实物形态快速向货币形态转变，同时也坐实了政府在货币金融领域严重缺位的格局，从而使货币调控跟着进入严重乏力状态，并使政府的一切扩大财政收入的行为赤裸裸地暴露在社会面前，明朝在此潮流中逐步走到与社会直接对立的地步。综合分析这一历程，可知在帝制国家体制和国家观念不改变的情况下，经济领域的一些商品货币化变动足以扩大经济发展的空间，却也可能在综合作用下加速社会失序，但基本不可能直接推出现代社会形态。

政府在货币金融领域的缺位所造成的失序问题直接冲击政府财政，所以明后期的国家财政百般措置而无法改善，终至于崩溃。但对于财政的冲击并不意味着对社会经济的同样程度的冲击。政府对货币、金融控制力的削弱，也意味着国家权力对商品市场经济控制的宽松，这无疑也带来了商品市场经济较大的空间。所以，晚明政府财政拮据而商品市场经济活跃的现象，看去似乎是一种悖论，实际上却是同一过程的两面。同样，当明清政权易手的时候，货币体制问题也没有立即把清朝拖入明朝的困境。因为清朝获取了明朝的统治权，却并没有接过明朝的财政。清朝是通过武力建立起来的，其政府财政在军事推进过程中重新建立起来，最初数十年间带有征服者和军事财政的色彩。清初在京畿一带实行的圈地就是其表征之一，继续晚明三饷加派政策也是其表征之一。当时明朝与农民军已经两败俱伤，经济生活的失序问题早就被吞没在战火之中。清朝政权逐步稳定之后，除了保持对社会超过晚明的强控制力之外，还要采用经济手段面对货币体制与财政、经济的关系问题。其中发生重要作用的，一是康熙开海之后，大量白银进入中国，既充实了中国商品市场的货币需求量，也为清朝提供了财政收入；二是政府采用了比明朝积极的政策，从海外，主要是日本，进口铜，并且比明朝更积极地开采国内铜矿，以增加铜钱铸造量，补充货币需求；三是调整赋税政策，实行滋生人丁永不加赋和地丁银制度，逐步将社会经济导入有序轨迹；四是晚明时期刚刚涌现出来的票号等民间金融机构逐渐发达起来，提供了新的货币流通补偿工具。然而称量白银作为主要货币所伴生的政府货币控制缺位问题在清后期还是爆发了。这就是当鸦片贸易将大量白银从中国吸走的时候，中国货币金融体系濒临崩溃，最后废除称量白银主币体制，废两改元，进入新铸币体制。

（二）赋役体制变化

明代赋役体制始终处于调整中。在所有变动中，最具有经济结构意义的，一是赋役征收的大幅度货币化，二是赋役对象从土地、人口、身份为主要基础向以土地为基础转变。这两个方面的变化在实际过程中是相互伴随并相互影响的，与前节所述货币白银化过程也是相辅相成的。

明初编制赋役黄册以统计人丁为主。又测量天下田土，编制成鱼鳞图册，每册图写田主姓名、田土面积、品质等，用来核实土地产权及税粮责任。两册一起，恰好表明赋税征收是以人口和土地作为两个最主要的对象。与此同时，某些特殊身份人群也是赋税的对象，其中最大规模的带身份性赋税是军户的世代为军，其次是官工匠的匠役。明初规定：

> 凡军、匠、灶户，役皆永充。军户死若逃者，于原籍勾补。匠户二等：曰住坐，曰输班。住坐之匠，月上工十日。不赴班者，输罚班银，月六钱，故谓之输班。监局中官，多占匠役，又括充幼匠，动以千计，死若逃者，勾补如军。灶户有上、中、下三等。每一正丁贴以余丁，上、中户丁力多，或贴二三丁，下户概予优免。他如陵户、园户、海户、庙户、幡夫、库役，琐末不可胜计。①

在这种体制下，军、匠、灶户被从庶民中区分出来，合家并世袭地承担专门领域的劳役。

明中叶以后，卫所军人大量逃亡，并有大量卫所军户人口附籍于驻扎地，逐渐疏远军户地位，有的终于脱离军籍，军户这一社会身份所能束缚的人口遂数量大减。据韩大成研究，到正统三年（1438 年）时，军士“逃亡人数达

① 张廷玉等：《明史》卷 78《志第五十四·食货二》，北京：中华书局，1974 年，第 1906 页。

120 万人之多，占明朝鼎盛时期军人总数 40%”。[①] 整个军屯体制，也由于商品货币关系的发展、人身依附和劳役制度的松弛以及“官豪势要”的占匿而瓦解。商屯则由于成、弘间把纳米中盐改为纳银买引而致诸商撤业徙家，以至于“赴边开中之法废，商屯撤业，菽粟翔贵，边储日虚矣”。[②] 但迄于明末，军户并未取消，相当数量的人口保持着向国家提供直接力役形态的赋税。所以我们不能认为一条鞭法推行全国以后，直接的力役形态赋税已经消亡。而且一条鞭法推行之后，多种多样的杂泛力役重新出现。黄宗羲就说：

> 嘉靖末行一条鞭法，通府州县十岁中夏税、秋粮存留、起运之额，均徭、里甲、土贡、雇募、加银之例，一条总征之，使一年而出者分为十年，及至所值之年一如余年，是银、力二差又并入于两税也；未几而里甲之值年者，杂役仍复纷然。其后又安之，谓条鞭，两税也；杂役，值年之差也。岂知其为重出之差乎？[③]

明初工匠服役分为“轮班”和“住坐”两种方式。轮班者 3 年服役 1 次，为期不超过 1 个月，免除其家其他劳役。住坐者每月上工 10 日。成化二十一年（1485 年），实行班匠输银代役制度。其后，绝大多数工匠脱离定期向国家提供力役服务的处境，与其他庶民人群同样，以缴纳货币的方式履行赋税责任。明朝中叶以后，灶户依然是特殊职业人群，其经营自主权有所增强，但其特殊职业身份带来的直接力役责任没有解除。

这样看来，明代直接力役赋税逐渐减少的过程是与货币白银化过程相伴随的。但是货币白银化到嘉靖时期已经达到相当彻底的程度，而直接力役形态的货币化则相对滞后，到一条鞭法推行全国的万历初期才达到顶峰。但直接力役形态的赋税直到明朝灭亡也没有彻底消除。

正统元年（1436 年）开征“金花银”，将江南地区应纳田赋米麦 400 余万石折收白银 100 余万两，入解宫中内承运库。这意味着东南地方的赋税大幅度由实物转变为货币。其后，伴随货币白银化和商品货币关系的加速发展，

---

① 韩大成：《明代城市研究》，北京：中国人民大学出版社，1991 年，第 377 页。
② 张廷玉等：《明史》卷 80《志第五十六・食货四》，北京：中华书局，1974 年，第 1939 页。
③ 黄宗羲：《明夷待访录》，《田制三》，北京：古籍出版社，1955 年，第 26—27 页。

赋税折银从江南铺展到其他地区。到张居正推行一条鞭法的时候，各地以州县为单位，依据新近清查的土地数额，将原来额定田赋、力役、贡办等应承担的赋役，除了苏、松、常、嘉、湖地区供应京师食用的白粮以外，一概折合为白银，官收官解。这就大幅度地推进了赋税征收的货币化和土地标的化。到万历三十年（1602 年）前后，户部尚书赵世卿提到：

> 盖国家钱粮，征收有额，曰税粮、曰马草、曰农桑、曰盐钞者为正课，各运司者为盐课，各钞关者为关课，税契、赎锾、香、商、鱼、茶、屯折、富户等项为杂课。内除径解边镇外，大约三百七十余万两。此外则开纳、撙省、军兴搜刮等银，为非时额外之课，大约五六十万不等。合此数项，方足四百余万之数，以当一岁之出。[①]

据《万历会计录》记载，万历六年（1578 年）“各边镇，山东、河南并北直隶八府赴部转文送纳麦米豆草盐钞等项折银，除改解太仓转发外，实该银共八十四万二千三百七十九两三钱八分二厘”。[②] 这表明当时连“径解边镇”部分也是货币形态的。

除两税外，国家财政收入中以实物为形式的项目主要有漕粮和径解工部、光禄寺、内府各监局的物料。到了明朝末年，工部和光禄寺及各监局物料已大部分实行派商招买的制度，直接征收的实物量大为减少。作为实物收支最稳定的大项漕粮，每年定制 400 万石，在明末不仅每年有定例 30 余万石的白银改折，而且凡逢重大灾伤即议改折，其在财政收支总额中所占的比重已大大减轻。

明中叶以后的赋役体制变动趋势在清代继续发展。清军入关之后，曾经一度实行公开掠夺政策。顺治二年（1645 年）至康熙八年（1669 年）间，清政府曾为满足八旗贵族、兵丁需求，在京畿 300 里至 500 里范围内进行 3 次大规模圈地。名义上是圈占无主荒地及明朝贵戚庄田，实际上连民间私有土

---

① 赵世卿：《题国用匮乏有由疏》，陈子龙等：《明经世文编》卷 411，北京：中华书局，1962 年，第 4462 页。

② 张学颜等：《万历会计录》卷 1，《续修四库全书》第 831 册，上海：上海古籍出版社，2002 年，第 373 页。

地也遭到掠夺。这种公开掠夺政策，到康熙二十四年（1685 年）终于停止。稳定社会经济，包括继续推进晚明赋役体制演变趋势的政策，逐渐成为政策主流。顺治、康熙年间，清朝两度修订《赋役全书》，仿照明初，建立黄册、鱼鳞图册作为征收赋役的依据。到康熙五十一年（1712 年），清朝实行了滋生人丁“免其加增钱粮”的政策。[①] 把全国丁银额数字最高的 1711 年作为标准征收丁役，以后再增加的人口不再计算丁役。雍正元年（1723 年），清朝又在全国推行了“摊丁入亩”政策，将丁银全部摊入地亩，与田赋一体征收，称作“地丁银”。从“一条鞭”到“摊丁入亩”，税收方式趋于简化、货币化，赋税标的向土地财产转移，农民对于地主的人身依附程度则趋于削弱。

赋役制度的变化对于社会的影响非常复杂。大比例的赋税征银成为基本赋税制度，意味着商品货币关系在全社会范围推进，达到了史无前例的程度。不仅直接卷入商业活动的商人和手工业者的日常生活与商品货币关系息息相关，而且所有需要向政府缴纳赋税的人，除了部分军户以外，都卷入了商品货币关系。因此，明清时代中国社会绝大多数一般成员的日常生活，都通过赋税关系而被纳入了商品货币交换的网络。完全封闭式的自给自足的生活，已经局限到偏远地域或者内地交通网络不覆盖的地区。正是在这种意义上说，明中叶以后的中国社会，就主体部分而言，已经不是单纯的农本社会，而是进入了一种农商社会的结构状态。这种结构状态为商品经济发展提供了更大的前景。

这里需要注意，明清时代的赋役制度改革加大了宏观经济的发展潜力，但并不总是直接意味着民生乃至经济秩序的直接利好。对于商品经济欠发达地区的下层人民，赋税征银恰好带来如黄宗羲所说的“税非所出之害”。黄宗羲认为：

> 有明自漕粮而外，尽数折银。不特折钱之布帛为银，而历代相仍不折之谷米，亦无不为银矣；不特谷米不听上纳，即欲以钱准银，亦有所

① 《清圣祖仁皇帝实录》（三）卷 249《康熙五十一年二月壬午》，《清实录》第 6 册，北京：中华书局，1985 年影印本，第 469 页。

不能矣。夫以钱为赋，陆贽尚曰“所供非所业，所业非所供”，以为不可，而况以银为赋乎？天下之银既竭，凶年田之所出不足以上供；丰年田之所出足以上供，折而为银，则仍不足以上供也，无乃使民岁岁皆凶年乎？①

顾炎武也表达了与黄宗羲相同的看法，他说：“今若于通都大邑行商群集之地，虽尽征之以银，而民不告病。至于遐陬僻壤，舟车不至之处，即以什之三征之而犹不可得。以此必不可得者病民，而卒至于病国。”② 他还讲到了在山东、关中看到的人民难以获得白银缴纳赋税的困境。王夫之也持相同意见：“惟钱少而银不给，故物产所出之乡留滞而极乎贱，非所出之乡阻缺而成乎贵。民之饥寒流离，国之赋税逋欠，皆职此之由。上下交患贫而国非其国矣。”③ 此外，这加重了白银供给不足的问题。明后期大量白银输入中国，就其总量与社会流通需要量相比而言，未必白银短缺。然而当时虽然货币交换关系发达，但是并没有形成常态的白银资本投资体系，所以大量拥有白银者易于采取窖藏方式使之退出流通，而且大量白银被政府用于北边军饷，流向关外，内地实际参与流通的白银呈现出短缺状态。所以黄宗羲才指出：

今钞既不行，钱仅为小市之用，不入贡赋，使百务并于一途，则银力竭……夫银力已竭，而赋税如故也，市易如故也。皇皇求银，将于何所！故田土之价，不当异时之什一，岂其壤瘠与？曰：否。不能为赋税也。百货之价，亦不当异时之什一，岂其物阜与？曰：否。市易无资也。④

（三）从实物财政到货币财政

财政是国家在社会产品分配和再分配过程实现政府收支的行为和相关体制。明代财政体制，经历了从实物为主要收支标的物到白银货币为主要标的

① 黄宗羲：《明夷待访录》，《田制三》，北京：古籍出版社，1955年，第28页。
② 顾炎武：《亭林文集》卷1《钱粮论上》，《续修四库全书》第1402册，上海：上海古籍出版社，2002年，第75页。
③ 王夫之：《噩梦》，北京：古籍出版社，1956年，第35页。
④ 黄宗羲：《明夷待访录》，《财计一》，北京：古籍出版社，1955年，第36—37页。

物的转变。

明朝初年，国家财政活动与分散的小土地私有制经济基础相适应，以实物和劳役作为财政运转的基本标的。直接的力役征收有多种名目，《明史·食货志》举出的“里甲、均徭、杂泛”三项，是其中由一般民户所承担的部分。其他如屯军的屯田劳作、军户的兵役征发、灶户的大量强制性廉价劳动等等，都以劳役制度为基础。力役的征收虽然对某些单项来说有一定的标准，但其总额却没有统一的预算和会计。

实物在明初财政收入中占主导地位。大约两税的征收中，货币所占比例在0.3%至1.5%之间。其他的重要财政收入有盐课。明初的盐课以引、斤计量。由于实行纳米开中制度，实际上基本转为粮食的征收。至于金、银、铅、水银等矿课以及各项杂税，在明初都极不发达。商业税“三十税一”，因为整个社会的贸易额较少，收入不多，而且常常不是以货币而是以粮食的形式来征收。洪武时期规定凡“蔬果、饮食、畜牧诸物”，“军民嫁娶丧祭之物，舟车丝布之类”，皆不征税，并“罢天下抽分竹木场”。[①] 明初的国家库藏也基本是实物的贮备，设在漕河沿线的水次仓和京通仓皆为粮贮。中央主要仓库12所，通谓内库，其中只有广惠库贮钱钞，天财库（司钥库）贮各衙门管钥及钱钞，余皆贮各色实物。无论赋税征收方式、中央仓贮构成，还是中央与地方的财政关系，都体现出实物为重心的财政体制。

正统元年，明朝开始征收金花银，以南方6个布政使司和南直隶的两税米麦400余万石，按每石白银两钱五分的比率折收为约100万两白银输入中央的内承运库。这意味着把当时2670余万石的米麦征收总额的15%转为货币赋税。改折之门一开，“其后概行于天下”。[②] 由于大量实物形式的财政收入转为货币收入，明朝在正统七年（1442年）设立了太仓。“各省直派剩麦米，十库中丝、绢、布及马草、盐课、关税，凡折银者皆入太仓库。籍没家财、变卖田产、追收店钱、援例上纳者，亦皆入焉。专以贮银，故又谓之银库”。[③] 由

① 张廷玉等：《明史》卷81《志第五十七·食货五》，北京：中华书局，1974年，第1975页。
② 张廷玉等：《明史》卷78《志第五十四·食货二》，北京：中华书局，1974年，第1896页。
③ 张廷玉等：《明史》卷79《志第五十五·食货三》，北京：中华书局，1974年，第1927页。

于同样需要，弘治八年（1495 年）在南京也设立了银库。[1] 明初的中央库藏即所谓内府十库，既是政府官库也是皇帝的私藏，混同收支。太仓设立之后，专以收贮白银、支放军饷和中央政府开支为宗旨，公共性质凸显起来，遂逐渐显露出与皇室开支要求之间的矛盾。皇室收支与政府收支渐渐地被大致分为各自独立的两个系统，政府收支的预算和会计也逐渐运行起来。万历初年由户部主持编辑的《万历会计录》，正是国家预算机制发达起来的标志。大致与《万历会计录》编辑的同时发生的一条鞭法推行全国，更大幅度扩大了财政收入中白银货币所占的比例。与此同时，采用劳役方式维系的原有官营工业也萎缩了。明中叶以后，采用纳银代役，大批官营工场的劳动改为政府雇佣手工业者从事劳动。明初官营工业性质的盐场也改变了生产方式，生产工具渐归私人所有，灶户自行销出产品，然后以银交纳盐课，余盐销出后收益自得。这在财政意义上意味着许多依靠官工匠劳役的官产收入变成了货币形式的手工业税收。原来分派民户为国家豢养军马的劳役也改为养马民户向政府交纳马价银。经过前述的一系列变化之后，货币成为国家财政中尤其是中央财政的基干，实物退居其次，劳役成为二者的附庸。

实物财政体制伴随着相当规模的直接力役征发。直接力役进入财政过程时，收取与支用在时间和空间上是一致的，收入即支出，财政过程单一明了。实物在财政过程中的流转通常是专收专支。如供给皇室的贡品以及宗禄，在收入的时候也就完成了支出过程。实物财政的流转繁难浩大，400 万石本色粮米的收运、支放，比起 100 万两金花银的收支运送要繁难许多。同时，这种财政体制保持大量实物贮积，一旦急需，可以直接使用，不受市场供需关系和价格变动的影响，因而具有凝重的特性。相比之下，货币财政收支过程高度分离，收入时取得的不是使用价值而是价值，因其共同的形态和本质便聚会到统一的管理和收贮中心，中央与地方的财政联系加强，专收专用的自然平衡让位给需要由统一的财政管理中心精密统筹的人为平衡。货币财政加快了财务运转的速度，有灵活之便，也需要经过商品市场中的交换才能实现

① 张廷玉等：《明史》卷 79《志第五十五・食货三》，北京：中华书局，1974 年，第 1927 页。

社会效用，流通过程对于商品市场的依赖空前紧要，国家不得不经常面临货币贮积与社会上的物资在总量、构成、时间、地区上的平衡问题，不得不更多地按照经济规律行事。

货币财政体制凸显了专制皇权与整个社会的矛盾。在实物财政体制下，皇室开支与公共开支界限模糊，皇帝在社会产品再分配关系中的掠夺既受到限制，也并不容易凸显。劳役不能积贮，实物不具备自身使用价值以外的效用，不便大量积累。在货币财政体制下，贵金属货币作为一般等价物是取得各种使用价值的理想交换手段，也是理想的贮藏手段，促使握有近乎没有限制的特权的皇帝大规模掠夺社会财富的行为立即凸显为与政府预算财政的冲突，乃至社会冲突。万历中期以后，皇帝经常强令将户部收入取归内府。如万历六年（1578 年）下令由太仓每年向内府送进 20 万两白银供“买办”之用，成为惯例。仅此一项，到万历三十一年（1603 年），“二十五年间耗去正项五百万两”。[①] 皇帝还经常超过常规向户部要求增加皇室开支。如万历三十六年（1608 年）七公主出嫁，“宣索至数十万”。[②] 需索不足，皇帝还将“矿监税使”派往民间，直接搜刮白银。万历中后期，国家财政空虚窘急，同时皇帝直接控制的“内帑之充轫”，却达到“亘古所无”的程度。[③] 辽东战争爆发，内帑山积，廷臣要求发内帑佐军，皇帝却不应允，要向人民进行正赋以外成倍的加派。宗禄开支的巨大更形成对预算财政的巨大冲击。明朝宗藩全由财政供养，其人口总数难以确切统计，但万历三十二年（1604 年）在“御牒”上有名封的宗藩人口就达到 8 万人。按嘉靖末的标准，每年需用禄米 2437 万余石，相当国家每年漕粮的 6 倍有余。皇帝的近亲属大量侵占民田，更造成政府财政的巨大压力。万历时期所封福王得赏赐庄田 2 万顷，意味着 2 万顷土地收入分割给了福王。而潞王占田达到 4 万顷。[④] 蜀王“其富厚甲于诸王，以一省税银皆供蜀府，不输天储。”[⑤] 明末，税粮及宗禄皆严重拖欠，皇帝竟然

---

① 赵世卿：《停买办疏》，陈子龙等：《明经世文编》卷 411，北京：中华书局，1962 年，第 4456 页。

② 张廷玉等：《明史》卷 220《赵世卿传》，北京：中华书局，1974 年，第 5806 页。

③ 孙承泽：《春明梦余录》卷 35《户部一·内供》，《景印文渊阁四库全书》第 868 册，台北：台湾商务印书馆，1986 年，第 490 页。

④ 张廷玉等：《明史》卷 120《潞简王翊镠传》，北京：中华书局，1974 年，第 3648 页。

⑤ 张瀚：《松窗梦语》卷 2《西游记》，北京：中华书局，1985 年，第 40 页。

调拨军饷以充宗禄。货币白银化和货币财政体制显然刺激了皇室开支的增长和掠夺欲望的增强。而皇室开支增长和掠夺则使国家财政管理经常陷入困境。

货币财政体制还凸显了兵农合一的军事制度变为雇佣兵制后的财政困难。当明朝中叶进入货币财政体制的时候，明初兵农合一为主体的兵役征发体制已经废坏，卫所军人逃亡、老弱，缺乏战斗力，所以招募兵在军队中的比例不断扩大。问题是明初兵农合一的军事系统很大程度上是自给自足，因而其供给主要并不由户部掌控，而由兵部和各地驻军系统处理。雇佣兵的军饷则主要由户部用白银来支付。在万历后期三饷加派之前，明朝没有大的土地赋税增收。而户部从明朝中叶开始，就一直为支付雇佣兵军饷而苦恼。万历大学士陈于陛说：

> 考之国初，各边军粮但取之拨屯自赡，圣祖所云养兵百万不费百姓粒米者是也。其后边屯渐荒，屯军掣回城守，而后待给于民运，借资于榷盐，初未有请讨内帑名色。自正统己巳后，边廷多事，召军买马，警备日亟，遂止以民运给主兵，而客兵馈饷暂请帑银以为权宜接济之计，亦未有户部每年解送边银例也。有之自成化二年始。然在弘正间，各边饷银通共止四十余万，至嘉靖初犹止五十九万。十八年后，奏讨加添，亦尚不满百万。至二十八年，忽加至二百二十万。三十八年，加至二百四十余万。四十三年，加至二百五十万。隆庆初年加至二百八十余万，极矣。[①]

此后军费增加更为显著。万历三十年（1602年）前后，各边镇年例“通计一岁所出，共三百九十四万一千八百四十两有奇，而民屯盐茶引目不与焉”。[②] 万历四十六年（1618年）以后，增设辽饷，继后又有练、助、剿饷，巨额税收加派，都是为了军费。

货币财政体制下的雇佣兵单兵费用，比起兵农合一制度下的情形高昂许

---

① 陈于陛，《披陈时政之要乞采纳以光治理疏》，陈子龙等：《明经世文编》卷426，北京：中华书局，1962年，第4649—4670页。

② 赵世卿：《复兵科中饬边防事宜疏》，《明经世文编》卷411，北京：中华书局，1962年，第4459页。

多。根据崇祯陕抚孙传庭的计算，当时一个马步混杂的普通装备部队平均单兵饷用为年白银四十一两八钱五分。[①] 万历中各边年例约 400 万两，按上述标准，不过养马步混合的军队 95 579 人。增饷减兵，这是明末军制和财政制度变化的共同产物。在这种情况下，一旦发生较大军事需求，军事开支的爆发式增长就不可避免。

从实物财政体制向货币财政体制的转变与货币白银化过程相伴随，而且也是在明代就已经基本完成的。清代继承了明代已经形成的货币主导的财政体制，政府收支主要以白银实行。但是清朝没有赶上财政体制转变过程所造成的剧烈震荡，继承下来的是渡过了过渡期的货币财政体制。清朝根据这种体制而形成的国家财政制度与政策，实际增强了清朝的财政收取能力，乃至政府行为能力。

（四）国内和国际市场体系的发展

明初政府多项政策偏重于恢复农本经济，对商业活动多有限制，流动人口不多，商业并不繁荣。又因为防御倭寇侵扰，明朝实行比较严格的外贸管控，海外贸易也缺乏发展的良好空间。大致与货币白银化同时，人口流动也明显增强，社会直接劳动者的人身束缚松懈，对于经营商业的限制也失去效用。从明中叶开始，中国的手工制造业和商业都呈现为繁荣发展状态。原有的以大都市为中心的市场经济更为活跃，而且深入乡村社会的集市贸易与沟通城镇与乡村的区域商业中心也比前代有明显的扩展，统一的国内市场体系也基本成形。其中，纺织、瓷器制造、冶铁等产业，都是率先发达的领域。江南地区的丝绸织花技术更为精巧。苏州等地“家杼轴而户纂组，机户出资，机工出力，相依为命久矣”。[②] 苏州一地，有织工和染工 10 000 余人，靠受雇

---

① 孙传庭：《孙传庭疏牍》卷 1《报甘兵抵风并请责成疏》，杭州：浙江人民出版社，1983 年，第 5—7 页。

② 《明神宗实录》卷 361《万历二十九年七月丁未》，台北：台湾“中研院”历史语言研究所校勘本，1962 年。

于人为生。中原地区使用“水转大纺车”和脚踏纺车织造麻布，成为麻纺织业的中心。万历时期的上海、松江等地农田“大半种棉，当不止百万亩”。[①]嘉定、太仓等地，三分种稻，七分种棉，形成规模很大的棉花市场，远至福建等地的商人都来采购棉花。以景德镇为中心的瓷器制造业规模巨大，官窑、民窑3000余座，嘉靖时官窑每年出产精美瓷器443 000余件。瓷器运销海内外，达于欧洲。北京、南京还成为刊行小说、戏曲、版画和彩色套印的中心。

随着货币和商品交换关系的普遍发展，形成了发达的全国市场。明中叶以后，不仅南京等都市铺行栉比，民物繁华，非政治中心的集市和市镇也大量兴起，成为农村与全国市场体系之间连接的纽带。苏州府的盛泽在明初还是一个只有五六十家居民的村落，嘉靖时期已经成为江南丝绸纺织和贸易的大镇。松江府的震泽、嘉兴府的濮院等也都是这一时期发展起来的专业化手工业、商业市镇。广东佛山在明初还是一个村子，到明中叶发展成了全国冶铁中心之一，与汉口镇、景德镇、朱仙镇并称“天下四大镇”。大同等边塞城市也“繁华富庶，不下江南”。[②]山东地区每逢集市，“百货俱陈，四远竞凑，大至骡、马、牛、羊、奴婢、妻子，小至斗粟、尺布，必于其日聚焉”。[③]

16世纪前后，中国的私人商业资本已经相当雄厚，商人阶级已经成为具有巨大行为能力的社会阶层。从地域上说，“富室之称雄者，江南则推新安，江北则推山右。新安大贾，鱼盐为业，藏镪有至百万者，其他二三十万则中贾耳。山右或盐，或丝，或转贩，或窖粟，其富甚于新安”。[④]这些商人中有的保持与农村社会的关系，有的已经脱离农业。如“江南大贾，强半无田，盖利息薄而赋役重也”。[⑤]徽商资本主要投入盐业、粮食、木材、药材、茶叶、文具等，也卷入海外贸易中。山西商人的兴盛和明朝在西北屯田开中的政策有关，起初多经营粮食和食盐，并经营资本出贷，山西票号也是在这个时期开始经营的。各地商人在经商地区组成地区性的或者分行业的会馆、公所，

① 徐光启：《农政全书》卷35《蚕桑广类·木棉》，《景印文渊阁四库全书》第731册，台北：台湾商务印书馆，1986年，第503页。

② 谢肇淛：《五杂俎》卷4《地部二》，上海：上海书店出版社，2009年，第80页。

③ 谢肇淛：《五杂俎》卷3《地部一》，上海：上海书店出版社，2009年，第61页。

④ 谢肇淛：《五杂俎》卷4《地部二》，上海：上海书店出版社，2009年，第74页。

⑤ 谢肇淛：《五杂俎》卷4《地部二》，上海：上海书店出版社，2009年，第79页。

保护同行或者同乡的利益。大运河不仅是官府漕运的通路，而且成为南北贸易的要道。嘉靖时曾经明令每条漕船可以携带16石货物，沿途自由贩卖，这使运河沿岸城市更趋繁荣。

16世纪前后的中国农民也随着商品经济和货币、赋税体系的变动而更多地卷入了市场经济。在东南地少人多地区，农业经营更大幅度地面向市场。如吴人谈晓将沿湖洼芜土地改造成为鱼塘和可耕地，田堰边角种植果树蔬菜，综合收入高过单一粮食种植3倍。

商业发展刺激明朝政府试图加重商业税收，万历中期开始派出矿监税使就是这种尝试的突出表现。但是这种做法遭到激烈反对。万历户部尚书赵世卿从加重商税反而导致税收萎缩提出反对意见，他指出："原额关课三十三万五千余两，二十五年新增银八万二千两，今则行旅萧条，商贾裹足，止解完二十六万二千余两，而臣部之关课夺矣。"[①] 萧彦从加重商税使民生更为困难角度提出反对，提出："商困则物腾贵而民困矣，独奈何不一苏之为商民计也？"[②] 倪元璐也指出："商困必中于剧农，百货涌贵，民食虽稔不饱。"[③] 梅国祯则从商人与其他人群平等角度提出："夫商人者非他，即皇上中原供赋税徭役之赤子也……独奈何其欲重困之也？"[④] 这些言论背后，都包含着普遍承认商业对人民生存重要性的肯定性认识，折射出商人地位的上升。

明代中期以后商品市场体系发展的大背景是史无前例的，这就是中国国内市场体系与世界贸易体系的接轨。明初，受元末已经嚣张起来的倭寇侵扰影响，沿海实行海禁，对外贸易处于低潮。但东南沿海对外贸易并没有销声匿迹。除了政府控制的随朝贡使团发生的贸易活动之外，还有规模巨大的民间海外贸易活动，表明当时的中国具有与外部世界置换资源和产品的需求，并将中国与外部世界更紧密地关联起来。成化年间，海上亦商亦盗的势力已

① 赵世卿：《题国用匮乏有由疏》，陈子龙等：《明经世文编》卷411，北京：中华书局，1962年，第4462页。

② 孙承泽：《春明梦余录》卷35《户部一·钞关》，《景印文渊阁四库全书》第868册，台北：台湾商务印书馆，1986年，第500页。

③ 倪元璐：《倪文贞公文集》卷5《江西丁卯乡试策问》，《景印文渊阁四库全书》第1297册，台北：台湾商务印书馆，1986年，第56页。

④ 梅国祯：《请罢榷税疏》，陈子龙等：《明经世文编》卷452，北京：中华书局，1962年，第4969页。

经发展。据明代文学家张燮记载："成、弘之际，豪门巨室间有乘巨舰贸易海外者。"[①]累积成势的私人海外贸易活动延伸到明中叶以后，逐渐衍生出东南沿海一带诸多具有组织性的私人海上贸易集团。倭寇大规模侵扰在嘉靖末期基本平息之后，明朝开海，对外贸易更为活跃。据万明研究，隆庆初在福建漳州月港开海允许中国商民出洋贸易之后，中国海商出洋贸易合法化，"从而孕育了海商集团的迅速崛起"。[②]

明代之前中外贸易虽然长期存在，但是当时新航路未通，中欧贸易要通过阿拉伯等中介实现，明代的中欧贸易则通过新航路而将中国市场与世界贸易体系更直接地联系起来。晚明与中国贸易的欧洲国家首先是葡萄牙，稍后西班牙也加入进来。晚明人评论说："是两夷者，皆好中国绫缎杂缯，其土不蚕，惟藉中国之丝，到彼能织精好段匹，服之以为华好。是以中国湖丝百斤，值银百两，若至彼，得价二倍。而江西磁器、福建糖品果品诸物，皆所嗜好。"[③]17世纪中，荷兰人也建立了与中国贴近贸易的据点。

明代中国通过贸易所联系的地理范围和社会体系空前广大，大量域外产品通过贸易进入中国，其中的火器、白银、玉米等都对中国社会、经济体系产生了重大影响。万明在对前人相关研究进行重新梳理的基础上，认为从1540年到1644年的约100年间，平均每年由日本通过东南亚输入中国的白银约为75吨，合计7500吨左右；大致同一时期通过欧洲经果阿输入中国的白银共约5000吨；由美洲经太平洋通过菲律宾输入中国的白银共约7620吨。[④]大量域外白银输入，极大地促进了中国货币体系的变革。此外，自鸣钟、眼镜、望远镜之类也已经出现在晚明时代中国社会生活中。明代中国还经由陆路与撒马尔罕等中亚政权进行贸易。

清代经过短暂的稳定期之后，商品货币经济逐步恢复并在后来的发展中超过明代。清代官商、民商资本规模进一步扩大。官商承办政府项目或经营

---

① 张燮：《东西洋考》卷7《饷税考》，北京：中华书局，1981年，第131页。

② 万明：《晚明海上世界的重新解读：商品、商人与秩序》，赵轶峰、万明主编：《世界大变迁视角下的明代中国》，长春：吉林人民出版社，2012年，第124页。

③ 孙承泽：《春明梦余录》卷42《兵部一·闽省海贼》，《景印文渊阁四库全书》第868册，台北：台湾商务印书馆，1986年，第719页。

④ 万明：《明代白银货币化：中国与世界连接的新视角》，《河北学刊》2004年第3期。

专卖商品，依托官府，在市场上占据优势地位，民商资本略小，但遍布各地、各领域。明朝后期出现的民间金融业机构——票号在清代有了快速发展，经营存款、放货、汇兑，甚至为官府代解钱粮。这提高了商业资本集中的空间和经营范围。清代国内市场也比明代大。河南的棉花、松江的布匹、江宁的丝绸、佛山的铁器、两淮的海盐、景德镇的瓷器、闽浙的茶叶、福建的蓝靛等土特产品，皆能通过水陆交通线销往全国。许多商人利用地域性商帮来经营，在各地设立会馆，从而使商业资本经营获取了更稳定的社会环境。清代大都市，如江宁、苏州、杭州、广州、扬州、北京、济南等，比过去更加繁华，以集散手工业和农副业产品为主的市镇不仅数量增多，规模也在不断扩大，有的发展成为新的都市。

（五）人口大幅度增长

明代以前，中国官方统计的人口数字峰值一直在 7 千万人以下。这类数字虽然从来不是准确的，通常小于实际人口数，但是中国实际人口从来没有超过 1 亿。而这个限额在明代后期终于被突破。虽然晚明官方统计人口依然不超过 7 千万，但是根据学者推算晚明中国实际人口已经超过 1 亿。

洪武十四年（1381 年）政府统计全国人口时，全国 10 654 362 户，59 873 305 口。[①] 自洪武后期开始，官方统计数字徘徊不前，但是实际人口一直处于增长之中。从洪武二十六年（1393 年）至嘉靖二十一年（1542 年）的约 150 年中，北方五省的实际人口由 1550 万人增至 2670 万人，年均增长率约为 3.4‰。[②] 南方的南直隶常州府武进县在洪武二十四年(1391 年)有 46 927 户，236 746 口，到嘉靖四十一年（1562 年）增至 67 088 户，462 859 口，年增长率约为 3.9‰。滁州府全椒县的人口也由洪武十四年的 1466 户、10 261 口，增加到了万历四十七年（1619 年）的 2381 户、23 245 口，年增长率为

① 《明太祖实录》卷 140《洪武十四年十二月庚辰》，台北：台湾“中研院”历史语言研究所校勘本，1962 年。

② 何炳棣著：《明初以降人口及其相关问题（1368—1953）》，葛剑雄译，北京：生活·读书·新知三联书店，2000 年，第 308 页。

3.4‰。[①] 如果以洪武十四年的 5900 万在籍人口为基数，按年均增长率 3.5‰计，那么到万历二十八年（1600 年）时，全国隶属于“民籍”的实际人口当不下 1 亿人。再加上不在民籍的军户、匠户、灶户、僧道、宗室人口以及少数民族人口，全国实际总人口大约在 1.2 亿左右。

这种推算更为可靠的证据其实是清代人口数字。清前期人口数量随着社会恢复稳定而逐步恢复，到清康熙十八年（1679 年）已经略微超过明末水平。到清乾隆五十九年（1794 年），全国人口已经达到了 3 亿有余。[②] 到道光二十年（1840 年），人口超过了 4 亿。以往人口数字在达到峰值后总是回落，而晚明以后的中国人口持续增长，进入了一个不逆转的轨道。

明代人口的增长与新农作物品种输入中国有一定关系，但主要的条件仍然是社会经济的发展。清代继承了明中叶以后的经济趋势，并且因为疆域版图的扩大，直接增加了经济体量、可耕种土地空间，并把原来的周边政权治下人口并入统一的社会经济系统。这又为边疆区域的开发提供了条件。明代北边屯田主要在长城一线，清代则延伸到今天的新疆地区，有军有民，还有内地流放服刑的犯人，屯区遍布准噶尔盆地和塔里木盆地。还有一些内地居民，不顾清朝实行封禁的政策，迁徙到蒙古、东北等边疆地区。在这一过程中，中国北部一线广大边疆地区的经济与内地经济联系更加密切，成为农业、牧业、手工业、商业多种经济形式并存的地区。

（六）明清经济结构变化的整体性与社会历史含义

本书所说的“经济结构”是指社会作为经济体的组织方式。其中最重要的是社会财富创造的基本生产领域、社会财富流动的媒介和流动方式、社会经济秩序的维系方式。

明清时代中国社会财富生产的基本领域并没有发生根本变化，首先是农

---

① 参看王育民：《中国人口史》，南京：江苏人民出版社，1995 年，第 458 页。

② 王育民：《中国人口史》，南京：江苏人民出版社，1995 年，第 507 页；葛剑雄主编、曹树基著：《中国人口史》第 5 卷，上海：复旦大学出版社，2001 年，第 832 页。

业，其次是手工业。但是从发展的角度看，手工业生产所创造的财富所占比例应有很大提升，因而才能支撑国内商业的扩大了的需求和大规模扩大的国际贸易对中国产品的大部分需求。这种性质的变化，增加了中国社会的非农业和加工农业产品的财富价值，带动了部分劳动力向非农业领域转移，为制造业技术进步提供了更直接的基础。但是这并不意味着社会生产的技术构成发生本质性变化。明清时期的制造业仍然需要服从商业和政府的需求，工业技术没有特别明显的提高，工业领域也没有明显的增加，更没有发生飞跃式的科技革命。

这一时代的社会财富流动的渠道，包括通过赋税从民间向政府的流动、通过财政开支从政府向社会的流动和通过市场交换实现的多向度流动，都发生了深刻的变化。大部分的赋税从实物和直接力役形态转变为货币形态，意味着从民间向政府的社会财富流动大比例地以货币构成。财政开支则将政府通过赋税聚敛的货币财富部分回馈到民间，出入的所有环节，都涉及货币交换关系，从而增加了社会经济中的流动性。市场交换领域即商业领域的财富流动直接表现为商业繁荣，而商业繁荣带动手工业生产，也带动了服务业扩张，同时更多地把农业卷入市场交换活动中。所有财富流动都受货币白银化影响而扩大了规模，增加了速率，这意味着整个社会的财富运转比以前时代加快了速度。

前述变化都是在明代开始的，很多方面超出了以往王朝行政金融财政管理的经验范围。明朝以传统的体制和政策来管理变化的经济形势，虽然努力调整，但是仍然难以全面适应新的经济形势。首先是政府被迫放弃了全面垄断货币发行权，进而在逐渐推演中由实物财政体制转入了货币为主的财政体制，同时还卷入了大规模的雇佣工匠和雇佣兵体制——明代最大规模的雇佣关系不是存在于民间，而存在于政府的募兵体制中——并且开始对财政运行进行更精细的预算。但是，因为政府失去货币控制权，政府也失去了对商品交换市场的调控权，失去了金融借贷的能力，丧失了金融信用。明朝在既有实物财政体制基础上转入货币财政体制，财政转型并没有伴随赋税总额的明显增加，直到晚明三饷加派之前，明朝政府并没有明显增加常规赋税征收量，只是采用非常方法进行撙节、搜刮，而这根本不能满足政府财政开支扩大的需求。一旦增加赋税，社会以原有额度考量政府增税政策，很快便形成了对政府的信任危机并超出了认可的极限。明朝的财政失序直接导致了统治失序。明清政权更替之后，新政权以强力控制社会，迫使社会接受了晚明新增的赋税额度，又在政治形势逐步稳定过程中，进一步调整赋税政策，扩大贸易，积极调解货币供求关系，形成新的经济秩序，出现康雍乾时代的繁荣。

明清时代发生的中国经济结构的前述变化，都是趋势性而非暂时性的，发生之后都没有产生重大的逆转。而且这些变化相互关联，相互作用。这意味着这些变化不是要素性的变化，而是结构性的变化。这些变化背后持续的动因是社会生产力的发展和商业市场经济的崛起。这其实是宋代已经在局部地区发达的商品市场经济几经波折之后在明前期社会基本稳定局面下再度发展而逐步推演而成的。从宋到清，经济趋势的基本方向是一致的。然而明清时代的经济趋势运行增加了一个前所未有的新因素，这就是世界市场体系与中国市场体系的直接接轨。这种接轨虽然仍然主要通过贸易实现，并不涉及资本投资，但是仍然大幅度增加了中国经济的复杂性和开放性。其中特别突出的是海外白银推动了中国的货币白银化和追求货币的社会潮流，海外市场需求推动了中国手工业生产。

明清时代已经相当繁荣的市场经济仍然使用自然形态的称量贵金属货币，直到清末之前，始终没有形成统一的货币金融机构，民间金融机构在清代前期比明代发达，但是与当时市场经济繁荣的总体情况依然不能完全匹配。因而康雍乾时代的商品市场达到高度繁荣，但并未孕育出产业升级的新模式。

从明初的农本经济状态到明中叶以后商品货币经济高度发达的状态，这主要是通过民间经济活动实现的，而并没有政府政策的有力推动。这表明当时中国社会与商品经济有高度的契合性，中国社会发展起发达的商业是没有文化和社会组织方式障碍的。政府政策对经济运行的参与和干预，主要由赋税制度、政府财政支出、货币管理三者为主构成。明中期以后，这三个杠杆都有顺应市场经济的动向，但又都没有完全适应市场经济发展。其间最大的问题，还是在于帝制体系本身的僵化和明王朝自身进入衰败期之后的调整乏力。清朝作为一个新建立的政权，社会控制力超过明末政权，而且可以在政权解体重建的局面下有政策调整的更大空间，同时又比较积极地干预了外贸、赋税、货币领域的事务，这对于康雍乾繁荣局面的出现是肯定的因素。

理论上说，雇佣劳动关系在性质意义上与资本主义生产方式具有一致性，如许多学者所指出的，明代已经存在大量的雇佣劳动关系。并且这种雇佣劳动关系与明代的商业发展是契合的。但是经济制度是一种庞大复杂的结构，如果社会财富创造的基本领域不向大规模制造业转变，则雇佣劳动关系会徘徊在低水平，难以推动整个社会体制向现代性的工业化市场经济发展。而且技术革命对于社会经济体制的质变的推动是必不可少的。而明清时代中国还看不到技术革命的迹象。综合前述情况，明中叶以后的中国经济结构，一直处于深刻变化的过程中，但直到清中期，仍然距离资本主义经济体制尚远，是一种帝制农商社会经济结构状态。

六

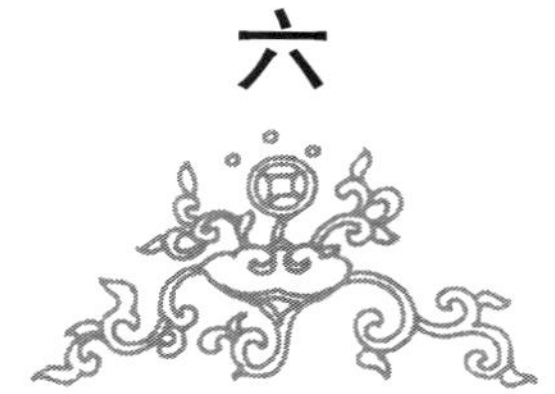

明清商业与帝制体系的关系

明中叶以后，商业呈现繁荣发展态势，相关研究颇为可观，无需赘论。同一时期，帝制权力体系虽然经历了王朝统治更迭，但基本统治功能长久持续，在康雍乾时期出现“盛世”，其间皇权统治与官僚政治基本架构甚至出现强化局面，此点大致也为学界公认。然而，如果前述两点各自构成基本事实，明清时代——这里主要指明初至鸦片战争之前——的商业与帝制国家体系之间的关系如何，就凸显为一个既非自明也未经透彻讨论的问题。

国内外学术界的大量研究，或显或隐地把明清商业发展视为明清时代中国的既有社会体制、形态——无论是否将之称为“封建社会”或者是否采用“资本主义萌芽”这一概念——向某种具有“现代”意味的社会体制、形态演变的主要动能。然而明清商业在发展中很有可能与帝制体系融通，形成了一种相互契合的格局。否则为什么在明中叶商业呈现发达状态约一百多年之后，会出现一个为时一个多世纪的帝制体系强化与商业继续发展并存的康雍乾盛世呢？可能明清时代商业的发展除具有一些冲击、溶蚀既有社会制度、关系的作用之外，在总体上也具有强化帝制体系的作用。如果是这样，明清时代商业发展必须与帝制体系功能状态结合起来考察，才可能显示出其真实的社会与历史含义。进而，如果明清时代的商业已经包含了一些现代性要素，这种要素也会因为与帝制体系的契合关系具有别种前景与功能。楔入了商业“现代性”的帝制体系不可能是完全抑制商业的，国家权力会介入商业，商业也会渗透到国家权力体系，社会精英的群体内涵会发生改变，从而衍生出一种保持帝制结构同时又包容商业发展空间的帝制农商社会。

整个问题需要通过大量实证考察来做出判断。学术界已经对许多相关的史事做出比较扎实的研究，亦有一些实证性研究尚待深入、细化。这里尽量将学术界相关研究与前面提出的基本问题相互印证，梳理出所涉基本事实和问题系列的范围，对尚未澄清而于本题具有重要性的论题做出尝试性说明，并尽量提出关于前述基本问题的尝试性解释框架，以作为今后具体考察及综合分析的基础。

（一）商业是帝制体系的内在组成部分

明清时代商业发展与帝制体系强固长期并存的现象提示我们：商业与帝制体系可以实现长期共生关系，商业发达实现的社会财富增值也可以成为帝制体系强化与延续的基础。这种现象本身是显而易见的，但其背后的历史逻辑、其所以如此的原理，可能触及关于商业特性的惯常理解，还需要重新揣摩。

商业从交换关系基础上发展而来。人类社会一旦出现社会分工，交换关系就可能发生。交换关系常态化就可能成为社会经济结构中的一个专门化的领域，从而出现商业，从事该领域活动的人就可能成为商人。因而从逻辑上说，商业是人类文明早期就可能发生的现象，并不会构成与农业基础或农业文明对立的社会成分。从历史经验的角度看，无论中国还是西方，都在古典文明形成之前就产生了商业。中国商代与周代前期，似乎商业与商人受到政府控制，即所谓“工商食官”，其程度如何，是否在官府控制之外没有民间商业与商人，尚待澄清。但商业在该时代肯定已经成为经济体系中的一个门类。结合当时货币流通的大致情况和对外部贸易的迹象看，不能排除商业存在于政府控制之外的可能。基于商周时期已经存在的商业、货币流通基础，春秋战国时代的商业已经成为中华文明共同体经济系统中的重要门类，商人已经被列为上层贵族以下“士农工商”四个主要社会人群之一。不仅已经存在临淄之类较大规模的都市市场，而且各政权体系之间的贸易已经经常化、规模化，多种货币流通，并出现了陶朱公、弦高、吕不韦、巴寡妇清之类并不归属于官营资本系统的大商人。在帝制时代之前，中国经济就已经不再是一个纯然的农业“自然”经济体系。即使农本原则不断被统治者强调，但商业的必要性已经明显体现在社会经济结构之中。这其实意味着大规模的农业文明系统内部不可能没有商业。

春秋战国数百年的社会变迁，以王制变为帝制收场，其背后的结构性因由中应该包括商业贸易发展对更大市场体系诉求的因素。因而秦统一之后，立即推行车同轨、统一度量衡与货币之类政策，其主要目的是便于实现大空间国家的控制。但此类举措在强化中央集权政治体制的同时，改善了全国交通系统，为大规模物流和商贸活动提供了便利。帝制体系既便利了商业系统的发达，也需要商业实现懋迁有无，乃至增加财政收入，甚至需要商业来润滑文化的整体性。这种结构性需求的力量超过地方势力为保持割据或半割据利益而维系地方壁垒而做的努力，所以地方性的旨在与外部隔绝的经济政策总是难以持久。帝制体系的突出特征是集中行使的权力。权力集中必然带来人口集中，大量集中的人口一般会带动城市形成。帝制时代的城镇虽然常与行政设治、军事驻扎有关，但一旦人口聚集，便有商业兴起。所以帝制时代的一个突出现象是都市的繁荣。都市不能自给自足，必须依赖乡村，也必须依赖市场，呈现城市与乡村互补、国家与社会相需的结构关系。及至帝制时代后期，由地方集市及远近贸易推动而至繁荣的纯粹商业性城镇比例大增，但并不独立于帝制体系之外。

帝制体系既建立在农业经济基础之上，也建立在商业基础之上。两者的比例，肯定是农业为主，商业为辅，但商业所占比例呈现波浪式上升趋势。尤其是明中期以后，海外贸易在国际化航路开通之后呈现快速增长趋势，商业发展取得了一种全球化背景，超出前代的范围、规模。帝制国家尽量将之纳入自己的管控范围，其间既有压制，也有推动，从中汲取利益，其统治的基础也因而更大程度上超过农业经济而着落在农商综合结构上。

（二）对明清时代国家商业政策的基本判断

商业既为帝制体系必要的基础之一，又是一种比农业带来更多社会流动性因而增加社会控制成本的经济成分，控制商业就成为帝制国家政治考量中一个不断带来困扰的话题。整个帝制时代始终存在“重本抑末”“重农抑商”的言论和政策表现。然而历代政府商业政策虽然不同，但如果把《史记·平准书》《史记·货殖列传》，与后来历代“正史”的《食货志》排比起来，看不到根除商业的政策，政府总体而言是商业发展的受益者，也没有一个政权是被商业发展所颠覆的。从演变的趋势看，政府对于商业的控制大体由严格转向宽松；政府对商业的依赖性大体趋于提高；商人的地位，大体由特殊受限制人群向普通庶民转变，至明清时期，甚至一定程度地与士绅混合；商业活动的时间与空间限制趋于消亡。

明清时代农业依然是社会经济的第一基础，农业人口依然是帝制国家统治的基本对象，所以“重农抑商”的言论与政策表现都依然存在，在某些特定语境下甚至表达得很激烈。但是“农商皆本”的言论已经表达得很清晰，并且愈来愈成为朝野共识。“利商”“惠商”而非“抑商”，成为国家政策的基调。如明朝大学士张居正指出：“商通有无，农力本穑，商不得通有无以利农则农病，农不得力本穑以资商则商病。故商农之势常若权衡。”[①]明代思想家王守仁说：“古者四民异业而同道，其尽心焉，一也。士以修治，农以具养，工以利器，商以通货。各就其资之所近、力之所及者而业焉，以求尽其心。其归要在于有益于生人之道，则一而已。”[②]此类言论在明中叶以后，比比皆是。

明朝初年曾颁布一系列与商业相关的政策，其中有被误读为抑制商业政策者。如洪武十八年（1385年），朱元璋曾谕户部：“朕思足食在于禁末作，足衣在于禁华靡。尔宜申明天下四民各守其业，不许游食。”[③]明代“游食”

---

① 张居正：《张太岳集》卷8《赠水部周汉浦榷竣还朝序》，上海：上海古籍出版社，1984年，第99页。

② 王守仁：《王阳明全集》卷25《节庵方公墓表》，上海：上海古籍出版社，1992年，第941页。

③《明太祖实录》卷175《洪武十八年九月戊子》，台北：台湾“中研院”历史语言研究所校勘本，1962年。

并不等于经商，“庶民各守其业”包括商人继续经商，并非禁止人民经商。其他如初入商业需有一定规模的资本，坐贾需在营业地占籍等政策，都是从稳定社会成员职业、地域性征，从而稳定社会秩序角度出发的政策，具有抑制商业的实际作用，但并非以抑制商业为最终目标。其次，明初商税并不沉重，大致三十税一，同时对军民婚丧嫁娶所用物品及舟车丝布之类免税。明中期以后，商税名目增多，收税机构增设，税率也有所提高。不过，万历中期矿监税使四处盘剥商民现象，是出自皇权滥用，并不体现明代基本政策，所以遭到朝野一致反对，并在万历帝死去后立即终止，故在将万历皇帝派出矿监税使作为明朝抑商证据的时候，要注意其复杂性。有明一代，商税趋于由轻到重，但商税总额与社会商业总规模相比，仍然处于较低水平。而且万历初将“一条鞭法”推行全国，赋税负担更大程度地落实在土地上面，使得一些富商大贾以“无田而免差”，规避大量赋税负担。

陈支平、林枫认为，“明代商业税制已基本实现了对不同商业领域、不同商品流通环节的全方位监管。”[①] 他们以明万历时期数据为中心，综合明代盐茶税、市舶税、狭义商税即盐茶、市舶以外的国内商品通过税与营业税进行统计，判定每年盐税 250 万两，茶税 10 余万两，市舶税 4 万两，通过税 60 万两，营业税 20 万两，总额约 344 万两。当时夏秋两税年收入折合银两计算大约为 22 217 358 两。农业税以两税为主，但尚有其他，商税在政府税收总额中所占比例不到 15%。而且，商税中计入的盐茶税为专卖收入，狭义商税所占比例更小得多。清朝稳定以后，海关等收入大幅度增加，年商业税收在 19 世纪末达到 5750 万两上下，相当于万历商税收入的 16.7 倍。[②] 相对于商业规模，明代商业税率偏低而非偏高。这种情况，一方面表示明朝政府财税观念仍然盘桓在农本经验之中，没有调整明白；另一方面表示明朝政府并无意于通过高税收压制商业，使之难以发展。清朝人口大幅度增加，商业规模也较明代更为庞大，而且朝廷随着商业税收增加而日益看重商业税收在政府财政

---

① 陈支平、林枫：《明代万历前期的商业税制与税额》，《明清论丛》第 1 辑，北京：紫禁城出版社，1999 年，第 396—413 页。

② 陈支平、林枫：《明代万历前期的商业税制与税额》，《明清论丛》第 1 辑，北京：紫禁城出版社，1999 年，第 396—413 页。

中的地位，相应管理制度也从涣散转向精细严格，商业税收也呈增长趋势。

明清外贸政策，曾经多受诟病，被一些学者视为“闭关锁国”。然而近年大量研究表明，此种认识夸大了该时期的封闭性。综合官方、民间、海路、陆路贸易趋势，并考虑到明清时代前所未有的全球贸易对中外经济往来的影响，应将其视为“有限开放”更为贴切。[①]

（三）白银货币与金融体系缺失

商品经济以货币为价值尺度和流通媒介。帝制国家控制商业的手段，除了超经济强制性的法规（如界定商人社会地位、户籍及垄断个别生产与交换部门等）之外，最重要的手段是税收政策、货币政策和金融体制。中国帝制时代大多数时期，政府控制货币的制作、发行、各币种比价。政府对货币的一般控制包括统一货币和控制货币供给量，对于维系市场秩序关系甚巨。这是帝制体系与商业长期共生的基础之一。但货币既被政府权力牵系，更由经济本身左右。即使集权专制的政府也不能完全控制货币运行。一般说来，商品经济愈发达，货币运行控制的复杂性愈高；市场开放性愈强，政府对货币的控制力愈弱。明代以前，铜钱、纸币、白银皆已经作为货币使用，但相关的理论皆不甚透彻，很大程度上处于依靠经验的水平。明前期参酌前代经验和政府需求，试图以完全由政府发行的纸钞作为主币，以铜钱为辅币，通过货币较大程度地控制社会财富。此种企图，盘剥社会的幅度过大，遭遇市场和社会抵抗。各种诉求博弈的结果是出现白银为主币、铜钱为辅币，伴随政府强行保持的少量纸钞有限法偿的局面。政府在货币流通领域地位的弱化，实际上部分消解了政府对商品经济的强控制，扩大了市场本身的自由度。稍后，大量域外白银进入中国，逐渐成为主要流通货币。[②]

---

① 参看赵轶峰：《论明代中国的有限开放性》，《四川大学学报》（哲学社会科学版）2014 年第 4 期；赵轶峰：《清前期的有限开放——以贸易关系为中心》，《故宫博物院院刊》2015 年第 6 期。

② 关于明代白银输入及其作为货币行用的情况参看万明：《明代白银货币化的初步考察》，《中国经济史研究》2003 年第 2 期；万明：《明代白银货币化与明朝兴衰》，中国社会科学院历史研究所明史研究室编：《明史研究论丛》第 6 辑，合肥：黄山书社，2004 年，第 395—413 页；万明：《中国的“白银时代”与国家转型》，《读书》2016 年第 4 期。

贵金属货币一般比铜币能够支撑更活跃的商品经济。但是明代的白银货币不是政府发行的，而是以银块的形态作为流通货币进入市场，所以白银在发挥价值尺度和流通媒介的同时，通过摆脱政府铸造与发行过程，严重瓦解了帝制国家对商品市场的控制力。这其实是明代商品货币经济长足发展但明朝统治并没有从中汲取到巨大效益的主要原因。明朝政府难以通过货币发行调控货币供给、物价，更难以运用通货膨胀手段实现借贷或者隐性获取社会财富，增加财政收入的手段主要是增税，或者通过赤裸裸的掠夺，于是明朝迅速彻底失去社会支持。[①] 明朝后期的财政危机，乃至明朝的崩溃，与此关系甚大。[②] 中国帝制国家体系通过各种中央集权机制实现社会控制，然而在明中期市场经济大幅度渗透到社会各个领域的当口，政府失去了调控市场的最重要手段，因而也就失去了操控社会财富的一个重要手段。所以明朝的瓦解是雪崩式的。当时试图挽救明朝统治的士大夫绞尽脑汁，不惜牺牲生命，但既没有看到问题的症结，实际上也没有从根本上找到解决问题的手段。

货币发行、流通、回笼是最基本的金融运行内容，如果此种运行扩展到信贷、资本融聚、投资，就能构成功能比较充分的金融体系。发达的金融体系是发达的商品市场经济必备的经济结构条件。明代后期，个别地区出现了票号，但局限在个别商户的信用汇兑活动，资本融汇的功能尚未展开，远没有覆盖全国，与货币发行、流通、回笼的关系更为遥远。发达的金融体制需要一种普遍的法律秩序来保障，而提供和保障法律秩序的是国家，对于以中央集权为基本特征的帝制体系而言，更是如此。明代国家未能掌握主要货币的发行权和流通控制，也就不具备金融运行的能力，但又受到货币、金融状态的重大影响。明代货币、金融体制功能状态滞后于商品市场本身的发展。从这一角度说，明代后期的帝制体系不仅远不具备现代国家的功能，而且与社会经济处于深刻的矛盾状态。

清代前期依然保持称量白银主币、铜钱辅币体系，并没有发行纸钞，国

---

① 参看赵轶峰：《明代白银货币称量形态对国家—社会关系的含义》，《史学月刊》，2014 年第 7 期。

② 参看赵轶峰：《论明末财政危机》，赵轶峰：《明代的变迁》，上海：上海三联书店，2008 年，第 232—277 页。

家对社会经济的控制似乎平稳，晚明梦魇般的财政危机也在清朝的秩序重组过程中逐渐化解。此间关节何在，迄今未见透彻说明。尝试思考这一问题，至少需要考虑到以下因素。首先，国家财政状况与特定政府关联，清朝虽然接继了明朝的统治地位，但作为一个曾经与明朝并存的政权，清朝从明体系外部控制明朝权力体系，并非完全从明朝体制内部生长出来，这使得清朝并未完整继承明朝的财政，而是重建财政。其次，清初财政实际处于战时体制，承平时期合法政府维系社会均衡及财税负担合理性的种种掣肘对于刚刚入关、挥军南下的清军说来并不重要，可以采用掠夺、强征的手段满足需求而将其社会后果留待政权抵定之后再加处理，战利品成为主要收入来源。第三，清朝版图扩大，人口大幅度增加，财政收入来源也有所扩展。第四，明朝中央财政收入的最大支出是北边军费，此项开支在清代已经消失。第五，清初在晚明临时加派基础上开征赋税，虽有所蠲免，但并没有恢复加派前的赋税标准，而社会渴望秩序，造反的社会能量已经在晚明农民反叛中释放，较高赋税额度在社会秩序重组过程中被社会承接下来。第六，清朝将商业税收体制精细化，商业税收大幅度增加。第七，社会稳定之后，生产水平和社会财富总量提高。第八，造成明朝政府维系东南沿海防卫主要开支，并造成抗倭援朝战争巨大开支的倭寇消沉，日本进入闭关锁国状态。第九，清前期政府行政能力高于晚明政府。

这些情况与可能尚未纳入考虑视野的其他因素一起，足以使清朝不至于落入晚明政府财政危机的泥潭，但并不意味着清朝对于货币、金融体制实现了根本不同于明朝的掌控机制。清代作为主币的白银依然是称量形态，民间金融业的萌芽比明代明显，但依然没有覆盖社会经济体系，与流通货币若即若离，政府信誉与普遍社会信誉也没有成为其运行基础。这种问题在清前期因为政府赋税收入总量的大幅度增加而没有威胁清朝统治。但到 19 世纪以后，使用称量白银为主币而没有主权货币的体制就成为现实的大问题，成为西方殖民势力瓦解中国经济系统的一个便于操控的杠杆。不发达的金融体制也为外国银行进入中国提供了一个软肋。

如上从金融货币角度观察，表明明清时代帝制体系虽有专制性政治权力，具有对社会的巨大统治功能，能够为商品经济提供一般性秩序环境，但是却不能随心所欲地左右社会经济，也没有完全顺应商品经济进一步发展的诉求，且与商品经济发展在若干领域形成具有矛盾性的关系格局。

（四）权力与市场——政府的商业参与

如前所述，明清时代的帝制体系对商业依赖性趋于增强。这促使帝制国家通过多种渠道参与商业，以求实现较为有效的控制，并从中尽量获取较大的收益。帝制国家从来不是商业活动的旁观者，也没有仅仅充当维持秩序和收取赋税者的角色，而是在提供商业一般秩序环境的同时尽量将商业纳入帝制权力控制架构，在控制中尽量实现政府、皇室及权贵阶层利益最大化。

帝制国家最大规模的商业介入在食盐领域。明清两朝都继承已有传统，垄断食盐生产与销售。盐是自然物，食盐是人类生产的产品，又是生活必需品，其生产局限于若干特殊自然环境区域，绝大多数人口无法用“自给自足”的方式获取食盐，必须通过市场来满足食盐需求。所以食盐本来是最易于市场化的产品，是市场发展的一个助力。同时，食盐具有产地有限、易于控制的特点，任何势力控制了食盐产销，就控制了大量社会财富，同时可能借此强化社会控制。明朝不仅严格控制食盐产销，以官产、官收与特许商人运输、指定区域销售方式经营，而且连食盐生产者——灶户或称亭户也被严格控制起来，以特殊户籍使之世代承袭。明朝甚至把食盐垄断作为一个工具，来实现西北边地开发和军事防御的手段。明中晚期以后，朝廷对食盐产销的控制增加了一些灵活性，实行纲法，但食盐产销仍在朝廷掌控之中，并构成政府财政收入中一项重要收入。清代重建食盐专卖制度，主要通过控制盐产量、销售地、销售量、特许销售的方式运行，食盐的市场化程度提高，但政府的总体控制依然稳固。帝制国家在以超经济方式控制盐业基础上，操控食盐的市场运行，其重要手段之一是与特许盐商合作。此类商人从政府包买食盐运销特权，通过分享政府垄断权益获取巨额商业利润，同时把食盐营销收入的一部分提供给政府作为财政收入。从食盐产销角度看，明清政府与大商人群体是利益相关者、合作者。明清时代资本最雄厚且在市场经济中获利最大的商人其实正是此类与帝制国家合作的盐商。明代势力最大的徽商、晋商都涉足食盐销售。[①] 清代的大商人也以特许盐商及行商为最凸显，皆以与帝制国家合作为基础。这些商人与政府的合作瓦解，其显赫地位也就消融于无形了。

盐业以外，帝制国家直接控制的还有对边缘区域的茶马贸易。茶在内地供应充足，且虽为人民生活重要消费品，但不是必需品，在周边游牧民族生活区域则是生活必需品，因而成为帝制国家调控与周边游牧民族关系的一个杠杆。马是明朝需要从边疆区域补充输入的军用品，要用以茶为主的多种内地产品与边疆区域交换获得。政府对茶马贸易实行垄断，同时利用垄断权调动、利用商人参与落实政府的茶马贸易政策，其间国家与商人的合作关系，与在食盐领域的格局异曲同工。

明代牙行主要是民间商人，经营商业中介和停居存储或者包购分销业务。此类商人在清代依然存在，同时因为海外贸易规模扩展和指定口岸外贸体制及贸易必须通过行商处理的制度，促使一批外贸商行利用与帝制国家体制的合作关系而优先发展。此类商人拥有政府专门委托的涉外贸易处置权，半官半私，体现出更明显的帝制国家与商人合作的精神。在所有官商合作事务中，官永远处于主导地位，明清时期商业领域的很大一部分其实是处于政府控制之下。其间自然会发生诸多官府或官员盘剥商人的情况，但权力与商人合作的基本结构并未因此而改变。

明清政府还控制着部分生产机构，如官办铁冶所、官营织造局、御窑、官资矿业等等，皇室和政府建筑工程大量招商运行，大批皇室与政府物资采购佥派或招募商人运行。这些都是帝制国家与商人、商品市场常态化联系的机制。

明清政府皆会向商人出卖一些功名、政治权益甚至官职，以调动商人向政府输送所需的资源，一般称为捐纳。明代捐纳主要在特殊情况下实行，清代捐纳则常态化。这实际上构成了商人与帝制国家之间的一种交换性纽带关

① 参看范金民：《明代地域商帮的兴起》，《中国经济史研究》2006 年第 3 期。

系，也构成帝制国家卷入市场的一个途径。

此外，明清贵族、官僚大量涉足商业及与市场交换关联的农业生产。明朝建立之后不久，政府即涉足建立塌房，为往来客商存储发卖货物提供便利，借以管理商业秩序，并从中牟利。后来出现官店、皇店。中间虽有整饬，但迄于明末，并未消除。[①]清代皇室、贵族、官府资本商业运营比明代更为发达。

由于存在前述种种情况，审视明清经济结构的时候，不应将帝制体系与商业、市场、商人做两元对立观，更不可以为二者之间为简单的此消彼长关系，二者盘根错节，是构成明清商业秩序环境、商业特性、国家功能，以及社会形态演进前景的复杂结构性基础。

（五）商业制度环境与商人社会空间

明初制定的《大明律》对商人服饰做出限制性规定，其中包含压制商人炫耀财富的含义。明代后世皇帝不能更改祖制，并未删除该项法规，但实践中并不严格推行。清代沿用明朝基本法律，在其基础上另制种种则例，作为法律行使。其中，乾隆二十六年至四十一年（1761—1776年）间编制的《钦定户部则例》涉及商事尤多。明清时代，商人不得穿着绸缎绫罗之类条款，一直存在于法律文本之中。但是《大明律》中许多条款在明中期以后就已经不再构成社会行为法则。明中叶迄于清末，商人服饰实际上毫无限制，炫耀奢华反而是常见的现象。有学者对明代商人的法权地位进行总体考察，认为商人在法律体系和司法实践中地位归属于庶民，并非处于被歧视或被排斥地位。[②]清朝对商业于帝制统治关系之重要性的了解超过明朝，商人与权贵关联也更为深切，商人法权地位更非低于庶民。

明清两代政府皆曾推行大量旨在维系平稳市场秩序的政策。如皆规定牙

---

① 参看郑克晟：《明代的官店、权贵私店和皇店》，中国社会科学院历史研究所明史研究室编：《明史研究论丛》第1辑，南京：江苏人民出版社，1982年，第173—184页；韩大成：《明代的官店与皇店》，《故宫博物院院刊》1985年第4期。

② 参看常文相：《明代商人的法权地位》，《古代文明》2013年第4期。

行评估物价必须公允。明初规定有“凡买卖诸物，两不和同，而把持行市，专取其利，及贩鬻之徒通同牙行，共为奸计，卖物以贱为贵，买物以贵为贱者，杖八十”。[①]清顺治八年（1651 年）上谕吏部：“榷关之设，国家藉以通商，非以困商。关税原有定额，差一司官已足，何故滥差多人？”令各关只设官一员，添设者悉行裁去。[②]康熙五年（1666 年），令各地将应征商税额数刊于直省商贾往来关口孔道木榜，“遍行晓谕”，防止官员自行加征。[③]雍正时期曾对这些政策再加重申。其后历朝也曾屡次申明对官吏敲诈商人的惩罚措施。[④]商业交换领域发生纠纷，民间自行调解不成，一般要诉诸司法解决。明清政府承认商人合伙经营的权利及商人在民间融资的权利，这是明清时代诸多资本雄厚的商帮存在与发展的制度环境。明清政府也承认商人为商业经营目的而结为社团的合法性。从明中晚期开始出现商业性会所，到清代大批商业、手工业会所发展起来，其制度环境大致保持一致。[⑤]

明清政府权力在维系比较平稳的商业运行秩序同时，也会发生干扰商业的作用。其突出表现包括官资本直接进入商业构成特权经营造成的市场不公平竞争，政府对食盐等生活必需品的严格控制，政府对矿业长时期的垄断，政府对外贸过于严格的管控，税收标准公平性的欠缺，以及权力腐败造成的官吏对商人的敲诈与盘剥。所有这些都没有使得明清时代商品经济窒息，但市场也从来没有能够获得完全依照经济规律运行的环境，没有达到普遍公平的境况。在这种制度环境下，明清已然存在的商业契约精神始终受到权势原则的挤压，并未成为支配商业运行的普遍价值体系。

除了明朝初年一段短暂时期以外，明清时代商人的社会活动是基本自由的，商人身份的改变也取决于商人本身，而非为超经济权力所固定。基于帝

---

① 刘惟谦等：《大明律》卷 10《户律・市廛・把持行市》，《续修四库全书》第 862 册，上海：上海古籍出版社，2002 年，第 484 页。

② 《世祖章皇帝圣训》卷 5《顺治八年闰二月乙卯》，《景印文渊阁四库全书》第 411 册，台北：台湾商务印书馆，1986 年，第 136 页。

③ 《钦定皇朝文献通考》卷 26《征榷考》，《景印文渊阁四库全书》第 632 册，台北：台湾商务印书馆，1986 年，第 512 页。

④ 参看张海英：《明中叶以后“士商渗透”的制度环境——以政府的政策变化为视角》，《中国经济史研究》2005 年第 4 期。

⑤ 参看邱澎生：《商人团体与社会变迁：清代苏州的会馆公所与商会》，博士学位论文，台湾大学历史学研究所，1995 年。按该文虽然以“清代”为题，但研究内容包括明代会馆。

制体系构成商业发展的一个恒定的强大权力架构，以及商人身份相对自由的属性，明清富有商人普遍倾向于借助财富力量融入士绅阶层。结果出现商人上层与士绅上层合流，商人家庭普遍谋求成员入仕以实现权力与财富兼得、以权力保障财富，并保持着对土地经营的兴趣，这又造成绅、商、地主三位一体的社会人群。清初人屈大均描述称，广东地方“民之贾十三，而官之贾十七……民贾于官，官复贾于民，官与贾固无别也，贾与官亦复无别。无官不贾，且又无贾而不官，民畏官亦复畏贾。畏官者，以其官而贾也。畏贾者，以其贾而官也”①。沉浸在与权势、财富融通的社会环境中，明清时期的商人并没有表达出独立的政治诉求。适应帝制体系而不是改造帝制体制，是他们的基本选择。

明中叶以后，商业总体趋于发达，不仅构成社会经济生活的基本内容和社会体制的重要基础，而且其合法性、正当性、必要性皆为社会体制与文化所承认。帝制体系在明清商业发展中，逐渐调适，由一定程度的限制，转为放任，甚至鼓励，直到实现与商业繁荣之间相互需求、支撑的结构。明清帝制国家始终参与商业，其程度趋于加深。帝制体系与商业繁荣之间的基本契合，提供了明清商业一定程度发展的条件，扩展了帝制国家财政收入的来源。商业税收无论绝对数额还是在整个政府财税收入中所占的比例都趋于增加，因而强化了帝制体制的经济基础。明清商人也在这种环境中演化，与帝制体系交融，呈现出绅、商、地主三位一体的精英人群，构成社会支配阶层演变的一个侧面。然而此种契合关系的另一面，则是商业较大幅度地被纳入帝制国家体系控制范围，使得市场经济难以充分自由地演变，商人也在此环境中异化为帝制体系的社会基础。明清时代这种商业与帝制体制契合发展的复杂局面，与一般所说的早期资本主义体系虽有若干相似处，但并未进入同一轨道。

---

① 屈大均：《广东新语》卷9《事语·贪吏》，欧初、王贵忱主编：《屈大均全集》第4册，北京：人民文学出版社，1996年，第277页。

社会结构

七

权利、身份、社会分层与明代社会结构

明代的中国深度卷入了全球性的大变迁，市场经济空前繁荣，人口发生爆炸性增长，货币财政成为政府财政的主导体制，文化思想也发生了诸多变化。与此同时，中央集权的世袭君主制、残余形态的贵族制、官僚体系等仍在继续，并无终结的迹象。在这样的情况下，社会组织方式、状态如何，是否发生了新异性、不可逆转的变化，成为理解该时代中国社会体系特点所不能不理析的问题。前贤在此方面其实已做了许多重要研究，指出了诸如社会流动、商人地位上升、财富转移加速、雇佣劳动者增多、宗族进一步整合等现象，然而从本书所追问的社会基本组织方式的角度看，得到较多关注的那些变化多在庶民与士绅两个地位比较接近的阶层中发生。而整个社会不仅这两个阶层，全社会的阶层结构关系是否真的发生本质变化、程度如何，还是需要进一步的考察。本章首先对分析明代社会结构研究的基本概念加以说明，提出以身份、权利为基本尺度的社会分层研究方法。然后就明代社会分层结构做大致的梳理，认为明代贵族、士绅、庶民、贱民 4 层等级的基本结构状况并没有发生根本改变。进而对此 4 层结构中最古老的人身依附性社会关系加以讨论，指出人身依附性社会关系在晚明时期趋于强化而非松懈，社会分层体系中的人身依附性社会关系也趋于强化而非松懈，社会流动则主要在士绅与庶民两个层级内部及这两个层级之间发生。总体而言，明代中国社会相当完整地处于帝制体系提控之下，明清易代也没有改变这种基本格局。与此同时，17 世纪中叶到 19 世纪中叶的两百年间，中国社会毕竟发生了一些变化。

（一）基本概念

理解一个社会体系的基本特征可以有多种方法，其中最常见的是政治经济学的方法，通过分析经济所有制关系和赋税制度来呈现社会成员在社会生产关系中的相互关系。在这种分析方式中，生产资料和财产的占有方式是界定社会成员在社会体系中地位的基本要素。这种方式在分析狭义政治经济学考察的对象即资本主导的社会体系时最具有解释效力，因为这种社会体系内的社会分层已经高度简化，资本支配社会关系，财产成为社会地位和社会关系的第一要素。这种方式虽然也足以揭示明代由经济地位状况差异所构成的社会差别，但明代中国不是资本全面支配社会关系的体系，社会构成的层级性更突出也更为复杂，存在诸多难以由生产资料和财富占有关系直接界定的社会关系。因而对于明代社会组织方式的分析，除了政治经济学方法之外，还需要尝试其他的方法。

在中国帝制时代，除了生产资料和财富以外，在社会组织体系中发挥支配性作用的首先是国家治权。它作为一种从上而下的治理权威，通过法律、政策和对某些社会惯习的认可而界定所有社会成员在社会体系中的基本身份和权利，从而形成由社会成员相互关系构成的社会基本结构。为深入考察明代社会结构，需要对学术界经常使用但赋予的内涵却有不同的一些关键性概念做出比较明确的申明，在此基础上可以展现出本章研究的基本概念和方法框架。

社会身份（Social Status）是社会成员被赋予的在社会秩序体系中的角色地位。在前现代社会，绝大多数社会成员首先从其所出生的家庭获得其所属人群的身份地位。其后，在社会具有流动性的情况下，可能通过后天行为，改变自己的身份，向上或向下移动；在社会缺乏流动性的情况下，则非常可能长期保持其出生时所具有的身份地位。社会身份决定社会成员在该社会体系中的一般权利（Right），即特定身份的社会成员依据法律，也可能包括一些具有较强约束性和普遍性的惯例，所拥有的行为和利益资格；如果一个社会内部成员的权利完全平等，则该社会没有身份、地位意义上的社会分层，社会是以平面的方式组织起来的。最接近于这种组织方式的是以“人人平等”为组织原则的现代公民社会，即使现代公民社会实际上并没有完全消除社会权利的不平等。在人类历史上，原始社会之后出现的所有前现代社会都不是平面组织而是具有层级性的组织。明代社会组织方式具有明显的层级性。

社会分层（Social Stratification）是社会成员身份、权利差别造成的层级状态，是制度化的社会不平等体系。[①]在前资本主义社会，社会分层显示社会成员权利等级差异秩序，社会成员的身份、权利愈固定，愈被视为不言而喻因而难以改变的事情，则该社会的基本结构愈固化，愈缺乏演变的活性。社会分层为社会有序性提供支撑，带来关于人们相互关系和行为方式的应然状态预期，带来评判的尺度。然而这种作用以社会成员的不平等为条件，因此社会分层带来的秩序状态以统治关系存在为条件。社会分层愈具有强制性，愈生硬，愈与社会等级同义。国内外学术界用来判定社会分层状态的尺度并不一致，一些被认为权威性的、比较流行的看法是把职业、财富、威望、权力、对社会资源的占有，乃至学识、道德等等若干要素综合起来作为区分社会层级关系的尺度。但是这种方法并不适合本课题的研究，原因有许多。其一，在分析一个具体时代的社会分层结构时，要将这些尺度具体地综合起来并实现各种因素考量的恰如其分在实践上是永远不可能的，所以即使是适合社会学、人类学的研究，在历史学研究中也只能作为模糊分析的工具。其二，此类方法实际预设了多尺度的一致性，而实际上它们常常是不一致的。家财

① 关于社会分层的一般概念与理论，可参看［美］戴维·格伦斯基编：《社会分层》，王俊等译，北京：华夏出版社，2005年；［法］涂尔干著：《社会分工论》，渠东译，北京：生活·读书·新知三联书店，2000年；李强：《社会分层十讲》，北京：社会科学文献出版社，2008年；边燕杰等主编：《社会分层与流动》，北京：中国人民大学出版社，2008年。此外，何炳棣在对明清社会史进行研究中，也展现了他关于社会分层的概念与方法。Ping-ti Ho, *The Ladder of Success in Imperial China: Aspects of Social Mobility, 1368—1911*, New York: Columbia University Press, 1962.该书已被台湾学者徐泓教授翻译为中文，书名《明清社会史论》，台北：联经出版社，2014年。

万贯的人可能臭名昭著，具有威望的人可能一贫如洗，“举家食粥酒常赊”的知识分子有学识、有道德却无财富和权势。其三，这种方式实际是分析现代社会的可行方法，因为现代社会简化了多层级的、固化的社会等级关系，故需要更多从社会成员的生活状态角度来分析社会分层，而明代社会并不是现代社会，存在着更为明确的社会等级层次关系。其四，如果分析一个较长时段的社会等级关系，必须要找到在长时段中保持较大稳定性的参数，前述多种尺度都是随时变化的，而明代社会存在非常稳定的社会地位关系，最稳定的社会地位是世袭的。世袭的地位关系更能表示一个人群在社会体系中的地位。

职业（Occupation）与社会分层有复杂的关系。当某些职业被社会体系界定为特定人群的职责，难以自由改变，甚至被规定世袭的时候，职业就具有了社会身份的含义，就成为社会分层的相关项。但在可以自由选择的职业范围内，职业并不直接对应社会地位。明代的某些职业与社会身份关联，其间变动亦甚多。

人身依附（Personal Dependency）是社会组织方式中最能体现社会支配和不平等性的关系，它意味着一部分社会成员在社会体系中不具备独立的角色地位，需要凭借其与他人的关系而被界定，被依附者拥有对依附者稳定的支配权。奴隶制度是最彻底的依附制度，历史上还存在过多种形态的比奴隶制弱化的人身依附关系。一个社会组织方式中所允许的人身依附性愈强，该社会的分层体系愈刚硬，距离现代社会组织理念愈远。明代社会承认奴婢、奴仆等人群的存在，因而存在合法的人身依附关系。如何估量此种结构现象，需要复杂的分析。而且明代的依附性社会关系并未随着社会商品化发展而弱化，那么从社会结构推演的角度看，明代社会在向何处去？这成为理解明代社会演变趋势的另一个复杂问题。在社会分层以外还有其他与人身依附性相关的社会因素，如宗教和性别也可能衍生出人对人的依附性关系。在某一种宗教信仰或者意识形态被界定为合法、主流的信仰的时候，该宗教信仰者与其他宗教信仰者之间的社会权利可能是有差别的，可能会形成一个因观念取向和知识结构而浮升到拥有高于其他人群权利的社会阶层。愈是宗教或信仰一元化的社会愈是如此。但这种情况在明代社会并不凸显。两性之间的权利地位差别也会造成社会支配和依附关系。自国家产生以来的社会，男性一般都处于优于女性的权利地位，但一个女性的地位不仅受女性地位普遍低于男性的地位界定，又受其所属的家庭、家族地位决定。因而一个贵族女性的实际社会地位会大大高于一个贱民男子的地位，家族中长辈女性对家族内事务的决定权通常大于家族内低辈分男性成员。两性地位差别与社会分层差别、家族长幼地位差别结成复杂的实际社会关系。基本结构意义上的社会分层分析应以家庭为最小单元，以形成对社会基本人群在社会体系中地位角色的总体概念。在此视角下，男女两性的权利差别是一个略微边缘性的问题。此文对宗教与性别的社会分层含义不做深入讨论。

社会结构（Social Structure）也是本章频繁使用的概念。广义的社会结构可以指将国家（State）与社会（Society）一起考虑的社会共同体的整体组织方式，经济所有制关系、国家体制、意识形态等都在其中；狭义的社会结构，即本章所讨论的社会结构，指与国家相对的社会的组织性征，主要涉及作为社会基本成分的各类人群之间在社会组织体系架构中的相互关系。社会分层是从基本人群纵向关系角度所考察的社会结构，力求呈现的是社会体系内的基本人群构成及各类人群之间的地位类型、差异及相互关系，进而显现出该社会的组织原理和特色。

（二）明代的社会分层

以社会身份与权利作为基本尺度来看，明代中国是一个存在等级关系的社会体系。[①] 从社会权利的角度从上而下地排列，这个社会存在如下的等级。

1. 贵族

贵族是被社会体制以合法方式赋予高出社会普通成员的身份地位和权

① 何炳棣认为中国社会等级秩序背后存在一个一以贯之的意识形态，他从春秋时期儒家思想开始梳理这一意识形态传统。参看 Ping-ti Ho，*The Ladder of Success in Imperial China：Aspects of Social Mobility，1368—1911*，pp.2—16.

利，并且保障此种权利可以被其后裔世袭的特权人群。这一阶层愈是稳定庞大，则该社会的社会分层愈牢固，社会流动性愈微弱，社会平等愈欠缺。

明代的贵族包括 3 个基本成分：①宗室贵族，包括居于宫廷中的皇室及其伸展到社会各地的宗室；②外戚，与皇室结为婚姻关系的家庭；③军功贵族，凭借军事功勋而获得世袭特权地位的家族。这一阶层享有国家赋予的荣宠爵位、俸禄，以及在司法体系中的特权。明朝初年赋予皇室贵族巨大的政治经济特权，主要体现在明太祖朱元璋分封诸子为藩王，并使之执掌庞大军事和地方政务权力的政策。但是在靖难之役以后，鉴于诸王对皇权构成的巨大威胁，藩王乃至整个宗室的军事权力、行政权力被剥夺而保留了其经济特权，从而使得宗室贵族沦为寄生性人群。“本朝宗室厉禁，不知起自何时，既绝其仕宦，并不习四民业，锢之一城。至于皇亲，亦不许作京官，尤属无谓。仕者仅止布政使……”[①] 至万历后期方才弛禁。明代初期的外戚中包括大量为明朝建立做出贡献的家族，故明初外戚贵族与军功贵族混合难分，势力庞大。但在正统前后开始，皇室刻意选择庶民结亲，以免后妃家族强大、干预朝政、威胁皇权，后来虽然偶有位势较高的外戚，但总体上外戚贵族地位趋于衰微。明朝世袭军功贵族主要形成于开国、靖难两个时期，其地位高崇而未获罪者世袭罔替直至明亡，也有一些军功贵族获罪削夺。靖难之役以后的明代贵族相对于皇权、中央政府政治权力大大削弱，但仍凭借与皇室的血缘纽带而高居于社会的顶端。特权地位体现统治关系，明代在皇权面前无所作为的宗室在面对庶民时每每为所欲为。如嘉靖时期在洛阳的伊王朱典楧曾经将河南府城门关闭，“遍索人家子女十二岁以上者七百有余，尽纳府中，留其姝丽九十人，其余悉令具金取赎。”[②] 此类难以想象的恶劣行为只能出自能够规避普通法律约束的人群。朱典楧等人过度嚣张，也最终受到朝廷惩处，但因为宗室贵族与皇帝的亲缘关系和相互依存的本质，终明之世，贵族毕竟难以由普通法律规约束缚。所以明代社会分层结构中，贵族是体现社会统治性和强制

① 沈德符：《万历野获编》卷 4《宗藩・宗室通四民业》，北京：中华书局，1959 年，第 128 页。
② 《明世宗实录》卷 530《嘉靖四十三年二月己酉》，台北：台湾“中研院”历史语言研究所校勘本，1962 年。

性关系的最主要特权地位阶层。

2. 士绅

明代在贵族以外享有合法特权的阶层可以统称为士绅，包括有品级的官僚和有功名的士人。他们的社会特权主要是赋税优免权、恩荫子弟权，其职务及身而止，不可世袭，但高级官僚子弟可以优先进入国子监读书，从而获得进入官僚体系的捷径。该阶层的开放性大于前述贵族阶层，是明代人数最多、分布最广的社会特权阶层。早自20世纪前期开始，许多中国、日本、美国的学者就明清时代贵族以下的支配阶层的称谓和内涵提出看法，所用名称如缙绅、搢绅、士绅、绅士、乡绅、绅衿等等，迄今杂陈并用，并未形成一致意见。[①]意见长期差异的主要原因与其在分析该阶层时基本尺度模糊有关。如以身份、权利为尺度，则事实很明确，在享有世袭特权的贵族与无特权的庶民之间的这个阶层区别于其他阶层的最重要共同点是享有国家体制正式认可的特权。他们享有特权的根据，一是官僚地位，二是科举功名。官僚中的文官愈来愈多地从科举出身，故在他们身上，官僚地位是科举功名的政治结果，科举功名是官僚地位的敲门砖；官僚中的武官，包括通过武科举得官者，也包括从行伍积功而上者。而且基于从元代继承过来的军人家族世袭惯例和明朝非军功不封爵位的制度[②]，明代武职子弟以减杀等级方式从父祖身上承袭官职地位的情况多于文职官员。官僚致仕或暂时居家者，只要不曾被褫夺“士籍”，就被作为有特殊身份的人对待，保有若干特权。获得科举功名，包括最低级的生员身份，即得以享受徭役优免权。功名愈高，特权愈大。如考虑该士绅阶层最高层的一品大员到最低层的县学生员地位悬殊，可以将此士绅阶层区分为上层与下层两个层面来讨论。但只要不去刻意追求繁琐，还是可以将他们归为同一个社会阶层。[③]与“士绅”概念相比，相关研究中普遍使用

---

① 相关情况，可以参看徐茂明：《江南士绅与江南社会：1368—1911》，博士学位论文，苏州大学，2001年，第9—15页；郝秉键：《西方史学界的明清“绅士论”》，《清史研究》，2007年第2期。

② 明朝也有文臣得爵者，但需有开国、封疆大功。如刘基封诚意伯，原因是其在开国中贡献甚著；王守仁封新建伯，基于其平定宁王之乱及平定西南边疆之功。

③ 此说与何炳棣所使用的“gentry”概念内涵基本一致，只是他将声望、知识等也融入这个阶层的特征之中，而在笔者看来，该阶层的析出根本上说是基于社会身份、权利，其他虽多可能具备，但不是必备的。

的“缙绅”概念过于偏重官僚；“乡绅”概念词义局限于在乡官僚而使用者又将之扩展到在朝官僚，人为造成歧义，走向繁琐，皆不及“士绅”概念妥当。

3. 庶民

庶民（Commoners）指既无特权也不受歧视的普通民众，是明代社会中占绝对多数的基本社会人群。这一人群负有向政府交纳依据职业、财产、收入、居住地域特产而界定的赋税责任，拥有通过科举考试参与国家机关从而实现向士绅阶层流动的权利，享有一般法规保护的一般财产、人身权益。农民、商人和明中期以后获得基本人身解放的职业手工业工匠都属于这一阶层。然而这一阶层庞大，内中有许多差异情况。庶民中的基本人群也称“民户”，此外还有军户、匠户、灶户等名目。军户、匠户、灶户及与之地位相当的若干人群的社会权利略低于民户。明初规定：

> 凡军、匠、灶户，役皆永充。军户死若逃者，于原籍勾补。匠户二等：曰住坐，曰轮班。住坐之匠，月上工十日。不赴班者，输罚班银月六钱，故谓之输班。监局中官，多占匠役，又括充幼匠，动以千计，死若逃者，勾补如军。灶户有上、中、下三等。每一正丁，贴以余丁。上、中户丁力多，或贴二三丁，下户概予优免。他如陵户、园户、海户、庙户、幡夫、库役，琐末不可胜计。①

在此规定有效期间，上述各类人等虽然享有与庶民中其他人群同样的基本权利，但由于国家强制赋税征收方式而丧失职业选择权，意味着丧失了部分人身自由权，而且此种权利的丧失是连带家庭的。明中叶以后，军人大量逃亡，并有大量卫所军户人口附籍于驻扎地，逐渐疏远军户地位，有的终于脱离军籍，军户这一社会身份所能束缚的人口遂数量大减；② 匠班银制度实施之后，工匠自由权得以扩大到与其他庶民人群相似；灶户的经营自主权也有增强。这表示明代社会层级关系趋于弱化，但毕竟没有达到所有庶民权利

---

① 张廷玉等：《明史》卷 78《志第五十四·食货二》，北京：中华书局，1974 年，第 1906 页。

② 据韩大成研究，到正统三年（1438 年）时，军士“逃亡人数达 120 万人之多，占明朝鼎盛时期军士总数 40%”。见氏著：《明代城市研究》，北京：中国人民大学出版社，1991 年，第 377 页。

平等的程度。

4. 贱民

贱民指在整个社会体系中被视为低贱，享有社会权利少于庶民或良人的人群。明代处于这样地位的人群包括两大类，一类是奴仆，另一类是特殊身份人群。

奴仆是丧失人身自由权而依附于其他社会成员的人口。明代的奴仆主要有两个渊源，一是前代为奴仆者作为其所依附者的财产，所生子女世代继承其父母的奴仆身份；二是经买卖或者掠夺而由其他社会阶层降低至他人依附者的人口。明代人口买卖常见，而且自明中叶社会贫富分化加剧、自耕农赋税负担加重、社会流动性增强以后，从庶民地位沦为奴仆者趋于增加，晚明尤为明显。奴仆在发生与良人身体侵害情况下量刑受罚重于良人，但奴仆身份可以通过私人之间的赎买、放弃而取消，从而上升为庶民。明末顾炎武称："太祖数凉国公蓝玉之罪，亦曰家奴至于数百。今日江南士大夫多有此风。一登仕籍，此辈竞来门下，谓之投靠，多者亦至千人……"[①] 此一人群情况，后文将有详述，此处从简。

特殊人群如绍兴惰民，明人曾评论说：

> 其人止为乐工，为舆夫，给事民间婚丧。妇女卖私窝，侍席行酒与官妓等。其旁业止捕鳝、钓水鸡，不敢干他商贩。其人非不有身手长大、眉目姣好与产业殷富者，然家虽千金，闾里亦不与之缔婚，此种自相为嫁娶，将及万人，即乞人亦凌虐之，谓我贫民非似尔惰民也。余天台官堂亦有此种，四民诸生皆得役而詈之，挞之不敢较，较则为良贱相殴。[②]
>
> 今浙东有丐户者，俗名大贫，其人非丐，亦非必贫也。或云本名惰民，讹为此称。其人在里巷间任猥下杂役，主办吉凶及牙侩之属。其妻入大家为栉工，及婚姻事执保媪诸职，如吴中所谓伴婆者。或迫而挑之，

① 顾炎武：《日知录》卷13《奴仆》，《景印文渊阁四库全书》，台北：台湾商务印书馆，1986年，第858册，第700页。

② 王士性：《广志绎》卷4《江南诸省》，北京：中华书局，1981年，第72页。

不敢拒，亦不敢较也。男不许读书，女不许缠足，自相配偶，不与良民通婚姻。即积镪巨万，禁不得纳赀为官吏。[①]

这两条资料中都提到此类贱民可能累积巨大财富，但社会地位仍旧低于庶民。注意此点，有助于理解为什么用财富作为分析非现代社会分层结构可能不得要领。明代贱民在社会分层体系中的位置，并不因为财富而直接改变。无论穷富，这类人群被整个社会歧视，类似种姓制度下的世代低贱阶层，到清雍正年间方因政府政令而获平等地位。[②]此类贱籍人群在其他地方也有存在，广东东部疍民被其他人群视为卑贱之流，不容登岸居住。其在地方社会的低贱地位，虽非政府政令造成，而是地方积习所致，但毕竟使其处于权利低下的社会地位。[③]

5. 边缘人群

此外，还有为数可观的僧侣构成一个合法的社会边缘人群。基于社会认可的宗教意识，明代政府和社会皆认可放弃世俗生活方式而投身佛教、道教的“出家人”为一种合法的社会身份。此类人群并不承担对于政府的赋税责任，但可以以寺院名义拥有财产，虽丧失通过参加科举参与政府的权利，但可在宗教体系内谋求地位提升，在司法体系中享有与庶民同等的权利。更极端的情况是盗匪，即以聚集方式通过暴力从社会其他成员或官方强力获取生活资源及财富的人群。边缘人群中的僧侣被视为“出世”“方外”者，盗匪、流民之存在也非社会体制设计目标，而是社会控制失效而发生的状态，故在讨论社会基本结构原理时，可暂不讨论。

如上，则明代中国社会主要有 4 个基本阶层：贵族、士绅、庶民、贱民，并存在此外的边缘人群。其社会权利在理论上是等差而降的。所谓理论上，是指明代的贵族虽然一般地位高于社会其他人群，但是却在相当长的时期里

---

① 沈德符：《万历野获编》卷 24《风俗·丐户》，北京：中华书局，1959 年，第 624 页。

② 《世宗宪皇帝朱批谕旨》卷 170《朱批噶尔泰奏折》，《景印文渊阁四库全书》第 422 册，台北：台湾商务印书馆，1986 年，第 832 页。

③ 关于疍民身份地位，可参看张朔人：《明清时代南海疍民的分层流动与社会身份重构》，《古代文明》2014 年第 3 期。

被剥夺了从事“四民之业”的权利，享受朝廷优厚供给，但不可为官、经商，至明朝末年方才改变。即使如此，总体而言，明代中国的社会依然是等级分明的。

这种依据权利尺度梳理出来的社会层级体系面貌在明代文献中并未直接表达出来，原因是时人的社会权利意识是模糊的。《大明律》等明代官方文献中较能显示社会地位、权利差别的概念主要是“良贱”，表示时人通常把社会人群分为良、贱两类。将前面梳理出来的四层分级归入两层分级的话，则贵族、士绅、庶民肯定在“良”一边，奴仆、娼妓等为贱，军、匠、灶等户低于良而高于贱，且向良的方向转变。两分法的问题是将该社会组织方式的多层级结构简化，从而模糊了实际的社会层级关系。

明朝政府区分人群的概念还有户等。《明史》称：

> 凡户三等：曰民、曰军、曰匠。民有儒，有医，有阴阳。军有校尉，有力士、弓铺兵。匠有厨役、裁缝、马船之类。濒海有盐灶。寺有僧，观有道士。毕以其业著籍。人户以籍为断，禁数姓合户附籍。漏口、脱户，许自实。[①]

据李永菊研究，天顺六年（1462 年）河南归德州户口总数为 1851 户，其中军户 420 户，占总户口的 22.7%。[②] 其中的校尉户是军户中的一种，打捕户应是专门从事狩猎并据此向国家缴纳实物赋税的人户。[③] 归德州的情况接近于军户在地方人口中所占的平均比例。这种户等主要按职业区分，附着以其赋税责任门类，其社会自由度也有不同。民户中并不包括工匠；“儒”与“医”“阴阳”并列，应是继承了元代的说法。儒作为一个户口类型，指所有业儒，即以读书谋生路者，并不特指成功获得国家体系正式赋予特权待遇、身份者，所以不等于“士”或士绅。军户、匠户单列在后，不在民户之内，这与前述其社会权利略低于庶民一致，应视为权利弱于民户的下层庶民。至于盐灶、

---

① 张廷玉等：《明史》卷 77《志第五十三・食货一》，北京：中华书局，1974 年，第 1878 页。

② 李永菊：《从军户移民到乡绅望族——对明代河南归德沈氏家族的考察》，《中国社会经济史研究》2008 年第 1 期。

③ 按曹树基在王毓铨《明代的配户当差》一文研究的基础上，加工整理出明代人户类目表，可一览而见大概。见氏著：《中国人口史》第 4 卷《明时期》，上海：复旦大学出版社，2000 年，第 372—373 页。

僧道，列在三个基本户等之后，是社会边缘的人群。但又不可认为此系列中的三等人户及军、民、匠，已经构成了社会基本人群。前列贵族肯定在此系列之外，士绅应也在此户等之外。故这种“户等”实际是“治下”人群的统称，其分类着眼点主要在于赋役责任，故主要按其所从事的职业来相互区分。因而这种户等概念，在研究赋税的语境中，直接利用起来尚为方便，如若分析社会权利和社会分层，就变得含糊不清。

另外一种常用的说法是士农工商之“四民”说。这是从先秦时代延续下来的，以职业为基本尺度对社会中最基本人群的分类，并不是特定时代严格界定的社会分层概念。四民之外，当然还有其他职业，但不及此四民处于社会基本人群之核心范围，所以后世有种种四民之外还有其他职业人群的说法。此四民既被视为社会基本人群，当然都属于前列“良”类，但如前所说，其中某些成分，如匠户的自由权，直至明中叶，颇受限制，较四民中其他人群实际权力略低。士农工商的说法比较笼统，并未覆盖社会顶层和最低层，而且偏重职业尺度而忽略权利尺度，加上通用于先秦、帝制时代，所以其说明特定时代如明代的具体社会组织方式时，也偏于模糊，难以揭示出社会分层方式与社会组织结构的本质。

（三）社会分层体系中的依附关系

从权利的角度说，社会组织体系中最生硬的层级差别是那些被法权体系认可并提供保护的人身依附关系，其本质是人对于他人的被视为合法的全面占有和支配。历史上最突出体现这种关系的社会制度是奴隶制。中国学术界曾经把奴隶界定为可以买卖也可以杀害且不能合法拥有生产资料的人群，认为这是一种主要发生在原始社会解体以后的一种强力统治性社会的主导性社会关系。相应地，一些学者把可以买卖却不能杀害并可以拥有少量生产资料的人群，称为农奴，将之视为封建社会的基本劳动人群。中国古代肯定存在奴隶制占有关系，即存在人对他人的全面占有和支配的关系，但是这种关系是否在某一时代构成覆盖社会基本人群的主导性体制，尚不能肯定。身份地位接近于所谓农奴的人群在中国历史上也应是存在的，比较典型的情况是汉代大庄园中对于庄园主有依附性关系的劳动人群。而且政府还控制着用来在官营手工业中劳作的官奴，如铁官奴。但是中国历史上很早，最迟在春秋战国时代，就已经形成了自耕农增长的趋势。秦以后，帝制体系的发展逐步使拥有地方全面统治权的封建主势力萎缩，中央朝廷治下的自耕农成为“编户齐民”的主体部分，依附性社会关系逐渐趋于隐性化，然而终帝制时代并未消失。

戴建国在中日学界关于唐宋时期奴婢的大量研究基础上，对宋代法律文本进行分析，认为“贱口”奴婢在宋代逐步减少，到南宋时代终于消失，所余则为“雇佣”奴婢，其法律地位为良人，并认为这是“唐宋变革时期阶级结构重新调整过程的完结”。[①] 这项研究对于了解唐宋时代奴婢的社会存在状况及其法权地位有很大的意义。然而南宋以后，处于“贱口”地位的奴婢并没有如该文所说的那样消失。金、元社会皆有大量奴隶，明代的良贱地位区分依然存在。根据《明史·太祖本纪》，洪武五年（1372 年）诏“诸遭乱为人奴隶者复为民”。[②] 当时明初功臣赵庸因“私纳奴婢”，不得封公，郭英以“私养家奴”150 余人，被御史参劾。[③] 朱元璋在建国初期曾经发布禁止借战乱之机收取良人为奴的政令，但并不表示明朝初年根本废除了奴婢制度。明初允许贵族之家蓄养奴婢而不准庶民之家蓄养奴婢。“若庶民之家存养奴婢者，杖一百，即放从良。”[④]《大明律》中还有“良贱为婚姻”条，规定：“凡家长与奴娶良人为妻者，杖八十，女家减一等，不知者不坐。其奴自娶者，罪亦如之。家长知情者，减二等；因而入籍为婢者，杖一百。若妄以奴婢为良人而与良人为夫妻者，杖九十，各离异改正。”[⑤]

---

① 戴建国：《“主仆名分”与宋代奴婢的法律地位——唐宋变革时期阶级结构研究之一》，《历史研究》2004 年第 4 期。

② 张廷玉等：《明史》卷 2《本纪第二·太祖二》，北京：中华书局，1974 年，第 27 页。

③ 张廷玉等：《明史》卷 129《赵庸传》，卷 130《郭英传》，北京：中华书局，1974 年，第 3807、3822 页。

④ 刘惟谦等：《大明律》卷 4《户律一·立嫡子违法》，《续修四库全书》第 862 册，上海：上海古籍出版社，2002 年，第 447 页。

⑤ 刘惟谦等：《大明律》卷 6《户律三·良贱为婚姻》，《续修四库全书》第 862 册，上海：上海古籍出版社，2002 年，第 463 页。

但只要社会存在合法蓄养奴婢的制度，就有可能发生该制度的逐步蔓延。明初所建各类制度，后来都逐步发生了一些变化。到明中叶以后，上到贵族、士绅蓄养奴婢自不待言，庶民之家也往往蓄养大量奴婢。万历十五年（1587年）十月，都察院左都御史吴时来上疏论士绅之家蓄养奴婢应该明确合法化，该疏行文颇涉及功臣（贵族）、缙绅、庶民之家依附性人口的身份、称谓差别：

> 《律》称庶人之家不许存养奴婢，盖谓功臣家方给赏奴婢，庶民当自服勤劳，故不得存养，有犯者，皆称雇工人，初未言及缙绅之家也。且雇工人多有不同，拟罪自当有间。至若缙绅之家，固不得上比功臣，亦不可下同黎庶，存养家人，势所不免。合令法司酌议，无论官民之家，有立券用值，工作有年限者，皆以雇工人论；有受值微少，工作止计月日者，仍以凡人论；若财买十五以下，恩养已久，十六以上，配有室家者，照例同子孙论；或恩养未久，不曾配合者，在庶人之家，仍以雇工人论，在缙绅之家，比照奴婢律论。[①]

据《明史》，疏上之后，“旨下部寺酌议，俱从之”。[②] 于是我们看到，明朝蓄养奴婢的社会范围在明朝后期是扩大了，而不是缩小了。除了比较明确地被称为奴、仆的人群以外，还有许多以略微弱化而非常复杂多样的方式依附于主人的人群。如徽州地区大量存在的佃仆、伴当，身份介乎佃农与奴仆之间，他们对主人有隶属性关系，但可以拥有一定财产。[③] 明人于慎行认为明代有大量奴仆是从元代继承而来，而以江南富庶地方为多。“元平江南，政令疏阔，赋税宽简，其民止输地税，他无征发，以故富家大族役使小民，动至千百，至今佃户、苍头有至千百者，其来非一朝夕也。江北士族位至卿相，臧获厮养不盈数人，产至千金以上，百里比肩，地瘠利鲜，民惰差烦，致此非一道也。”[④] 这些被役使的小民中包括“佃户”，并不等于都是奴婢，可能比较接近前面所说的“农奴”，而其中的苍头则基本属于家内奴婢。明中叶以

① 《明神宗实录》卷191《万历十五年十月丁卯》，台北：台湾“中研院”历史语言研究所校勘本，1962年。

② 张廷玉等：《明史》卷93《志第六十九・刑法一》，北京：中华书局，1974年，第2293页。

③ 参看叶显恩：《明清徽州农村社会与佃仆制》，合肥：安徽人民出版社，1983年。

④ 于慎行：《谷山笔麈》卷12《赋币》，北京：中华书局，1984年，第139页。

后，社会流动性增强，贫富分化加剧，大量庶民为生活所迫，投充为大户之家的依附人口，以逃避不堪其重的赋税与社会权势的欺压，又有大量庶民被卖为大户人家奴婢。奴婢所生子女，继续为奴婢，故到晚明时期，社会依附性人口的绝对数量不是减少而是增多。[①]晚明江南地区发生的“奴变”，是此类依附人口争取社会关系变动的表现。[②]傅衣凌注意到明清时期大量存在的人身依附关系，将之视为奴隶制在封建时代的残余，并指出商品经济的发展并没有遏制这种残余形态的奴隶制的继续存在。[③]更有学者认为，明清时代中国仍处于“半奴隶制”状态。[④]

要说明这种情况对于整个明代社会结构的意义，需要对“奴隶”的定义再加分说。如依据前述斯大林式的刚性定义，即将奴隶界定为可以被屠杀且毫无财产权的人群，则明代依附性最强的奴婢、奴仆也不是奴隶。如果采用这样的定义，人类历史上很难明确界定出奴隶社会来，美国南北战争前的美国南方被普遍称为奴隶制的社会也不是严格意义上的奴隶制。如果以身份、权利为基本尺度，则可以将丧失自身人身自由支配权而依附于他者并且其所在社会体系认可此种关系的人界定为奴隶。如此就可以进一步依据其丧失自身人身自由权的程度来分析此类人群接近于奴隶地位的程度。据此，则明代中国那些“世仆”，即本人及其所生子女皆依附于主家的人群，与人类历史上绝大多数社会中被视为奴隶者的身份地位基本相同，明代中国社会存在奴隶。同样依据身份、权利尺度，世仆以下其他依附性人群，地位肯定低于贵族、士绅和一般庶民，但其成分复杂，存在一个模糊层面。如佃仆、雇佣工人等，只在与其所依附的具有“主人”身份的人发生法律纠纷时被置于权利减杀地位，在其他情况下则与庶民基本相同，因而不能将之视为奴隶。所以用“奴隶”作为基本概念来分析明代社会，只能达到模糊说明；需要使用依附性为基本概念，才可能在社会分层体系的分析中，逐步剖析，更为具体地展示其

① 参看牛建强：《明代奴仆与社会》，《史学月刊》2002 年第 4 期。

② 参看谢国桢：《明季奴变考》，《清华大学学报》（单行本），1932 年 12 月；傅衣凌：《明末南方的“佃变”“奴变”》，《历史研究》1975 年第 5 期。

③ 傅衣凌：《论中国封建社会中的村社制和奴隶制残余》，《厦门大学学报》1980 年第 3 期。

④ 吴宇虹：《从世界史角度看古代中国由奴隶制向半奴隶制社会的发展》，《东北师大学报》2005 年第 3 期。

基本结构。在详细的分析尚未实现之前，可以判定的是明代中国社会存在一个庞大的具有依附性的阶层，涉及依附性由强到弱的庞大人口。

王毓铨在20世纪80年代曾撰文讨论明代所有社会成员对于朝廷的差役责任关系。其基本结论是："土是'王土'，民是'王民'。为王之民，耕王之土，食王之利，就得为王当差。理固宜然，分所当然。徭役固然是差役，纳粮也是差役。纳粮不仅是差役，而且还是'正役'。""如此税粮，如此正役，中国古代的税粮（夏税秋粮）不是一个公民向其国家缴纳的所得税，而是一个人身隶属于或依附于帝王的编户民服事其君父的封建义务。故曰纳粮也是当差。"[①] 如依王毓铨所论，因纳粮当差的普遍强制性而将之视为与现代公民向国家所交赋税区别为本质不同的事情，则"率土之滨，莫非王臣"，所有社会成员与帝王之间都存在一种依附关系。[②] 不过这种依附关系普遍存在于整个社会，所以其一般特征并不直接体现社会分层关系，而是体现国家与社会的关系；惟有其差异性，即在全体臣民皆有纳粮当差责任的基本原则下，对于不同人群追取的不同责任和其间针对不同人群的优待，体现出社会本身的分层关系。明代的贵族，尤其是宗室贵族，作为帝王家族成员而分润统治利益，享受最大程度的纳粮当差优免权。缙绅阶层享受削弱的纳粮当差优免权，是帝王对服务于其统治的社会精英人群的礼遇、报酬的一部分，显示出缙绅阶层对于帝王和朝廷也有依附性，同时又高居于庶民之上。庶民、军户、匠户、灶户、贱民等皆需依据其职业以不同形式纳粮当差。差别是军、匠、灶等人群向朝廷所交付的在更大程度上是直接力役形态，因此在纳粮当差过程中，需要更大程度上付出自由权。"纳粮也是当差"之说，很深刻地揭示了帝制时代所有赋役都具有强制性的本质，但也模糊了纳粮、当差二者的差别。二者在实际生活中对于社会成员的意义有所不同。"当差"属于直接力役形态，以直接力役形态履行纳粮当差责任者需要付出相应的人身自由权。从依附程度角度说，直接的力役最原始，即体现出的依附性最强，实物赋税附带依附

① 王毓铨：《纳粮也是当差》，《史学史研究》1989年第1期。

② 按王毓铨此说之大意，与"东方专制主义"说颇有相通处。该说强调古代东方国家帝王专制统摄一切的性质，主张这种国家体系中并不存在真正的土地私有制，甚至不存在真正的财产私有权，一切政治、文化、经济、社会关系，皆从帝王专制角度透视下来。

性略为削弱，货币赋税附带依附性较小。正因为如此，明代货币赋税比例的增大，不仅意味着赋税方式与市场交换关系更深地结合，也意味着社会依附关系的削弱，是有实际意义的变化。

社会依附不仅意味着被依附者对于依附者的统治、支配、占有等关系，也体现出依附者获得社会庇护的需要。投充大户的意义就是获得庇护，摆脱由于独立户籍地位而必须承担的赋役责任、豪强欺压和其他社会风险。所以处于依附地位的人群，在实际社会生活中未必比未卷入依附关系的自耕农更差。其实，家庭、宗族，这些具有对于个人的社会荫蔽功能的单位，都附加义务（Obligation）条件，因而也含有社会依附的意味。

（四）社会流动与社会结构变化

明代社会从来不是静止不变的，外部冲击与压力、政治变动、经济变动等都可以导致社会结构发生变化。社会变动中涉及社会分层关系变化的，一般称为社会流动（Social Mobility）。这里所说的社会流动是狭义的，是指在社会分层体系中变更身份、地位。当把社会考虑为具有层级关系的结构时，充足意义的社会流动一定触及相关人群在社会分层体系中地位的变动，或导致社会分层方式本身发生变动。社会成员的一般空间迁徙，可能伴随社会身份地位的变化，也可能并无社会身份地位的变化。如某甲从村庄 A 迁移到村庄 B，从事同样的行业，则一般地说并不作为社会流动现象来分析。但如果这一迁徙伴随当事人失去土地，由本乡的自耕农变为他乡的佃仆，则构成社会流动。如果大批的某甲从 A 地迁徙到 B 地，非常有可能伴随一些社会关系重组，也即可能伴随社会流动。明代的职业，部分与社会分层相关，所以职业变动可能具有社会流动的意义。但实际的情况也更复杂，比如一个宗室或官僚之家经营商业，并不等于其人失去了宗室或官僚身份。明代的社会流动是一个涉及大量具体情境的复杂问题系列，这里可做的只是一种鸟瞰式的审视，以为具体研究摸索大致的思路。

从变动的角度来考察，可以把社会流动区别为体制设计的流动与非体制设计流动。体制建构本身包含的流动性，是“合法”和被预期的流动。一般地说这种流动，与体制本身的稳定性是顺向的。最能体现明代社会体制内流动的机制是学校科举制度。[①] 明朝政府设立从地方到中央的多级学校，培养社会管理精英，士绅、庶民子弟皆有进入学校的资格，条件是参与主流意识形态主导的知识学习并取得官方的资质认定。这种认定的入门等阶就是经考试被授予“生员”身份。高等级官员的子弟在这种认定中可以受到优待，方式是直接被接收到国家最高学府——国子监读书。这种官立学校系统与科举制度牵连表里，进入官立学校的入门等阶“生员”身份，也是科举功名体系的初级身份。获得此初等身份，就有了“衣冠”，可以合法地穿着丝绸质地的长袍，称县令为老师，徭役优免，如对朝廷的政策发表些见解，也被视为合理的事情。沿着科举的层级考试上去，至举人就会成为地方上被视为尊贵的人物。如果愿意，可以被授予地方政府中的吏员或小官，如地方学校的教谕之类。其后，如果不再参与更高级的考试，也可能累积政绩而成为入流品的官员，只是其升迁的前景有限。举人考中进士，就可以被授予较高品级的官职，最优异者成为翰林院修撰、编修、庶吉士，经历练而成为高级文官之选；稍差者授朝中各衙门官员，或出任县级主官、府州佐贰官。如此，就进入了官僚体系的主流，也即社会分层体系中的支配者阶层，成为社会分层体系中的缙绅精英。这个学校与科举相互表里的制度，从政治意义上为朝廷培育、选拔官僚，从社会意义上则是下层社会与上层社会之间的一个常规化的流动通路，使得中国帝制社会显示出比欧洲封建社会更大的开放性。而这种开放性使得知识精英有可能流动到治国者阶层，不至于全体永久居于社会底层。也正是这种机制在唐宋时代就培育出一个日渐生长的非贵族精英——士大夫阶层，他们并没有吞没世袭贵族，原因是这个阶层的最突出作用是维系帝制

---

① 海内外学者已经就科举制度对社会流动性所产生的作用发表了诸多研究成果，在无不承认科举是一种社会流动机制的情况下，学者们对科举促进社会纵向流动的程度有不同看法，大致情况可参看宗韵、吴宣德：《科举与社会分层之相互关系——以明代为中心的考察》，《人文杂志》2007 年第 6 期。还应说明，已见相关研究中所说的社会分层之尺度，都不是明确以社会权利为尺度，而基本上是将法权地位与财富、影响力等综合起来的，因而其所说的社会流动其实是社会生存状态的改变，这与本文所使用的分析方式有所区别。

体系的日常运行，而帝制最高端的皇帝家族在士大夫的支撑下稳定地保持着一个贵族保留地。明代的士大夫是士绅阶层的主体，维系帝制，因而维系社会分层的格局。而学校科举制度则维系着士大夫阶层本身的稳定性。

明代除了社会分层体系的两端人群——宗室与贱民以外，凡士绅、庶民，包括军、匠、灶等户，皆可参加科举考试。宗室贵族参加科举当然不意味着其社会地位的提高，而是因为宗室人口发展迅速造成的不堪其重的财政负担迫使朝廷放松从政治着眼的对宗室的政治限制，任其自由谋生。以难以落实的寄生特权换取自由谋生的自由权，这是放松宗室科举限制的本质。这在社会结构变化的角度看，是部分贵族的下行流动。庶民可以通过科举考试进入士绅阶层，军、匠、灶户通过科举考试成为士绅，其实际社会地位即已在普通庶民以上，并可借机摆脱军、匠、灶籍。[①]

然而科举疏通社会层级流动的功能到明朝末年已经达到极限。希望通过科举考试而上升到缙绅阶层或者保持前代缙绅地位的人远远超过了社会能够提供的科举功名和官僚职位额数，于是产生了大量获得低阶功名而无法再进一步获得官位或者根本不能获得功名的读书人。这时学校科举制度原初的设计功能就紊乱了。

学校、科举制度以外的上行社会流动的途径都比较狭窄，因而对社会组织本身影响不大。其中一条是军功。军人建立功勋，除获得物质奖励之外，可能获得升迁，升迁到高级的职位，就可以荫蔽其子弟，从而使其家族社会地位整体地提高。另一渠道是与皇室、宗室通婚。明中前期以后，皇族不与贵胄通婚，而与庶民通婚，前已提及。与皇帝家族通婚者，尤其是后妃的父兄，一般会被赠予爵位，成为贵族中的一部分。

明代中前期逐步开始出现庶民大批量脱离原来职业和生活区域流动到其他领域或区域的现象，研究者称之为“流民运动”。根据李洵在 20 世纪 80 年代所做的研究，宣德时期苏州知府周忱就已经就该地大量人口迁徙、改业，

---

① 李永菊研究了归德沈氏从移民军户到缙绅的身份转变，指出其中的关键正是该家族中人通过科举考试而成为官僚并摆脱军户身份，而且归德大姓中非仅沈氏如此。见李永菊：《从军户移民到乡绅望族——对明代河南归德沈氏家族的考察》，《中国社会经济史研究》2008 年第 1 期。

以至于官府所能直接控制的人口、赋税大幅度降低向朝廷大员表示严重忧虑，事见《明史》本传。成化时期，荆州、襄阳地区聚集了大量从其他区域汇集而来的流民。这些流民开垦荒芜无主土地，在国家赋税体制与身份体制之外建立自己的生活。其间也伴随着大量未能定居某地而长期在社会空隙中流动生存的人口。这对于国家对社会的控制，包括对人口的直接控制与赋税来源，都构成严重威胁。明朝采取了武装镇压、强制回籍等政策，收效并不显著，又采取就地建立行政统治的方式，使迁徙的人民就地重新落入朝廷的户籍、赋役体系之中。这场持续很长时期的流民运动，在对明朝统治构成冲击的同时，也带来了经济结构的变动。大量失去土地的人口成为流动雇佣人群，为商品制造业和服务业提供了庞大的劳动后备军。然而当时的雇佣劳动市场需求虽然比前扩大，但因并未发生从手工业到机器工业的转变，所以需求依然有限，没有形成集中的、规模庞大的城镇无产者阶层。相应地，流民运动也带来了社会分层的变动。所有脱离原来居住地和户籍体系的人都脱离了原来具体的社会关系网络，在新的生存条件中，其身份地位需要重新确定。不过，流民中的绝大多数人原来属于庶民阶层，后来仍然确定为庶民，流民运动过程并没有改变其社会身份地位。这场流民运动基本没有伴随一场巨大深刻的社会关系重组，故其政治、经济后果都比社会结构改组的后果更为明显。

明代中叶，在整个社会经济结构变动背景下，发生一些对应性的政策调整，其中一些具有社会结构变动的意义。其中之一是成化年间实行的匠班银制度。此一政策允许对政府承担直接劳役责任的手工业工匠通过缴纳货币供官府雇佣他人服役，从而获得了自由支配自己劳动时间的权利。这种权利对手工业工匠而言是一场意义深远的解放。由于这一解放，匠籍人群的社会权利就与其他民户相等，其经济后果即形成自由手工业经营的活跃还是另外一方面的事情。万历时期普及全国的一条鞭法，扩大货币赋税比例，也具有类似的社会解放的意义。从这个角度说，明代社会的各个中间阶层，包括庶民、军、匠、灶等户之间的社会权利差别是逐步模糊的，因而明代社会分层总体而言有趋于简化的倾向，但是因为这种变化大量发生在庶民阶层内部，所以明朝后期能够依据权利而清晰认定的社会分层，主要还是贵族、士绅、庶民、贱民。

社会成员身份变动的另一个途径是买卖。明代虽没有大规模人口买卖现象，但是在一定范围内，人口买卖却是合法的。被买卖的人口，一是家长将其家庭中其他人口出卖，如出卖儿女，甚至出卖妻妾；二是家主将对其具有依附关系的奴婢出卖；三是娼妓等低贱人口被其拥有者出卖；还有沦为赤贫者自卖其身。被出卖的人口原来属于“良人”身份者，如庶民之家出卖的儿女，该儿女沦为依附人口，失去对人身的自主权，可以再度被出卖，甚至可以被出卖到娼妓之家，从而沦入贱籍。原为依附人口者，其身份一般保持不变或者下行，除了娼妓赎身之外，买卖造成的社会身份变动都是下行而非上行。明代贫富分化趋于扩大，商品经济趋于繁荣，此间人口的买卖也趋于经常化，从而使明末依附人口增加。故在帝制基本体制之内的商品经济繁荣，并不一定带来社会解放，而可能相反，伴随着社会支配的强化。

此外，还有一种社会身份下行的变化，这就是罚没流放。因罪受到政府处罚者，可能被罚没家庭财产，也可能被罚没家庭成员，包括其原有的依附人口充公、发卖，从而导致该家族成员社会身份下行改变。

（五）变与不变的纠结

明代社会具有层级结构，贵族阶层居于社会层级结构的顶端，享有政治、法律、经济特权，其基本依托是作为帝制体系权力核心的皇权政治，皇帝家族凭借与皇帝的血缘关系而享有多方面特权，其特权地位、待遇依着与皇帝血缘关系的近远而延伸。晚明宗室远枝生活处境的黯淡及其政治特权的难以落实，并不意味着贵族阶层和贵族制度在消失，而只是由于国家财政难以维持对人口快速增长的宗室贵族的供养。晚明上层宗室贵族所享有的经济、法律特权并不比明前期衰减。明代以宗室为主体的贵族具有较强封闭性，除血缘关系之外，其他进入贵族阶层的途径基本只有婚姻、军功两途，且后者的世袭延伸性弱于宗室贵族。

以功名与官职为尺度的士绅阶层是具有开放性的阶层，并因此使明代社会组织体系增加了巨大弹性。官职与功名本身并非可继承地位，但可能带来微弱的荫蔽子弟资格，使得士绅子弟有更优越的机会成为士绅，从而呈现出社会分层体系中士绅家族倾向于延续的特点。社会四级分层结构中的士绅作为一个基本阶层，终明之世没有显示出任何衰落迹象，其成员的恒常流动变换并未影响该阶层本身在社会分层体系中地位的稳固。不过，至明朝后期，士绅阶层作为一个特权阶层，亦即一个需要政府开支供养的阶层——除了俸禄之外，赋税优免本质上也是一种政府财政开支——已达到社会体制所能承受的饱和状态，晚明有一个庞大的学而不得功名也不得入仕的人群。贵族阶层人口的快速增长和士绅阶层的饱和都是明朝社会体系架构老化、脆弱化的表征。

庶民阶层总体权利地位稳定，职业、空间流动性增强，总体地位略有提高。军、匠、灶等户与民户之间的差别明显缩小，其中部分人口直接融入民户。但至明朝晚期，庶民中社会权利略低于民户的人群依然存在。

明代贱民中的特殊人群地位没有明显提高。奴仆阶层总体地位并未提高，人数趋于增加，而且社会体制允许的蓄养奴仆的阶层面比明初扩大。集中体现于蓄养奴仆制度的合法人身依附制度之存在与扩张，包括大量依附性弱于奴仆但处于低于庶民地位的佃仆等人群之存在甚至增多，体现明代社会层级结构中社会成员权利地位差异的扩大与刚性化。这在中国现代性发生探究的视角下，可以称之为“逆现代性”推演现象。

从结构的角度说，明代社会组织方式明显具有层级性特点，而层级性体现社会等级关系，明代依然是一个等级社会。但是，明代中国的四个社会等级中，庶民人口占绝对多数，而士绅阶层中比较接近于庶民地位的下层士绅[①]，又在士绅阶层人口中占绝大多数。故四等级两边小，中间大，而中间阶层之间具有较大流动性，这就增加了明代社会的弹性，也弱化了关于明代社会等级性的概念。而且，居于社会等级地位顶层的贵族，并不是主要的社会政治权力主体，而是龟缩在社会顶层的寄生性人群，这就使得明代虽有享受特权

① 笔者曾将下层士绅称为小士绅（petty gentry），见 Zhao Yifeng，*The Non-Confucian Society in North China during the seventeenth Century*，Ph.D. dissertation，University of Alberta，1997.

的贵族，但并无普遍到地方社会层面的贵族统治。

从变动的角度说，明代社会成员在社会分层体系中地位的变动，主要发生在士绅和庶民构成的中间阶层之内。这种变动包括主要体现在科举入仕制度中的体制性社会上行流动，也包括职业、地域转移构成的平行流动，还有赋税制度变革中货币赋税比例增加与土地税比例增加带来的庶民人身自由度的提高。后者的实质是国家对编户齐民直接控制的削弱。这些变动表示中国明代社会肯定是在增加活性，但并不直接意味着在明前期就已经形成的社会四层级结构本身发生了本质变化。明代奴仆的增加，即使占总人口的比例不大，但在性质上说，是与现代性相逆反的。

前述判断是基于大量显而易见的事实。但即便如此，对于一些从社会经济与文化现象领域关注明代社会变迁并看到诸多变动情形的研究者说来，这可能是一个令人感觉意外甚至可能有些失望的判断。然而我们必须正视这一情况。

明代经济领域发生了许多大的变化，包括商品货币关系空前发展，赋税体制中也发生了货币形态赋税大幅度增加而直接力役形态赋税减少以及人丁等杂项赋役大量归并到土地赋税中的情况，甚至国家财政体制也大幅度地由以实物财政为主向，以货币财政为主转变。这些都在一般意义上扩大了社会成员的社会活动空间和流动性。但是，这些变化虽然积极地影响着社会成员的处境和日常生活，但基本的社会分层结构本身却变化微小。我们需要区分社会成员地位身份变动与社会组织结构本身的变动。如果一个庶民上升到缙绅，而缙绅阶层是有饱和度的，那么这种变化只是当事人身份与处境的变化，并不改变社会的组织方式；一个农民经商致富，他的社会处境大为改善，但从社会分层体系角度看，他还在庶民阶层，其权利、地位没有改变，社会组织方式也没有改变。由于社会权利在很大程度上是通过法权关系界定的，所以经济领域的变化需要达到更为深刻的程度，迫使帝制体系发生关于社会组织方式的调整，才会造成社会分层体系的根本变化。在这种意义上说，中国明代社会的组织方式还相当完整地处于帝制体系提控之下，明朝作为一个政权的衰落，也没有带动整个社会的转型。

我们应明确，社会经济结构的发展从根本上说会推动整个社会体系发生形态变化，但是明代所发生的那些社会经济结构变化，以及一些思想文化生活领域的变化，都还没有达到改变社会分层体系与社会组织方式的程度。或者说，虽然明代经济结构的诸多变化提供了社会分层体系变化的一些条件，但后者的转型还需要经济以外其他条件的配合。不断变动的社会经济结构、根本改变了的国际环境、有所变动的思想文化气息，与基本保持不变的帝制国家体系，以及虽有变动但主要表现在士绅与庶民两个社会层面的流动性增强中的社会结构状况，一起构成了明代社会共同体的基本结构特征。变与不变的纠结，加上明清易代过程中内地与边疆区域的再次大规模整合，推演出清代社会的另一幕历史剧，中国的帝制农商社会在后来上演了又一幕高潮大戏之后，方才走入终结。

还应指出，前述分析中实际涉及到一些需要从实证角度进一步追究考量的问题。其一，需要对明代社会分层体系中各个阶层的人口比例做具体的考察，以便对社会组织方式的推演做更具体的说明。其二，需要使用另外一种尺度即“社会权力”的尺度来分析社会关系，这会使分析更多地指向社会成员的实际生存状态，从而展现那些超越法权地位的社会关系现象，并且能将财富地位充分纳入分析过程。其三，需要分析社会空间格局，以实现对社会成员自由度的具体化了解。其四，需要对那些边缘人群和常态化的社会非法现象进行考察，以估量法权地位所界定的社会成员权利之可落实的程度。在这些问题梳理清晰之前，前述论说基本还是尝试性的看法。

八

八旗、保甲与清前期社会结构

处于变与不变纠结中的明代社会，经过明清政权更替，又有怎样的推演？这是本章要讨论的基本内容。明清易代的直接含义是政权更迭，而政权更迭不仅会带来国家政策的调整，而且伴随统治集团的更换，后者如果涉及新统治集团在社会结构体系中与前不同的地位，就可能带来社会权利支配关系的改变。明清易代更深层的含义是内地与边疆区域的一次大规模整合，内地社会结构与边疆区域社会结构之间的差异并存，经过此番政权改造，被汇聚到同一个运行体系中，于是地域特性大规模混合，带来中国社会组织方式中多种社会组织机制并存的复杂局面。经过长期的社会融合与社会政策的调整，清初形成的复杂社会结构逐渐趋于简化。但是直到19世纪中叶，社会组织结构依然在多方面呈现比明代更为复杂的局面。如果将社会领域与经济领域相比，明清易代带来的断裂成分要更为明显。

（一）八旗制度与清代社会结构的复杂化

明代社会具有层级结构，但因为处于顶层的贵族与处于底层的奴仆和贱民远不如处于中间的士绅、庶民两个阶层庞大，所以对于社会绝大多数人口而言，层级性结构关系并不十分贴近。清朝以武力强令汉族剃发易服，推行

“首崇满洲”“旗民分治”的民族区分政策，体现出民族统治的特色。[①] 民族统治始终具有社会含义，它从族属角度将社会分割为权利义务不同的群体，造成社会的大板块刚性分层。从社会结构的角度说，民族统治与贵族统治都是强化社会层级区分的，都是支持社会不平等性的。区别是：民族统治是从原社会外部强加的，贵族统治可以是原社会固有的，也可能是伴随民族统治而从外部强加的。明朝社会原有残存的贵族制，经与清朝的民族统治结合，造成中国社会的最后一次大幅度社会分层强化。将这种强化落实于社会的，首先是八旗制度。

八旗制度是清军入关之前就已经建立起来的氏族领主主导的兵农合一的社会体制。氏族组织是建州女真最初实现对周边征服与扩张性融合的主导组织架构。建立在此基础上的满洲八旗体制，实际上是围绕爱新觉罗家族，将满洲人众整合到统一的军事社会体制中，构成国家制度的支撑体系。这一整合大大强化了处于扩张期的满洲社会的整体性、军事化程度，及共同对外行为能力，推动了满洲社会加速扩张。在八旗体制下，八旗人丁主要从事军事行为，依靠战争虏获和奴仆农耕生产等方式供给，从而围绕八旗又形成了一个庞大的依附者社会群体。在这个意义上说，满洲八旗是一个整体的军事贵族阶层。其成员无论地位高低，相对于社会其他阶层说来，都是享受国家特殊待遇的人群。满洲人口有限，而急速的社会扩张需要更强大的军事力量，于是部分顺服的蒙古人、辽东地区汉人被编为蒙古八旗和汉军八旗，称为八旗蒙古、八旗汉军。这些人在社会组织方式和社会角色地位意义上，都与普通蒙古人、汉人有明显区别。八旗作为一种社会组织方式，随之扩展到满洲社会之外，形成了在原本族属意义上并不一定属于满洲但在社会体系意义上附庸并趋于融入满洲的一个社会层。清军入关过程中，满、蒙、汉八旗作为核心军事力量，最大限度地分享了征服收益，同时又保持了与八旗以外社会之间在组织方式、角色身份、法律权益各方面的差别。八旗在清入关后，逐

---

① 美国学者张勉治（Michael G.Chang）将清朝统治称为 Ethno-dynastic rule（民族王朝统治），并认为这种统治在根本意义上说是父权世袭体制的特殊形态。见 Michael G.Chang：*A CourtonHorseback：Imperial Touring & the Construction of Qing Rule，1680—1785*，Cambridge（Massachusetts）and London：The Harvard University Asia Center，2007，Introduction，p.27.

渐沉淀成为清前期中国社会的一个规模庞大、高度体制化，且内部结构复杂的特殊社会。

八旗人众是清代社会中的特权阶层。入关战争期间，八旗人众就得以分享清军征战的收获。早在天聪八年（1634年）正月，皇太极就曾通过管礼部事的贝勒萨哈廉对抱怨待遇不及满官的汉官进行过一番训斥：

> 朕意以为，尔等苦累较前亦稍休息矣。初，尔等俱分隶满洲大臣，所有马匹，尔等不得乘而满洲官乘之；所有牲畜，尔等不得用，满洲官强与价而买之。凡官员病故，其妻子皆给贝勒家为奴。既为满官所属，虽有腴田，不获耕种，终岁勤劬，米谷仍不足食，每至鬻仆、典衣以自给。是以尔等潜通明国，书信往来，几蹈赤族之祸。自杨文朋被讦事觉以来，朕姑宥尔等之罪，将尔等拔出满洲大臣之家，另编为一旗。从此尔等得乘所有之马，得用所畜之牲，妻子得免为奴。择腴地而耕之，米谷得以自给。当不似从前之典衣、鬻仆矣……尔等曾奏云，一切当照官职功次而行之。我国家地土未广，民力维艰，若从明国之例，按官给俸，则势有不能。然蒙天眷佑，所获财物，原照官职功次加以赏赉；所获地土，亦照官职功次给以壮丁。从前分拨辽东人民时，满汉一等功臣占丁百名，其余俱照功以次给散。如尔等照官职功次之言果出于诚心，则满汉官员之奴仆，俱宜多寡相均。乃尔汉官或有千丁者，或有八九百丁者，余亦不下百丁。满官曾有千丁者乎？计功而论，满洲一品大臣应得千丁。今自分拨人丁以来，八九年间，尔汉官人丁多有溢额者。若谓新生幼稚耶？何其长养之速？若谓他国所获耶，尔汉官又未另行出征。如许人丁，从何增益也？尔等试思之，非朕加恩尔等，宥尔过愆，能任尔等多得乎？现今贝勒、满洲大臣，以尔等私隐人丁，孰不怀怨？朕若不任尔等多得，不念尔等苦累，岂不将满洲汉官户下人丁，通行计算，照官职功次，再为分拨乎？傥如此分拨，尔千丁者不识应得几人也。尔众官在明国时，所有人丁若干？今有若干？孰多孰寡，何不细思之。①

① 《太宗文皇帝实录》卷17《天聪八年正月癸卯》，《清实录》第2册，北京：中华书局，1985年影印本，第223—224页。

谕毕，先前表示不满的汉官石廷柱、马光远等马上谢罪，表示：

> 臣等以濒死之身，蒙上生全，另立旗分，得叨宠遇。凡此衣食奴仆马匹，孰非上之恩赐？果计功之大小，颁行爵赏、拨给人丁，不特官爵非所敢望，更有何物是臣等所应有者？今臣等上等之家，不下千丁；下等之家，不下二十余丁。似此豢养之恩，虽肝脑涂地，实难报称万一也。[①]

这一事件生动地反映出，纳入八旗体制的汉军将领初始也曾落入接近满洲贵族奴仆的境地，后来被编入八旗，遂得与满洲八旗同样，以战胜掳掠的物资和奴仆为最主要的收入来源，因而变身成为大小不等的奴仆拥有者。

入关之后，清朝在京畿地区实行圈地，继续依照分享战利品原则，对八旗人众加以封赏。乾隆十年（1745年），御史赫泰向乾隆帝指出：

> 去年查明，霸州等五十六州县卫，民典老圈旗地仅九千余顷。但在各州县畏事，惟恐赎地一事，纷繁拖累，故奉行不无草率。而民间又未有不欲隐瞒旗地为己恒业者。臣恐八旗老圈地亩，典在民间者，未必止于九千余顷。何则？近京五百里之内，大概多系旗地。自康熙二三十年间，以至今日，陆续典出者多，赎回者少。数十年来断不止于此数。此次清查，即系定案。若少有隐匿，则旗人之产，即永为民人之业矣。[②]

由此可知，清入关后数年之间，近京500里土地，基本都被八旗强占。

入关后，清朝继续对八旗实行国家供给制。随着战争逐渐止歇，虏获收益不再是八旗收入的主要来源，清朝遂在八旗之内区分是否披甲，对披甲旗兵给予饷银，不披甲余丁无饷。康熙九年（1670年）时，披甲旗兵每月饷银3—4两。康熙三十年（1691年），清朝发公款为满、蒙旗人还债，汉军佐领也可得银5000两还债，总计用款达五百数十万两。康熙四十二年（1703年），清政府贷给八旗兵丁银6 550 000两，至康熙四十五年（1706年），陆续收回2 593 400两，其余3 956 600两通行豁免。以后又屡屡动拨库银为八旗建房、

---

① 《太宗文皇帝实录》卷17《天聪八年正月癸卯》，《清实录》第2册，北京：中华书局，1985年影印本，第225页。

② 赫泰：《复原产筹新垦疏》，贺长龄辑：《皇朝经世文编》卷35《户政十·八旗生计》，沈云龙主编《近代中国史料丛刊》第74辑，台北：文海出版社，1966年，第1270页。

赎地、偿债、救济。[①] 道光五年（1825 年），协办大学士英和曾回顾说："伏见我朝豢养旗人之恩，至优极渥矣。我皇上御极以来，轸念旗人生计，普加赏赉。复经诸臣节次条奏……凡可以利益旗人者，无微不至"[②]。然而，无论清朝如何努力，以财政收入供养一个庞大的军事特权人群，毕竟难以持久。乾隆六年（1741 年），八旗生计已经成为清朝财政主要负担，时户部侍郎梁诗正上疏说：

> 臣奉恩命简佐农部，详查每年经费出入之数。伏见每岁春秋二拨解部银两，多不过七八百万，少则四五百万不等。而京中各项支销，合计一千一二百万，所入不敷所出，比岁皆然。盖因八旗兵饷浩繁，故所出者每多。各省绿旗兵饷日增，故所入者渐少。是兵饷一项，居国用十分之六七。此各项寻常支给，仅免不敷。而设有额外费用，即不免左支右诎也。夫经制有常，固无可裁之额，而仰给太众，渐成难继之形。臣管窥之见，有不可不及时斟酌变通者，为我皇上陈之。查八旗人，除各省驻防与近京五百里听其屯种外，余并随旗居住，群聚京师，以示居重驭轻之势。而百年休养，户口众多，无农工商贾之业可执，类皆仰食于官。我皇上至仁如天，虑其资生之不赡，特于正赋俸饷外，添设佐领之额，优给养育之粮，免其借扣之银，假以生息之利。且为分置公产，听令认买。拨给地亩，劝谕下屯。凡我为旗人资生计者，无不委曲备至。而旗人之穷乏自若者，不使之自为养，而常欲以官养之，此势有不能者也。[③]

不得已，清朝逐步推动八旗汉军出旗，以摆脱对这一部分人众的供给，集中财力保障满蒙八旗供给。即使如此，到光绪十年（1884 年），驻防广州的八旗兵丁及家口总数仍有 32 030 名口，其中汉军 25 758 名口。[④] 在满、蒙

① 参看谢景芳：《清代八旗汉军的瓦解及其社会影响——兼论清代满汉融合过程的复杂性》，《中央民族大学学报》2008 年第 3 期。

② 英和：《会筹旗人疏通劝惩四条疏》，贺长龄辑：《皇朝经世文编》卷 35《户政十·八旗生计》，沈云龙主编《近代中国史料丛刊》第 74 辑，台北：文海出版社，1966 年，第 1280 页。

③ 梁诗正：《八旗屯种疏》，贺长龄辑：《皇朝经世文编》卷 35《户政十·八旗生计》，沈云龙主编《近代中国史料丛刊》第 74 辑，台北：文海出版社，1966 年，第 1267 页。

④ 参看谢景芳：《清代八旗汉军的瓦解及其社会影响——兼论清代满汉融合过程的复杂性》，《中央民族大学学报》2008 年第 3 期。

八旗已经丧失军事功能的情况下，清朝以财政维持对其供养的制度依然保持到了清末。

八旗人众别立户籍，不隶州县，不入民籍，由八旗组织单独管理，这种政策称为“旗民分治”。因为八旗与非八旗之间有严格的区隔，以及八旗内部长期保持着森严而复杂的等级和类别，所以清朝特别注重记录八旗系统内部人员身份的“旗档”。乾隆二十五年（1760 年），还曾专门对旗档进行“清厘”，发布了一系列明确区分各等级身份的规矩。其中包括诸如“另户旗人抱养民人之子及家人之子为嗣者从重治罪”，“民人之子自幼随母改嫁与另户旗人者，该旗详记档案，俟成丁后，令其为民”，“旗下家人之子随母改嫁与另户者、民人之子随母改嫁与旗下家人者，及家人抱养民人之子者，均以户下造报”，等等。[①] 这样严格管理、人口众多的系统，被清朝视为与行省平行的体系，所以仿照各省地方志的意思编纂了《八旗通志》。雍正帝就此谕称：

> 朕惟汉史始志地理，盖本《禹贡》职方之遗，而条其郡邑，纪其户口，以宣究其风俗教化也。今各省皆有志书，惟八旗未经纪载。我朝立制，满洲、蒙古、汉军，俱隶八旗。每旗自都统、副都统、参领、佐领，下逮领催、闲散人，体统则尊卑相承，形势则臂指相使。规模宏远，条理精密，超越前古。岂可无以纪述其盛？况其间伟人辈出，树宏勋而建茂绩，与夫忠臣、孝子、义夫、节妇，潜德幽光，足为人伦之表范者，不可胜数。若不为之采摭荟萃，何以昭示无穷？朕意欲论述编次，汇成八旗志书。年来恭修《圣祖仁皇帝实录》，今已渐次告成，即著诸总裁官领其事，选满汉翰林分纂。[②]

旗民分治而八旗享有特殊权益，这个社会阶层自然会以超过社会平均速率膨胀。赫泰在乾隆十年（1745 年）说到：

> 臣窃思我朝创业东土，统一区夏，以八旗为根本，以四海为室家。

① 《钦定皇朝文献通考》卷 20《户口考二・八旗户口》，《景印文渊阁四库全书》第 632 册，台北：台湾商务印书馆，1986 年，第 431 页。

② 《世宗宪皇帝实录》卷 63《雍正五年十一月庚申》，《清实录》第 7 册，北京：中华书局，1985 年影印本，第 963 页。

四海之众民也，而八旗之众则兵也。民之所以求安，与兵之所以待养，二者常相需。而要之，卫民必先以养兵。国家定鼎以来，布列八旗，分编参佐领为之管辖，犹天下之省，郡县为之阶，第八旗之设参佐领，亦隐然以一旗为一省，一参领为一府，一佐领为一县矣。每一佐领下，所辖不下数十家，每家约计自数口以至数十口人丁不等，因徒有人丁，而无可耕之土，是以一马甲，每月给银三两，护军每月给银四两，皆每年给米四十八斛。核其数，则数口之家可以充足。且于京城内外，按其旗分地方，赏给房屋。又于近京五百里内，拨给地亩。良法美意，何以加兹？但考从前八旗至京之始，以及今日，百有余年。祖孙相继，或六七辈。试取各家谱牒征之，当顺治初年到京之一人，此时几成一族。以彼时所给之房地，养现今之人口，是一分之产，而养数倍之人矣。皇上洞悉其故，多方筹画，添设马甲、护军、领催以及养育兵丁，饷项所须，每年不下数百万。国家恩养八旗，至优至渥。而旗人生计，犹未见充足……臣愚尝谓八旗恒产之立，必圣天子在位，尽心尽力，持之二三十年之久，其事之首尾始可收功。方今宇内清平，四海无事，又值我皇上仁明天纵，且英年践祚，际此从容闲暇之时，正可次第举行此等经年累月之事。不然，日愈久而人愈增，人愈增而事愈难。以数十万之众，生齿日繁，聚积京师，不农不贾，皆束手待养，岂常策耶？[①]

作为特权阶层，八旗人众享有法律特权。民人犯法，有笞、杖、徒、流、死五刑；旗人则轻刑同样处置，重刑可以折枷，杖刑得以改鞭刑。

凡旗下人犯罪，笞杖各照数鞭责，军流徒免发遣，分别枷号。徒一年者，枷号二十日。每等递加五日。总徒准徒，亦递加五日。流二千里者，枷号五十日。每等亦递加五日。充军附近者，枷号七十日；边卫者，七十五日；边远极边烟瘴沿海边外者，俱八十日。永远者九十日。[②]

① 赫泰：《复原产筹新垦疏》，贺长龄辑：《皇朝经世文编》卷 35《户政十・八旗生计》，沈云龙主编《近代中国史料丛刊》第 74 辑，台北：文海出版社，1966 年，第 1269 页。

② 崑冈等修，刘启端等纂：《钦定大清会典事例》卷 727《刑部・名例律》，《续修四库全书》第 809 册，上海：上海古籍出版社，2002 年，第 37 页。

康熙十五年（1676年）题准：

> 旗下买民，令正印官用印准买。若在地方犯罪逃出卖身者，保人系民人，枷三月，杖一百；系旗人，枷三月，鞭一百。原价追还给主，卖身人递解本地方官，枷三月，杖一百，仍照所犯罪依律究治。其旗人诡称民人卖身者，枷三月，鞭一百。保人系旗人，枷三月，鞭一百；系民人，杖一百，流徙尚阳堡。若系逃人，照常鞭刺。又定，卖身假捏籍贯姓名，不从实开写者，枷两月，鞭一百。仍断与买主。保人系旗人，枷一月，鞭一百；系民人，枷一月，杖一百。①

顺治十二年（1655年）覆准，旗人判定死罪时，可以援引家人或本人的功劳获得免死一次。“旗下满洲、蒙古、汉军官员，除谋为反叛，杀亲祖父母、父母、伯叔、兄，杀一家非死罪三人外，其余有犯死罪者，查伊亲祖父、父、伯叔、兄弟及其子孙有阵亡之功者，准免死一次。伊身出征负有重伤，军前效力有据者，亦免死一次。”②

清初，旗人涉案，由所在旗或特别设置的理事同知审理，地方官员一般无权审理。如事涉旗民互控，地方官可以接受诉讼，但要移咨旗员或理事同知会勘。后来，主要由于旗民界限愈来愈难以区分，逐渐发生变化。雍正三年（1725年）定，“旗人谋故斗杀等案，仍照例令地方官会同理事同知审拟外，其自尽人命等案，即令地方官审理。如果情罪已明，供证已确，免其解犯，仍由同知衙门核转”③。就是说，从此以后，地方官可以审理旗人自尽人命等案，但审理之后不能处置，要交理事同知审核上报处理。雍正六年（1728年）又定：“凡各省理事厅员，除旗人犯命盗重案仍照例会同州县审理外，其一切田土户婚债负细事，赴本州县呈控审理。曲在民人，照常发落；曲在旗人，录供加看，将案内要犯审解该厅发落。”④这意味着，旗人犯重大刑事案

---

① 崑冈等修，刘启端等纂：《钦定大清会典事例》卷156《户部・户口》，《续修四库全书》第800册，上海：上海古籍出版社，2002年，第539页。

② 崑冈等修，刘启端等纂：《钦定大清会典事例》卷726《刑部・名例律》，《续修四库全书》第809册，上海：上海古籍出版社，2002年，第30页。

③ 崑冈等修，刘启端等纂：《钦定大清会典事例》卷819《刑部・刑律诉讼》，《续修四库全书》第810册，上海：上海古籍出版社，2002年，第68—69页。

④ 崑冈等修，刘启端等纂：《钦定大清会典事例》卷819《刑部・刑律诉讼》，《续修四库全书》第810册，上海：上海古籍出版社，2002年，第69页。

件由专门的理事厅官员会同地方官共同审理，而一般民事案件由地方官受理，但地方官仍不能处置有“曲”而应处置的旗人，需交理事厅处置。乾隆四十四年（1779年），盛京刑部奏定，“奉天所属十二州县办理旗民事件，无分满汉，俱令自行审理，于讯明定拟之后，旗人笞杖等罪，概行移旗发落，仍知照该州县备案。”[①] 盛京与其他省份不同，旗民混杂，官员也多旗人，故其地旗民案件由地方官自行审理，但地方官仍不能处罚旗人，需转交所属旗进行处置。旗民之间在司法权益方面的差别，维持到了清末。

旗民分治具有人为强化社会区隔的含义。清朝统治者划定旗民居住分界，禁止混居。八旗人丁非奉命不得离开本佐领居住地，守卫北京的旗人不许离城40里，各地驻防旗人不准离营20里。顺治、康熙年间，北京、奉天等地还曾发生强令城内汉民住户迁居城边的事情。

旗人与非旗人之间通婚也受到限制。不过有关记载对清朝这一政策的说法显示，相关政策曾经有过调整。顺治五年（1648年）八月，上谕礼部：“方今天下一家，满汉官民皆朕臣子，欲其各相亲睦，莫若使之缔结婚姻。自后满汉官民有欲联姻好者，听之。”[②] 这是鼓励满汉官民通婚的说法。但是同月又谕户部：

> 朕欲满汉官民共相辑睦，令其互结婚姻。前已有旨。嗣后凡满洲官员之女欲与汉人为婚者，先须呈明尔部，查其应具奏者，即与具奏，应自理者，即行自理。其无职人等之女，部册有名者，令各牛录章京报部方嫁。无名者，听各牛录章京自行遣嫁。至汉官之女欲与满洲为婚者，亦行报部。无职者，听其自便，不必报部。其满洲官民娶汉人之女，实系为妻者，方准其娶。[③]

这表示对满汉通婚还是要进行一些特殊管理，管理的要点还是区分地位、

① 崑冈等修，刘启端等纂：《钦定大清会典事例》卷845《刑部·刑律断狱》，《续修四库全书》第810册，上海：上海古籍出版社，2002年，第308页。

② 《世祖章皇帝实录》卷40《顺治五年八月壬子》，《清实录》第3册，北京：中华书局，1985年影印本，第320页。

③ 《世祖章皇帝实录》卷40《顺治五年八月庚申》，《清实录》第3册，北京：中华书局，1985年影印本，第321页。

身份，对下层管理宽松，而有官职地位之家所涉满汉通婚则要上报获批。至于最后一句，应是为了限制满洲官民在通婚名义下购人为奴。顺治时期比较宽松的满汉通婚政策后来转为严格限制政策。乾隆五十七年（1792 年）议准："宗室、觉罗，不准与民人结亲。违者照违制律治罪。"[①] 这一政策在嘉庆时期又被重申。其中原因很可能是与这个时期清统治者更强调满洲骑射传统一致的。随着清朝统治稳固和各族人民融合发展，清朝统治者开始比清初更加担心满洲特殊性被融化消失，所以在通婚政策上，反趋于限制。这种限制到光绪后期方才解除。光绪二十七年（1901 年）有太后懿旨：

> 我朝深仁厚泽，沦浃寰区，满汉臣民，朝廷从无歧视，惟旧例不通婚姻，原因入关之初，风俗语言，或多未喻，是以著为禁令。今则风同道一，已历二百余年，自应俯顺舆情，开除此禁。所有满汉官民人等，著准其彼此结婚，毋庸拘泥。[②]

这种婚姻禁忌减慢了民族自然融合的速度，长期保持了满洲上层与社会其他人群之间的血缘区隔。

清代庶民编入保甲体系。旗人虽然地位高于民人，但同时也是皇室特别加以严格控制的人群。所有旗人及其名下依附人口，皆有档案，持续稽查、统计。对于清统治者说来，为保持旗人特殊地位和旗人编制体系的严密性，一时并无必要将旗人编入保甲。但随着旗下人口日众，居住日益分散，旗民界限趋于模糊，乾隆二十二年（1757 年）清廷大规模整顿保甲时，开始将与民人杂居的旗人也编入保甲。该年议准："旗民杂处村庄，一体编次，将旗分户口并所隶领催屯目，注明牌册。旗民有犯，许互相举首。地方官会同理事同知办理。"[③] 稍后将汉军八旗编入保甲。嘉庆十八年（1813 年），社会动乱增多，清朝再次整饬保甲，谕：

---

① 崑冈等修，刘启端等纂：《钦定大清会典事例》卷 9《宗人府・职制》，《续修四库全书》第 798 册，上海：上海古籍出版社，2002 年，第 242 页。

② 刘锦藻：《皇朝续文献通考》卷 26《户口考二・八旗户口》，《续修四库全书》第 816 册，上海：上海古籍出版社，2002 年，第 22 页。

③ 崑冈等修，刘启端等纂：《钦定大清会典事例》卷 158《户部・户口》，《续修四库全书》第 800 册，上海：上海古籍出版社，2002 年，第 558 页。

现在京城内外，交顺天府五城分别旗民，编查保甲，即刻奉行。若稍迟延，治罪不恕。并交步军统领就所管地面，实力稽查……王、贝勒等属下屯居包衣人丁，即著该地方官一体编入保甲，就近管束。其八旗宗室觉罗等，在京外附近居住者，各有房产相依，著该州县官一体编查。如有违犯法令情事，详明该上司，移咨在京该管衙门查办。①

又谕："八旗屯居汉军，前经降旨交地方官一体编入保甲，稽查约束。至八旗满洲、蒙古、汉军闲散人等，有依住坟茔房屋者，既在各该县境内居住。本旗参领佐领等难以随时查察，即交该地方官一体编入保甲。"②这样在一个漫长的过程中，旗人的编制体系与日益普遍化的保甲体系就形成了交叉。

八旗人众除了作为清朝地位优越的军事力量之外，还享有进入国家权力体制的特殊渠道。八旗本身是一个庞大的体制系统，其内大量官职专归旗人，不述。在旗制以外的权力体制中，旗人单设科举，单有官缺。《清史稿》对此有比较清晰的叙述：

凡满、汉入仕，有科甲、贡生、监生、荫生、议叙、杂流、捐纳、官学生、俊秀。定制由科甲及恩、拔、副、岁、优贡生、荫生出身者为正途，余为异途。异途经保举，亦同正途，但不得考选科、道。非科甲正途，不为翰、詹及吏、礼二部官。惟旗员不拘此例。③

凡内外官，分满洲缺、蒙古缺、汉军缺、汉缺。满洲又有宗室、内务府包衣缺。其专属者，奉天府府尹、奉锦、山海、吉林、热河、口北、山西、归绥等道缺。各直省驻防官、理事同知、通判为满洲缺。唐古特司业、助教、中书、游牧员外郎、主事为蒙古缺。钦天监从六品秋官正为汉军缺。宗人府官为宗室缺。内务府官为内务府包衣缺。此外京师各衙门、陵寝衙门、盛京五部、各直省地方俱设额缺。满洲京堂以上缺，宗室汉军得互补。汉司官以上缺，汉军得互补。外官蒙古得补满缺，满、

① 崑冈等修，刘启端等纂：《钦定大清会典事例》卷158《户部·户口》，《续修四库全书》第800册，上海：上海古籍出版社，2002年，第561页。

② 崑冈等修，刘启端等纂：《钦定大清会典事例》卷1198《内务府·屯庄》，《续修四库全书》第814册，上海：上海古籍出版社，2002年，第535页。

③ 赵尔巽等：《清史稿》卷110《志八十五·选举五》，北京：中华书局，1977年，第3205页。

蒙包衣皆得补汉缺。惟顺天府府尹、府丞，奉天府府丞，京府、京县官，司、坊官不授满洲。刑部司官不授汉军。外官从六品首领、佐贰以下官不授满洲、蒙古。道员以下不授宗室。其大凡也。[①]

满洲在官场的进身阶梯另外还有笔帖式等。

京师各部、院、盛京五部，外省将军、都统、副都统各署，俱设笔帖式额缺。其名目有翻译、缮本、贴写。其阶级自七品至九品。其出身有任子、捐纳、议叙、考试。凡文、武翻译举人、贡监生，文、武翻译生员，官、义学生，骁骑闲散，亲军领催，库使，皆得与试……笔帖式擢补主事，或不数年，辄致通显。其由科甲进者，编、检科仅数人，有甫释褐即迁擢者。翰林坊缺，编、检不敷补用，得以部院科甲司员充之，谓之外班翰林。外官东三省、新疆各城，各省驻防文、武大员，俱用满人。甘肃、新疆等边地道、府、同、通、州、县，各省理事同知、通判，皆设满洲专缺。[②]

此外，侍卫、拜唐阿——无品级的奔走管事人员，也是满洲官场进身的一个特殊渠道。“满人入官，以门阀进者，多自侍卫、拜唐阿始。故事，内外满大臣子弟，五年一次挑取侍卫、拜唐阿，以是闲散人员，勋旧世族，一经拣选，入侍宿卫，外膺简擢，不数年辄致显职者，比比也。绿旗武职，占缺尤多。”[③] 雍正六年（1728 年），副都统宗室满珠锡礼上言，京营参将以下，千总以上职位不宜专用汉人。雍正帝的回答是：“满洲人数本少，补用中外要缺已足，若京营参将以下悉用满洲，则人数不敷，势必有员缺而无补授之人。”[④] 可知八旗满洲为官之普遍到了人数不够用的程度。官缺制度的政治含义是维持满洲权力主导地位，其社会含义则是保持满洲、蒙古、八旗在整个社会中的特权优越地位，并体现社会等级分层状态的复杂化和强化。

八旗内部也有严格等级差别。正黄旗、镶黄旗、正白旗为上三旗，归皇

① 赵尔巽等：《清史稿》卷 110《志八十五・选举五》，北京：中华书局，1977 年，第 3205—3206 页。
② 赵尔巽等：《清史稿》卷 110《志八十五・选举五》，北京：中华书局，1977 年，第 3213—3214 页。
③ 赵尔巽等：《清史稿》卷 110《志八十五・选举五》，北京：中华书局，1977 年，第 3217 页。
④ 赵尔巽等：《清史稿》卷 110《志八十五・选举五》，北京：中华书局，1977 年，第 3217 页。

帝亲自统领。其余五旗，各设旗主统领。上三旗成员地位高于其余五旗，有特殊的进身阶梯。皇帝的侍卫，起初就是从上三旗中的满洲、蒙古旗人中选拔的，而其他旗成员及上三旗中汉军无资格入选。到雍正时期，侍卫选择的范围才扩大到下五旗，并开始从武进士中选补侍卫。乾隆五十二年（1787 年）以后，再加扩展，汉世职人员也可以补授侍卫。清代侍卫特别受皇帝信任，行走 3 年之后，有机会外任武官。清朝许多朝廷大员，如福康安、和珅等，皆从侍卫出身，不数年而致显贵。

八旗的特权地位以其对于清朝皇室家族的依附性为基础，复因清代强化了最高统治层面的家国一体性，八旗因而成为对清代帝制体系具有强烈依附性的特殊人群。

八旗正丁及其奴仆中的成丁全部要承担兵役，并处于分外严格的编审和管理体系之中。根据《钦定大清会典事例》的记载，其基本情况如下：清初规定，各旗人丁包括其所属依附人口，每 3 年编审一次，壮丁 300 名编为一个佐领，每旗编 30 个佐领，凡已成丁者皆入丁册，老弱幼丁不入册。有隐匿者，将其壮丁入官，其主人及该管佐领、领催罚责有差。有逃亡缺少者，在诸王、贝勒、贝子等府壮丁内拨补，并将该管佐领治罪。旗下依附人口如果远离本佐领居住，将其人口、财物入官，该佐领、领催罚责有差。旗员子侄 18 岁以前不许与家长分居，18 岁以后，经登记部档，方许分居。顺治十七年（1660 年）以后，官员子弟有职任者，不拘年龄，可以分户。康熙十三年（1674 年）覆准，八旗每佐领编壮丁 134 名，余出壮丁另编佐领。雍正年间强化八旗编审，八旗新旧壮丁皆逐户编审，额丁暨身高达到五尺者皆登记造册，一存本旗，一呈户部。八旗汉军勋旧佐领下属中如无正身可选马甲之人，可在户下依附男丁中拔用。嗣后八旗满洲，自大臣官员下至闲散人等所生子女，皆在满月后呈报佐领注册。至 10 岁时，由佐领、参领呈报都统注册，隐匿者治罪。抱养子女，亦令呈报注册。又因各省驻防八旗下人口多有移住他处者，令各旗将驻在地所属壮丁数目均齐，另外造册备核，简选官员、拔补领催、马甲，即在均齐后的旗分内选拔。八旗正身壮丁有寄寓亲友或流落乡屯，从未入册者，勒限首报，或在盛京计入当地旗分，或押令归旗。

凡八旗在京官员、兵丁、闲散别住户下人等，均由该管佐领给予印票，开明年貌家口，以备街道步军尉查验。在乡屯候选革职官员、闲散别住户下人等，也每户给予执照，开明年貌、住址、生业，以备地方官查验。乾隆年间定：旗人犯罪应军流者，只将本身削除旗档，子孙仍编入丁册。八旗壮丁改为16岁造入丁册，至于已经获取钱粮的养育兵，仍准不及16岁即行入册。满洲、蒙古八旗正身逃走拿获、发遣当差后，如知改悔，仍准入本地八旗丁册。旗人犯罪止削本身旗籍者，其妻所生之子女如属在旗生育而非在发配地方改入民籍后另行娶妻所生，不削其旗籍，待年岁达到时造入丁册。旗人有犯罪至需刺字者，削去旗档，不入丁册。旗人行窃者除治罪外，其子孙亦削除旗档，永不许载入丁册。[①]

八旗人丁如果离旗逃走，要受到惩罚，但尽量给予悔改机会。乾隆十八年（1753年）议准，在京旗人逃走，在一个月内抓获的以及自行返回的，照旧治罪，交旗管束。如在逃离一个月以后抓获或者返回，如属满洲、蒙古，连同妻子发黑龙江等处当差，有改悔表现者，到年底编入本地丁册，食粮当差。“怙恶不悛者，将该犯及随带子女改发云贵川广边远地方，听其自行生理，令地方官与民人一体约束，旗册除名。”[②]惩罚虽不能说不严厉，但是毕竟不加以死刑。而且将旗人从八旗除名，显然被视为对逃离者最严厉的惩罚。这反衬出八旗身份相比于民人的优越地位。如果逃亡者是汉军，则一次即流放二千里之外，逃亡三次流至三千里外，并与妻子一并销除旗档。如果逃亡者身份不是八旗正丁，而是“各省驻防兵丁闲散人等”，则初次逃走无论被获还是自首，皆鞭一百，枷号一月，交与该管旗佐领官员严加管束，充当苦差，半年后有改悔表现，可以恢复披甲当差身份，二次逃走即发黑龙江等处“折磨当差”。其他如“另户满洲、蒙古”即满洲或蒙古世仆逃走，发往伊犁当差，赏给步甲钱粮。如果再逃，“著于满洲、蒙古档册，即将伊等名籍削除，任其

---

① 崑冈等修，刘启端等纂：《钦定大清会典事例》卷1113《八旗都统·户口》，《续修四库全书》第813册，上海：上海古籍出版社，2002年，第397—401页。

② 崑冈等修，刘启端等纂：《钦定大清会典事例》卷855《刑部·督捕例》，《续修四库全书》第810册，上海：上海古籍出版社，2002年，第406页。

所之，毋庸办理”。[①] 乾隆三十三年（1768 年），将对另户满洲、蒙古发伊犁，赏给钱粮后复行逃走被拿回者的最重惩罚加重到即行正法。[②] 嘉庆、道光年间，关于八旗满洲、蒙古、汉军及其附属人户逃走的禁令、处罚规则一再被重申，其间不时有些调整，但基本精神与前述乾隆时期的规则一致。

从社会组织方式看，八旗体制是中国帝制时代一种罕见的特殊制度。这种制度所包含的精神，包含民族区隔、贵贱分等、氏族化、军事化等多种成分。其基本目的是增强社会成员的身份区分，强化社会分层和人对于人的统治关系。这种体制随着清军入关而覆盖到整个中国的社会结构之上，造成了社会结构的空前复杂化。

（二）人身依附关系的强化

明代社会保持着社会分层制度和人身依附关系。入清之后，由于八旗体制叠压到整个中国的社会结构之上，加之清朝更为原始性的社会层级、区隔精神落实于政治、法律制度中，中国社会中的人身依附关系被大大强化。

入关前的满洲社会就已经存在庞大的奴仆阶层。他们最初是一些被以各种方式归于女真核心社会圈统治之下的本族社会边缘带人群、战俘、其他民族的降附人等。作为主人的附属者，他们可能承担其主人要求的从家内服务到田地耕作的各种服务，但如逃亡被捉，则被处死。天命十一年（1626 年）有谕：“凡逃人已经离家，被执者处死。其未行者，虽首告勿论。”[③] 崇德三年（1638 年），祖可法、张存仁等的上疏中有这样的描述：“今各家奴仆，皆自四方俘获之人……”[④] 清朝入关前后，更多被俘虏的敌方人口变为奴仆，还有大量被征服区域的原住民在清朝圈占土地过程中自愿带地投充为奴，以

① 崑冈等修，刘启端等纂：《钦定大清会典事例》卷 855《刑部・督捕例》，《续修四库全书》第 810 册，上海：上海古籍出版社，2002 年，第 406—407 页。

② 崑冈等修，刘启端等纂：《钦定大清会典事例》卷 855《刑部・督捕例》，《续修四库全书》第 810 册，上海：上海古籍出版社，2002 年，第 407 页。

③ 崑冈等修，刘启端等纂：《钦定大清会典事例》卷 855《刑部・督捕例》，《续修四库全书》第 810 册，上海：上海古籍出版社，2002 年，第 405 页。

④ 《太宗文皇帝实录》卷 40《崇德三年正月己卯》，《清实录》第 2 册，北京：中华书局，1985 年影印本，第 526 页。

求获得庇护，也有大量人口被逼勒投充。顺治四年（1647 年）三月谕户部，“前令汉人投充满洲者，诚恐贫穷小民，失其生理，困于饥寒，流为盗贼。故谕愿投充满洲，以资糊口者听。近闻汉人不论贫富，相率投充。甚至投充满洲之后，横行乡里，抗拒官府。大非轸恤穷民初意。自今以后，投充一事，著永行停止。尔部即行传谕。”[①] 随后，由于八旗奴仆经常逃亡，清朝颁布了“逃人法”。

顺治九年（1652 年）议准，逃离二次者处死。顺治十一年（1654 年）题准，逃一次者鞭一百，二次者正法。后又放宽至逃三次者正法。顺治十三年（1656 年）题准，凡逃一次者，面上刺满汉文“逃人”字样，鞭一百；逃二次者仍正法。顺治十七年（1660 年）题准，初次逃者左面刺字，鞭一百；二次逃者右面刺字，鞭一百；三次逃者正法。顺治十八年（1661 年）定，逃人犯至三四次者，虽遇赦不贷，即刻处绞，不待秋后。[②] 康熙四年（1665 年）曾一度停止在逃人脸上刺字的做法，改为在手臂上刺字。但次年就因为“逃者日多，无凭稽察，仍刺其面”。康熙七年（1668 年）对逃亡三次者由绞立决改为秋后处绞。康熙十二年（1673 年）念逃人年在十五岁以下者懵懂无知，虽逃走三次仍免处死。康熙二十五年（1686 年）对逃亡三次者也免死，发宁古塔与穷兵为奴。[③] 这些记载一方面显示出对于逃人的处罚逐渐趋轻，另一方面反映出虽有严刑峻法，清初奴仆逃亡仍甚普遍，由是可见清初京畿地区的大规模人口奴仆化之国家强制性背景。

清初圈地在顺治四年（1647 年）就曾下令停止，但实际延续到康熙初年。圈地实行期间固然逃人不断，其后也未停止。这从清朝各时期皆有关于奴仆逃亡问题的法律法规就可以看得出来。乾隆五年（1740 年）规定：“旗人聘娶民妇为妻，其妇人逃走，免刺，鞭一百，逃至三次正法。”[④] 乾隆八年（1743

---

① 《世祖章皇帝实录》卷 31《顺治四年三月己巳》，《清实录》第 3 册，北京：中华书局，1985 年影印本，第 257 页。

② 崑冈等修，刘启端等纂：《钦定大清会典事例》卷 855《刑部・督捕例》，《续修四库全书》第 810 册，上海：上海古籍出版社，2002 年，第 405 页。

③ 崑冈等修，刘启端等纂：《钦定大清会典事例》卷 855《刑部・督捕例》，《续修四库全书》第 810 册，上海：上海古籍出版社，2002 年，第 405—406 页。

④ 崑冈等修，刘启端等纂：《钦定大清会典事例》卷 855《刑部・督捕例》，《续修四库全书》第 810 册，上海：上海古籍出版社，2002 年，第 406 页。

年）又定："旗人家下妇女初次逃走者，鞭一百，有犯按次科断，鞭责的决。余罪照例收赎，均免其刺字。"[①]前者表面看去是对已婚妇女逃离夫家的惩治，但是需注意这是专门针对旗人所娶民妇逃离的特别严酷的惩罚，并非对庶民中一般已婚妇女逃离的处罚。将此与后一条规定的对"旗人家下妇女"即旗人家中女性奴仆逃离的处罚，对旗人所娶民妇逃离的处罚比对一般女性奴仆逃离的处罚还要严重。可知清前期以严格立法方式，维护八旗家内奴仆制度，其间对八旗家内非旗人女性的人身控制尤为严酷。

清朝对八旗人丁逃离的处罚已见前文。八旗人丁附属人口如果逃离，一般要在身上刺字，另加其他惩罚，方式与其身份相关。如康熙十二年（1673年）议准，"凡护军兵丁及另户闲散人逃走者，免刺字，鞭一百。如系奴仆兵丁，照例鞭刺。其出兵处逃走之护军兵丁，亦免刺字。"[②]康熙十五年（1676年）议准，"凡护军兵丁、奴仆兵丁逃走被人拏获者，不论官员子弟，拏送墩门，俟同出征之兵到日鞭刺。又宗室公以上各府庄头及户部官庄头、光禄寺园头逃走者，照另户人例免刺字。其庄头下壮丁逃走者，照例鞭刺。"[③]乾隆八年（1743 年）定，"凡另户护军兵丁及闲散人逃走者，分别次数鞭责、枷号，免其刺字。三犯者发遣当差。宗室公以上家下庄头及户部官庄头、光禄寺园头，并开户人逃走者，亦照另户例免刺字。其庄头家下壮丁逃走者，仍照常刺字。"[④]

清初盛行人口买卖，这是将平民变为奴仆的另一个渠道，相关规定甚为明确：

> 国初定，旗下买卖人口，赴各该旗市交易。若越至他旗市被执者，身价二分入官，一分给拿获之人。又定，满洲壮丁，越旗卖出被首者，

① 崑冈等修，刘启端等纂：《钦定大清会典事例》卷 855《刑部·督捕例》，《续修四库全书》第 810 册，上海：上海古籍出版社，2002 年，第 406 页。

② 崑冈等修，刘启端等纂：《钦定大清会典事例》卷 855《刑部·督捕例》，《续修四库全书》第 810 册，上海：上海古籍出版社，2002 年，第 410 页。

③ 崑冈等修，刘启端等纂：《钦定大清会典事例》卷 855《刑部·督捕例》，《续修四库全书》第 810 册，上海：上海古籍出版社，2002 年，第 406 页。

④ 崑冈等修，刘启端等纂：《钦定大清会典事例》卷 855《刑部·督捕例》，《续修四库全书》第 810 册，上海：上海古籍出版社，2002 年，第 410 页。

身价二分入官，一分给首告之人，买主无罪。该管佐领知情者治罪。壮丁撤回，拨给本旗。不知情者，壮丁撤回，拨给本佐领下贫人。又定，有将人父子、兄弟、夫妇分卖者，所卖之人均入官。顺治五年覆准，投充人即系奴仆，愿卖者听。十年题准，八旗买卖人口，均令该领催注册备考。民人，令亲邻中证立契，赴本管衙门挂号钤印，均免输税。如不注册，无印契者，即治以私买私卖之罪。十八年覆准，旗下赴市买卖人口，注册时，该翼核明，给予印照。康熙二年题准，八旗买卖人口，两家赴市，纳税注册，令领催保结列名。若系汉人，令五城司坊官验有该管官印票准买。八年题准，旗人买民为仆，令本管官用印。若隔属官用印，照拿解良民例议处。所买之人释放为民。买者、卖者各责惩有差。又议准，有将定例后所买之人，捏作定例前年月用印者。事发，用印官及买者、卖者皆加等治罪。①

雍正元年（1723 年）覆准，“白契卖身之人，经买主配与妻室者，不准赎身。”②乾隆四十一年（1776 年）议准，“各旗入官人口变价，自十岁以上至六十岁，每口作价一十两，六十一岁以上，每口五两，九岁以下幼丁，按其年几岁，作价几两。未满周岁，免其作价。”③

清代奴仆对主人有终身乃至世代承袭的依附关系。雍正四年（1726 年）有令：“汉人家生奴仆，印契所买奴仆，并雍正五年以前白契所买，及投靠养育年久，或婢女招配，已生子者，世世子孙，永远服役，婚配俱由家主，仍造册报明地方官存案。嗣后汉人买仆及婢女招配，并投靠之人，俱立契，呈明地方官钤盖印信。”④奴仆向官府告发主人罪行也受到限制。雍正三年（1725 年），申家仆告主之禁：“凡家仆告主，除谋反谋叛隐匿奸细许其首告外，其

① 崑冈等修，刘启端等纂：《钦定大清会典事例》卷 156《户部·户口》，《续修四库全书》第 800 册，上海：上海古籍出版社，2002 年，第 539 页。

② 崑冈等修，刘启端等纂：《钦定大清会典事例》卷 156《户部·户口》，《续修四库全书》第 800 册，上海：上海古籍出版社，2002 年，第 540 页。

③ 崑冈等修，刘启端等纂：《钦定大清会典事例》卷 156《户部·户口》，《续修四库全书》第 800 册，上海：上海古籍出版社，2002 年，第 540—541 页。

④ 《钦定皇朝文献通考》卷 20《户口考二·八旗户口》，《景印文渊阁四库全书》第 632 册，台北：台湾商务印书馆，1986 年，第 438—439 页。

首告他事者，所告之事不准行，仍杖一百。”[①]沿袭明制，清代奴仆亦不得与良人为婚：

> 凡家长与奴娶良人女为妻者，杖八十。女家（主婚人）减一等，不知者不坐。其奴自娶者，罪亦如之。家长知情者减二等。因而入籍（指家长言）为婢者，杖一百。若妄以奴婢为良人，而与良人为夫妻者，杖九十，（妄冒由家长坐家长，由奴婢坐奴婢），各离异改正。（谓入籍为婢之女，改正复良。）[②]

在整个奴仆阶层中，存在于八旗体系内部的“包衣”是一个特殊的人群。郑天挺较早地对包衣制度进行了研究。[③]近年祁美琴等人根据《八旗通志初集》中的记载统计出，上三旗共计有包衣佐领 35 个、管领 30 个。下五旗包衣共有 50 个佐领、40 个管领、30 个分管、15 个管辖。综计隶属于八旗的包衣佐领 85 个、管领 70 个、30 个分管、15 个管辖。又据乾隆九年（1744 年）编定的《八旗满洲氏族通谱》统计，全书记载有名的上三旗包衣满洲姓氏有 317 户，包衣汉姓氏 164 户，包衣蒙古姓氏 83 户，包衣高丽姓氏 73 户，总计 637 户。下五旗包衣满洲姓氏 346 户，包衣汉姓氏 47 户，包衣蒙古姓氏 55 户，包衣高丽姓氏 55 户，合计 503 户。[④]显然包衣是出于不同族属的，依照其社会地位而界定的人群。他们是满洲八旗贵族的私家世仆，在八旗体制的构建过程中，根据其主人的旗属分别隶属于上三旗或下五旗。入关后，清朝皇帝亲自统属的上三旗之包衣归于新成立的内务府管理，称为内务府三旗。下五旗所属包衣则归五旗王公统属，也称为“包衣佐领下人”。上三旗包衣即内务府包衣的特殊性是他们是皇帝的家奴，不仅从事对皇帝及其家族的生活服务，也充当皇帝统治社会的工具，所以皇帝对于全国臣民的治权时常通过

---

① 《钦定皇朝文献通考》卷 20《户口考二・八旗户口》，《景印文渊阁四库全书》第 632 册，台北：台湾商务印书馆，1986 年，第 438 页。

② 崑冈等修，刘启端等纂：《钦定大清会典事例》卷 756《刑部・户律婚姻》，《续修四库全书》第 809 册，上海：上海古籍出版社，2002 年，第 342 页。按括号中文字为原文所有。

③ 参看郑天挺：《清代包衣制度与宦官》，郑天挺：《清史探微》（第二版），北京：北京大学出版社，2011 年，第 42—58 页。按该文原作于 1943 年。

④ 祁美琴、崔灿：《包衣身份再辨》，《清史研究》2013 年第 1 期。

其家奴来行使，使得内务府包衣虽然一切行为由皇帝约束，但在全国的臣民面前，却又带着皇权反射的余光，实际地位往往高于其他人群。内务府本身是一个庞大的机构，其官员多从内务府三旗包衣中选任，并且可以获得外任为官。面对社会其他人群，成为既富且贵的权势阶层。雍正朝内阁首辅鄂尔泰就是内务府旗籍。而且清朝为内务府子弟设有景山官学，提供特殊教育条件。

包衣在作为皇室家奴而享有特权，但并非直接改变其“奴”的依附者社会地位。尤其是对于已经获得官爵的包衣而言，其原来的出身往往造成尴尬。下五旗佐领下人将所属王公称为主子，自称奴才。即使曾经居于高官，一旦谢事归旗，就要听从主人役使。康熙时的大学士席哈纳在年老乞休，康熙帝对他休致后的安排是：“席哈纳著在该管王门上行走。”①乾隆年间还曾规定：“嗣后下五旗王公属下之人升授外任，欲将子弟携往任所者，如现在该王公门上当差，著该旗询问王公，如无用处，照依所请，令其奏明缘由，准其携往。如有用处，停其携往。将此通谕下五旗，遵照办理。”②包衣身份也不如其他旗人一样可以改变。乾隆时期，八旗生计困难，允许汉军旗人出旗为民，但包衣汉军不可。乾隆帝谕称：

> 向来八旗遇有流徒罪名，均以枷责发落。嗣因旗人渐染恶习，竟有不顾颜面，甘为败类者，曾降旨令将旗人流徒案件，满洲则按其情罪公私轻重，分别问遣折抵，汉军则均斥令为民，照所犯定例发遣。原以示之惩儆，用挽颓风，且缘寡廉鲜耻，怙终之徒，留之有损无益。此专指情罪重大者而言，非谓寻常事件，亦不加区别也。至包衣汉军，则皆系内务府世仆，向无出旗为民之例，与八旗汉军，又自有别，尤不应混行援引。③

为固化包衣人群的身份，清朝还曾对其婚姻对象进行限制。通常内务府

① 《圣祖仁皇帝实录》卷232《康熙四十七年正月癸酉》，《清实录》第6册，北京：中华书局，1985年影印本，第318页。

② 《高宗纯皇帝实录》卷168《乾隆七年六月庚寅》，《清实录》第11册，北京：中华书局，1985年影印本，第129页。

③ 《高宗纯皇帝实录》卷759《乾隆三十一年四月乙丑》，《清实录》第18册，北京：中华书局，1985年影印本，第360页。

包衣需在所属旗分内婚嫁。不同阶层的奴仆之间不许婚嫁。乾隆二年（1737年），谕八旗内务府：

> 向来包衣管领下女子，不准聘与包衣佐领下人；包衣佐领下女子，不准聘与八旗之人。盖因从前包衣佐领下户口尚少，且男妇俱各当差，恐人生规避之心，是以定例如此。今国家教养休息，百有余年，生齿繁庶。若嫁娶仍遵旧例，则待字逾期，在所不免。今包衣佐领下妇女，俱已免其当差，并无可规避，则嫁娶自毋庸分别。八旗暨包衣佐领下人等，俱朕之臣庶，嗣后凡经选验，未经记名之女子，无论包衣、佐领、管领、暨八旗下，听其互相结姻。如此则婚嫁以时，庶不致有怨女旷夫矣。①

包衣身份改变的一个渠道是皇帝恩准抬旗。下五旗人众因为功绩获得皇帝恩准改隶地位更高的上三旗，以及包衣因功绩而获特旨脱离包衣身份而进入满洲八旗或蒙古八旗、汉军八旗者，都称为抬旗。因为包衣是在八旗体制之内的奴仆阶层，故经如此抬旗之后，实际就从奴仆跨过庶民，直接获得了八旗贵族的身份。

清代另外一个特殊的奴仆人群，称为辛者库奴，他们比内务府包衣和下五旗王公下属奴仆地位更低，主要是官员、旗人获罪而被罚为官奴者。“国初臣工获罪，籍没资产，其家口入辛者库。辛者库，宫府及各王属下当最苦极贱之役者。辛一作薪。”② 雍正时期曾有人奏称：

> 查得从前八旗亏欠钱粮之人，该旗并不虑及罪由、亏欠银多少，凡期满不能完者，立即参奏。倘原主，或系子孙治罪后，子、妻充上三旗及下五旗公中佐领者，入内务府辛者库。倘属下五旗者，入各王公家辛者库。又有旗行文内开此等入辛者库之人，永不叙用，永不准考试。又查得，入包衣三旗辛者库之满洲、蒙古三百余人，照例按比份分给管领

① 《高宗纯皇帝实录》卷40《乾隆二年四月辛未》，《清实录》第9册，北京：中华书局，1985年影印本，第724页。

② 赵慎畛：《榆巢杂识》卷下，《丛书集成三编》第76册，台北：新文丰出版公司，1997年，第487页。

当差。汉军五百五十余口，俱拨给庄屯，充额丁。[①]

清沿明制，雇工人对雇主有一定的人身依附关系，不是完全的自由人。雇主与雇工人的关系，犹如家长与子孙卑幼的关系，雇工人听从雇主使唤，不得违犯教令。清代雇佣关系逐渐普遍，朝廷不断修改雇工人的条例，大批农业雇工摆脱依附，并以凡人科断，可享有立户资格。

八旗奴仆在满足规定条件情况下，可以另行开户，开户后成为八旗系统内部的一个身份地位低于八旗正丁，但自由度高于非开户奴仆的阶层。原来属于民人而沦为奴仆者中，满足规定条件的可以赎身为民。后者脱离八旗系统。相关条件中，原有身份依然是重要因素。乾隆四年至七年（1739—1742年）间，陆续拟定旗人开户条例，规定：国初俘获之人、投充之人迷失籍贯者、远年印契所买奴仆内从盛京带来之人、带地投充之人，均应开户，“不准为民”。前述各种身份之人中有原来实系民人，印契内尚有籍贯可稽者，效力过三代之后准其为民。乾隆元年（1736年）以后白契所买之人情愿赎身为民者，准其赎身，身价照绝户财产入官。八旗户下家人，本主念其世代出力，情愿准其开户者，且详查上次丁册有名并注明属于“陈人”者，准予开户。旗下家奴由本主念其世代出力，情愿放出为民者，呈本旗咨部转行地方官收入民籍。乾隆元年以前放出为民之户未经呈报旗部者中如有并非数代出力，其主情愿放出为民而系藉名设法赎身私入民籍者，令归旗作为开户。旗下家奴抱养民人之子造入其主人户下。八旗另户从前抚养之子并随母改嫁，未及呈报造入丁册者，属于户口不清之人，各旗查明别行注册。[②]

在八旗系统内开户之后，依然带有原来身份差别。乾隆六年（1741年）定，在编造各佐领下已成丁、未成丁食饷之人册籍时，要“分别正身”，“户下于各名下，开写三代履历。其户下人祖父或系契买，或系盛京带来，或系带地投充，或系乾隆元年以前白契所买，分别注明”。其中对“开户养子”“国

① 中国第一历史档案馆译编：《雍正朝满文朱批奏折全译》（下），《和硕亲王允禄奏请宽免无力还欠入辛者库折》，合肥：黄山书社，1988年，第2434页。相关研究请参看祁美琴、崔灿：《包衣身份再辨》，《清史研究》，2013年第1期。

② 崑冈等修，刘启端等纂：《钦定大清会典事例》卷1113《八旗都统·户口》，《续修四库全书》第813册，上海：上海古籍出版社，2002年，第404—405页。

初投充俘获入旗之人”“民人之子，旗人抱养为嗣”者，“因亲入旗”者，“良民之子随母改嫁入于他人户下”者，“旗奴开户及旗奴过继与另户为嗣”者，都分类记录入册。后面提到的这些人，皆“不得与宗室联婚”。[①] 对八旗汉军的造册，也有复杂的分类对待之法。

家主同意买赎是清代奴仆摆脱低贱身份的主要途径。雍正三年（1725 年）议准：

> 旗下奴仆，或藉别旗名色买赎，或自行赎身，旗民档册均无姓氏者，查出即令归旗。其有随主出差外任，私有蓄积，钻营势力，欺压本主赎身者，虽在民籍，究明欺压是实，亦令归旗。若果系数辈出力之人，本主念其勤劳，情愿听其赎身为民，旗部有案可稽，州县有籍可据，为民者仍归民籍。旧主子孙，不得藉端控告。[②]

乾隆四十八年（1783 年）谕：

> 向来满汉官员人等家奴，在本主家服役三代，实在出力者，原有准其放出之例。此项人等，既经伊主放出，作为旗民正身，亦未便绝其上进之阶，但须明立章程，于录用之中，仍令有所限制。嗣后此等旗民家奴，合例后经该家主放出者，满洲则令该家主于本旗报明，咨部存案。汉人则令该家主于本籍地方官报明，咨部存案。经部覆准后，准其与平民一例应考出仕，但京官不得至京堂，外官不得至三品。以示限制。著为令。[③]

买赎而脱离八旗奴仆身份的情况是在雍正时期以后逐渐增多，到乾隆后期成为普遍现象的。不过，摆脱奴仆身份者仍长期笼罩在原来的奴仆身份之下。

八旗人口日众，清朝难以维持其开销，因而允许主人解除其某些奴仆身份，这种政策的主要动因是八旗生计对清朝财政的压力，而其结果则使得一

---

① 《钦定皇朝文献通考》卷 20《户口考二・八旗户口》，《景印文渊阁四库全书》第 632 册，台北：台湾商务印书馆，1986 年，第 428—429 页。

② 崑冈等修，刘启端等纂：《钦定大清会典事例》卷 1113《八旗都统・户口》，《续修四库全书》第 813 册，上海：上海古籍出版社，2002 年，第 403 页。

③ 《高宗纯皇帝实录》卷 1177《乾隆四十八年三月丙辰》，《清实录》第 23 册，北京：中华书局，1985 年影印本，第 783 页。

部分奴仆成为庶民。乾隆二十一年（1756年）议定：

> 王公等府属佐领，有分给之满洲，盛京随来满洲，乌喇满洲，辛者库满洲，辛者库汉人，旧汉人，旗鼓佐领下汉人，另记档案汉人，匠役汉人，校尉汉人，投充汉人，抚顺汉人，各名色不同。嗣后应将分给之满洲，盛京满洲，乌喇满洲，辛者库满洲等，仍留府属佐领外，其余府属佐领下各项人等，酌计人数生息多寡，将该王公等情愿放出之人，皆令出旗为民，咨送户部注册。自放出为民之后，不得仍指伊主名色滋事，扰累地方。违者各按所犯严行治罪。①

（三）庶民社会控制与保甲制

清代庶民大致分为四类："凡籍有四，曰军，曰民，曰匠，曰灶。各分上中下三等。丁有民丁、站丁、土军丁、卫丁、屯丁，总其丁之数，而登黄册。督抚据布政所上各属之册，达之户部。户部受直省之册，汇疏以闻，以周知天下生民之数。"②军户主要是从明代沿袭下来的部分卫所人口，已经萎缩，但长期存在，主要进行屯田、漕运，家口编为军籍，但不世袭，较明代军户的依附性弱。匠籍从明代继承而来，只存在很短时间，不久融入民户。灶户也是从明代继承而来，并保持世代相袭身份，不准脱籍，不可流徙。顺治二年（1645年），清朝令"除豁直省匠籍，免征京班匠价。前明之例，民以籍分，故有官籍，民籍，军籍，医、匠、驿、灶籍，皆世其业，以应差役。至是除之。其后民籍之外，惟灶丁为世业。"③清代文献有时会提到更多的户口类别，但各类户口主要从职业、民族等角度而言，并不意味着其社会权利、地位有清晰等差。明代社会中的贱民在清初没有改变，包括各类奴仆、倡优、

---

① 崑冈等修，刘启端等纂：《钦定大清会典事例》卷1114《八旗都统・户口》，《续修四库全书》第813册，上海：上海古籍出版社，2002年，第408—409页。

② 《钦定皇朝文献通考》卷19《户口考一》，《景印文渊阁四库全书》第632册，台北：台湾商务印书馆，1986年，第399页。

③ 《钦定皇朝文献通考》卷21《职役考一》，《景印文渊阁四库全书》第632册，台北：台湾商务印书馆，1986年，第444页。

乐户、丐户、疍户、九姓渔民等。

雍正元年（1723 年）三月，御史年熙疏请废除山陕乐户贱籍，得旨奉行。七月，巡盐两浙监察御史噶尔泰又奏请废除绍兴府八邑堕民贱籍。[①] 雍正帝下旨“并与削除堕民籍”[②]。其后数年间，又先后废除了广东疍户、苏州府属常熟、昭文二县丐户贱籍。[③] 据《皇朝通志》，其他各地类似身份的贱民也得视同平民：

> 雍正二年，时山西省有曰乐籍，浙江绍兴府有曰惰民，江南徽州府有曰伴当，宁国府有曰世仆，苏州之常熟昭文二县有曰丐户，广东省有曰蜑户者，该地方视为卑贱之流，不得与齐民同列甲户。上甚悯之，俱令削除其籍，与编氓同列。而江西、浙江、福建，又有所谓棚民，广东有所谓寮民者，亦令照保甲之法案户编查。[④]

此类融入民户的人群，在一段时间内仍受到一些歧视，如其后代参加科举，被要求在四代或三代之后方有资格。但其基本社会身份已经与普通民户相同。

顺治五年（1648 年）下令庶民三年一次编审里甲。其法仿照明朝旧制，一百一十户为里，推丁多者十人为里长，其余百户分为十甲。城中曰坊，近城曰厢，在乡曰里，各设里甲长。各户丁口数报知甲长，甲长报坊、厢、里长，坊、厢、里长报州县，州县报府，府报布政司。年六十开除，年十六报入。但里甲制度以编审男丁为主，要点在于赋役征收。自明后期开始，赋役体系中依照人丁征收的赋税趋于向土地归并，在这一过程中，里甲制度的实际功用愈来愈模糊。清初经数次推动里甲编审，但并没有能够将之建成一个覆盖全国的有效制度体系。随着滋生人丁永不加赋和摊丁入亩制度逐渐推出，对人丁的严格编审也就放弃了。在这种情况下，保甲法成为清朝实现对基层社会普遍控制的主要制度体系。清朝历代皇帝都积极推动保甲制度建设，推行日广。

---

① 《世宗宪皇帝朱批谕旨》卷 170《朱批噶尔泰奏折》，《景印文渊阁四库全书》第 422 册，台北：台湾商务印书馆，1986 年，第 832 页。

② 萧奭：《永宪录》卷 2 下《雍正元年八月》，北京：中华书局，1959 年，第 131 页。

③ 《钦定皇朝文献通考》卷 19《户口考一》，《景印文渊阁四库全书》第 632 册，台北：台湾商务印书馆，1986 年，第 405 页。

④ 乾隆敕撰：《钦定皇朝通志》卷 85《食货略五》，《景印文渊阁四库全书》第 645 册，台北：台湾商务印书馆，1986 年，第 234 页。

清入关之后就开始推行保甲法。顺治元年（1644 年）：

> 置各州县甲长。总甲之役，各府州县卫所属乡村，十家置一甲长，百家置一总甲。凡遇盗贼逃人奸宄窃发事件，邻佑即报知甲长，甲长报知总甲，总甲报知府州县卫，核实申解兵部。若一家隐匿，其邻佑九家甲长总甲不行首告，俱治以罪。①

显然，这种保甲制度是以社会控制和治安为核心目标，同时也具有赋税征收的保障作用。顺治六年（1649 年）谕："自兵兴以来，地多荒芜，民多逃亡，流离无告，深可悯恻。著户部都察院传谕各抚按，转行道府州县有司，凡各处逃亡民人，不论原籍别籍，必广加招徕，编入保甲，俾之安居乐业。"② 康熙时期，保甲制度更为完备。康熙四十七年（1708 年）申令：

> 弭盗良法，无如保甲。宜仿古法而用以变通。一州一县，城关各若干户，四乡村落各若干户，户给印信纸牌一纸，书写姓名丁男口数于上。出则注明所往，入则稽其所来，面生可疑之人，非盘诘的确，不许容留。违者治罪。十户立一牌头，十牌立一甲头，十甲立一保长。若村庄人少，户不及数，即就其少数编之。无事递相稽查，有事互相救应。保长牌头甲头，不得藉端鱼肉众户。违者治罪。凡道路客店，令其各立一簿，每夜宿客姓氏几人，行李牲口几何，并何生业，往来何处，须一一登记明白。违者治罪。凡有寺庙，不得开除，亦分给纸牌，上写僧道口数姓名，稽查出入，一如绅民。每月底，保长出具无事甘结，报明州县。季底加具印结，报明道府。年底报明院司。道府按册检阅，不得疏漏。如虚文应事，或徒委捕官吏胥，致有需索扰害者，该上司查明题参，从重议处。③

雍正时期在西南地区实行改土归流，改流地区也推行保甲。雍正四年

① 《钦定皇朝文献通考》卷 21《职役考一》，《景印文渊阁四库全书》第 632 册，台北：台湾商务印书馆，1986 年，第 443 页。

② 《世祖章皇帝实录》卷 43《顺治六年四月壬子》，《清实录》第 3 册，北京：中华书局，1985 年影印本，第 348 页。

③ 崑冈等修，刘启端等纂：《钦定大清会典事例》卷 785《刑部・刑律盗贼》，《续修四库全书》第 809 册，上海：上海古籍出版社，2002 年，第 610 页。

（1726年）谕：

弭盗之法，莫良于保甲。朕自御极以来，屡颁谕旨，必期实力奉行。乃地方官惮其繁难，视为故套，奉行不实，稽查不严。又有藉称村落畸零，难编排甲。至各边省，更藉称土苗杂处，不便比照内地者。此甚不然。村落虽小，即数家亦可编为一甲。熟苗熟獞，即可编入齐民。苟有实心，自有实效。①

同年七月，吏部议覆保甲之法，“十户立一牌头，十牌立一甲长，十甲立一保正。其村落畸零及熟苗熟獞，亦一体编排。地方官不实力奉行者，专管兼辖统辖各官，分别议处”。得旨依议，通行各省。②

乾隆时期对已经基本完备的保甲体系再加整肃。乾隆二十二年（1757年）谕：

州县编查保甲，本比闾什伍遗法，地方官果能实力奉行，不时留心稽查，民间户口生计，人类良莠，平时举可周知。惰游匪类，自无所容。外来奸宄，更无从托迹，于治理最为切要。乃日久生玩，有司每视为迂阔常谈，率以具文从事。各乡保长甲长，类以市井无赖之徒充之，平时并不实心查察，虽督抚课最有力行保甲之条，不过故套相沿，毫无裨益。嗣后务宜慎重遵行，不得仍前玩视。

于是臣工遵旨议定在保甲体制中细化出牌甲之法：

顺天府五城所属村庄暨直省各州县城市乡村，每户由该地方官岁给门牌，书家长姓名生业，附注丁男名数，出注所往，入稽所来。有不遵照编挂者治罪。十户为牌，立牌长，十牌为甲，立甲长，十甲为保，立保长。限年更代，以均劳逸。士民公举诚实识字及有身家者，报官点充。地方官不得派办别差，以专责成。凡甲内有盗窃、邪教、赌博、窝逃、

---

① 《世宗宪皇帝实录》卷43《雍正四年四月甲申》，《清实录》第7册，北京：中华书局，1985年影印本，第636页。

② 《世宗宪皇帝实录》卷46《雍正四年七月乙卯》，《清实录》第7册，北京：中华书局，1985年影印本，第702页。

奸拐、私铸、私销、私盐、躧麴、贩卖硝黄，并私立名色敛钱聚会等事，及面生可疑，形迹诡秘之徒，责令专司查报。户口迁移登记，并责随时报明，于门牌内改填换给。牌、甲、保各长，果能稽查详慎，首报得实，酌量奖赏。傥应查不查，应报不报，按律分别治罪。邻省邻县差役，执持印票，到境拘拿盗贼及逃犯，保甲长密同捕获，免其失察之罪。若差役诬执平民，许保甲长赴本管官剖白候夺。傥系玩庇，按律究治。地方官奉行保甲，若虚文塞责，及滥任匪人，藉端滋扰者，题参议处。①

乾隆二十二年（1757年）的整肃中明确了许多保甲制度的细则，如稍加整理，可见以下20个要点：

（1）绅衿之家与齐民一体编列，但并不佥充保甲长；

（2）兵丁、书役与民户一同编入保甲，本身免充保甲长；

（3）聚族而居且丁口众多之处，择立族正，查举该族良莠；

（4）旗民杂处村庄，一体编入保甲；

（5）各省驻防营内居住商民及官员雇佣人役均令另编牌册，由同知查核；

（6）蒙古地方种地民人设立牌头总甲及十家长等；

（7）客民在地方开张贸易并有产业者与土著一例顺编；

（8）往来无定商贾令所在店主、埠头、住持询查来历、伙伴数目及去来日期报官；

（9）盐场井灶另编牌甲并所雇工人随灶户填注并加约束；

（10）矿厂、煤窑丁户、雇工人责成厂员督率厂商、课长、峒长、炉头、雇主编查；

（11）山居棚民由地主及保长按户编册结报；

（12）广东寮民给牌互相结报，寮长钤束；

（13）苗猺寄籍内地并已编入民甲者照民人一例编查；

（14）云南夷人与民错处者一体编入保甲；

（15）外省入川民人同土著一律编查；

---

① 崑冈等修，刘启端等纂：《钦定大清会典事例》卷158《户部·户口》，《续修四库全书》第800册，上海：上海古籍出版社，2002年，第558页。

（16）甘肃番地户民由土司稽查，如系地方官管辖者，令该管头目编查给牌另册造报；

（17）四川改土归流各番寨责成乡约甲长稽查；

（18）寺观僧道令僧纲、道纪按季册报；

（19）各省回民令礼拜寺掌教稽查约束；

（20）外来流丐由保正督率丐头稽查。[①]

至此，保甲制度已经严密覆盖了社会各个区域和阶层。乾隆二十二年后，清朝继续补充、强化保甲体系。其中比较重要的举措包括强化沿海商渔船只澳长族邻保结之法；明确五城所属村庄照直省州县之例编连保甲；湖北郧阳山地并陕豫毗连州县山地设立保甲；滇省与缅甸交界处居民照内地编造保甲；各州县保甲注明每户口数每年造册送臬司查核；京城内外旗民编查保甲；王、贝勒等属下屯居包衣人丁一体编入保甲；八旗宗室觉罗等在京外附近居住者一体编查；严饬地方官编查保甲时责令里长、甲长等取具连名互保甘结，等等。[②]

这是中国历史上政府对于基层社会最为严密的以对于人的控制和社会治安为中心目标的体制，其覆盖的地域范围和社会人群达到空前广大程度。通过这个严密的网络，清朝基本实现了对地方基层社会的日常掌控，成为清代帝制国家体制的基石。然而这一被历代清朝统治者称为"良法"的制度，还是盛极而衰，在乾隆后期与八旗制度一样，逐步失去效能。嘉庆十五年（1810年）的一道上谕透露出：

> 向例各州县乡镇村庄，设立门牌保甲，俾其互相认识稽察。原所以诘奸宄而弭盗贼，而每岁编户审丁，汇册报部，闲遇水旱偏灾，发帑赈恤，按册而稽，自不至于浮冒，立法最为详密。乃奉行既久，竟同具文。不但容留匪犯，无人举发，致令日久潜匿，恣为不法。而偶遇偏灾散赈，则奸吏蠹胥，浮开户口，较岁报丁册往往增多，任意弊混，殊属不成事体。[③]

---

① 崑冈等修，刘启端等纂：《钦定大清会典事例》卷158《户部·户口》，《续修四库全书》第800册，上海：上海古籍出版社，2002年，第558—559页。

② 崑冈等修，刘启端等纂：《钦定大清会典事例》卷158《户部·户口》，《续修四库全书》第800册，上海：上海古籍出版社，2002年，第559—561页。

③ 崑冈等修，刘启端等纂：《钦定大清会典事例》卷158《户部·户口》，《续修四库全书》第800册，上海：上海古籍出版社，2002年，第560—561页。

这种逐渐的蜕化变质，皆有深刻的根源，并非简单的主观努力就可以扭转趋势。到道光三十年（1850年）的时候，情况更为糟糕：

> 近来各省盗贼横行，劫案累累。甚至湖南会匪滋扰，两粤贼势蔓延。推原其故，皆由保甲之法不行，以致莠民无所忌惮。本年春间，曾经降旨通谕各直省督抚，严饬该管州县，力复旧章，实力办理。迄今已逾半年，并未将现办情形，据实覆奏。是直以通谕为虚文，视保甲为故事。无怪各省抢劫之案，层见叠出，毫无儆畏也。各督抚府尹身任疆圻，宜如何勤思绥辑，著即遵照前旨，各将地方现办章程，据实具奏。州县中认真奉行，著有成效者，即应加以鼓励。其奉行不力，或虚词欺饰及藉端扰累者，亦即指名严参惩办，以肃吏治而清盗源，毋得以空言覆奏，致良法美意，徒成具文。①

随着保甲制度的瓦解，清朝也随之覆亡了。

从前述研究看，明清两代从主流而言，社会分层结构并没有稳定地向平面化推演，反之，社会分层体系变得更为复杂。人身依附关系更是大幅度地强化和普遍化，社会区隔也大幅度地深化。更为重要的是，突出体现出这种变化的八旗体系是一种国家制度，而并非社会惯习或者地区化的民间风俗。这就使清代的社会分层与帝制国家上层建筑更内在地结合在一起，表现出政治专制与社会等级深化的一致性。明代的良贱差别，虽然也得到国家立法的支持，但那并不是明代国家的创造，也不是明代国家着力建构出来的社会局面。

这一情况对于透视 15 世纪以降中国社会的组织方式和演变趋势是一个令人沮丧的事实。它实际上标示出，从社会结构角度来看，在这个世界大变动的时代，中国社会体系中发生着一系列与这场变动的基本取向背道而驰的事情。就中国本身而言，前述社会领域的变化，显示出明清两个时代之间的断裂，或者至少是一种相互错位，而不是前后相继的对接。这种错位在经济领域并不同样明显。这是意味深长的。

---

① 崑冈等修，刘启端等纂：《钦定大清会典事例》卷158《户部·户口》，《续修四库全书》第800册，上海：上海古籍出版社，2002年，第561—562页。

第四篇

政治演进与政治文化

九

明清时代的政治文化特征

（一）概念与问题

中国史学原本注重政治历史研究，其显著成就是中国历史上的诸多政治制度、事件、人物之基本面貌优先得到考察，使得现代人可以通过阅读历史研究著作，比较清楚地了解中国政治的历史演变。然而晚近时期，无论中国还是西方的现代史学，都曾表述过对于政治史局限的批评。就中国历史而言，早期的批评主要是指出政治史与古代以王朝兴衰为中心的史学观念前后相袭，晚近的批评则主要是指出政治史偏重国家权力而忽略社会底层结构与民间生活。这些批评都能指出政治史的局限，但是以政治为历史研究的统摄概念与从事政治历史的研究并非一事。前者是历史观认定问题，偏差甚著；后者则只是一种具体实践的选择，与其他研究取向自可并行。

中国政治历史研究，自 20 世纪初新史学兴起以来，就不仅有关于制度沿革、事件因果、人物品评之类的研究，而且有从文化角度对各种政治现象的分析解读，并与中国现实社会发展建设思考紧密结合。这种将政治与文化结合的研究，将政治史研究推向比前深化精微的层面。如果将这样的研究看做今日所说“政治文化”（Political Culture）研究的先声，则政治文化研究的实践早已发生，不是崭新的现象。只是较早时期，无论西方、中国，将政治与文化结合的研究，多是基于政治与文化的天然纠结，而非基于特别经意界定的研究理念。20 世纪后期，与中国文化研究的热潮和史学研究范式的新探索相关，海内外史学界对于中国传统政治的研究比先前更多地凸显文化分析的取向，成果增多的同时，也展现出日益清晰的方法论自觉。大致与此同时，西方政治学者将“政治文化”作为一个重要的学术语汇进行了诸多界定和拓展研究。这使政治文化史研究逐渐具有了专门领域的性质。

研究中国传统政治文化成绩最为突出者，一是以余英时为代表的海外学者从儒学现代意义追问基点出发对宋明士大夫政治文化思想的解析；二是刘泽华代表的中国政治思想史家对“王权主义”传统的批判性剖析；三是美国的一些学者，如哈佛学派早期中坚人物史华兹（Benjamin I. Schwartz）、列文森（Joseph Levenson），以及哥伦比亚大学的狄百瑞（William Theodore de Bary）等，注重从总体文化精神角度解读中国历史。余英时的研究，偏重于儒学与儒家知识精英阶层。刘泽华先生的研究，偏重于对传统政治中王权主义体制及其精神的批判。因为各有所偏重，所以也就都有拓展推敲的余地。史华兹等美国学者的研究在各有独到的特色之外，共同性恰好在于共同注重对与中国传统思想——主要是政治文化精神——与现代中国历史发展关联性的梳理与解释。①

就明清时代而言，迄今学界对于“政治”“文化”的研究都甚丰赡，然而对于“政治文化”的研究却远不及对于先秦、秦汉、唐宋各断代政治文化研究的指向明确、成果丰硕，无论从方法理论还是从具体研究方面说，都更接近于新领域的状态。

这里所称“政治”，指特定社会共同体内部公共事务的管理，其基本内容

---

① 参看 Benjamin I. Schwartz，*In Search of Wealth and Power：Yen Fu and the West*，Cambridge，Mass.：Harvard University Press，1964；Benjamin I. Schwartz，*The World of Thought in Ancient China*，Cambridge，Mass.：Harvard University Press，1985；Joseph R. Levenson，*Liang Ch'i-ch'ao and the Mind of Modern China*，1953；Joseph R. Levenson，*Confucian China and Its Modern Fate：A Trilogy*，University of California Press，1958，1964，1965；William Theodore de Bary，*Nobility and Civility：Asian Ideals of Leadership and the Common Good*，Harvard University Press，2004；William Theodore De Bary，*The Liberal Tradition in China*，New York：Columbia University Press，1983.

是公共权力的设置与运作。在此判定基础上,“政治文化”包含四个基本维度,即政制精神、政治价值、政治思想、政治生态。一个社会体系公共权力运作倾向中最坚定且根本性的部分凝固为政治制度,所有制度都承载社会秩序的理想取向;在政治生活中引导人们进行政治现象意义判定的观念倾向构成政治价值观和政治伦理;以明晰话语、文本表述的关于公共权力运作的言论构成政治思想;一个政治体系运行中具有延续倾向的格局、氛围、态势构成政治生态。政治文化的研究,主要是从这四个基本维度透视特定社会共同体公共权力设置和运作的基本格局与倾向。①

明清时代的中国,经过明朝前期的铺垫与过渡,从明朝中叶开始展现出诸多新异性且不可逆转的趋势,包括:卷入全球性大变迁;市场经济空前繁荣、商业与商人地位上升;社会分层体系简单化;市民文化活跃;人口爆炸;货币财政体制形成;儒学社会化。这些新异且不可逆情况显示出中国社会形态趋于“变迁”。发生在经济层面的变迁最多且著,在社会、文化层面也有发生,然而其历史涵义尚非显明。若从公共权力组织方式角度观察,则沿着此前逻辑延展的趋势远远超过变迁趋势,其中包括中央集权世袭君主制、科举—官僚体制、贵族制、宗法制等,皆呈沿袭传统甚至部分返古趋势。综合而言,明清帝制农商社会是在中央集权的帝制体系框架内展开的以农业、手工业生产为基础的商业化程度日益增强的社会,是帝制—官僚—郡县体制与农商混合经济达成共生态势的社会。此一社会覆盖广袤地域和众多人口,具有独特的文化传统来保持其持续性,其特质与演进倾向与以往学界明确界定的各类社会形态都有很大差异。

“明清帝制农商社会”概念一旦析出,就凸显出社会经济趋势与国家权力架构演变倾向之间难以通过简单方式直接解释的多重纠结。其中最根本的形态特征是商业经济发展与社会自由度的增强以及庶民文化的发达趋势与中央集权的君主—官僚—贵族体制的持续发展构成了一种互恰格局。

① 关于政治文化概念与研究范畴的界定,请参看赵轶峰:《明代政治文化研究的视阈》,《古代文明》2014年第1期。

（二）政制精神

制度体现社会主导人群为将社会保持在某种状态的刚性规约。其中最具有公共权力属性及政治属性的是国家基本体制。明清时代中国并非法制或宪政国家，所以当时国家基本体制并不完全由法律法规文本界定，而由法规文本与施政推演共同体现出来。其间具体变动经常发生，但根本规制却是一以贯之。其公共权力结构的轴心是皇帝—官僚—郡县体制。此种体制滥觞于战国，定制于秦汉，至元代有行省为中央与地方行政之间大区域层级机构的定制，延续至明清不改。与经济、文化领域绚烂多彩的变化相比，明清时代的前述基本架构，源远流长。从实践的意义上说，没有展现出任何确切的改变迹象。从思想观念意义上说，最为明确的动向是清初黄宗羲在《明夷待访录》中表达的对君权私有化的批判。然而黄氏的建议只能达到君臣共治的程度，决然不能提出君主制的废止，也不能提出君主立宪的体制。况且黄氏此书直到晚清方得刊行，并未对清代中国国家政治精神趋向产生实质影响。关于官僚—省县制度，明清两代在核心区——明代为十三布政使司，清代为十八行省——皆实行中央集权的行省下辖州县制度，并无变化。这种基本体制对于先前时代的继承性，表示政治体制的“不变”倾向，进而表示通明清时代，公共权力主导人群并没有将政治体制是否需要“与时俱进”的问题加以考虑。

若如很多学者那样假定经济与政制在长时段视野下基本保持同取向趋势，那么在明清时代可以看到的则是一些“反向运动”，经济在向市场化发展而政制无重大变化且有某些古老制度要素重新强化。就皇帝与官僚系统的关系而言，秦至明初皆以丞相作为文官系统主脑，统理国家日常行政，因而臣僚得以较多参与大政决策。洪武十三年（1380 年）废丞相，皇帝不仅拥有国家最高权力，而且直接掌握行政，皇权空前强化。后来主要是由于皇帝行政需要较多协理，渐渐衍生出以顾问、献替、平允为主要功能的内阁，亦终究未能恢复臣僚的较强权力地位。抵于清代，丞相未恢复，内阁又落于空名，运行较久的是皇帝驾驭“军机处”处理政要的体制。后者承皇命办事，不设专官，上位无程序规制，君主集权达到前所未有的程度。与此同时，在明朝前期，秦朝以降仅仅若干短暂时期出现的皇室贵族分封制度以变异形式复活，一度造成古老贵族制回潮。其归于沉寂之后，留下的是一个日渐庞大的寄生贵族人群。入清之后，强势氏族贵族主导全国政治体制，造成贵族政治更大规模的回潮。先有议政王大臣会议体现贵族共议体制，后来有首崇满洲、满汉双轨、皇子襄政、亲王摄政、八旗特权、后妃干政等等，皆与贵族政治回潮一致。

明清时代国家权力体制并非固定不变，但变化基本不在根本体制范畴内。其中主要的变化，一是明初废除丞相制，这是通向皇权强化的运动；二是明代内阁制度形成，这是废除丞相制度以后围绕皇权运行机能逐渐产生的补偿制度，明末已经失效，至清而名存实亡；三是清朝前期设立理藩院及在西南推行改土归流，因应清朝直接控制地理空间的扩展而实施，是中央集权与内地行省体制向外缘区域管理的变通铺展；四是军机处成为中枢权力主要运行部门，这是清代皇权专制进一步强化的体现；此外就是与满蒙特权相关的一系列制度，如八旗、满官缺等，本质上是贵族特权制度的回归。至于晚清，才有诸多实质意义上的体制变革，但已是在外部挑战及综合危机发生之后的事情了。从明清时代中国公共权力体制面貌来读取其精神特质，皇权政治、官僚—士大夫政治、贵族政治是三个关键词。

从这一角度去追问中国帝制时代后期的国家政治是否有基于本土的现代性转变趋向，除非将这种夹杂贵族制回潮的高度集权的政治体制类比为欧洲近代时期的“专制王权”。然此种类比显然不能成立，回答只能是否定的。进而推论，如果刘泽华在20多年前关于中国古代社会政治主导性的判断是成立的，则明清时代的中国既然政治体制并无根本转变的迹象，经济、社会方面的新质因素也甚难言。[①] 后者还需另做讨论。

---

① 刘泽华、汪茂和、王兰仲的《专制权力与中国社会》称：“古代政治权力支配着社会的一切方面，支配着社会的资源、资料和财富，支配着农、工、商业和文化、教育、科学、技术，支配着一切社会成员的得失荣辱甚至生死。在这里，从物到人，从躯体到灵魂，都程度不同地听凭政治权力的驱使。”长春：吉林文史出版社，1988年，第258页。相关评论可参看李振宏：《中国政治思想史研究中的王权主义学派》（上、下），《文史哲》2013年第4期。

（三）政治价值

所谓政治价值，指社会成员关于政治生活、现象之意义的观念、态度及举动倾向。这种倾向可能以语言、文本方式表达，也可以非语言文本方式在生活实践中展现。社会公共权力的设置及其运行背后，始终存在着社会成员关于社会应然状态的理解和诉求，这决定社会成员对于现行政治的基本态度。如在所有社会中，社会成员都期待政府能组织使本社会不受外力的侵扰，不能做到这一点的政府一定会灭亡；所有政治社会的成员都期待政府带来秩序，不能带来秩序的政府会被取代；所有政治社会的多数成员都期待政府能维持社会公正，虽然事实上社会很难彻底公正，但是全无公正可言的社会很难维持。历史上的许多政治冲突，不仅是利益冲突，而且是价值冲突。西方政治学家如阿尔蒙德（Gabriel A. Almond）等人在界定政治文化的时候，都将政治文化主要看作社会成员对于政治的“态度”（Attitude）。① 从政治价值观和社会成员对于政治生活的基本态度角度看，明清时代有如下问题特别需要考虑。

第一，国家意识。社会成员认为什么是国家，国家与自我存在的关联感怎样，社会成员对于国家认同的基础和形态如何等，都是政治价值观的要素。明清大多数时期，主流民众的国家意识是臣民意识。其核心是顺承“奉天承运”的朝廷；如果朝廷施政导致民不聊生，可能铤而走险，举行反叛；如果朝廷彻底失德失势，则墙倒众人推，改立或改顺新朝；遇有外敌入侵，在朝廷能够常态性发挥功能情况下，参与朝廷御敌卫国。通明朝一代，前述各类情况都曾发生，民众对于国家态度的理路与前代没有明显差别。明末清初，清军入关、南下，在实现国家共同体重新统一与文化融合之同时，推行文化、风俗方面的强制变异，不仅遭遇明朝残余势力的抵抗，也激起大量南方民众的直接抗击。在大规模武装抗清运动被镇压以后，反清秘密组织活动仍然不绝如缕，延续到清末革命。这种情况反映出国家认同与民族文化认同、群团利益冲突之间更为复杂的纠结。其间，参照清初黄宗羲、顾炎武、王夫之表

① 如果从批评的角度去看，则需指出，阿尔蒙德等人界定政治文化的时候，其针对的对象是现代公民社会，这与帝制时代社会的政治生活有很大区别。

达的以文化认同界定国家的思想，可能发生了民族国家观的启蒙，但是将清初与元初比较，清初是否真的在民众及大众心理层面发生了国家意识的新质局面，还需详审。

与此同时，清代民众乃至绅商阶层之主流，其实是逐渐接受了清朝的合法性，否则清代近 270 年国运就无法加以说明。由于明清政权之更替伴随着民族征服，清初政权得到社会普遍接受的过程进展比明初同一过程缓慢。清朝逐渐得到社会的接受，其治下人民普遍的臣民意识是首要因素。臣民意识主导的民众在政治方面是被动并由生存意识主导的，也是缺乏集体行为能力的，倾向于在可能的情况下不与现实的统治者对抗。清朝政府采取的适应中原文化、收拢人心的措施是第二个作用因素。清初政府对比于明末政府的行政有效性及其治理成效是逐渐显现的第三个作用因素。至 1840 年以后，新式国族意识兴起，与其他任何时代都形成巨大差异，但其发生，却非经西方殖民主义挑战和西方思想的冲击不可，故能不证明其发生在明清帝制农商社会自身推演逻辑之内。综合而言，如欲查问明清时代国家意识的变动，关注时间在清不在明。清代与明代，虽然在许多研究者语汇中——尤其是在西方学者著作中，都称为“帝国”，但该种性质，明代浅淡，清代显明——明朝基本上是一个局域性国家，而清朝则统合了传统中华文明圈的绝大部分地域和人民。这种变化对于贵族、士大夫的国家意识肯定发生了一些影响，对于民众的国家意识可能也发生了相似的影响。此类影响是否比前代国家意识更接近任何意义上的“近代”民族国家意识，则还需要深入分析。

第二，政治合法性观念。政治是运作获得合法性的强制力的体系，强制力本身在获得社会合法性认同基础上才能构成国家管理功能的组成部分，否则只是秩序颠覆力。政权、最高统治者、重大政令在何等情况下是合法的，什么人的什么政治性行为是合法的，这构成政治系统公共秩序运行的底线。然而这里所说的“合法性”（Legitimacy），是一种关于观念和心理倾向的语汇，主要指政治统治的正统性、正当性、合理性，而非是否符合法律文本规定的属性。明代国家权力的合法性，得到明朝君臣的反复申明，其核心：一是“奉天承运”；二是扫荡胡俗；三是四海归心。这在明初各类诏令文书中会反复看到。将之简化表示，就是天意、民心、文化继承。前二者完全是传统性的，以恢复华夏衣冠为明朝立国合法性的基础，则具有时代新异性——元代以前的中国虽有游牧民族建立的政权，但却未出现游牧民族统一全国的政权，元朝统治有可能在根本上改变中华文化演变的方向，明朝的建国，因而从中原文化圈而言，具有“恢复”的意义。这就使明初的立国，获得了多一层的合法性支撑。然而恰好如此，明朝也成了局域性的国家，对传统汉族聚居区以外的边缘区域，控制力减弱。明朝政府的此类申明，在民众心理中产生了一定的回响。这在明朝中期以后逐渐增多的庶民文学作品中可以看到痕迹。

清朝统治合法性的社会认同，遭遇到比明朝大得多的障碍。为消除这种障碍，清初统治者除了照前宣称奉天承运、四海归心之外，宣布了为明朝讨伐“流贼”、奉安明室陵寝、招揽儒家士大夫入仕等政策，继承了明朝的基本制度、法律，接受了中原上流文化，还通过发动文字狱等，对拒绝认同清朝合法性的势力进行镇压，并且十分认真地重新论证了君臣、华夷关系。在对清朝统治由普遍抵制到主流认同的长期过程中，武力和怀柔手段是最初的主要因素，民生逐渐安定和文化逐渐融合是稍后的主要因素。这表示清朝初年政权合法性之成立，其实与先前时代的逻辑并无根本不同。然而还是要看到，晚清推翻清朝的革命，包括失败了的太平天国和成功了的辛亥革命，都举出了蓄发或反满的旗号，将清朝视为征服统治者的心理，始终没有完全消泯，意味着清朝所实现的合法性认同，一直有限。

与政治合法性密切相关的是政治合理性观念，即关于政治举措是否合乎基本政治价值理念的意识。如明初、清初都曾出现文字狱，大众心理乃至事后的官方历史记述，从来没有认同其合理性。宦官把持朝政，也从来没有获得公众的认可。晚明皇帝派出矿监税使及朝廷镇压东林党，曾经激起民愤。清官、廉吏，明清皆有，皆成为公众期待、赞许的人群。然而能够展现出这些现象的政治观念，依然可以在先前时代的政治文化传统中发现，甚难断定哪些已经属于新质的政治文化因素。

第三，政治参与意识。这是阿尔蒙德等人分析现代民主国家政治文化的重要概念。明代中国不是民主政治，因而社会成员直接参与政治的热情肯定不及阿尔蒙德考察的西方社会。即使如此，凡处于运行状态的政治系统，都涉及社会成员是否参与及参与程度、方式问题。在非革命、动乱、战争、狂热时代，民众政治参与的热情当与政治权力运作的公共属性成正比。明清时代中国人政治参与度如果高于先前时代，则可能意味着这个社会体系的开放性、公共性增强，果真如此，在性质上是趋于现代性增强的。明代直接参与政治的主体人群是知识分子，其准备阶段是求学与参加科举，科举后入仕即参与政府，从而进入国家政务潮流，致仕之后，仍然名列士绅，还有政治身份，因而也没有彻底脱离政治。此一人群另一种政治参与方式是在野讲学，明代中、后期都曾出现讲学高潮，其中有的是有士大夫身份的知识分子讲学，有的是并无士大夫身份的布衣知识分子讲学。当时所谓讲学，没有今日所称理科知识，都是正心诚意治国平天下事，每每涉及时政，便具有政治参与的性质。从这一方面看，明代知识分子中虽有隐逸山林者，但其主流仍积极参与政治，尤其表现在积极参与科举仕途层面。明朝末年，党社运动席卷大江南北，堪称中国帝制时代下层知识分子最活跃的一个时期，其内涵超出科举经济之外。庶民参与政治，并不积极，也没有制度性、常规化的机制，相关的研究也远远不足。一般说来，万历时期矿监税使激起的民变，晚明朝廷镇压东林党引起的民间抗议，晚明私人撰著史书、笔记以及庶民文学作品中对本朝政治的评说，崇祯之后东南民间参与抗清等，是明代民间政治参与的突出表现。此外，明代，尤其是晚明发生的下层民众反叛，可看作非常方式的政治参与。由此看来，明代的政治参与并不非常消极。其中缘由与大众文化繁荣、庶民社会自由扩展、民间舆论开放、士大夫好品评朝政都有关联。不过即使看到前述现象，如果从社会人口比例角度说，经常参与政治的人数相当少。多数民众以日常生存为目的，将公共权力之行使视为君父、朝廷、衙门、士大夫之事，用政治学概念说，是以“臣民意识”为基本心态的。社会一般成员缺乏明确的“政治权利”意识，大多民间政治参与现象，是利害相关或者情绪支配的。

清代前期社会成员的政治参与意识，与明代相比，不是更积极，而是更消极了。这肯定与明清更替时期形成的民族矛盾有关，也与清初持续较长、较严厉的文字狱有关。从士大夫层面看，清代没有了明代曾经盛行的以评论时政为重要内容的私人讲学，也没有了明代那种很大规模的君臣对抗现象。士大夫阶层的党社运动止息，代之而起的是比明朝盛行的民间秘密社会组织。前者是公开的因而体现以承认现有体制为基调的政治参与；后者是秘密的因而体现以不承认现有体制为基调的政治敌对性。到 19 世纪中叶以后，情况才发生根本转变。

（四）政治思想

政治思想与政治价值相关，但政治思想更多体现为通过语言、文本表述的明确主张，而非体现在情绪、态度、行为中或清晰或模糊的政治观念。一般说来，要想把握一个时代政治思想的基本面貌，需要考察该时代思想家的论述。所以政治思想史永远带有精英史的意味。思想史是文化史的核心部分，政治思想也是政治文化的核心部分，其在政治文化研究中的意义不言自明。前文提到在中国传统政治文化研究中成绩最显著的余英时和刘泽华两位先生，他们在研究中都特别地注重那些可以构成“思想”的要素、线索。

明清两代的政治思想中，获得实践地位的思想首先是专制皇权主义的政治观，突出地体现在明代的太祖朱元璋和清代的康熙、雍正、乾隆诸帝的言论，包括诏诰和章奏批答之中。其次是后世儒家的民本主义政治学说。前述君主们与儒家士大夫政治思想者在君主制、官僚制、中央集权制、有限贵族制等基本体制方面是大体一致的，但在皇权的极限和制约问题上，存在分歧。明代的士大夫一直努力使皇权被规范到一定的范围，力求扩展士大夫在国家政治运行中的话语权；清代的士大夫则放弃了这种努力而皈依于皇权的绝对权威。依据这样的基本线索，朱元璋是明代皇权主义思想的第一代表者，其后的皇帝皆在实践的道路上，却极少具有新的发明、阐扬性质的思想表述。清代的康熙、雍正、乾隆三帝，都是清式皇权主义的代表者。他们在推崇朱元璋政治思想、作为的基础上，的确提出了一些具有新意的政治思想。其中之一是以《大义觉迷录》为代表的关于华夷一家的言论。这种思想适应扩展了的多民族国家地域、民族、人口规模，既论证了清朝统治的合法性，也表达了多民族一体国家的合理性思想。其中之二是对皇权统治绝对合理性的空前推崇，这与满洲大臣对皇帝自称奴才的史实是互为表里的。这就展现出从政治思想角度看到的一个君主专制从强化到绝对强化的趋向。宋明时代儒家的民本主义政治思想在政治的价值目标上是民本主义的，即以民生状态为政治合法性、合理性的尺度而非以君主利益与意愿为尺度；在体制思想方面，则是以君主一官僚政治基点的，即完全承认君主制和官僚制，以及有限的贵族制。在此基点上，明代前期、中期的士大夫政治思想者都没有在宋代政治思想基础上提出什么特别具有新意的思想，只在如何有效践行儒家政治理念角度做出一些技术性的讨论。明末清初，以顾炎武、黄宗羲、王夫之为代表，出现了一个政治体制反省和政治理念批判的高潮。其思想在基本方向上当然依旧是儒家的，但是针对明朝灭亡的教训，他们都更鲜明地论证了政治的民本原则，也更激烈地抨击了君权绝对化的弊端，提出了限制君主权力的制度设想。但是他们都无法也没有超越君主制和官僚制的基本格局。入清以后，士大夫独立意识迅速遭遇君权绝对化潮流的冲击，明末清初的政治批判和政治反省窒息，独立的政治思想如落花付与流水，从而士大夫政治思想只能附庸在皇帝的政治言论之后。此种情况一直延伸至 19 世纪中叶。明清时代的政治思想很难有什么新的进境。至于所谓“现代”政治的基本理念，如“民主”“自由”“权利”“法制”之类，本不能在原有的政治概念中顺向开出，不经社会总形态更深刻的转变或者与外部世界的互动，不能成为明确的思想工具。

（五）政治生态

政治生态是指特定政治共同体在运行中展开的总体氛围、状态和推演倾向。所谓政治史，实际是特定状态连贯起来构成的推演历程，每一特定时刻的状态是下一时刻状态的基础，所有政治状态都是其先状态推演的后果。一个运行中的政治体的总体状态，蕴含着不久之后某些政治现象发生的较大可能性，以及另一些政治现象发生的较小可能性或者不可能性。政治生态自然与政治制度、思想、价值观息息相关，同时又是从政治运行的综合动态角度着眼的政治，因而并不能涵盖在制度、思想和价值观中，值得专门审视。①

从政治生态的角度来看明清历史，可以看到两代的延续性，也可以看到两代的断裂性。延续性表现中最突出的是皇权统摄政治增强的基本态势。洪武十三年（1380 年）废除丞相，是一个巨大的改变。黄宗羲称“有明之无善治，自高皇帝罢丞相始也”②，并非虚言，它使得完备丞相体制时代皇帝主要处理重大决策而将日常行政托付官僚系统的体制，转变为皇帝对决策与行政皆“乾纲独断”的体制，从而士大夫组成的官僚系统更大程度地工具化，皇帝个人意志亦随之绝对化。如果将这一变化与明初分封诸王，从而使贵族政治形成一个短暂高潮的举措结合起来看，明初以家天下为基调的皇权强化铺垫了整个明代政治生态的土壤。不过明代皇权并没有持续强化，内阁制度其实在一定程度上提供了士大夫政治伸展的体制机遇，于是就形成了明代政治史上皇权绝对性与士大夫话语权两种倾向之间的复杂纠结与抗衡。谏正德南巡、大礼议、抗议张居正夺情、东林议政、反矿税监等，都具有这样的含义。余英时在考究明代政治文化时，虽然意在考察皇权与士大夫的关系，但只抓住了朱熹与王阳明思想的对比，并没有注意上述实践情况，因而以为明代士大夫已经从追求“内圣外王”龟缩到仅仅追求“内圣”，是有所疏漏的。到了清朝前期，皇权第二次大幅度强化。其特征，一是通过文字狱、打击朋党等摧折士大夫自主意识，诱发官僚的工具性甚至奴化心态；二是更大幅度地复活贵族政治，以满蒙贵族参政作为皇权的辅翊，抵消士大夫官僚系统的体制地位；三是皇帝勤政并采用密折、廷寄等管理方式，直接削弱士大夫的话语权，实现皇权对于整个决策与行政过程的有效操控。与明代相比，其间的重

---

① 中国史研究界比较郑重地使用“政治生态”这个词汇的是余英时，他的《宋明理学与政治文化》一书中收入了一篇题为《从政治生态看朱熹学与王阳明学之间的异同》的文章。该文以“政治生态”命题，但对这一语汇并没有做明确的界定，只是指出它较政治文化具体并约定了自己使用该语汇的特定角度，“所谓‘政治生态’和我在上述二书中所用的‘政治文化’不同，后者的含义远为广泛而抽象。‘政治生态’则比较具体，我在这里主要只涉及两个相关的层面：一是王朝的取向，二是皇权的性质”。见余英时：《宋明理学与政治文化》，桂林：广西师范大学出版社，2006 年，第 346 页。他的这篇文章，实际是以皇权与士大夫权之消长以及士大夫天下担当意识的退缩为基本线索的。这当然是政治生态的重要内容，但我们如拟将这一概念作为政治文化研究中经常使用的语汇，至少还需要大致说明其指涉的问题范围与核心含义。

② 黄宗羲：《明夷待访录》，北京：古籍出版社，1955 年，第 7 页。

要“断裂性”表现，主要是清代因应多民族国家体系的延伸带来“首崇满洲”的民族统治色彩和对边疆地区更积极的经营。这个情况在奠定现代中国版图和推进中华文明圈内各民族融合的角度看具有巨大历史进步意义，在政治文化改善的角度看却是逆行的。其中的政治学原理甚为复杂，难以简单讨论。此外，明初的贵族政治复活，不久止息；清初的贵族政治复活则长期延续下来，直到晚清，依然构成现实体制的一部分。这又体现出明清两代政治的差异性。

在上述总体观察的基础上再向具体的层面看，庙堂政治层面最突出的情况是明代活跃的士大夫政治至清而杳无踪迹。明代有活跃的政治批评、党社运动，甚至庙堂之上的君臣对抗。这是中国帝制时代最后一个士大夫政治活跃期。入清以后，再无士大夫以群体姿态抗衡皇命的事情，士大夫在庙堂政治中工具性意义增强，从而在整个庙堂政治层面形成皇权政治的一个大繁荣期。这种皇权政治大繁荣，其实是康雍乾盛世的一个侧面。士大夫政治并不直接意味良好政治，但帝制时代政治无法根除的最大弊端就是皇帝权力的绝对化，在不发生动荡的前提下，只有士大夫群体可能依托“道统”“圣学”对皇帝权力绝对化倾向构成日常化的制约。这在技术上说会增加政治成本，但无此制约，则绝对皇权运行可能造成的社会代价更为深远巨大。不过现代研究者如果将明代士大夫制约皇权的诉求比附于“民主”政治诉求，则也难得其要领。明清士大夫的政治诉求，即使就其最激进的表现而言，也不是民主，而是以民生为本的君主—官僚政治。近代西方历史展现出来的那种民主制度之基础概念，并未在中国传统政治文化中梳理成为思想话语，因而也就不可能汇聚成为思想的逻辑和理论。现代民主制度不是朦胧的感觉或者倾向，而是系统的制度格局和渊深的政治文化状态，需要借助严谨宏大的理论才能展开。明清时代的士大夫不具备这种能力，其他人群更不具备这种能力。而且通明清两代，看不出哪个人群具有持续增强这种能力的可能趋向。

在庶民社会层面，明清两代政治生态的差异不及庙堂层面之大。除了明末的民间反叛和清朝初年民间社会对清朝统治的不认同曾经一度构成特殊节点之外，明清两代的庶民多数情况下都是以“臣民心态”对待政治生活的。臣民心态的核心是服从统治者和最低限度地参与政治。民间对朝廷的小规模反叛是放弃臣民角色，试图挣脱到现行政治权力体系之外的尝试；大规模的反叛，则是臣民试图取代统治者的尝试。由于庶民的臣民心态和臣民处境，明清政治舞台上的活跃者自然主要是帝王将相、士大夫、野心家。

另外一个情况是：明代大多数时期的政治开放性与自由度较高，政治知识基本是全社会共享的，现实政治信息在社会层面传播较为广泛快捷，政治言论和书籍出版也宽松自由。清代前期政治开放性与自由度降低，政治中的秘密运行程度也增加，直到 19 世纪中叶以后，才发生根本变化。

（六）政治文化视角下的明清社会形态

政治的基本内容是特定社会共同体公权力的设置和运作，政治文化是体现在社会共同体公权力设置和运作中的思想、信仰、信念、价值观、心理状态、氛围格局和精神取向。从前述明与清前期的政治文化视角看，这个时代——中国现代社会展开前夜的这大约 5 个世纪的一个历史时期，基本上沿着其前帝制社会的政治轨道推演。而且推演的趋向中，最突出的是皇帝政治权力的绝对化和士大夫政治自主性的挣扎与凋敝，其他虽有若干变局，毕竟并没有展现出强有力和持续性的政治变革局面。

从政治文化角度说，19 世纪中叶以前的明清时代完全处于传统政治轨道之上，没有脱轨迹象。在没有强大外力冲击情况下，此种政治体制与政治文化会延续下去。在这种政治局面和政治精神中，找不出议会政治、权力分立制约制度、民主机制发生的直接前景，能够看到的是中央集权的君主—省县—官僚体制政治架构以及与之相适应的政治精神的延续。

然而，几乎没有什么明清历史的研究者会否认，这个时代的社会、经济乃至一般文化都发生了深刻的变化，而且一般认为这种变化是指向某种意义或者某种程度上的“现代性”的。于是政治文化的凝固性与社会、经济、文化的变通性之间，即帝制政治体制与文化加上商业世俗化的社会，构成了一个“帝制农商社会”。其中帝制政治文化的倾向不是终结而是延伸，农商社会的倾向也是在约 16 世纪以降形成的逐步增加商业化成分的轨道上延续。到 18 世纪出现的“盛世”，恰好是这种组合达到繁荣的展示。这个盛世的衰竭，也不意味着这种组合结构的终结，而是在很大程度上的周期现象，直到西方挑战将这个体系拖入另一种环境中。

明清帝制政治表现出来的与商业世俗化社会的契合共生能力是惊人的。从明初皇权专制体系的重组到商品货币经济展开，实际只用了几十年时间，到逐步繁荣的状态，也不过略过百年的时间，其后则是帝制政治与农商并举的社会经济并存并荣。在此期间，帝制体系其实接受甚至共谋了经济、社会领域的诸多转变，包括放弃对国家控制金融最有利的纸钞、与商人合作利用食盐专卖充实西北边塞、放弃政府对手工业工匠的直接人身控制、实现货币白银化、从实物为主导的财政体制过渡到以货币为主导的财政体制、推行赋税征银、在倭寇消杀情况下大规模开放海外贸易等等。清代的政府基本继承了明代政府的社会经济政策，包括在明代一条鞭的基础上过渡到地丁银，废除贱籍等等。所以清代康雍乾盛世，其实是自明代以来帝制农商社会发展达到的繁荣状态。这次持续的繁荣，表明帝制体系没有自身走向终结，表明明代以降商品经济的繁荣发展，没有瓦解帝制政治，表明帝制体制有很大的弹性来实现对随着商品世俗化而呈现出更大自由度的社会的掌控。

中国就是在这种状态下，与欧洲的扩张相逢的。这种相逢，不是处于同一过程不同阶段的两个社会的相逢，而是两个不同过程的交汇。

将上述讨论归纳之后，我们可能需要正视如下推测：①商品经济与政治民主之间并无直接通道或者严格的因果关系；②中国传统帝制体系有超出寻常的社会掌控力和延续性能；③明清中国可能向资本主义经济体制趋近，但没有向民主社会趋近；④关于明清社会与历史趋势的纯经济观点，包括晚近西方学者提出的一些新见，在方法论上有重大疏漏；⑤社会形态、社会历史趋势这样问题的考察，不能忽略政治文化的视角。

十

明代皇权政治的运行
——以皇帝继位诏书为中心

帝制时代皇位轮替有大行皇帝遗诏和继任皇帝即位诏（亦称登极诏）公布于天下。这两种诏书前后相接，公布最高统治者的变更，申明新帝即位的合法性，安抚臣民，并可能借机做出必要的政令更革。因而遗诏和即位诏是考察帝制时代政治和政策阶段性继替、关连的重要资料。[①]对即位诏书进行文本细读，可以展现皇权在继替节点的表现，是查见皇权政治运行基本理念推演的中轴线。

明代皇帝即位诏书文本，除开国皇帝朱元璋即位诏之外，甚为冗长，需分组考察。由洪武至崇祯，共16位皇帝，其中英宗曾两度为帝，故共曾颁布16次即位诏书，加一次复位诏书。所有这些即位诏书，都可一一查检，构成一个相当完整的系列。

---

① 按台湾学者张哲郎有《从明代皇帝之即位诏及遗诏论明代政权之转移》上、下两篇，载于《台湾政治大学历史学报》第14、15期（1997年5月号及1998年5月号），论述颇为系统。但张先生倾向于判定这类诏书除个别例外，基本上是官样文章，缺乏实际意义，笔者则力图探询其间意味。此外，该文偏重讨论“政权转移”，本文则力求将分析的范围拓展到政治文化和明代朝廷政治、政策的演变脉络，并且对个别需要辨析的史料、事实也加以考订。

（一）洪武至正统的即位诏及明前期政策的推演

明太祖为开国皇帝，其即位诏书实际兼有开国、即位诏书双重性质，这是其与后来所有承继父祖皇位者的即位诏书的最明显差异。该诏书篇幅在明代所有即位诏中最为简短，文称：

> 朕惟中国之君，自宋运既终，天命真人，起于沙漠，入中国为天下主。传及子孙，百有余年，今运亦终，海内土疆，豪杰分争。朕本淮右庶民，荷上天眷顾、祖宗之灵，遂乘逐鹿之秋，致英贤于左右，凡两淮、两浙、江东、江西、湖湘、汉沔、闽广、山东及西南诸部蛮夷，各处寇攘，屡命大将军与诸将校奋扬威武，已皆戡定，民安田里。今文武大臣百司众庶合辞劝进，尊朕为皇帝，以主黔黎。勉徇舆情，于吴二年正月四日，告祭天地于钟山之阳，即皇帝位于南郊，定有天下之号曰“大明”，以是年为洪武元年。追尊四代考妣为皇帝、皇后，建大社、大稷于京师，立妃马氏为皇后，长子标为皇太子。布告天下，咸使闻知。①

此诏最核心的主旨，在于申明明朝建国的合法性，将新朝成立公告天下；在此基础上，公布国号、年号、京师，及皇后与太子人选。此时各种法规、制度、政策尚待展开，并无反省、改革之事，故无提及，所以文字既短，内容也最集中。诏中最值得注重之处在于明朝承认元朝与宋朝一样，具有正统、合法性，不仅未从族群角度对元朝正统性提出异议，且自命为元朝既终之统的后继者；其次，宣称其本人即位为皇帝，不仅有王朝气运迁移的基础，符合天意，而且有戡定天下离乱的功绩和人心拥护为条件。这两点的核心又集中到新政权的合法性问题上。由此可知，即位诏最根本功用在于向“天下”申明新政权、新皇帝的合法性，而这种合法性的基础需着落在符合“天”意、

① 《明太祖实录》卷29《洪武元年春正月丙子》，台北：台湾“中研院”历史语言研究所校勘本，1962年。按明太祖即位诏除《明太祖实录》所载本外，还有其他多种版本。其中《四库全书存目丛书》所收明嘉靖十八年傅凤翱刻《皇明诏令》本、《续修四库全书》所收嘉靖二十七年浙江布政司增修原傅凤翱（该本作傅凤翔）刻《皇明诏令》本、《续修四库全书》和《四库禁毁书丛刊》所收崇祯七年孔贞运《皇明诏制》本，所载明太祖即位诏与《明太祖实录》所载文本皆有数字不同，但除孔贞运《皇明诏制》本中误将明太祖即位年份书为“吴元年”外，其他并无重要差异。

统绪有自、功德在民、人心拥戴之上。

洪武朝持续 31 年，其间原立皇太子朱标先逝，朱标之子朱允炆被立为皇太孙，继朱元璋为明朝第二位皇帝，年号建文。建文帝即位诏为明帝即位诏中仅长于太祖即位诏而短于其他所有即位诏者，且为明代继父祖兄而立的 15 位皇帝的第一份即位诏，所以此诏为后来的所有即位诏提供了基本规制，明代继立诸帝即位诏的文本框架已展现于此诏中。诏称：

> 天佑下民，作之君。我高祖皇帝受天之命，统有万邦，宵衣旰食，弘济斯民，凡事有益于天下者，无所不用其心。政教休明，规模宏远。朕以眇躬，纂承大统，恭依遗诏，于洪武三十一年闰五月十六日即皇帝位。夙夜惶惧，思所克相上帝，宠绥四方，以无忝我皇祖之大命。永惟宽猛之宜，诞布维新之政。其以明年正月初一日为建文元年，大赦天下。自洪武三十一年闰五月十八日昧爽以前，大辟罪以下，已发觉、未发觉，已结正、未结正，当赦所不原者，咸赦除之。敢有以赦前事相告，以其罪罪之。所有事宜，条列于后。
>
> 一天下布政司、府、州、县自洪武三十一年以前拖欠钱粮，盐运司、盐课提举司自洪武三十一年以前拖欠盐课，尽行蠲免。
>
> 一天下军民所养孳牲马匹、羊只者，尽皆免。
>
> 一天下田土，或有人户为事全家发充军者，或有死绝者，或因饥窘逃移者，以致抛荒数多，粮税拖欠，诏书到日，将抛荒数目从实取勘，报官开除。其逃移人户复业耕种者，优免杂泛差役三年。
>
> 一水旱灾伤，何代无之。今天下人民其有因而失所者，当该有司将预备粮赈给。
>
> 一今后官民有犯五刑者，一依大明律科断，法司遵守，无深文。
>
> 一军民词讼，今后务要自下而上陈告，敢有越诉紊乱者罪。
>
> 一囚徒已行宥罪，发卫所充军守御者，及已编定卫所，有司官领；未曾到卫所者，不在赦例。
>
> 一天下卫所在逃者，诏书到日，限五个月以内赴所在官司首告，与

免本罪，所在官司仍给口粮，递送京卫所着役。过违此月，仍罪如初。

于戏！德惟善政，政在养民，当遵先圣之言，期政雍熙之盛。百辟卿士，体朕至怀。故兹诏示，想宜知悉。[①]

此诏体现出明代洪武以外所有即位诏书的 3 项基本内容，即公布新君合法即位、改元、新朝初政方针。新君若如朱允炆一般在常规情况下即位，即位诏此款简单明了；如新君在非常规情况下即位，如篡位而立或以藩王入继大统，则相关文字增多，以特别陈明其合法性。改元文字皆极简明，无讨论必要。各即位诏的重要差别主要在于宣布新朝初政方针的第 3 项。此项一般以“大赦天下”名义开列多款，有时不用“大赦”名义，而以“所有合行庶政并宜兼举”之类语句引领开列。各朝面临问题不同，所以各朝即位诏书中的这一部分，恰好折射出各朝初年国家治理中的突出问题及应对方略。

上列建文帝新政项下开列细目计为 8 条，这是洪武以后明代即位诏中相关部分条款最为简明者，其核心是“诞布维新之政”，内容以宽赦为要义。除赦免在洪武时期的已结、未结罪犯之外，并蠲免拖欠钱粮、盐课；免孳养牲畜税；免充军逃亡而致田地抛荒者的欠税及复业后 3 年杂役；赈灾；规定依《大明律》断案，以防止法司深文周内，入人重罪。最后 3 条：不准越级起诉，囚徒宥罪而不至卫所者不赦，逃军 5 月内不返回者不免罪，为掌握前面宽赦政令时的限制条件。后来的即位诏规制基本遵循建文即位诏大旨，但新政项下所涉内容趋于复杂，篇幅趋于增加。建文帝在位仅 4 年，其政令基调虽然已经明显见于即位诏书中，但其后发生的对洪武时期机构设置以及一些具体政策的更革，在此诏书中尚无明显迹象，可知建文帝即位之初，调整洪武政风已经明确，但对于如何调整，尚未形成定见。

建文皇帝受文臣影响，试图改变洪武时期“治乱世用重典”的严苛政风，

---

① 永乐朝不修建文实录，将建文帝在位 4 年间大事系于《明太祖实录》之后，用洪武年号，其中无建文帝即位诏书。此处所引文本见于姜清《姜氏秘史》，《续修四库全书》第 432 册，上海：上海古籍出版社，影印国家图书馆藏清抄本。据《四库全书总目提要》，姜清为正德辛未进士，官至尚宝司少卿。《提要》称“是书于故案文集，搜辑遗闻，编年纪载……纪录颇见精核。”除《姜氏秘史》外，谈迁《国榷》卷 11、傅维鳞《明书》卷 4、徐学聚《国朝典汇》卷 4 皆载有建文即位诏前半部分，其成书都在《姜氏秘史》之后，且均不及《姜氏秘史》所载完整。前揭张哲朗相关论文所述建文即位诏依据的是后 3 种文本。

追求宽仁、文治，同时又要巩固面临诸王坐大威胁的皇权，因而推行了诸多更革措施。结果其社会政策调整尚无结果，就陷于与燕王朱棣为首的诸王实力派之间的军事冲突中。建文四年（1402 年）六月，朱棣“靖难”军逼南京，皇宫火起，建文帝失踪，朱棣登上皇位。无论朱棣后来有何作为，当此之际，他是来自皇室家族内部的篡位者，其即位缺乏政治文化传统中的充分合法性，无可置疑。这种合法性欠缺体现在朱棣的即位诏书中，在申明即位、改元时间之前的文字量，接近建文即位诏相应部分的 3 倍，其文称：

昔我皇考太祖高皇帝龙飞淮甸，汛扫区宇，东抵虞渊，西踰昆仑，南跨南交，北际瀚海，仁风义声，震荡六合，曶爽闇昧，咸际光明。三十年间，九有宁谧，晏驾之日，万方嗟悼。煌煌功业，恢于汤武；德泽广布，至仁弥流。

少主以幼冲之姿，嗣守大业，秉心不顺，崇信奸回，改更成宪，戕害诸王，放黜师保，委政宦竖，淫佚无度。天变于上而不畏，地震于下而不惧，灾延承天而文其过，蝗飞蔽天而不修德，祸机四发，将及于朕。朕为高皇帝嫡子。祖有明训：朝无正臣，内有奸恶，王得兴兵讨之。朕遵奉条章，举兵以清君侧之恶，盖出于不得已也。使朕兵不举，天下亦将有声罪而攻之者。少主曾不反躬自责，肆行旅拒。朕荷天地、祖宗之灵，战胜攻克，捣之于坝上，歼之于白沟，破之于沧州，溃之于藁城，鏖之于夹河，蹶之于灵壁。六战而已不国。朕于是驻师畿甸，索其奸回，庶几周公辅成王之谊。而乃不究朕怀，阖宫自焚，自绝于宗社，天地所不庇，鬼神所不容。

事不可止，朕乃整师入京，秋毫无犯。诸王、大臣谓朕太祖之嫡，顺天应人，天位不可以久虚，神器不可以无主，上章劝进。朕拒之再三而不获，乃俯徇舆情，于六月十七日即皇帝位。所有合行庶政，并宜兼举。①

① 此文本出《明太宗实录》卷 10《洪武三十五年秋七月壬午朔》，台北：台湾“中研院”历史语言研究所校勘本，1962 年。以之与两种《皇明诏令》本对勘，有个别语词顺序有差异，无大不同。该即位诏及本章讨论的洪熙即位诏、宣德即位诏、正统即位诏亦载于明孔贞运辑，南京图书馆藏明崇祯七年刻本《皇明诏制》，见于《续修四库全书》第 458 册。

第一段回顾明太祖功业，兼提及自己是明太祖子嗣，为以下文字铺垫。第二段解释起兵夺位缘起、过程、理由，其中包括以夸张语汇描述建文帝过恶，自己起兵有祖训为依据，自己的兵威、实力，建文自焚之为自绝于宗社、天地、鬼神。第三段以先前两段为铺垫，申明自己“顺天、应人”，不得已而即皇帝位。3 段文字的核心，全在说明自己虽然非正常即位，但仍然具有合法性。其中特别值得注意之处是朱棣声称其军逼南京之际，本意仍然是要仿照周公辅佐周成王之例，辅佐建文帝，并非意在夺位，奈何建文帝自绝，只好即皇帝位。这反映出的政治文化信息是即便有祖训依据，朱棣的合法行为也只限于起兵“清君侧”，并无夺位的合法依据。因而朱棣在申明他没有“夺位”，而是拾取了因建文帝自绝而落地不收的皇位。朱棣显然自知，倘若建文帝不死，他即使兵入南京，也无合法登皇帝位的资格，若继续对建文帝北面称臣，何等尴尬！注意此点，对建文帝是否如朱棣所说“自焚”于宫中，当存严重质疑。明代后来有大量文献描述建文帝“出亡”，虽其真伪难以确考，但仍可以从中看出明人对朱棣即位诏中关于建文帝自绝说法的不信服和对于朱棣即位合法性的怀疑。

朱棣即位诏“新政”条款中分列 25 款，去除第一款为改元说明，实际 24 款，条款数及文字量皆为建文帝即位诏相关内容的 3 倍。其内容又可分 3 类：第一，与建文即位诏相同者，即免究此前犯罪[①]、蠲免欠税、逃军返回免罪、依《大明律》断案、赈灾。这些内容也是后来诸帝即位诏中大多包括的，表示新君的一般的施恩意旨。第二，革除建文时期政令及平复“靖难”战争创伤者，占此即位诏“新政”部分的绝大多数文字，因部分内容与其他条款混杂，且不言条数。第三，其他内容，包括赦免“为事煎盐、买马、当站，及囚充递运水夫、皂隶、膳夫”人等宁家；网罗山林隐逸；存恤鳏寡孤独及高年；抛荒田土勘明除税；禁止缘海军民通番；凡军民人等被官军拘掳者官为赎还。新君即位时推恩天下是普遍做法，朱棣即位诏“新政”特殊内容主

① 前揭永乐帝即位赦免前朝犯罪款称：“自洪武三十五年七月初一日昧爽以前官吏军民人等有犯，除谋反、大逆……不赦外，其余已发觉、未发觉，已结正、未结正，罪无大小，咸赦除之。”各版本此处记载相同。朱棣于是年六月十七日即位，大赦罪犯始于七月初一日，是因为其即位诏书到七月初一日方才发布。洪熙帝、宣德帝、正统帝则皆在即位当天发布即位诏书。此种差异，应也与永乐帝即位合法性障碍有关。

要在于革除建文帝政令和抚恤靖难军人以及战火波及地方民众灾伤。朱棣即位诏与建文帝即位诏都提及的勒令逃军归回卫所及申明遗诏《大明律》断罪两条，表明军人逃亡在洪武、建文时期很普遍，官府判案违反《大明律》也甚为普遍，为一时主要弊政。

洪熙皇帝以大行皇帝长子、太子身份即位，虽然有皇室内部的觊觎者，但对于社会公众而言，其合法性无可置疑，故即位诏书中相关部分文字量基本回复到建文即位诏相关内容文字量，较永乐即位诏减少约 50%，并无特殊可关注处，其文不录。然而“新政”部分则达到 35 条，比建文即位诏之 8 条增 27 条，比永乐即位诏之 24 条增 11 条。前文已经言及，永乐即位诏中“新政”条款，大多是关于处理“靖难之役”遗留问题的，针对社会普遍问题而做出的调整或者改革条目其实不多。相比之下，已经可以看出洪熙即位诏包含更为深刻的政策调整甚至改革的用意。诏书“新政”35 条中，前 5 条是新君即位照例实施的赦免条款，包括免究此前犯罪、蠲免各类欠税、逃移者回原籍免税等内容，各帝即位诏中此部分内容大同小异。其后 12 条，占洪熙即位诏“新政”款数三分之一，全为停止“下西洋”宝船以及与此相联系的政令并清理其遗留于社会下层问题的条款，显然可见改变永乐时期政策的意旨。这一点意义重大，各款列出：

一下西洋诸番国宝船悉皆停止。如已在福建、太仓等处安泊者，俱回南京，将带去货物，仍于内府该库交收。诸番国有进贡使臣当回去者，只量拨人船护送前去，原差去内外官员，速皆回京，民梢人等，各发宁家。

一往迤西撒马儿罕、失剌思等处买马等项，及哈密取马者，悉皆停止。将去给赐段疋磁器等件，就于所在官司入库。马驼骡匹系官给者，仍交还官。系军民买办者，给还原买之人。原差去内外官员，俱限十日内起程赴京，不许托故稽留。

一往云南、木邦、缅甸、麓川、车里等处采取宝石等项及收买马匹等件，悉皆停罢。其给赐之物，发与差来进贡使臣带去。但系朝廷差去内外官，限十日内即起程回京。官军各回原卫着役，不许稽留。

一各处修造下番海船，悉皆停止。其采办铁黎木，只依洪武中例，余悉停罢。

一但是买办下番一应物件，并铸造铜钱、买办麝香、生铜、荒丝等物，除见买在官者于所在官交收，其未免者，悉皆停止。

一各处买办诸色纻丝、纱罗、段匹、宝石等项及一应物料、颜料等，并苏杭等处续造段疋、各处抄造纸札、磁器、采办黎木板、造诸品海味果子等项，悉皆停罢。其差去官员人等，即起程回京。不许指此为由，科敛害民。

一各处闸办金银课，除去煎销见收在官外，自今停止。敢有不遵法度，私自煎销者罪之。所差去闸办官员人等，限十日内即起程赴京，不许托故稽留。其旧额岁办银课并差发金［银］不在此例。

一交阯采办金珠、香货之类，悉皆停止。交阯一应买办、采取物料，诏书内开载未尽者，亦皆停止。所差去内外监督官员，限十日内即起程赴京，并不许托故稽留，虐害军民。

一各处为营造采办木植，如已起运者，随到所在堆垛；其未采办者，悉皆停止。军民各发宁家。所差去采办官员人等，限十日内起程赴京，不许托故稽留，扰害军民。

一各处造作，除军需外，其余不急之务，尽皆停罢。今后各衙门非奉朝廷明文，不许一毫擅自科扰军民。

一浙江、福建、官台山、乌峰峒等处人民，有被府县及闸办官吏逼迫，不得已逃命山林，出没为盗，诏书至日，悉宥其罪，令各回原籍，安生乐业，永为良民。

一陕西、四川儹运茶课，有已起运者，即赴所指茶马司交收；未起运者，悉皆停止。①

上列各款语气十分坚决，相关措施不容丝毫犹疑，刻不容缓，表明停止

① 此文本取自《明仁宗实录》卷1《永乐二十二年七月丁巳》。该诏书由杨士奇起草，故亦载于杨士奇《东里别集·代言录》，《东里文集》，北京：中华书局，1998年，第439—444页。《明仁宗实录》本、《东里别集》本、《皇明诏令》本比较，有细节差别，然未发现重大差异。

宝船下西洋以及相关举措，是蓄积已久的诉求，而且在洪熙君臣中间达成了高度一致。《论语》中早有“父在，观其志；父没，观其行；三年无改于父之道，可谓孝矣”。[①] 然而洪熙皇帝在乃父刚刚去世之际，立即下达如此严厉的更革命令，折射出永乐后期政治上层的政见不同已经达到深刻程度。[②] 其次，以上各款前后相连，反映出宝船下西洋并非孤立政策，而与诸多在周边国家、边疆地区及内地搜取奢侈品的政策相互牵连，故同时取消。将这些政策结合起来看，可以增强皇帝追求奢侈品是永乐时期宝船下西洋举措的主要目的的判断，同时可以削弱宝船下西洋是为“踪迹建文”说的可信性。[③] 进一步，应注意当时除了率领“宝船”出洋的郑和以外，还有相当数量的“内官”被派往各地搜取奢侈品，这与万历时期的“矿监税使”前后呼应。最后，当时民间已经深受前述永乐时期举措的骚扰，至少对于国内社会安定与民生而言，是一弊政。

此后尚有 18 条，固然以永乐时期社会问题为基本关照面，但不似前列 12 款针对性革除特色明显，大致属于一般社会政策调整之类，包括：赈济灾伤、安置抛荒田土、恢复永乐二十年以前较低税额、赦免罪犯的补充规定、抚恤鳏寡孤独等。再后 6 条，当属社会政策方面的新规定，包括：招募民间“怀材抱德，堪任用者”入朝为官；旌表孝子、顺孙、义夫、节妇；允许各界人士就“军民利病”“直言无隐”；御史、按察司拿解不肯改悔的贪污官吏；禁止官吏“以催办为由，辄自下乡科扰平民”；御史、按察司拿解地方官员容

---

① 何晏集解，邢昺疏：《论语注疏》卷 1《学而第一》，《十三经注疏》，北京：中华书局，1980 年，第 2458 页。

② 仁宗得知太宗逝世消息之后，向被太宗投于狱中的原户部尚书夏原吉咨询国事，“公即上言，以用费于不急，禄耗于官冗，情壅于言塞，政急于少康，积弊逮今未能遽革，在任当其人而图之以渐。又曰今民力竭于东南，戎伍疲于漕运，宜幸南京，庶几少苏内外之困。上曰：‘朕意亦然。’上以初政诏条访公，公请抚流移、恤鳏寡、赈饥民、宽逋负、省赋役、禁科敛、罢下西洋宝船及云南交址采办金宝香料、各处金银课程数事，皆见施行”。见钱福：《夏忠靖公遗事》，夏原吉：《忠靖集》“附录遗事”，《景印文渊阁四库全书》第 1240 册，台北：台湾商务印书馆，1986 年，第 561 页。可知洪熙即位诏虽出杨士奇手笔，政令倾向也受夏原吉影响。

③ 明中叶以后就有下西洋为寻找建文帝之说，然而终究没有切实依据。从洪熙即位诏看，扩展外部交流等固然是下西洋目的之一，但寻找珍奇宝物等奢侈品也肯定是其主要目的。至天顺年间，还有人还提到此事：“司礼监太监福安奏：‘永乐、宣德间，云南、福建、浙江产有银矿之所，悉令采办煎销，上纳京库，此诚国家大利。近年或采或止，国用不足，请如旧制，各遣内外官员，开场煎办。又永乐、宣德间，屡下西洋，收买黄金、珍珠、宝石诸物，今停止三十余年，府藏虚竭，请遣内官于云南等处出官库银货收买上纳。’从之。”见《明英宗实录》卷 287《天顺二年二月戊申》，台北：台湾“中研院”历史语言研究所校勘本，1962 年。

隐胥吏及其他官府下层执事人员把持衙门、操纵词讼、虐害良善者。最后一条仍旧重申法司判案必须“依《大明律》科断，不许深文”。

综合整个洪熙即位诏，可以看出明显的基本政策基调转变，试图停止皇帝和国家过度活跃的对内对外行为举措，使民间社会安养休息，并使官、君、民各个阶层中受到惩处者的比例大幅度缩小，并且更多地注意了基层施政的合理性和言论公开性。这用该诏书结尾语中的话来表示，追求的是“宽弘明信”的目标。《明史》评论说：“自仁宗立赦条三十五，皆杨士奇代草，尽除永乐年间敝政，历代因之。”① 这相当于判定洪熙即位诏开启了一次温和的改革，对后来影响深远。洪熙元年（1425 年）十一月，并靖难之役后受到严厉打击的忠于建文帝的诸臣及家属也予宽宥，洪熙帝明白地对廷臣说“方孝孺辈皆忠臣”。② 永乐到洪熙，政策呈现多方面的转变。

洪熙皇帝在位不足一年去世，扺宣宗即位，朝廷主要文武并无大的变更，故宣德初年，政策继承洪熙时期。前面讨论的洪熙即位诏由杨士奇起草，宣德即位诏也由杨士奇起草，故其基调不涉更革，主要是重申和补充洪熙即位诏的基本精神与具体政策方针。这与洪熙即位诏形成很大的反差，更凸显出洪熙是明前期政策方针基调转变的一个关键时期。

宣宗以太子身份即位，虽然有其叔父不甘于心，但其即位合法性无可置疑。其诏首段，回顾太祖、太宗、仁宗功德之后，宣布新君即位顺天应人，冠冕堂皇，无需详论。其后的“新政”条款，按照杨士奇文集所载文本，分 25 款开列，比洪熙即位诏少 10 款。如按《明宣宗实录》所载文本，分 23 条开列，比洪熙即位诏少 12 款。这也显示洪熙、宣德两朝之间政策以连续性为基调。而且，两种版本俱载的最后一条是：“凡宽恤恩典及合行政务，其有开列未尽者，悉遵去年八月十五日以后诏旨施行，务惇明信，祇守不渝。”③ “去

① 张廷玉等：《明史》卷 94《刑法二》，北京：中华书局，1974 年，第 2317 页。按永乐十九年四月二十四日曾下达《禁谤讪敕》称：“自今敢有仍蹈前非，故将讥侮谤讪及告讦之言上闻者，治罪不饶。”见《皇明诏令》卷 6，《四库全书存目丛书》史部第 58 册，济南：齐鲁书社，1996 年，第 125—126 页。洪熙即位诏中令天下臣民于军民利病直言无隐之政策，也构成对永乐时期政策的逆反。

② 谷应泰：《明史纪事本末》卷 28《仁宣致治》，北京：中华书局，1977 年，第 2 册，第 414 页。

③ 见杨士奇《东里别集・代言录》，《东里文集》，北京：中华书局，1998 年，第 456—460 页。该即位诏亦载《明宣宗实录》卷 1《洪熙元年夏六月》，并见于《皇明诏令》。三种文本比较，独《实录》本少两条，详见下文，此外仅个别单字用法略异，文意一致。

年”指永乐二十二年（1424 年），永乐皇帝七月去世，八月为洪熙初政时期，宣德即位诏发布于洪熙元年六月，距离前面所言去年八月，中间是洪熙时期的大约 10 个月时间。故该条等于认定一切政令遵循洪熙初年基本方针。由于这种继承性，宣德即位诏所列“新政”条款名目既少，内容也以“率由旧章”为核心。略加梳理，可见第一部分 4 条，是各即位诏书都有的大赦条款。第二部分 5 条，属于申明国家基本政策类，包括：许各界人士上言天下利弊；劝务农桑；荐举贤能为地方官；保举学校教职及遵洪武年间旧例免生员之家两丁差徭；严修边备。其中重申生员之家免两丁徭役款，表示洪武以后此款未得到很好实施，有更革永乐政令的含义在其中。此后各款，内容都是轻省徭役赋税，与民休息，安抚社会秩序。大致包括：为惜恤“天下军士累年劳役，衣食不足”，罢“一切不急之务”，令管军官员加意抚恤；赈济各地水旱、灾伤、缺食、贫民；官民田地抛荒者召人耕种，官田准民田起科，果无人耕种之地税粮开除；各处闸办金银、抄造纸札、坐办靛青悉皆停罢；递年海运漂失及征进抛弃军器并永乐二十一年（1423 年）以前拖欠岁办物品免予追赔修理；各处民间养官府马骡牛羊倒死及额定孳生者悉免追赔，今后军卫有司牛羊自行提督牧养，毋致扰民；旌表忠臣、烈士、义夫、节妇、孝子、顺孙；存恤鳏寡孤独及笃废残疾者；军户人丁消耗勾补只限一人，其余开豁；在京匠户每户应役人数减少，残疾者开豁；失班及在逃人匠免罪赴工，依旧轮班；永乐年间为事发各处摆站及充递运所水夫，年满应替及应役三年以上者放免，未及三年者于囚人内拨替，在逃及未赴役者免本罪赴原发处所应役，照例拨替；逃亡军、囚、匠等许一月内赴官自首，与免本罪。

此即位诏书杨士奇《东里别集》本和《皇明诏令》本中包含以下两条，不见于《明宣宗实录》“一军民官有贪虐害民者，许被害之人赴告于上司及按察司、巡按监察御史处陈告，不许军民人等擅自绑缚，违者罪之；一今后一应罪犯，悉依《大明律》内科断，法司不许深刻，妄引榜文及诸条例比拟。”这两条看去平常，细细揣摩，意味深长。因为它们都一方面折射出反面的事实，另一方面触及到更革洪武时期的政令的潜在意图。前一条表明当时有军民人等自行将贪虐官员绑缚起来送交上级者，而这种做法是洪武时期为建成基层民间社会对官员侵扰的抵制机制而允许地方老人实施的。后一条前半句在建文即位诏、永乐即位诏、洪熙即位诏中都可看到，但后半句惟见于杨士奇别集中所载宣德即位诏文本。这后半句的重要性是恰好对前半句的针对性做了注脚，是针对当时法司断案引用“榜文及诸条例”的现象的，而后者要比《大明律》严酷，是朱元璋时代“治乱世用重典”的遗风。洪武时期的重典方针，在建文时期就已经力求纠正，但永乐即位后曾宣布一切恢复洪武旧制，建文时期宽缓刑政的方针没有落实，洪熙历时短促，故到宣德之初，有再加强调的必要。看到这两条，就可以推测《明宣宗实录》中没有包括这两条可能是为了规避在行文上构成对洪武政策的批评含义。然而其大旨却已体现在其他条款中。

宣德帝在位 10 年后去世，继位的朱祁镇年方 9 岁，由仁宗皇后即当时的太皇太后主持宫内大局，当朝者多仁、宣老臣，其即位合法性也不是问题。所以正统即位诏中相关文字量及内容、文句，与建文、洪熙、宣德即位诏相应部分十分接近，毋庸讨论。然而其新政条款，却多达 40 条，为明代迄于当时诸帝即位诏中条款最多的。① 这时去洪熙初年不过 11 年，朝中大臣人事稳定，并无明显争端，“新政”条款如此之多，反映宣德时期产生了诸多问题。对这些条款略加梳理，可以分为如下四类。第一，大致前 5 条，属于循例推恩赦免条款，与前代大同小异。第二，主要为停止宣德时期的一些举措的条款，大约 8 条，显示出宣德皇帝甚是铺张、聚敛、扰民，而正统初年试图加以扭转。第三，为宽缓军、民、匠户赋税徭役所列条款约 15 条，为洪武以来相关条款最多且最为详明者，可见宣德时期人民赋税徭役负担甚苦，因而获罪及逃亡现象比此前普遍。第四，其余条款，基本是重申鼓励农桑、旌表节烈、劝勉学校、养老恤贫、开放言路、司法循《大明律》等洪熙、宣德即位诏中已经申明的基本社会政策。此四类中，第一、第四类的信息是“宽仁”，第二、三类的信息是“与民休息”，都出于儒家政治的基本精神，与建文、洪熙、宣德即位诏的基本意旨一致，不过第二、三类更直接地反映出宣德时期

① 此即位诏书也出于杨士奇手笔，见《明英宗实录》卷 1《宣德十年春正月》《皇明诏令》《东里别集》。按《东里别集》所载此诏新政条款分为 41 条，盖因将其中一条分列为两条，内容并无不同。

的一些特殊情况。将相关条款中的内容按社会问题指向分类，可以看到下列情况：

（1）民间逋赋严重，涉及农桑诸色课程、户口盐粮钞、岁造段匹纱罗䌷绢、倒死马驼驴骡牛羊及孳牲等畜、各项赃罚、中盐罚纳钞贯、屯种籽粒；

（2）货币流通已经陷入混乱，商税因钞法而超过洪武年间旧额，有折收金银与收钞不同方式，但朝廷仍在试图维系钞法。

（3）内府及各衙门征求、买办、制作、烧炼物料构成民间严重负担，包括军器、乐器、船只、生漆、银朱、皮张、竹木、柴炭、芦苇、荆条、茜草、暖桦皮、鱼油、翎毛、青碌、铜铁、颜料、桑穰、蔴麻、芦柴，野味、胖袄、裤、鞋底、弓箭及弦、诸色纻丝、纱罗、段匹、纸扎、梨木板、烧造器皿、金银、朱砂、鸟兽、虫鱼、花草、果木、石山。

（4）人民因赋役压力、各类工匠轮班超过原来规定时间，以及工程多兴，逃亡已多，诏书中提及的农业人口有“事故人户抛荒”“逃移人户”及其他有“逃军、逃囚、逃匠”，甚至有“因饥窘及受官司逼迫，不得已逃窜山林，或啸聚为非者”。

从这些情况看，虽然有杨士奇等人一贯主张轻徭薄赋、与民休息，在连续 3 位皇帝的即位诏书中申明此旨，但是宣德时期其实颇事兴作，内府也曾出动相当多的人员到地方，以工程、烧造、和买、课程等名义搜取财物和奢侈用品，社会矛盾有所激化，因此才有通过正统即位诏进行调整的必要，该诏书的冗长详细是社会问题渐渐累积的反映。但这是否与宣德时期曾一度恢复“下西洋”举措有关，有待进一步研究。

将洪武、建文、永乐、洪熙、宣德、正统 6 帝即位诏书对比，可以看到以下或鲜明或隐微的重要情况。

第一，所有即位诏书都以申明新君即位的合法性为第一要旨，这与后来的其他皇帝即位诏书一致，可见皇帝政治仍必须取得与民心、普遍文化价值的某种契合，并非简单造成既成事实即可。即使提出的理由是虚伪的，也必须提出这类的理由。与此一致，明初诸帝中，朱棣即位合法性最成问题，相应地其即位诏书中申说其合法性的部分最为冗长。所有即位诏书都要宣布大赦、新政条款，也是为了获得与民心的契合。

第二，建文帝即位诏表露出改变政策基调，从威猛严苛转向文治宽仁的意向，虽不具体，但旨意甚为明白，并且可以与后来建文时期实际推行的政策举措相印证。洪熙即位诏书表达出更为鲜明的改变永乐时期政策基调的倾向，颇与建文政令有相通之处，以宽仁休息为核心。由此看来，明初政策近乎形成两个张弛回环：洪武严猛—建文宽和—永乐扰攘—洪熙休息—宣德以后，基本维系洪熙政令大轨，基本趋势是从严猛到宽和。由此可以看出，建文时期社会政策的基本精神，一定程度上在洪熙、宣德时期的政策中得到体现。其实，建文帝削藩的举措，虽然因朱棣为首的诸王势力反对而失败，但至洪熙、宣德时期，诸王的政治军事实力还是被永久削夺。故洪熙、宣德在政策精神上，颇近于建文而远于永乐。不过，抵至宣德末年，社会问题已经积累很多。

第三，基于永乐到洪熙间发生政策基调转变的判断，可以推论大量文献中反映的但又皆语焉不详的永乐时期庙堂政局矛盾并非空穴来风，朱棣、朱高炽父子之间的确存在重大政见分歧。

第四，今人对永乐时期政策的评价多积极肯定，然而永乐后期、洪熙时期、宣德初期却颇苦于其严苛纷扰。即使郑和下西洋之事在航海、外交史上可视为空前壮举，但从国内政治角度看，则为沉重负担。其不能长久持续下去而中断，主要当是由于其带来的社会负担过于沉重，而不仅仅由于主持者趋于保守。

第五，赋役沉重、军民逃离、司法严苛是整个明前期突出的社会问题和政策难题。

第六，杨士奇在明前期政策基调转变中扮演了关键角色。洪熙到正统初年可能是士大夫群体在明代国家政治中发挥主导作用的一个重要时期。

第七，明代皇帝遇有重大事务，尤其是册封皇后、皇子诞生、天变修省、灾伤优恤等情况，都会颁布一些宽和政令，以收人心。所以，本章中讨论的明前期皇帝即位诏中的某些条款，曾被屡次公布，然而其相关问题显然并未随即解决，所以每次再度颁布，仍然表示朝廷立意坚持该政策的意向。如欲把握实践情况演变，还需要扩展调查分析。

（二）明中期的即位诏与政治文化的流变

前节讨论明代洪武至正统时期 6 位皇帝即位诏书的政治文化含义及其前后关联，指出明代即位诏书的共同点在于皆以申明新君即位合法性为要旨，并皆宣布大赦、新政条款；可见皇权政治仍需一定程度上取得与民心、普遍文化价值的契合才可顺畅运行，并非造成既定事实即可；明代君臣对此中关节，显然有相当体认。各朝新政条款，因在存在差异的具体背景下拟定，故经梳理考核，可由中透视各朝皇位转移之际的政治、社会问题的焦点及政策走向。此节对景泰至嘉靖间 6 位皇帝的即位诏书进行文本细读，以察见皇位转移之际大政方针及政治文化风气迁转流变的轨迹，力求深化关于明代庙堂政治运行机理的认识。

正统十四年（1449 年）九月，英宗正统皇帝“北狩”期间，郕王即皇帝位，尊正统帝为太上皇，诏告天下：

> 朕以皇考宣宗章皇帝仲子，奉藩京师。比因虏寇犯边，大兄皇帝恐祸连宗社，不得已亲征，敕眇躬率百官居守。不幸车驾误陷虏廷。我圣母皇太后务慰臣民之望，已立皇庶长子见深为皇太子，命眇躬辅，代总国政。皇亲公侯伯暨在廷文武群臣、军民耆老、四夷朝使，复以天位久虚，神器无主，人心遑遑，莫之底定，合辞上请早定大计。皇太后以太子幼冲，未遽能理万机，移命眇躬君临天下。会有使自虏中还者，口宣大兄皇帝诏旨：“宗庙之礼不可久旷，朕弟郕王年长且贤，其令继统，以奉祭祀。”顾痛恨之方殷，岂遵承之遽忍？虽避让再三，而俞允莫获。仰惟付托之至重，敢以凉薄而固辞？已于九月初六日，祗告天地、宗庙、社稷，即皇帝位。遣使诣虏问安，上大兄皇帝尊号太上皇帝，徐图迎复。为政之道，必先正始。其以明年为景泰元年，大赦天下，咸与维新，一

切合行事宜，条示于后。[①]

景泰帝为永乐帝之后又一位皇位继承合法性复杂的皇帝。他虽非如永乐帝一样以武力篡位，但却是在当今皇帝尚且在世的情况下登极的，因而其即位合法性障碍至少有两点：一是正统皇帝虽然被俘，但犹然在世，通过军事外交手段营救回朝的可行性在理论上并未完全消失，此时别立新君，意味废黜正统皇帝，废一帝立一帝，其理并非自明；二是正统皇帝虽然被俘但并无巨大失德，如必改立皇帝，依礼当立太子朱见深为帝，且朱见深年幼，并不能构成其不可即位的充足理由。故景泰帝即位虽然就当时军事局势而言不失为一种选择，但以皇位继承次第合法性而言，并非无可非议。由于此种合法性障碍背景，景泰帝即位诏中多方申明其即位之合法性，其文辞见于前引文字，包括申明其先经皇太后懿命辅政，随后有皇太后即位之命，复得正统皇帝即位委托[②]，其间“皇亲公侯伯暨在廷文武群臣、军民耆老、四夷朝使”都知情而且予以赞同等等。[③] 如此，合法性申明之繁复构成景泰帝即位诏的突出特点，景泰帝后来被废弃的结局，也已缔因于此际。

如上申明之后，该即位诏书陈列大赦新政条款共 32 条。其中，1 至四条为大赦类条款，与历朝大赦类条款大同小异。第五、六两款，特别针对大敌当前局面，要求各地方政府官员稳定地方，整备防乱。七至九款，为蠲免之条，其力度大于一般即位诏同类条款，特为维系人心而计。其余各款以强调吏治内容居多，同时夹杂宽宥、推举人才、表彰道德模范等等。通观景泰即位诏书，虽处危机时刻，并无高妙识见、举措，且行文次第混杂，慌乱之色可掬，草拟者既非老练政治家，也非诏敕文本拟写之高手。其文见于《明英宗实录》卷 183，平淡冗长，不录。

景泰帝居位 8 年之后，朝臣石亨、徐有贞等借其生病之机，拥太上皇复

① 《明英宗实录》卷 183《废帝郕戾王附录第一》，《正统十四年九月癸未》，台北：台湾“中研院”历史语言研究所校勘本，1962 年。

② 关于正统皇帝是否如景泰即位诏书中所称曾委托其即位，早有争论，参看张哲郎：《从明代皇帝的即位诏及遗诏论明代政权之转移》（上），《台湾政治大学历史学报》第 14 期，1977 年 5 月号，注 55。按即使有若干史料支持正统皇帝委托说，但事仍可疑，待另考证。

③ 《明英宗实录》卷 181《正统十四年八月丙子》，台北：台湾“中研院”历史语言研究所校勘本，1962 年。

辟。景泰帝在位多年，突遭废黜，如何使臣民安然接受，这是复辟者需料理的第一大事。故复位诏书中有较多文字申明其合法性。文曰：

> 朕昔恭膺天命，嗣承大统，十有五年，民物康阜。不虞北虏之变，惟以宗社生民之故，亲率六师御之，而以庶弟郕王监国。不意兵律失御，乘舆被遮。时文武群臣既立皇太子而奉之，岂期监国之人，遽攘当宁之位。既而皇天悔祸，虏酋格心，奉朕南还。既无复辟之诚，反为幽闭之计。旋易皇储而立己子。惟天不佑，未久而亡。杜绝谏诤，愈益执迷，矧失德之良多，致沉疾之难疗，朝政不临，人心斯愤。乃今月十七日，朕为公侯、驸马、伯及文武群臣、六军万姓之所拥戴，遂请命于圣母皇太后，祇告天地、社稷、宗庙，以今年正月十七日复即皇帝位，躬理机务，保固家邦。其改景泰八年为天顺元年，大赦天下，咸与维新。所有合行事宜，条示于后。①

申明的要点，一是指称景泰帝当初是攘夺居位；二是指景泰帝在正统帝返朝之后未能退让帝位，反将正统帝监禁；三是指称景泰帝违背即位时所定规约，废正统帝所立太子而立己子为皇位继承人；四是指景泰帝失德；最后是声称得“公侯、驸马、伯及文武群臣、六军万姓”拥戴，经太后允许而即位。文中关于景泰帝丧子、患病的说法，皆归于报应，从中约略可见起草者胸臆间怨尤戾气。景泰帝当初即位，有外敌持正统帝要挟之情势，朝臣立景泰帝以绝瓦剌之望，置国家社稷命运于君主个人安危之上，最终也确使朝廷转危为安，正统帝得被送归，不失为明智选择，亦不当论为攘夺。正统帝回朝之后，景泰帝退位与否，宫中府中尽可协商决定，如程序合法则结论合法，当时未定正统帝复位，则景泰帝继续在位，具有合法性。限制正统帝于南宫，不能称敦厚，但从政治角度而言，也是难免举措。此诏中较为正大的说法是，批评景泰帝废正统帝已立之太子而立己子为皇位继承人。景泰帝此举的确违背了当初约定条件，贪婪帝位，既为失德，也缺乏合法性。至于说“公侯、驸马、伯及文武群臣、六军万姓”拥戴他去“请命于皇太后”复位，则是彻

① 《明英宗实录》卷274《天顺元年正月丙戌》，台北：台湾“中研院”历史语言研究所校勘本，1962年。

头彻尾的谎言。当时宫禁之中突发政变，诏书公布之前，朝臣尚不能尽知，“六军万姓”何从事先得而拥戴之？可见英宗复辟诏书中的合法性陈说，夹杂事实与谎言。不过谎言与否，不是这里的要点。要点是英宗复辟诏书中的合法性申明，主要落在 3 个支点上。其中太后之命、臣僚及万民拥戴是几乎所有即位诏都会申明的两个合法性支点，英宗此前失位是由于被非法篡夺，则构成了英宗复辟合法性申说的一个特殊支点。

英宗复辟诏书中随后开列的大赦新政条款共 35 条。一至三条专讲大赦，与历代无大差异。其后四至三十二条都是施恩、宽宥、惠民、节用条款，涉及人群非常广泛，应允内容甚为具体，显然可安抚收买人心。最后三十二至三十五条关于旌表、举人才等，历朝皆同，官样文章。于是通观英宗复辟诏书，可见其突出特点，一是就复辟合法性进行多方申说，二是颇行惠民实政。而此时颁布惠民之政，直接意义是表明皇帝仁德圣明，间接意义则也是强化复辟皇帝的合法性。

成化、弘治、正德 3 位皇帝，皆以预立皇位继承人身份即位，合法性无可置疑，其即位诏书中也皆直截了当声明即位，并不就合法性多做申说，惟在大赦新政条款部分的推究中，可见该时期政权腐败及社会矛盾深化已成为这连续 3 份即位诏书关注的重点问题。天顺八年（1464 年）正月，英宗驾崩，太子朱见深即位，颁即位诏书称：

> 洪惟我祖宗诞膺天命，肇开帝业，为生民主，几百年矣。圣圣相承，志勤于治，武功文德，绍休前闻。暨我皇考皇帝，恢宏政治，二纪于兹，厚泽深仁，存以衍皇明万世无疆之祚。不幸奄兹遐弃，遗命神器，付予眇躬。顾哀疚之方殷，奚遽忍于继承？而亲王文武群臣及军民耆老，累表劝进，诚切意坚。朕不得已，仰遵遗命，俯徇舆情，于正月二十二日，祗告天地、宗庙、社稷，即皇帝位。自惟凉薄，勉怀永图，嘉与中外亲贤，率循至道，惟敬是持，惟诚是立，惟仁义是行，惟古训成宪是式，庶臻于治，康我兆民。其以明年为成化元年，大赦天下，与民更始。所有合行事宜，条列于后。①

---

① 《明宪宗实录》卷 1《天顺八年正月乙亥》，台北：台湾“中研院”历史语言研究所校勘本，1962 年。

如前所说，成化帝以预立太子身份在其父驾崩之后即位，合法性毋庸置疑，故即位诏书中在颂扬祖宗、皇考之后，略表哀悼谦逊之意，便通告即位，并无特别纠结忸怩。其后“自惟凉薄”云云一句，甚值得注意，表达了今后施政要遵循古道，以敬诚、仁义为准则，力求成治康民的意愿。这种施政原则申说，在前两朝皇帝即位诏书中都不包含，显示出新君的辅佐群体以儒家思想为指针，向往承平治世、无事更张的心理，并构成新朝对臣民的一种承诺。随后所列大赦新政条款共44条。其基本精神，要在布宽仁之政，与前代即位诏书一致，只是细观各条主题，显见当时社会矛盾已经激化，人民贫困，而且宫内及在外各级衙门、官吏扰民甚为突出。

其第一至四条，为大赦类条款，与历朝大赦类条款大同小异。第五条非常值得注意，引出：

> 广东、广西、湖广、四川、江西、浙江、福建、云南、贵州等处贼寇生发，多因官司采买物件，守令不得其人，以致饥寒迫身，不得已而啸聚为盗。情犯虽重，诏书到日，有能悔过自散者，悉宥其罪。听从复业本分生理，所司加意优恤，勿究前非。户下拖欠税粮等项，悉皆蠲免，仍免杂泛差役三年。[①]

明朝宣德间定设十三布政使司，此处列出其中9个布政使司有人民因官司采买物件及守令不得其人而致“饥寒迫身”“啸聚为盗”。如此大空间范围的民生困苦、社会动乱对于任何政权来说，都意味着稳定性的严重缺失。从诏书看，此时明朝君臣对于发生此种情况的原因，认定得非常清楚，一是由于官司采买物件，二是因为守令不得其人。[②] 这等于把当时的大范围社会动乱归罪于政府。这样的条款，意味着对天顺朝政策的批评，同时颁布的以原宥抚恤为核心的安抚政策，表达进行温和调整的努力。此后第六至三十七条，都是从不同侧面纾缓民生、安抚民心、梳理秩序的条款，与第五条基本意旨相同。其中第三十七条再次提到“天下军民近年以来贫困已甚”，显见社会贫

① 《明宪宗实录》卷1《天顺八年正月乙亥》，台北：台湾“中研院”历史语言研究所校勘本，1962年。

② 波及如此广泛的社会动荡肯定不仅出于以上两个原因，即位诏做如此判断的意义，主要是显示朝廷自省和政策调整的意愿。

穷在这个时期比此前凸显了许多。若从这些条款中察寻社会贫穷振荡的因由，则最为突出的是朝廷的滋扰与搜刮。其缓解之法，则皆在于蠲免钱粮劳役及坐派物料、撤回内官、禁止搜刮进贡、限制官员扰民等。此中还值得特别注意的是多条涉及到此前朝廷多方差出"内外官员"，监督织造、制作、烧造、镇守、缉访、采办等事务。可见天顺时期，宫中及朝廷之扰民，甚为社会之害。第三十八至四十四条，与此前历朝即位诏书相似，是关于举荐人才、倡导礼仪、广开言路的条文，不议。

成化二十三年（1487年）九月，弘治帝即位，诏曰：

> 惟我祖宗，圣圣相承，膺天明命，为华夷主。其创业守成，神功圣德，诚度越往古矣。暨我皇考大行皇帝嗣统，深仁厚泽，覆冒海隅，二纪于兹，而忧勤求治之心，犹宵旰靡遑，因臻违豫，遽出缀衣。忍闻凭几之言，猥以神器之属。哀疚方殷，罔知攸措。时亲王、文武群臣下及耆老军民，合词伏阙劝进者至于再三。辞拒弗获，乃遵遗命，以九月初六日，祗告天地、宗庙、社稷，即皇帝位。顾兹付畀之重，深惧仔肩之难。勉图弘济一惟，恢张治道，惠绥黎元，用底阜成，跻于熙皞，庶衍皇明亿万年无疆之祚。其以明年为弘治元年。夫当居正体元之初，宜布更新恤下之典。合行事条，开示于后。[①]

与成化帝相同，弘治帝即位合法性毋庸置疑，故在即位诏书中并无特别说明，循例行文，颂扬祖宗、缅怀乃父、申明有大行皇帝遗命及文武群臣与人民拥护、通告即位，随后就是开列大赦新政条款。款数与成化帝即位诏中相同，也为44条。然而关注主题与成化帝即位诏不同。成化即位诏主要关注民生贫困问题，弘治即位诏更多关注社会秩序，其中包括对势要阶层特权的限制、对于皇室奢靡搜刮的限制、对官员人等滥用权力的禁令、对人口流动的治理等。在第一、二两条列出大赦条款之后，第三条即就盐法实施中"内外势要"奏讨盐引、占窝、越境销盐、包揽开中引盐、粮草等特权提出整肃。诏称：

---

① 《明孝宗实录》卷2《成化二十三年九月壬寅》，台北：台湾"中研院"历史语言研究所校勘本，1962年。

> 盐粮国用所资。近年以来，钦赏数多，及被内外势要之人奏讨、奏买存积常股并盘割私余盐斤，搀越支卖，夹带私贩，以致上损国课，下夺民利。诏书到日，各该巡盐、巡按御史即查前项盐课，除已支卖外，其未支掣者，俱各住支还官。今后行盐各照地方，不许越境贩卖，各边开中引盐及籴买粮草，俱不许势要及内外官员之家求讨占窝领价上纳，亦不许巡抚管粮等官徇情受嘱。违者巡按御史纠举。①

“内外势要之人”与“势要及内外官员之家”两种措辞所指应基本一致。“内”者，在明代文献中通常指宗亲、外戚、太监，是紧密围绕皇帝、皇宫而盘踞在社会顶端的特权阶层；“外”者，指外廷官员，但一般官员多不至敢于奏讨盐引，应该还是那些与宫中、皇室有特殊关系者或者身居极高位势者才可。本质上，一切奏讨都是以私情向皇帝要求特权的事情，所以围绕盐政而发生的上述种种弊端的根子其实是皇帝。故此款表面限制内外势要、官员之家奏讨，实际表达了对成化皇帝滥加行赏，造成国家财政、盐政、官风尽皆受损行为的批评，试图构成对新君施政的引导或限制。历朝皇帝即位诏书中，前列数款皆以颁布赦免政令为中心，以示新君之德溥被天下之意，弘治即位诏书前约二十条都以此为要，露出力求宽厚的为政姿态，而前揭第三条夹在其间，颇显“另类”。可见诏书拟定者对更革盐政弊端的迫切感，含有借机暗行更革的意向。此后各款以大赦蠲免及整顿治理为中心，其中仍有清理“势要”特权及禁止其欺压百姓的举措出现，如第十四条称：

> 各处地土山场湖荡，军民开恳管业已久，近年以来，多被权豪势要之家及奸诈无藉之徒侵占投献。虽有禁约事例，多不遵守，以致小民受害无伸。诏书到日，限一月以里退还。敢有不遵并今后仍前侵占投献者，许被害之人告理，照例治以重罪。如有卖绝立契明白者，不在此例。②

这种地方奸诈小人将百姓土地“投献”给势要之家的事情，在明宣德以

---

① 《明孝宗实录》卷2《成化二十三年九月壬寅》，台北：台湾“中研院”历史语言研究所校勘本，1962年。

② 《明孝宗实录》卷2《成化二十三年九月壬寅》，台北：台湾“中研院”历史语言研究所校勘本，1962年。

后成为东南一大灾害，实质上是势要之家展开的非市场性的强制土地兼并。此诏书明令禁止，甚至限一月以内退还，即使实践中难以落实，但毕竟把朝廷限制特权土地兼并的姿态摆得清楚。此外，第十五条令陕西、山西、河南等处军民之家因饥荒逃移而将妻、妾、子、女典卖与人者，官给原价赎取还家，“如有隐匿不行疏放者治罪”。[①] 第十八条禁止在外镇守、分守、守备内外等官假以进贡为名，佥取民间皂隶出办银两，贻害地方。第二十四条禁止奏讨京营官军做工。[②] 也都有限制官私豪强的意味。第二十五条禁止卫所余丁投充正军或各监局人匠，内外正军不许投充将军。第二十六条令住坐军民人匠因故在逃及轮班人匠拖欠班次者免罚，限三月以里赴该管衙门上工。此类条款显示出弘治即位之际，主政朝臣裁抑势要的意图。

势要的嚣张根本在于特权，而帝制时代特权之根本又在皇帝，所以凡认真抑制豪强的政令都会牵连到对皇帝本人特权的限制。这种限制一般通过限制其家族、姻亲、内官、佞倖特权的方式进行。弘治即位诏中也有收回各地内官或限制其权限的条款。第三十三条，令兰州、临清、镇守四川管银课、江西烧造饶器、广东新添守珠池内官回京，令提督大岳太和山、浙江市舶提举司，守珠池内官不许分守地方、兼理海道，已经颁发授权的敕书缴回。[③] 第三十四条，令内官僭称镇守等名色及妄请关防符验者改正缴还。[④] 第三十六条指出“近年以来，天下军民财力困竭”，令减少造作，除城垣、墩台、关隘、仓廒、运河等外，“其余内外衙门、修建寺塔庵观庙宇房屋墙垣等项一应不急之务，悉皆停止……在外军卫有司非奉朝廷明文，一夫不许擅役，一钱不许擅科。违者治以重罪”。[⑤] 第三十八条，禁止内外官员军民僧道人等指古迹奏讨修盖寺观名额护敕，及借机占夺军民地土，即使“已经奏准未修盖者”也

① 《明孝宗实录》卷2《成化二十三年九月壬寅》，台北：台湾“中研院”历史语言研究所校勘本，1962年。

② 《明孝宗实录》卷2《成化二十三年九月壬寅》，台北：台湾“中研院”历史语言研究所校勘本，1962年。

③ 《明孝宗实录》卷2《成化二十三年九月壬寅》，台北：台湾“中研院”历史语言研究所校勘本，1962年。

④ 《明孝宗实录》卷2《成化二十三年九月壬寅》，台北：台湾“中研院”历史语言研究所校勘本，1962年。

⑤ 《明孝宗实录》卷2《成化二十三年九月壬寅》，台北：台湾“中研院”历史语言研究所校勘本，1962年。

便停止。[①] 这些看去以节省开支为主的条款，其实限制的都是以皇帝为核心的贵族势要的特权，其着眼点既是财政，更为改良社会秩序及缓和社会矛盾。该诏书最后 5 条与历朝即位诏书一样，为荐举人才、倡导礼仪之类，不论。

通观弘治即位诏，合法性申明简约，新政条款中突出了限制豪强与社会秩序治理主张，虽然行文次第不甚考究，但于务实言辞间，透出对于社会秩序混乱的深切忧虑，略为露出限制皇权滥用甚至推行温和改革的意向。

弘治十八年（1505 年）五月，明武宗即皇帝位，诏曰：

> 惟我皇明，诞受天命，为天下民物主。祖宗列圣，鸿规大训，传在子孙。皇考嗣统十有八年，深仁至德，覃被海内，治化之盛，在古罕闻。间复悯念民穷，励精新政，访求利弊，方将大有兴革，纶音未布，遽至弥留。叩天吁地，无所逮及。天下之恸，矧予一人？比者亲承遗命，谓主器不可久虚，而宗亲、文武群臣、军民耆老，累笺劝进。拒之至再，情益恳切。永惟宗社重寄，不敢固辞。谨以是月十八日，祗告天地、宗庙、社稷，即皇帝位。顾国家创造之难，眇躬负荷之重，惟正道是遵，惟古训成宪是守，率皇考未终之志，扩而行之，康我兆民，登于至治。其以明年为正德元年，大赦天下，与民更始。所有合行事宜，条列于后。[②]

正德帝即位合法性毋庸置疑，无多说明。诏书对弘治帝功德甚加推崇，也顺乎情理。值得注意的是，诏中声称弘治帝原已调查利弊，欲“励精新政”“大有兴革”，然未及实施而驾崩。孝宗末年是否果真如此计划兴革，尚待考证，诏书如此行文，就导出了正德即位之初以孝宗遗志名义“与民更始”的姿态。当时正德帝不过是 14 岁少年，这种兴革姿态，自然出于辅政大臣主张。

该诏随后大赦新政条款共 43 条，数量并未多于乃祖、乃父即位诏，其中也无制度改革的政令，宽赦轻微犯罪和拖欠赋税条款以及整肃权贵盘剥扰民的政策性条款占了绝大部分。由此看来，正德即位诏前段所说的“新政”，其

① 《明孝宗实录》卷 2《成化二十三年九月壬寅》，台北：台湾“中研院”历史语言研究所校勘本，1962 年。

② 《明武宗实录》卷 1《弘治十八年五月壬寅》，台北：台湾“中研院”历史语言研究所校勘本，1962 年。

实是在权贵扰民成灾的现实情况下要推行的以宽仁为核心精神的“改过从新”之政，并非制度改革。类似的努力，其实在成化、弘治即位诏中都能看到，只是针对的问题有不同，程度也有差异。

大致看，正德即位诏 43 条中，前 13 条以蠲免宽赦为中心；第十四至三十六条以厘清权贵扰民之弊为中心，夹杂宽赦、节用条款；最后 7 条是例行的荐举人才、开放言路、提倡礼仪条款。前 13 条中需特别说明的是第五条。该条重申弘治即位诏书中为清理盐法而郑重颁行的禁止“势要及内外官员之家求讨占窝领价上纳”的政令，可见弘治即位诏的此条政令并未得到落实，问题仍在。最后 7 条历朝相似，只其中第四十条专及停止行取私自净身五岁至十五岁者赴礼部拣选，为前此即位诏中未见者，需略注意，其余不再讨论。第十四至三十六条中，事关整肃权贵扰民事项的条款有 10 条，占比例甚大。整肃的人群对象是皇亲、勋臣、势要之家、内外衙门。其中“势要之家”与“皇亲、勋臣”所指有重叠，但也可能包括其他文武官员缙绅之家；“内”衙门指皇宫之内以宦官机构为主的衙门；“外”衙门则指其他政府部门。所有人群及要革除的弊政之中，与皇帝牵连的占绝大多数。因而，从正德即位诏书看，弘治时期的“弊政”主要是皇权滥用。

于是，成化、弘治、正德即位诏的共性和推演关系也就清楚了。此 3 位皇帝都没有即位合法性问题，都在即位之初表达革除弊政的意图，然而许多革除弊政的条款在 3 份即位诏书中连续出现，表明此类条款从没得到有效落实。宽仁待民、节省开支、限制豪强是 3 份即位诏前后相继的精神。革除弊政的语气在 3 份诏书中是愈来愈坚决，甚至到了要实施“新政”的地步。可见该时期弊政累积日深，改革诉求已在酝酿中。

正德十六年（1521 年）四月，嘉靖皇帝即位。他以藩王身份入继大统，即位合法性需特别交代。“大行”正德皇帝多行弊政，亟需清算，朝野期待有所改变。推举嘉靖帝继承皇位的士大夫已经预定更革方略，其中包括由内阁更多主持朝政，限制皇权的安排，因而在即位诏书中为今后施政定下基调。这些背景以及嘉靖帝即位后不久发生的与杨廷和为首的士大夫群体之间的冲突，即所谓“大礼议”，深刻地影响了明代庙堂政治文化的演变。所有这些原因，使得嘉靖即位诏书受到了远远超过明代其他任何一份即位诏书的研究。[①]诏曰：

> 朕承皇天之眷命，赖列圣之洪休，奉慈寿皇太后之懿旨、皇兄大行皇帝之遗诏，属以伦序，入奉宗祧。内外文武群臣及耆老军民，合词劝进，至于再三。辞拒弗获，谨于四月二十二日，祗告天地、宗庙、社稷，即皇帝位。深思付托之重，实切兢业之怀。惟我皇兄大行皇帝，运抚盈成，业承熙洽，励精虽切，化理未孚。中道权奸，曲为蒙蔽，潜弄政柄，大播凶威。朕昔在藩邸之时，已知非皇兄之意。兹欲兴道致治，必当革故鼎新。事皆率由乎旧章，亦以敬承夫先志。自惟凉德，方在冲年，尚赖亲贤，共图新治。其以明年为嘉靖元年。大赦天下，与民更始。所有合行事宜，条列于后。[②]

嘉靖帝以藩王入承大统，事出非常，故其即位之先，遍告诸宫，比前不同。对于即位合法性，诏书明确申明是根据皇太后懿旨、大行皇帝遗诏、内外文武群臣及耆老军民劝进。这 3 项理由本是即位诏中合法性申明中的共有要件，但因嘉靖帝并非预立继承人，其即位身份是在多人中选出的，故申说尤显慎重。据《明史》记载，武宗死后，武臣江彬拥重兵在京，有发动政变迹象，杨廷和主持以武宗遗诏名义“罢威武营团练诸军，各边兵入卫者俱重赉散归镇……”[③]看来当时情势叵测，与此前三帝从容即位大不相同。诏内对大行正德帝颇有微词，甚至有“中道权奸，曲为蒙蔽，潜弄政柄，大播凶威”这样激烈的用语。这与成化、弘治、正德即位诏颂扬、缅怀大行皇帝基调大有不同，为下文列出政令更张做好了铺垫。诏书中提到“自惟凉德，方

---

① 最早的研究是李洵：《“大礼议”与明代政治》，《东北师大学报》1986 年第 5 期（后收入《下学集》，北京：中国社会科学出版社，1995 年）。其他有胡凡：《嘉靖传》，北京：人民出版社，2004 年，第 39—44 页；洪早清：《明代阁臣代皇帝起草遗诏和即位诏书的政治功能》，《高等函授学报》2006 年第 4 期；张哲郎：《从明代皇帝之即位诏及遗诏论明代政权之转移（下）》，《台湾政治大学历史学报》第 15 期，1998 年 5 月号；马静：《一道非同寻常的“即位诏”——明世宗“即位诏”与嘉靖初期改革》，《西南大学学报》2007 年第 5 期等。

② 《明世宗实录》卷 1《正德十六年四月癸卯》，台北：台湾“中研院”历史语言研究所校勘本，1962 年。按该即位诏书亦载《名臣经济录》卷 14，《景印文渊阁四库全书》第 443 册，台北：台湾商务印书馆，1986 年，第 255 页。

③ 张廷玉等：《明史》卷 190《杨廷和传》，北京：中华书局，1974 年，第 5034 页。

在冲年，尚赖亲贤，共图新治”之语，从后来发生的事情反观，这是杨廷和等希望嘉靖帝依赖朝臣为政之心情的流露。

此诏书大赦新政条款共 80 条。[①] 李洵先生最早将其中主要条款分为 11 类：①调整各派政治势力之间紧张关系者 7 款；②调整贵族间关系者 6 款；③裁撤武宗时期冗滥任职人员者 11 款；④整顿武职任官混乱者 8 款；⑤收回外派宦官者 4 款；⑥处理宫女及净身男子者 4 款；⑦清理宫内倖臣者 4 款；⑧处理宁王案牵连人员者 4 款；⑨消除武宗弊政影响者 4 款；⑩颁行经济改革者 18 款；⑪颁行政治与司法改革者 8 款。[②] 如此合计共涉及 78 款。近来马静撰文，复将该即位诏书内容分为 6 类：冗滥 19；宦官 18；司法 18；经济 15；吏治 12；宗藩 5，合计为 6 类 87 条，超出 80 条总数 7 条，大概因将某些条款分列两类或多类所致。[③] 从不同视角出发，的确可以形成有所差异的归类方式，然而其间最为根本的意旨甚为重要，当有申论。虽然该诏与历次即位诏书一样，都提及大赦、蠲免、安抚、重申司法程序以及清理前朝政令特殊遗留问题等事，但其中体现杨廷和为首的士大夫群体要求革除累朝积弊、推行新政诉求的条款是绝对核心。而且这些条款是杨廷和等在被选定继武宗为帝的小皇帝抵达京师之前拟定的，所以士大夫为皇帝确定施政基调的意图比此前历次即位诏书明显而详细。兹归纳相关各条，以明确判定其间士大夫更革的意蕴。

该诏书第一条依例申明大赦之后，第二、三条即是为武宗朝遭受打击官员平反条款：

> 弘治十八年五月十八日以后，正德十六年四月二十二日以前，在京在外内外大小官员人等，有因忠直谏诤及守正被害去任降调升改充军为民等项，及言事忤旨，自陈致仕养病等项，各该衙门备查明白，开具事

① 按张哲郎前揭文将嘉靖大赦新政条款统计为 81 条，李洵等学者将之统计为 80 条，区别只在最后一条是否计入，该条为“已上兴革政令，诏书到日，有司即便奉行。如有延缓者，许巡按御史按察司访察究问，俱以违制论”。故此处实际并无重要分歧。

② 见李洵：《“大礼议”与明代政治》，《东北师大学报》1986 年第 5 期，亦载《下学集》，北京：中国社会科学出版社，1995 年，第 151—154 页。

③ 马静：《一道非同寻常的“即位诏”——明世宗“即位诏”与嘉靖初期改革》，《西南大学学报》2007 年第 5 期。

> 情，奏请定夺。死忠者谕祭、修坟、荫叙，降调升改致仕养病闲住充军为民者起复原职，酌量升用。大臣量进阶级，并与应得恩荫、人夫、月米，相应起用者有缺推用，已故者加赠。
>
> 正德十四年文武官员人等，为因谏止巡游跪门责打降级改除为民充军等项，该部具奏，起取复职，酌量升用。被打死者，情尤可悯，各遣赠谕祭，仍荫其一子入监读书。内有充军故绝者，一体追赠谕祭，查访亲属，量与优养。①

在这样的文本位置鲜明地公布平反政策，摆明了此即位诏革除武宗弊政，推行政治、社会领域改革的基调。其后第四至七条，为梳理宗亲政策条款，表示天子以礼亲亲之义，不议。

第八、九条核心在于裁革正德元年以来诸色人传升、乞升大小官职。②第十条许内府各衙门见任官员具本告闲。第十一条重申给事中、御史职当言路，今后当直言无隐。其着眼点，在恢复言官在正德时期因抗谏而遭受打击后的元气。第十二至十四条为宽赦因事受到处罚官员条款。故从第八至十四条，都为清理正德朝官场弊政以使政府机关重归治理的条款。

第十五、十六条为宽赦民间拖欠赋税事。第十七、十八条为裁撤派出征敛或镇守内官，令恢复弘治末年名额。第十九、二十条为裁撤军卫扩充人数，冒领国库钱粮事。第二十一条专为禁革权势中盐弊。③第二十二条为宽赦山东、河南、北直隶马草粮料负担。第二十三、二十四条查禁权势侵夺霸占他人庄田、园圃、住居、坟墓之事。第二十五条禁止各处镇守、协守、分守、守备等官到地方科敛财物、夺占功次。第二十六、二十七两条宽免漕运官军拖欠粮米、债务。第二十八条除豁各处征粮养马土地遭水冲、沙压、坍江之

---

① 《明世宗实录》卷1《正德十六年四月癸卯》，台北：台湾“中研院”历史语言研究所校勘本，1962年。

② 此类人员中，虽然可能包括一些有才能及曾做出贡献者，然而其以“传奉”途径获取官职，一则破坏了选官、任官的制度程序；二则颠覆了选任国家官员的标准；三则使得官员名额超出规定限制，故造成国家治理有序性的破坏，从制度及文化角度而言，遗患无穷。

③ 权势中盐弊端无穷，包括侵夺民利、鼓励私盐、阻滞正课、边储告乏、盐政败坏等等。然而此类问题，在先前数朝皇帝即位诏中已见试图解决的努力，抵至正德末年，却显然愈演愈烈。特权阶层染指国家专卖事业，牟取暴利，上损国家利益，下夺民间生计，是中国帝制农商社会的体制性痼疾。其解决之道在于限制特权本身，然而帝制体系与特权相始终，故杨廷和等人的治理尝试，并不会根本解决问题。

后人户包赔负担。第二十九条禁止官府收受各处解纳钱粮人员勒索上纳人钱物。第三十条禁止南北涉及军事调动或承担军需供应地方于动支官钱粮应付之外复在民间征补。如此则从第十五至三十条所涉事务繁杂，但着眼点皆在于限制皇帝身边的武职近倖、豪强阶层，及内外官府扰民，以求缓解人民负担。

第三十一条放出内府多余宫人。第三十二条处置抄没钱宁、朱宸濠等入官财物。[①] 第三十三条禁治无藉奸人、游食术士及私自净身人等投托王府。第三十四条宽宥文武官员因事住俸、罚俸回话者。第三十五条令查革南京内府监局军匠丁尽户绝冒支月粮者。第三十六条裁撤遣散内府各监局官员、内使超过弘治以前员额者。第三十七条查禁私自净身潜住京师希图收用者，并令今后严禁私自净身。

第三十八条追褒在朱宸濠之变中死节者，并令追叙王守仁平定祸乱之功。第三十九条令清理问刑衙门积压案件。第四十条清查正德元年（1506年）以后在京、在外官旗军舍人等冒功、升职者。第四十一条专令清查正德十二年十月大同应州冒滥、传升者。第四十二条查革近年各边军职人员非首功而巧立其他名目升级世袭者。第四十三条申明因纳银得获武职并舍人、舍余、旗校等获功止许于实授职役基础上加升。第四十四条令清查正德时期赐姓及因义子、勇士等名色获职当差人员，原在京者按原身份闲住或当差，原在外地者送回原卫、原籍。第四十五条许在京武职自愿调改外卫。第四十六条令简化军职病故后其子孙告袭核查手续。第四十七条申禁奏讨锦衣卫校尉为私人服务。第四十八条申明南京向宫内进解物品所用马快船只如正德元年以前事例每起不过3只，沿途不准揽载客货、搅扰民生、勒要银两。第四十九条令太仆寺勘察顺天、保定、河间三府民间自正德三年以来为官府养马有年齿衰老者变卖价银，转解太仆寺买马支用，以舒民艰。故自三十八条至四十九条，虽具体事务参差有别，其要旨毕竟在于清理正德时期行政弊端，以求恢复正德以前的管理制度与民间社会秩序。

---

① 处置之法是，除金银、器皿、首饰、珍宝及违禁之物存库以外，其余纱罗等估计钞贯，用来“补放文武衙门官员正德十三、十四、十五年各上半年折俸之数”。可见正德后期拖欠文武衙门官员俸禄甚多。政府拖欠官员俸禄，实际等于敦促官员盘剥社会。

第五十条令各法司并锦衣卫今后问刑务要法当其情，从公推问，不许深刻及拘执成案、逼勒招认。第五十一条在如以往即位诏书惯例重申问囚依《大明律》科断，不许深文之外，特别规定今后有奉旨推问案件须经大理寺审录，不得径自参奏。并令革除弘治十三年（1500年）三月初二日以后新增问刑条例。第五十二条令江西等地被朱宸濠反叛事牵连者中如有诬枉即与释放，被逼胁从者奏请定夺，不得冤抑淹禁。第五十三条令审录见监死罪重囚，有情可矜疑者查实免死发边充军。第五十四条令复审在押与朱宸濠谋反事有关人犯，区别真正共谋、临时胁从及先年交通不曾与谋者，各依律议拟，毋致轻纵冤枉。第五十五条令许各地盗贼自首免罪，军还原伍，民还原籍，各存恤一年，免其差徭。第五十六条宽赦官吏军民人等自正德九年（1514年）正月二十八日至正德十六年（1521年）四月二十二日前有罪问发充军、迁发为民者。第五十七条令清查内外各衙门因系该追赃犯人酌情减刑处置。第五十八条令内外衙门清理问完未判罪犯，从宽发落。以上第五十至第五十八条主旨都在清理刑狱。此类条款虽然见于所有即位诏书，但嘉靖即位诏中以上条款针对大行皇帝时期刑政混乱特征特别明显，相关行文也远详明于先前即位诏书内同类条款。

第五十九条停止生员纳银入监事例，近年额设吏役纳银收充阻塞正途者令歇役革退，今后各布政司直隶府州遇缺吏从公考选，必通晓文移方许收参。第六十条令查各营书办人员额设以外者。第六十一条因工部供应内府各监局内官内使人用度比前增添数倍，令司礼监会同工部查照永乐至天顺年间人员数目关给则例通融处置，少宽民力。第六十二条令清查两京各监局等衙门近年额外增添龙船、战车、神像、店房等，今后俱照会典所载旧定数目会计成造维修，不许隐匿冒滥，改旧添新，及招买挪借，贻害小民。第六十三条令清查拆毁改用或变卖内府不系旧规新近添造新宅、佛寺、神庙、总督府、神武营、香房、酒店及在外新盖镇国府、总督府、老儿院、玄明宫、教坊司、新宅、石经山祠庙、店房等，匠人等因盖造升官者亦查革改正。以上自第五十九条至六十三条，专为清理近年新增政府执事人等员额及新增建筑开支。

第六十四条令清理停泊通州、张家湾、南京驾到各样船只。第六十五条禁止两京各监局在荆州、杭州、芜湖三处抽分厂抽分，其合用竹木各在本地抽分厂支取，内官监原差抽分太监李文等即日回京。第六十六条令查革各地司府州县私增抽分税课。第六十七条申禁权豪刁泼之家修建池亭、设立碾磨、阻坏河防水利、坑陷钱粮。第六十八条恢复易州山厂柴炭先年旧额，免去新添加耗之数，有揽头指称打点多勒价银者治罪。第六十九条许在京在外各衙门自行议奏裁革诏书开载不尽正德年来弊政。第七十条清理冒滥穿用公侯品官服色者。第七十一条令清查近年浣衣局抄没妇女案卷，从宽处理。第七十二条令裁革超出弘治年间在册锦衣卫旗校人等冒滥员额。第七十三条令于豹房各处积年收贮及抄没犯人银两数内转数百万两于太仓银库收贮，以备折放官军俸粮等项支用。第七十四条令查革正德元年以后各衙门官军旗校人等非因军功而因缉捕妖言奸细升授职役者。第七十五条令将正德元年以来传升乞升法王、佛子、国师、禅师等尽行查革，"牢固枷钉，押发两广烟瘴地面卫分充军，遇赦不宥"。[①]并停止近日奏讨葬祭之事，有出入内府，住坐新寺，诱引蛊惑，罪恶显著，见在京者，查明问罪。第七十六条按姓名列出此前在军门办事指挥张玺等多人倚势生事，蠹政害人，令各连当房家小押发两广烟瘴卫分永远充军，其余跟随办事管店助恶有名小班答应旗校人等拏送法司究问，中间罪恶显著者一体押发两广烟瘴卫分，永远充军，家小随住，俱遇赦不宥。第七十七条令追问回回人写亦虎仙交通土鲁番兴兵构乱、搅扰地方，以致哈密累世受害之罪。第七十八条追问回回人于永出入豹房，诱引蛊惑皇帝之罪。第七十九条申令今后照依旧例，给事中有缺于进士内考选奏补，御史有缺于进士与行取人员中相兼考选除授。第八十条申令朝廷政事得失、天下军民利病，许诸人直言无隐。自第六十四至第八十条主旨仍然在于厘清正德时期弊政，其中第六十四至六十八条，偏重于缓解民间经济负担；第六十九条以后各条偏重于处置政府管理系统内弊病。其中第七十五至七十八条措辞及处置办法皆甚为严厉。

此诏书确如李洵所说，行文次第并不严整。如将上列要点重加整理归纳，

① 《明世宗实录》卷1《正德十六年四月癸卯》，台北：台湾"中研院"历史语言研究所校勘本，1962年。

其实除了一般惯行大赦宽免措施之外，主要诉求不外乎以下 5 点：①为正德时期批评皇帝者平反；②清除正德皇帝招致宫中的武臣、近倖、佛道人士并裁减其他冗员；③节缩皇室开支；④清理刑政；⑤禁止豪强敲剥小民。表达这 5 点诉求时，一个重要的参照时间坐标就是正德元年，凡下令革除者皆正德元年以来乱用私人、扰乱宫禁内外既有体制、奢侈浪费、盘剥扰民的政令、措施；凡革除以后要建立者皆弘治时期节用恤民规矩。所以嘉靖即位诏颁布于天下的是以恢复弘治政治运行方式为目标的"去正德化"政策。这种带有明显"复旧"色彩的政策本身，挑战的不是明王朝统治的常经大法，也不是明朝正统以来形成的国家管理的基本规制，而是正德皇帝治下出现的对于明朝既定常经大法与基本管理规制严重违背的局面。从这一角度言，嘉靖即位诏是以"拨乱反正"为基调的"更革"诏书，其体制改革的意味则不明显。不过，此处有另外两个因素当一并考虑。其一，此诏书申明的政令中，包含大量限制皇帝行为的内容，因而可以看做在出现正德皇帝荒唐施政教训前提下形成的明确限制皇权的文件；其二，此诏书是杨廷和为首的士大夫拟定而以嘉靖皇帝名义公布天下的施政承诺，其洋洋 81 款的详明申说，实际上把未来皇帝的施政方针做了具体规定，从而展示出士大夫主导朝政的倾向，该倾向如果得以发展，即会构成重大政治变革。从这一角度说，嘉靖即位诏书实际还是蕴含了体制改革的意图。

景泰、天顺二帝皆在非常规背景下即位，其诏突出即位合法性的申明。景泰即位诏并无高妙举措，行文次第混杂，甚显匆促。天顺即位诏是明代历史上唯一复辟诏书，事出非常，也有较多文字做合法性申明，其间夹杂事实与谎言，然而其所列大赦新政条款颇为实惠。成化、弘治、正德 3 位皇帝皆以预立皇位继承人身份即位，合法性无可置疑，即位诏书中皆不就合法性多做申说。成化诏突出关注民生贫困问题，显示当时社会矛盾激化，皇宫及各级官吏衙门扰民问题严重。弘治诏更多关注恢复社会秩序，突出限制势要阶层特权、皇室奢靡搜刮、官员滥用权力、人口流动，流露出改革整治倾向。正德即位诏也强调整肃权贵盘剥扰民政策。此三帝即位诏都表达出革除弊政意图，然而相关条款多在三份即位诏书中反复出现，表明相关政策未能收到实效。明中叶政权腐败、社会矛盾深化在此 3 诏中有鲜明反映。嘉靖帝以藩王身份入继大统，合法性需特别交代，且因正德皇帝多行弊政，推举其继承皇位的士大夫立意实行更革，使得该即位诏书规模、内涵都超越以往。该诏大赦新政条款达 81 条。除大赦、宽免措施外，其主要诉求包括为正德时期批评皇帝者平反，清除正德皇帝招致宫中的武臣、近倖、佛道人士并裁减其他冗员，节缩皇室开支，清理刑政，禁止豪强敲剥小民等。将之概括，恢复弘治政治运行方式为目标的“去正德化”主旨跃然纸上。该诏虽无意更革明朝常经大法及基本施政规制，但其鲜明的拨乱反正及限制皇权的内容，体现出明中叶士大夫的改革倾向。

（三）明后期皇帝的即位诏

对明前期、中期皇帝即位诏研究表明，明代所有即位诏书都以申明新君即位合法性为要旨，并皆宣布大赦、新政条款，可见皇帝政治仍须取得与民心、普遍文化价值的契合，然而各时期时局推演，诏书中表达的最高统治层的现实关注与举措又各有不同，故可构成观察明代庙堂政治动向的一个集中视点。以文本细读方式，对隆庆、万历、泰昌、天启、崇祯五帝即位诏书进行理析，可以进一步查见明后期皇权转移时刻庙堂政治推演之大关节，以及国家与社会关系中的突出问题。

隆庆皇帝朱载垕为世宗第三子，于嘉靖十八年（1539 年）封裕王。嘉靖四十五年（1566 年）十二月庚子日世宗崩，壬子日朱载垕即皇帝位，遂颁诏改元大赦。世宗驾崩之后，首辅徐阶主持拟写遗诏，“先朝政令不便者，皆以遗诏改之。召用建言得罪诸臣，死者恤录。方士悉付法司治罪，罢一切斋醮工作及例外采买。免明年天下田赋之半，及嘉靖四十三年以前逋赋。释户部主事海瑞于狱”。[①] 此诏不仅摆明了“拨乱反正”的政策姿态，而且以世宗口吻表示对生前施政缺失的悔恨：“只缘多病，过求长生，遂致奸人乘机诳惑，

① 张廷玉等：《明史》卷 19《志第十九·穆宗》，北京：中华书局，1974 年，第 253 页。

祷祀日举，土木岁兴，郊庙之祀不亲，明讲之仪久废，既违成宪，亦负初心。迩者天启朕衷，方图改辙，而遽婴疢疾，补过无由，每思惟增愧恨”。[①]这为以徐阶为首的士大夫借此次皇权转移而终止世宗时代诸多弊政，实施温和改革的政略做了合法性铺垫。遗诏文辞简略，仅能昭示更革大意，具体措施则皆通过隆庆即位诏宣示于天下。该即位诏书如式首先宣布新君合法即位，曰：

惟我祖宗，圣圣相承，至治鸿功，超越千古。暨我皇考大行皇帝，以经文纬武之德，建安内攘外之勋，增光先朝，垂庇后世。方幸永赖，遽尔上宾。特廑凭几之言，属以神器之重。朕茕茕在疚，本不忍闻，而文武群臣，下及耆老军民，合词劝进，至于再三。辞拒弗获，乃遵遗诏，以是月二十六日祗告天地、宗庙、社稷，即皇帝位。以明年为隆庆元年。仰惟末命之昭垂，深望继述之兼善。俛焉自省，岂所能胜？然而先志不可不成，圣训不敢不奉。是用推类以尽义，通变以宜时，期衍旧恩，遹弘新化。所有合行事宜，条列于后。[②]

此段基本是程式化语句，惟于其末，有“是用推类以尽义，通变以宜时，期衍旧恩，遹弘新化”之语，预示出有所更革的意旨。然后开列的大赦新政条款凡 31 条，包括各即位诏皆需提及的大赦、蠲免之类数款，大致可以归纳为三类：第一类，更改嘉靖朝政令；第二类，因新君即位推恩，实施大赦蠲免；第三类，整顿吏治。第一类具有突出的针对性，包括第一至四款：

一郊社等礼及祔葬、祔享，遵奉遗诏各稽祖宗旧典斟酌改正，礼部会官查议，旧礼某项当复，新礼某项当罢，某礼当行于某处，某礼当举于某时，并陵葬、庙享当祔之正，逐一开具奏请。

一自正德十六年四月以后至嘉靖四十五年十二月以前建言得罪诸臣，遵奉遗诏存者召用，殁者恤录，吏、礼、兵部作速查开职名，议拟具奏。

一方士人等遵奉遗诏查照情罪各正刑章，王金、陶仿、申世文、刘

① 《明世宗实录》卷 566《嘉靖四十五年十二月辛丑》，台北：台湾“中研院”历史语言研究所校勘本，1962 年。

② 《明穆宗实录》卷 1《嘉靖四十五年十二月壬子》，台北：台湾“中研院”历史语言研究所校勘本，1962 年。

文彬、高守中、陶世恩妄进药物，致损圣躬，着锦衣卫拿送法司，从重究问。唐秩、章冕等各以符法，滥叨恩赏，着押发原籍为民。书造局、真人府官道，礼部查系在京宫观取用者，发还宫观，系在外龙虎等山取来者，遣回本处焚修，其所授太常寺官职及真人、高士名号尽行革去。

一斋醮工作遵奉遗诏悉皆停止。其原建斋醮之所，令应作何处置，礼部逐一查议题请，工部料价并竹木等两京内府各衙门段匹、器皿、香蜡、柴炭、匠役等光禄寺品物酒饭等，但有因斋醮工作加派者，该部通行查奏停革。[①]

第一款公开宣布对嘉靖帝实施多年的礼制政策进行全面重审和调整。由于变更礼制是嘉靖皇帝在“大礼议”时期就已立意实施，后来刻意经营多年而完成的，所以对嘉靖时期礼制的重审和更革，在相当程度上意味着对嘉靖政治的反动。[②] 第二款为嘉靖时期因建言得罪的诸臣平反，也体现隆庆初反拨嘉靖人事、政风的取向。明朝新君即位之际曾多次发布类似政令，故如仅此一款，不一定表示对前朝政策的反拨，而主要表示新君对因公得罪先帝官员的原宥。此诏中此款与其他更革条款并列，方明显表示更革之意。第三、四两款专门清理嘉靖时期得势、重用的方士，停革斋醮，摆明了将嘉靖帝崇信道教、迷信方术、追求长生作为一代弊政加以革除的政策方针。如此四款与徐阶代草的世宗遗诏前后呼应，形成了隆庆初对世宗政令进行官方批评的基调。在此基础上，其他政策调整随之展开。

诏书第二类条款自第五款至第十款，主题是大赦及蠲免恤民。第五款撤回各地织造、采买、烧造官员，已造完段匹具奏起解，未用银两送户部接济边用，已派未纳者征完于下年派数内减除，以疏民困。这是明代诸帝即位诏中都有的内容，主要含义是新君怜恤下民，力求节俭，并非专门针对大行皇帝。这实际也是一个规律性现象，即新君即位之际，士大夫皆趁机宣布不劳

① 《明穆宗实录》卷1《嘉靖四十五年十二月壬子》，台北：台湾“中研院”历史语言研究所校勘本，1962年。

② 关于嘉靖帝礼制改革的全面情况，可参看赵克生：《明朝嘉靖时期国家祭礼改制研究》，北京：社会科学文献出版社，2006年；田澍：《嘉靖革新研究》，北京：中国社会科学出版社，2002年。

民及节省朝廷用度政令，至皇帝大行之日，则皆已恢复诸多过度搜刮社会的举措，如此循环往复，嘉隆之际也不例外。第六款大赦，与前代即位诏文辞基本一致，不论。第七款蠲免天下赋税，细节不论。第八款宣布将内府各衙门供应钱粮数额恢复为弘治年间及嘉靖初年旧额，“其以后年分加添者尽行革除”。这既有与天下共节俭的意思，也间接批评了嘉靖年间内府衙门开支增加人民负担之事。第九款下令清查内府各监局库所收、现存段匹、军器、香蜡等，以知“约够几年支用”，其后参考库存，应征者酌量折征银两解户部济边。这也是尽量减少宫廷开支浪费、尽量将征收财物用于国家公务的政令。第十款蠲免嘉靖四十四年以前人民拖欠兵部、工部草场子粒、孳牧寄养马匹、倒失被盗桩头银、各类物料应改折银两，以示恤民。

第十一至十四款主题为清理及减省刑狱。第十一款专为优恤得罪宗室，以示亲亲。第十二款宣布录囚，以清理系狱人犯，及过重处罚者。第十三款申明捕缉强盗、妖言、奸细者务必“赃证的实”，不许“妄拿诬陷”。该款特别强调，南京法司只许受理在城及百里内军民词讼，不得拘提城外之人，南京内外守备衙门除得将“盗贼机密重情”拿送法司究问外，不许干预“人命等项词讼”。如此看来，嘉靖时期留都法司及守备衙门权力与该地方行政司法机构权力曾有重叠或者冲突问题，隆庆初力求理顺。第十四款清理在京、在外监禁追赃案件，大抵从宽发落。

第十五至二十七款为第三类，皆为整顿吏治，款数既多，且颇具风力。其中第十五款相当严厉并涉及普遍，称：

> 南京五府掌印佥书，管军管事公侯伯都督总兵副总兵等官，锦衣卫掌卫事并管南北镇抚司事指挥以上官，六部等衙门四品以上官，并学士及各总督提督巡抚官，俱着自陈去留，取自上裁。五品以下文职两京吏部会官考察，浙江等处两京方面官各该抚按会同考核，应黜降致仕者，从公分别具奏。仍各听科道官拾遗。其科道官须公同评议，不许匿名投匦，暗肆中伤。[①]

① 《明穆宗实录》卷1《嘉靖四十五年十二月壬子》，台北：台湾“中研院”历史语言研究所校勘本，1962年。

明朝有常规的官员考察制度，此时仍将天下官员置于自我说明与接受审查的处境，表明以徐阶为首的隆庆即位诏起草者对嘉靖末官员构成及风气情况甚为不满，立意做大幅度清理。然而此款触及既得利益者广泛，可能是构成徐阶不久后被排挤出朝的背景因素之一。第十六款要求今后吏部用人当“惟求任当其才”，不可拘泥“三途”，才能卓异者可破格擢用。这与前款结合来看，不仅有拓宽用人条件意义，也是为了配合大批擢用新人的需要。第十七款针对“今内外衙门添设官员数多”，令查议裁革冗员。第十八款令吏部将天下府州县分定上、中、下三等，量才授任各官，兵部将各地将官亦以边腹冲缓分为三等，参照施行。此款亦涉及大量地方文武官员的重新安排，可见徐阶等的确构想了庞大的政务整顿计划。第十九款与前数款也紧密关联，令宽待致仕、闲住、充军官员中“不系考察及犯私罪者”，“中间如有才望过人，年力尚壮，曾经荐举者，许一体遇缺推用”。这里应含有起用嘉靖年间在朝失意官员的用意。

第二十至二十三款，皆为强化监察效能、整治贪渎及滥用职权，其中特别强调御史、都察院的职能、风纪。第二十四至二十六款以边务为核心，令地方守土各官讲习武备，北边沿线妥善招抚逃人，各边不得稽迟及滥行功赏。第二十七款为严格文武官员行勘奏报。

此外四款为前三类之补充。第二十八款关于大臣应得恤典需及时给与。第二十九款为恢复庆贺谢恩无需上疏旧制及题奏不许有繁词鄙亵之言。第三十款要求官员“励端慎廉静之节，去虚浮怠玩之私”。第三十一款以简洁方式，再次强调改革弊政意旨：“一应弊政，诏书开载未尽者，陆续自行查议奏革，其凡可以正士习、纠官邪、安民生、足国用等项长策，仍许诸人直言无隐”。[①]

徐阶更革嘉靖礼制的计划部分实现，部分因遭反对经隆庆帝裁定而未实行。据《明穆宗实录》载，隆庆帝即位后曾就如何更革嘉靖礼制下礼部会官详议。礼部上言：

---

① 《明穆宗实录》卷1《嘉靖四十五年十二月壬子》，台北：台湾“中研院”历史语言研究所校勘本，1962年。

皇上嗣登大宝，遵奉遗诏，凡一应郊社等礼，下之廷议，令参稽旧典，斟酌改正。中间如大享之礼，祈谷之祭，与天地社稷之祀，原不系祖宗旧典及与古礼不协者，俱以厘正。惟此四郊、二祀，原为圣祖成制，臣等如旧请行。荷圣明允俞。北郊之礼，又已修举，若复轻议更改，臣等未见其可。窃以为当如初议。[①]

隆庆帝裁定："殿门等名出自皇考钦定，郊坛分祀亦皇考议复皇祖初制，俱如旧遵行，不必更改。"[②]由此可以看出，无论世宗遗诏还是隆庆帝即位诏中关于更改嘉靖时期新定礼制的内容，主要是徐阶为主的士大夫所主张的，隆庆帝本人初非力主者，后来也不坚持。这又为稍后高拱得以逐走徐阶埋下一个伏笔。第一类条款以更革为主题，第二类条款主题是优恤臣民，但颇涉及对此前弊政的治理，第三类条款整肃吏治，依然体现对先前政风的诸多批评，并且措施相当严厉，依稀可见与稍后张居正时代整肃行政机关效能举措相似的意向。综合三类条款，更革与整治构成基本色调。从这种意义上说，隆庆即位诏及徐阶主持内阁的那个短暂时期的政令，为后来的张居正"改革"做了一定的铺垫。

隆庆六年（1572年）六月十日，朱翊钧即皇帝位，改明年为万历元年。隆庆帝临终召大学士高拱、张居正、高仪等，面宣顾命，令悉心辅佐东宫，"遵守祖制、保固皇图"。此为孝宗托孤之后又一次皇帝临终亲自托付后事。隆庆帝殡天后发布的遗诏，大致宣布辞世、太子继位、群臣协心辅佐、丧礼悉遵遗制、各地宗藩不可离国、各地守土官员不许擅离职守等，并无特殊内容。[③]体现万历初年政策方针的最重要文件是由张居正主持拟定的万历皇帝即位诏。[④]除了说明新帝合法即位之外，该诏并未像隆庆即位诏那样明露更革姿态。诏书关于大赦新政计44款，款数多于隆庆即位诏，而且从其次第看，构成一个完整的施政计划。

---

① 《明穆宗实录》卷9《隆庆元年六月丙申》，台北：台湾"中研院"历史语言研究所校勘本，1962年。

② 《明穆宗实录》卷9《隆庆元年六月丙申》，台北：台湾"中研院"历史语言研究所校勘本，1962年。

③ 《明史纪事本末》卷61载当时有太监冯保"矫传大行遗诏，云阁臣与司礼监同受顾命"，其事未必可靠，容或有之，也属将口头谕旨泛滥称为遗诏，不是正规文本意义上的遗诏。

④ 万历皇帝继位之际曾发生张居正联合太监冯保排挤掉高拱之事，得诸多学者进行考察，此处不论。

第一至九款为新君即位大赦蠲免的一般条款。其中第一款有值得特别注意处，文称：

> 祖宗成法，至精至备，所当万世遵守。近年以来，有司不考宪度，往往自作聪明，任意更变。其有称为祖宗成法者，又多迁移出入，殊非祖宗立法本意，致令事体纷纭，军民惶惑，岂成治理？今后内外大小衙门官，务要仰求祖宗之意，明考成法，一一遵行。违者以变乱成法论。其有从前更变者，俱行查复。若果系时宜，不得不然，许详具事由奏请，准允乃行。①

如此，则这份在进入史家经常说的“张居正改革”时代之初的最重要文件，开宗明义申明的是不变成法。仅仅从文辞看，这样一条有可能意味着对徐阶主持的更改嘉靖礼法的反拨，但实际情况多半并非如此简单。嘉靖礼法更革，无论从纯粹礼学意义上合理性如何，包含诸多现实考虑，尤其是不断提高其生父兴献王地位以及对大礼议牵动的政策和人事处理做历史定论的意图，因而带动诸多现实政治处理举措，包含弊端。徐阶在隆庆初企图推行的是通过礼制等制度的重新考量对整个嘉靖政策方针进行一番清理，把当时累积起来的诸多弊端加以革除。张居正是徐阶竭力荐拔的内阁主要成员，是拟写隆庆即位诏的意见参与者之一，应无针对徐阶政令加以反拨的意图。问题是徐阶对嘉靖时期政令的更革偏于尖锐，既被政敌利用来攻击他，也引起隆庆帝的猜疑，而且到万历即位之时，对嘉靖朝新制的重审已经进行数年，突出者已经更改，隆庆帝也曾做出有关裁决。所以到万历初，命令终结此类举措，利于引导政局进入更稳定轨道，也可在徐阶、高拱相继主持内阁之后，显示出新的姿态。张居正应早有改革的意向，但显然不打算摆明变法姿态，反而取高扬成宪的旗帜，在具体层面推行新政，策略甚为老辣。

第二款大赦各类罪犯，与前代即位诏大同小异。第三至五款优恤宗室，表达天子亲亲之义。第六款蠲免嘉靖四十三年（1564 年）、四十四年（1565 年）、四十五年（1566 年）、隆庆元年（1567 年）除金花银外其余应纳未纳钱

---

① 《明神宗实录》卷 2《隆庆六年六月甲子》，台北：台湾“中研院”历史语言研究所校勘本，1962 年。

粮。隆庆二、三、四年（1568—1570年）各免十分之三，淮安等遭受灾伤地区特全免隆庆二年、三年拖欠钱粮，以示优恤。第七、八两款结束隆庆时期派出采买、织造官员，与先前累朝即位诏相应内容相似。[①] 第九款专门处置蓟镇客兵这样一个重要但很具体的问题。明朝自嘉靖二十九年（1550年）庚戌之乱[②]以后，每年调动其他地区军队到蓟镇一带守边，费用既多而失于训练，诏令该镇通查兵员，训练当地兵士以减退客兵。此事本在较为具体层面，但列在大赦蠲免条款之末，表明张居正对于整理客兵乃至北边防务，早有定见。

以后各款次第，实际是按照六部执掌而列，展现出全面的新政风格和设想。

第十至十二款为吏部事，以严明吏治为主。第十款严内外文官考核之法；第十一款起废隆庆年间建言得罪诸臣中非挟私而才力堪用者；第十二款优恤致仕、闲住、充军官员。这都表达出张居正时代整顿吏治的基调。

第十三至十九款为户部事，以减轻人民负担、简化税收程序、财政增收为着眼点。第十三款蠲免隆庆五年以前各处该纳杂课。第十四款免各盐运司、盐课司、提举司拖欠已经开中之外远年盐课并许小民销售纳剩余盐及自行煎办数量不多盐斤。第十五款免除先年加派光禄寺厨料银两。第十六款令各处钞关原征本色者改征折色三年，接济边储。第十七款令查勘陕西沿边及两广等抛荒田地及各处荒闲官民田地，蠲免其该征夏秋税粮农桑丝绢，听民承佃，三年后方许量行起科。第十八款令清查各处沿河、沿江、沿海洲荡涨出田地，计亩酌量升科。第十九款禁止有司于审编差役原有正数之外指称别项名色加派。这些条款，大多已经展现张居正经济政策的基本内容。

第二十至二十三款为礼部事，以存恤、风化为主，丝毫不涉及礼制更革。第二十款存恤鳏寡孤独废疾年老之人；第二十一款增各处儒学贡生员额以体恤积年挨贡不前者；第二十二款重申禁止僧人指以戒法诱惑愚民、有伤风化；

① 前曾提及此两款内容在先前即位诏中皆有，如此规则性出现的原因，应不仅仅在于采买织造作为弊政被一再革除又一再恢复，也还因为宫中采买、织造需要、式样等针对宫中特定人员，皇权转移之际，宫内人事、身份大有变动，故将先前采办结束。第七款停止采买珠宝及烧造时特别说到“及隆庆五年钦降式样烧造江西瓷器，诏书到日……”就透露出此中消息。

② 嘉靖二十九年（1550年）六月，蒙古俺答部举兵犯边，直抵北京城下，饱掠之后退去。

第二十三款疏通武官诰敕因各处官员刁难不得续黄事。

第二十四至三十二款为兵部事，以整理兵政及社会治安为主。第二十四款蠲免隆庆六年（1572 年）六月初十以前未征京营及各处骑操孳牧马匹倒失被盗应追买补及桩朋等银；第二十五款令内外武职官非真犯死罪及事干军机重情不宥者外，从轻处置；第二十六款令各处衙门及兵备道将差占额编民壮快手放回各该州县操练防盗并切实举行地方保甲之法；第二十七款令地方有司严防严捕盗贼；第二十八款令沿边、沿海官将巡视城池，谨慎守备；第二十九款申严勾军之法；第三十款清理畿内民间养马赔补之弊；第三十一款赦免两广亡命盗贼，许各回籍复业；第三十二款宥免中都留守司、河南、山东都司隆庆六年六月初十日以前轻犯军职。

第三十三至三十六款为刑部事，以清理淹滞诬枉为主。第三十三款令清理归结系狱非干谋反叛逆剧贼应宥免案件人犯；第三十四款令清理内外衙门见监死罪案件；第三十五款令分别情由酌量宽免内外各衙门见监追赃追责人犯；第三十六款令在京缉事衙门不得贪功诬陷妄拿强盗妖言奸细名目人犯。

第三十七至四十一款为工部事，以宽免拖欠物料、与民休息与减少兴作开支为主。第三十七款蠲免各处拖欠隆庆五年以前工部本色物料；第三十八款蠲免拖欠供应内监取用南京、芜湖等地抽分厂物料中隆庆五年以前部分；第三十九款蠲免各处卫所、有司拖欠隆庆五年（1571 年）以前该造兵器；第四十款酌量宽免川、贵、湖、广等处先年欠采运大木价银、夫价者；第四十一款停止除城垣、墩台、关隘、仓廒、漕河等外其余一切不急工程。

此外，第四十二款开豁各处民屯田地税粮赔纳拖欠；第四十三款令惩治各处地方奸猾、光棍。是为此前各款补充。第四十四款许天下军民上疏评论“朝廷政事得失、天下军民利病”，为明朝皇帝即位诏结末处皆有条款。最后的结语亦有新政气象：“于戏！缵大承休，惟奉累朝之成宪；布德施惠，用洽万国之欢心。将升大猷，在谨初服。诏告天下，咸使闻知”[①]。

如此看来，万历即位诏是明代诸帝即位诏中，与杨士奇主持的洪熙即位

① 《明神宗实录》卷 2《隆庆六年六月甲子》，台北：台湾“中研院”历史语言研究所校勘本，1962 年。

诏、杨廷和主持的嘉靖即位诏、徐阶主持的隆庆即位诏同为最具有实质性内容的即位诏。而且此前即位诏书虽皆关涉庙堂政治与社会政策，但就庙堂着眼为多，万历即位诏则主要着眼于社会政策，运思缜密，次第严谨，措施具体，实际已构成张居正改革的宣言。然而奇妙处在于，张居正偏偏强调惟奉“成宪”，刻意柔化了改革的心理冲击力。

万历四十八年（1620年）七月丙申，10岁即位的万历皇帝与世长辞，为明代居位时间最长的皇帝。他即位时，辅臣张居正还能有心情气势设计中兴的蓝图。到他去世之际，明朝已经病入膏肓。此时目睹和实际主持皇权交接具体程序的内阁大臣也绝非徐阶、张居正这类大才气、大能量人物。史载万历皇帝弥留之际，招至床前的重臣有“英国公张惟贤，大学士方从哲，吏部尚书周嘉谟，户部尚书李汝华，兵部尚书黄嘉善，署刑部事总督仓场尚书张问达，署工部事协理戎政尚书黄克缵，礼部右侍郎孙如游等”。[①]仅就身份而言，以内阁大学士受顾命的只有方从哲一人，其余则为六部长官，其中且有两位署职和一位侍郎。之所以如此，并非如论者所说因为内阁地位下降而六部地位上升，而是由于万历后期缺官不补，重大职务岗位诸多空缺。这种人事局面，已是末世景象。万历遗诏及泰昌即位诏，依制应是方从哲为首，前列诸人参与意见而拟。万历时期有诸多弊政，其中最突出者如矿税监、奏疏留中，一直处于朝野抨击之下，新君即位，不能不改。故遗诏中有万历帝自责反省语，包括“比缘多病，静摄有年，郊庙弗躬，朝讲希御，封章多滞，寮寀半空，加以矿税烦兴，征调四出，民生日蹙，边衅渐开。夙夜思维，不胜追悔……盖愆补过，允赖后人”。[②]八月朔，新帝即位，所颁即位诏书，宣布先皇去世，新君合法即位，并含“有怀兢惕，若涉渊冰”语，并无宏远气象。其后开列大赦新政条款，铺叙凡42条。

第一款赦免新君即位前官吏军民人等除极重大犯罪外大小罪名；第二款平反起用万历时期建言得罪诸臣。此皆遵历朝故事。第三、四两款为主要蠲

---

① 《明神宗实录》卷596《万历四十八年七月丙申》，台北：台湾“中研院”历史语言研究所校勘本，1962年。

② 《明神宗实录》卷596《万历四十八年七月戊戌》，台北：台湾“中研院”历史语言研究所校勘本，1962年。

免条款，但因万历后期赋税正额不敷国用，已经加派，此时不得不行蠲免，却又实际无法蠲免，仅称将加派带征数做轻微宽减而已，其文甚为无奈："海内民穷财尽，即旧额征输，尚苦繁重。顷因东方未靖，势不获已，加派地亩，以给军需。言念民艰，深怀轸恤。今后各省直加派九厘地方，准免带征二分。加派一年者，免带征一年；加派二年者，免带征二年……"[①] 第四款蠲免杂课，仅仅免除万历三十五年（1607 年）到万历四十一年（1613 年）间拖欠数，对万历四十二年（1614 年）以后七年拖欠杂课，并未蠲除，等于免了无论如何也收不上来的部分，有可能收入的部分并不免除。如此则泰昌即位诏中主要蠲免条款为空做姿态，全无实惠。第五、六、七款为体恤宗藩之政，事涉王府禄米供给不时不足、宗室名封拖延、宗室开四民之业、宗室轻罪宽免等，意在表示亲亲，行文中却无处不露出艰窘情态。

第八至十款为吏部所掌事，包括令各级官员无需依前例自陈去留、取自上裁，俱各用心供职；今后用人毋拘资格；今后抚按官举劾及吏部升转优劣务求参综详确。这与万历即位诏借皇权转移而整饬吏治相比，甚为苟且，无复振作意思。

第十一至十三款为户部事。万历四十三年（1615 年）以前各处织造未完者减半，其余作三年造完起解。万历四十三年前仅仅减半，其后一概不减，却还自称"以宽民力"，另有"应天等府万历四年、九年未完袍段"，查系远年，一概停免；广西岁织葛布一百匹，相应免造，所涉微细，都是表示姿态的言语。万历三十五至四十一年（1607—1613 年）各省直等处额解物料本折拖欠者蠲免，其后尚有七年之额未提，自然照数征取。各地应征解送十库钱粮自万历四十八年（1620 年）以前未解者暂停本色，"以宽民力"，折银"解送该部，充济边之用"。这只是本色做折色而已，并未免除。

第十四至十八款大致关于下层吏治。包括各省直押解内库钱粮入京挪侵亏空得罪者，略加从宽处置；司道府州县等官加意拊循民心，不得滥行罚赎、勒借军民、私派里甲、卖法鬻狱；令抚按不得于地方差访拿人；酌量体恤致仕、

---

① 《明光宗实录》卷 3《泰昌元年八月丙午》，台北：台湾"中研院"历史语言研究所校勘本，1962 年。按泰昌元年亦万历四十八年。

闲住、充军官员；恢复内外文职官考满评为称职、平常、不称职三类之法。

第十九款令略增贡生员额以疏通儒学生员淹滞。第二十款令不得刁难武官诰敕续黄。第二十一款适当从宽处理内外武职官犯罪者。第二十二款令尽快处置文武职官有犯者，不得迁延发落。第二十三款令尽快处置两京监禁各卫所拖欠漕粮等犯官。第二十四款豁免工部“铺商夫匠等”拖欠工程物料者中逃亡产绝者，这也是蠲免不蠲免也无法收取者，欲以空言收取民心。第二十五、二十六两款优恤兵兴以来战没军士，其田土无人无力耕种者所逋钱粮豁免，查给各兵实在亲属人丁耕种；东征战没军官所有田地即战没之时开始再免 6 年税粮。第二十七款令录囚，从宽发落。第二十八款从宽发落因赃在监人犯。第二十九款令清理行勘文武职官。第三十款申禁官员侵占克扣边镇军需及抚赏诸物额价。

第三十一至三十三款为强化地方治安，包括各该抚按官严督司道府卫州县缉捕盗贼，京师五城御史严拿无赖奸顽，禁止邪教、淫祠，僧道无度牒者还俗。

第三十四至四十一款仍以赋税问题为核心，包括：禁止豪恶侵占苑马寺所隶牧军额设田土；蠲免各地拖欠中都留守司、河南及山东都司万历四十四年（1616 年）以前班军月粮，万历四十五年（1617 年）以后者照年追徵；蠲免各处卫所拖欠万历四十八年（1620 年）以前岁造军器，以后年分不得拖欠；各处额编民壮快手不得另做差占，皆归本地为缉捕盗贼，并严保甲之制；严勾补军户人丁之法；酌量从宽发落万历四十七、四十八两年（1619—1620 年）在京问过发配纳赎三年以下罪犯；参酌此前蠲免诏书，各省直各项钱粮酌量再加轻缓；北直隶涿州、良乡、固安、武清、永清、东安、香河、漷县、通州、三河等处卫屯军于万历二十八年（1600 年）以后新增屯丁银自万历四十八年（1620 年）以后全部蠲免。最后一款照旧是需天下军民对朝廷政事得失直言无隐。①

此即位诏文本与此前诸帝即位诏相比，最突出的特点是不再有长治久安

① 《明光宗实录》卷 3《泰昌元年八月丙午》，台北：台湾“中研院”历史语言研究所校勘本，1962 年。

的宏远伟略。这既体现在全文的气韵虚弱中，也体现在关于以往颇为注重的礼制与教养人才基本不论、于吏治无切实整肃举措方面。其次，涉及赋税蠲免条款数多而无实惠，显然基于当时明朝中央财政状况和民生状况，切实蠲免已经无法实施，然而朝廷却需要做此姿态以收人心，无奈状可掬。再次是次第混乱，文辞繁复，甚至颇有不类即位诏书中应有的琐细说明文字等。当时有识者见此诏书，当可推知明朝大限不远。

泰昌帝在位不足一月，于万历四十八年（1620 年）九月一日去世，3 日后颁布遗诏，随后天启帝即位，于是天下人民在大约一个月间便接到了两份皇帝即位诏书。

天启帝即位诏书首段，除依式通告先帝辞世、新君申明合法即位、改元、将行大赦外，并无特别内容。由于距离泰昌即位诏发布仅仅一个月，而且主持朝政大臣并无变化，所以天启即位诏与泰昌即位诏基本精神一致，其大赦新政条款 43 条，在略增蠲免以示新君恩德之外，部分重申泰昌即位诏内容，部分是对泰昌即位诏的补充。依次序连贯归纳起来，大致内容如下：

基本大赦蠲免条款：皇考登极诏书所载用人、行政、奖诫、兴厘务须遵承举行。不得以“时宜”为名任意更改祖宗旧制。新君即位前官吏军民犯罪除十恶至死罪及永远充军人犯不赦外皆得赦免。“户部加派地亩银粮两次七厘，兵、工二部加派二厘”，除此前议将加派地方免带征二分之外，再将万历四十六年（1618 年）加派通免一年。

优恤宗亲、勋臣、百官条款是天启即位诏的特色。以很多条款表达对作为明政权直接支撑阶层的优待、体恤，以收其心。包括：不得稽迟宗室子女奏报名封；宗室犯罪发高墙监禁者酌情轻处发落；累朝及见在公主子孙各荫一子入监读书；勋臣袭封见爵者俱给应得诰命，五府并宗人戎政掌印官有勤劳者加宫衔一级；从优颁发两京及地方文武官员本身、父母、妻封赠诰命；两京三品以上文官从优荫子入监读书；因建言废弃诸臣未尽起用者吏部题补复职；两京文武官员署、试职者准实授但仍支署职俸粮；保护祀典所列祭祀坛宇；被黜职官及举监生儒吏诖误被革可矜者许自辩，奏请定夺。

其他为有关地方守备、体恤民艰、宽减杂项赋税、安抚民心条款，次第混杂，难以清晰分类。大致包括：清查各边镇额设兵马，常川训练，修葺城堡。查各边将士万历四十八年（1620年）九月初六日以前战功未报者奏报。禁革各地衙门巧立名目加征赋役。有司各照保甲细查丁口，未成丁、老、逃亡之役豁免。禁有司借开荒、种树、积谷三事科扰人民。酌量提升宫内通事舍人、管领、军职等人职位。体恤褒奖王府官年老及长史三年无过者。酌量优待各类贡生。各地有司查明各卫所千百户等官嫡长子孙贫穷不能保勘起送袭替者申呈奏闻袭替。军职降调病故者其子孙可在原卫起送承袭带俸差操，终身充军年六十以上者子孙可赴部替复祖职，未及六十者暂替所降职事。鼓励辽东、宣大、山西、陕西地方军民先年流入“虏中”者率领亲识还乡。协调调度使用驿递原额站银。禁止各地衙门需索织造绸缎羊绒机户。蠲免浙江、福建、南直各府织造岁改段匹加羡。酌量宽减拖欠供应宫内料价等二年。重申蠲免各省直协济大工税银。禁止各地衙门不许受理私人向官府投送揭贴。酌情体恤太医院供事冠带医士、候缺及被诬革职年力未衰吏目、两京各衙门历事监生及承差。缩短两京商役轮编年份。因辽饷所收税契之法滋生弊端，今取消，民间买卖田产仍照旧例纳税。禁各监局增索解户。军民斗殴致死人命除下手最重一人应抵外，其余共殴之人非执枪刀行凶者不许滥拟充军。今秋暂缓处决见监应决重犯，法司及差出恤刑官等并酌量从轻处置其他在监人犯。禁势豪混占他人开垦成熟水田。适量于此前蠲免额外增蠲各省小民拖欠钱粮。适量蠲减京城内外人民拖欠房号及京城廊店房屋见征租银者拖欠税课。酌量宽减折征北直隶地区灾伤籽粒银，改直隶永平府当解纳惜薪司枣柴折色银若干，撤免西山一带煤税。①

如前所述，天启即位诏承泰昌即位诏之后仅仅一月，大行皇帝即位诏公布的举措尚未推开，自然没有多少弊政值得借新帝即位诏更革，原来公布的大赦蠲免新政条款，也尚未铺开，所以基本是重申与补充泰昌即位诏政令，只是比泰昌即位诏更多地关注琐细具体层面。就气象而言，尤显萎靡。

天启帝 15 岁登基，7 年后去世时不过 22 岁，在位期间委任宦官，摧残

① 《明熹宗实录》卷 1《泰昌元年九月庚辰》，台北：台湾“中研院”历史语言研究所校勘本，1962年。

士大夫，反叛蜂起，边政危殆，财政空虚，明朝统治已经到了苟延残喘地步。其遗诏将弊政全部归于身体不佳，且称因料理国事，忧劳多思而致不起。[①]朱由检就是在这种局势下，以藩王身份入承明朝皇位，次年改元崇祯。惨淡经营17年后，李自成军队攻入北京，崇祯帝自缢煤山，明朝正统地位终结。失位、亡国之君，其史多扑朔迷离。明代历朝官修实录，至天启末而止。崇祯朝政府档案也大多毁灭无传。晚明野史极多，号称不下千家，然而无实录、少档案参酌，私史、野史中长期不见有崇祯帝即位诏全本。在此情况下，曾有研究者认为崇祯即位时本来就仅仅发布了一般即位诏的首段，即宣布合法即位的一段，并未公布大赦新政条款。[②]但崇祯帝在位17年之久，即位之际毕竟当有诏书公布天下，而一旦公布，就有流传，多不至于全部亡佚不存。实际上，即使南明弘光小朝廷，建立的时候，也颁布了含有大赦新政条款的即位诏书，仍可查考。该部分条款实在是明代历朝即位诏书中不可省略的内容。查崇祯即位诏书全本可见于明代孔贞运编崇祯七年（1634年）刻本《皇明诏制》[③]中。该诏首段为：

我国家列圣，缵承休烈，化隆俗美，累洽重熙，远垂万禩。我大行皇帝，仁度涵天，英谟宪古，励精宵旰，锐意安攘。海宇快睹维新，疆土勤思恢复，万机总揽，六幕禔庥。方启鸿图，忽宾龙驭。爰膺顾命，

① 《明熹宗实录》卷87《天启七年八月乙卯》，台北：台湾“中研院”历史语言研究所校勘本，1962年。

② 参看张哲郎：《从明代皇帝之即位诏及遗诏论明代政权之转移》（下），《台湾政治大学历史学报》第15期，1998年5月。文中解释，该“即位诏后面不像前面诸帝的即位诏有开列几十条合行事宜，据起草即位诏的内阁首辅黄立极说，这些嘉惠百姓的条款在先帝熹宗时之德政已有照顾，所以就省略了。”张先生所见，主要是明朝灭亡以后人所撰《明书》及《崇祯长编》中涉及崇祯即位的记载。其中《崇祯长编》所载崇祯帝即位诏书仅仅首段，其后的确有黄立极在天启七年九月辛未日的一段相关语：“大学士黄立极等上言：‘臣等按，累朝登极诏书，列圣旧章，意专及民。而先帝大霈，并在京文武诸臣，另有赏赉，以敕谕行之。今臣等所拟诏书，上尊列圣，而加恩群臣一节，另拟敕谕以进。其赏赉差等，悉依旧贯，仍采先帝登极诏款列之今谕赏格之前，以昭我皇上祖述宪章之美。’帝是之。”崇祯即位诏见《崇祯长编》卷1《明实录·附录本·天启七年八月丁巳条》，台北：台湾“中研院”历史语言研究所校勘本，1962年；前引黄立极语见《崇祯长编》卷2上《天启七年九月辛未》条。黄立极为启祯之际内阁首辅，观前引语，可知为主持起草崇祯即位诏书者。但该语意在说明即位诏内未及如何赏赉群臣事，将另拟敕谕，以行赏赉，并不表明崇祯即位诏未含大赦新政条款。《明书》则在所载崇祯即位诏首段之后，略去大赦新政条款，接诏尾感叹语。感叹语为：“于戏！际兹景命维新，嘉与更始。鉴于先王成宪，庶永无愆。乃若宣布诏书，俾阻深之咸耀；匡扶不逮，使次第而可行。惟尔百司，与朕一德。播告天下，咸使闻知。”傅维鳞：《明书》卷55《丛书集成初编》，上海：商务印书馆，1936年，第1084页。

③ 该书在清朝的确遭致禁毁。现可见于《四库禁毁书丛刊》及《续修四库全书》，同为影印原南京博物馆藏崇祯七年刻本，本章引出该诏文字注为出自《续修四库全书》本。

及予眇躬。惊闻凭几之言，凛念承祧之重，而文武群臣及军民耆老，合辞劝进，至于再三。辞拒弗获，乃仰遵遗诏，于八月二十有四日，祗告天地宗庙社稷，即皇帝位。以明年为崇祯元年。朕以冲人，统承鸿业，祖功宗德，惟祗服于典章；吏治民艰，将来宜于通变。毗尔中外文武之贤，谐予股肱耳目之用，光昭旧绪，愈茂新猷。所有合行事宜，开列于后。①

多数晚明、清代史书对崇祯即位诏的记载，大致如上而略去最后“所有合行事宜，开列于后”语。其后大赦新政条款计 50 条，是明代皇帝即位诏中大赦新政条款最多者。因前此无人讨论，逐条概括如次：

① 查实宗亲亲疏位数，以清理宗室名封，并许从事四民之业；② 酌量从宽发落凤阳高墙拘禁宗室犯罪者；③ 内外文武官员取消因改元自陈、考核，用心供职；④ 各衙门紧要奏章不得稽延；⑤ 各地有司用心征收、拨给各地王府禄米；⑥ 公侯驸马伯并内外文武官员旗士等如非干系内供边饷钱粮准照旧支给；⑦ 武官因失误而无其他犯罪停俸者准支俸；⑧ 免各省逋欠夏税秋粮及杂项税课一年，南直隶、浙江等十三省免天启元年（1621 年）分，北直隶八府免天启二年（1622 年）分；内宫物料则南直隶、浙江等十三省免万历四十六年（1618 年）分，北直隶真、保、顺、河、广、大六府免万历四十七年（1619 年）分，顺天、永平二府免天启二年（1622 年）分，以后年份照旧征解；⑨ 免天启元年（1621 年）分以前拖欠加派钱粮；⑩ 免拖欠万历四十八年（1620 年）以前金花银；⑪ 免天启元年（1621 年）以前各地永折及因灾折收银两；⑫ 清查民间丁口，蠲免无丁而被追缴丁银者；⑬ 禁有司不得于征收赋税中加重科罚；⑭ 酌量从宽处置各省直运粮官因漂流挂欠降级追索者；⑮ 侵盗漕运钱粮者宽限半年赔补；⑯ 万历四十八年（1620 年）以前侵费在官钱粮已故产绝者家属豁免；内有因事损失坐赔监禁 5 年以上者豁免；⑰ 解官、解户解到绢布式样不合者酌量从宽验收；⑱ 两京各衙门商役

① 孔贞运：《皇明诏制》卷 10，《续修四库全书》第 458 册，上海：上海古籍出版社，2002 年，第 422 页。

适当宽减；⑲巡盐御史设处及时给付盐商引价银，以免亏减边储；⑳在京各衙门从公审实殷实民户充当商役，不可卖富差贫，并及时给付钱粮工食；㉑酌量从优录取贡生；㉒仍禁邪教，并不得私创寺院；㉓5个月内保送宗室子女名封并加优礼；㉔严格保护祀典场所；㉕酌量体恤太医院医士；㉖酌量缩短两京各衙门历事监生、办事官吏等人历事时间；㉗中式举人轻度违规者准予参加会试；㉘酌量从优给予万历三十三年（1605年）以前降调两广等处军职人员子孙袭职资格；㉙调剂使用各地驿站银两并申严用驿开支；㉚赦免天下官吏军民人等十恶不赦以外犯罪；㉛沿边沿海军镇非实授千把总中选优实授；㉜酌量优礼五品以上武官年过60岁以上者；㉝严厉缉拿强盗妖言奸细；㉞酌量从宽审录发落在案未断人犯；㉟酌量从宽审录发落在监人犯；㊱清理从宽发落被参处内外官员；㊲侵盗钱粮已赔纳者从宽发落；㊳许死罪犯人有80岁以上祖父母、父母者奏请存留养亲；㊴天启六、七年（1626—1627年）在京审判纳赎日久无可抵赎者释放；㊵酌量从宽发落现监禁追赃人犯；㊶查审在押待处决老、疾、废、瞽者释放；㊷官员犯赃追无可追者开豁；㊸在监已审定人犯翻案查有冤情者释放；㊹铺窑车户人等拖欠钱粮人亡产绝者豁免；㊺浙直木商拖欠年久物故产尽者许豁免；㊻不许再度佥派曾承办三殿大工铺商车户夫匠，两窑柴户产尽身逃者找完欠价后豁免；㊼浙江、福建、苏松常镇徽宁扬广等处拖欠万历四十八年（1620年）以前岁造段匹蠲免；㊽蠲免各地拖欠天启元年（1621年）以前应解送四司物料；㊾各地运送内库钱粮入京解户挪用侵费被押追比5年以上未完及身死者从宽发落；㊿今后官员俱需守节去私，并许天下人言事。结末为：

> 于戏！际兹景命维新，嘉与更始。鉴于先王成宪，庶永无愆。若乃宣布诏书，俾阻深之咸耀，匡扶不逮，使次第而可行。惟尔百司，与朕一德。播告天下，咸使闻知。天启七年八月二十四日。[①]

---

① 孔贞运：《皇明诏制》卷10，《续修四库全书》第458册，上海：上海古籍出版社，2002年，第430页。按此处“若乃”二字，前引《明书》本作“乃若”。

此诏大赦新政条款所涉及内容，与天启即位诏大致相同，部分条款文辞直接从天启即位诏转来，各款次第亦不分明。其比较突出的特点：一是特别注重聚拢各阶层人心，包括宗室、文武官吏、军人、商人、市民、医士、生员等。然而当时四面楚歌，内外空虚，朝廷所能给予的恩惠，大多为空名，如画饼充饥。二是蠲免有真心而无实惠，所涉杂项钱粮、课程、劳役名目既多且细，但所蠲免的多是拖欠年久而无法征收的税课；至于赋税中最主要的两税，最多免至天启二年（1622 年），仍有地方只能免到万历四十七年（1619 年）以前欠额，这意味着崇祯即位时相关地区人民有累积 8 年欠税者，而朝廷仍将追征；至于晚近 5 年正税，并无一地蠲免。三是大赦天下，主要条款一般都在诏书最前数款之内，此诏后置至第三十款，不知是拟写者条理混乱所致，还是认为大赦已经不及其他前置条款更为紧迫。四是此诏与徐阶主持拟写的隆庆即位诏或张居正主持拟写的万历即位诏相比，皆是着眼于眼前具体迫切事务，长谋远虑已然无用；若将此诏与天启即位诏比较，则又比天启即位诏用心细密，推测当是崇祯帝本人认真推敲修改过诏书文本，然而毕竟捉襟露肘。最后，启祯之际，魏忠贤未倒，政局颇为诡异，崇祯即位诏于庙堂、宫闱政治，并无一词。

隆庆即位诏鲜明表达了重新审定嘉靖时期新定礼仪制度的方针，并公布了旨在更改嘉靖时期弊政的诸多政策措施。其中严格整肃吏治，强化行政体系效能等方针为稍后的张居正改革做了铺垫。万历即位诏回避更革语句，标榜遵守成宪，但实际已铺开张居正改革的基本方向，运思缜密，系统表达了对整个行政系统进行改革的总方略和多种具体措施，在经济政策方面，虽然还未涉及一条鞭法，但对清丈土地，整顿赋税，简化赋税征收程序等，已经开始有所安排。泰昌即位诏公布于万历长期弊政之后，虽然重申了万历遗诏中公布的停止派出矿监税使弊政的命令，却并未表达出实行全面整顿、恢复行政能力的魄力与意图，其蠲免赋税的条款也缺乏实惠。天启即位诏发布距泰昌即位诏仅约一个月，大致重复泰昌即位诏而略做补充，其各类惠民措施都缺乏实质内容，已经明显露出王朝没落的颓势。崇祯帝确曾公布包括大赦新政条款在内的即位诏，且其大赦新政条款多达 50 款，超过其先历朝即位诏相应条款数。该即位诏的发布距离天启即位诏发布仅 7 年，口气略有振作意思，特别注意收拾各界人心，可能经崇祯帝本人润色，但并不具有恢复气象。其蠲免赋税皆关于陈年久欠之数，处处露出拮据不得已状，对于人民如同画饼。

整体回顾明代诸帝即位诏书，应特别强调如下几点：首先，即位诏是明代国家政治运行至皇权转移之际的重大政策文本，肯定不仅是官样文章。第二，每次皇权转移之际，皆为明朝政局、人事、政策方针调整的重大节点，因而是研究者讨究、理解明朝政事的关键点。第三，明代历朝即位诏中的大赦新政条款都比较系统地反映当时国家政务与民生的突出问题，尤其是当朝者当时考量的重点问题。第四，以内阁为主的士大夫是所有即位诏拟写的主要人群，他们曾多次试图通过即位诏书调整前代皇帝推行或累积形成的弊政，甚至借机限制皇权或者推行改革，因而即位诏背后常常隐含着士大夫与皇权的政治博弈。第五，洪熙、嘉靖、隆庆、万历即位诏是明代历史上最具有政治文化重要意义的即位诏，该数即位诏公布之际，也是明代庙堂政治历史具有特殊含义的时刻，从士大夫政治与皇权政治的纠结角度看，尤其如此。

十一

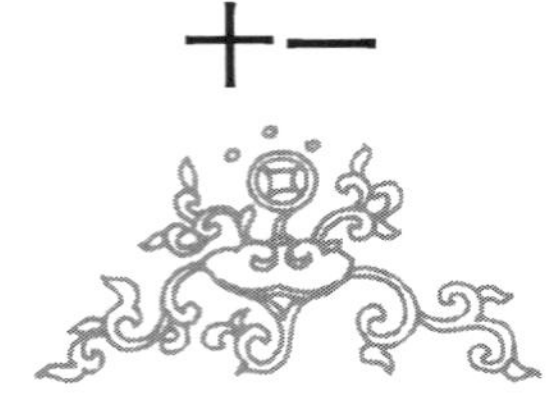

明代皇权政治的运行
——以皇帝遗诏为中心

遗诏是帝制时代以大行皇帝名义向天下臣民发布的政治遗嘱，明代皇帝遗诏文虽简约，但于随后国家政治及公共生活关系重大，迄今已有的相关讨论，或就某一时期的特定遗诏而论，或偏重于遗诏在政权转移中作用，或认为明代遗诏多官样文章，其间见仁见智，有所不同。[①] 本节从文本及制度角度对通明一代遗诏做一总体考察，首先梳理明代皇帝遗诏的基本规制及其在明代的传世情况，随后考察明历代皇帝遗诏的基本内容与草拟的背景，进而对遗诏于国家施政的影响做出分析，最后对太后遗诏和矫拟遗诏的说法、现象进行梳理辨析，从而呈现明代遗诏的基本制度、实施情形及其影响明代政治的主要情形。

（一）明代皇帝遗诏的基本规制及传世情况

明朝从洪武到崇祯，共历 16 帝。遗诏留有全文者 12 帝。成祖死于北征途中，遗诏仅传两句，疑其未留遗诏；建文帝、景泰帝、庄烈帝皆失位之君，

---

① 相关研究中，最重要者为张哲郎于《台湾政治大学历史学报》第 14、15 期连载的《从明代皇帝的即位诏及遗诏论明代政权之转移》，其着眼点已在前章说明。其他如李洵、韦庆远、田澍、胡凡、姜德成、洪早清等学者关于正德、嘉靖、隆庆、万历史事的研究著述中也各论及相关时代的遗诏，然皆未将明代遗诏做通观考察。

无遗诏。明洪武以后诏制，多由内阁大学士草拟，经皇帝认可后下达，皇帝有时因怠惰等情由放任司礼监宦官代笔批示下达，这是时或发生的弊政，并非制度初衷。皇帝临终如若清醒，会召集重臣、皇后、储君等当面嘱托大事，如继立的皇帝不是太子而是藩王，则不能到场。其后，由为首大学士起草正式遗诏，在皇帝死后颁布于天下。

遗诏全文，例载于《实录》，但明太祖遗诏不见于《实录》而见于其他多种史书。成祖遗诏全文不仅不见于《实录》，而且其他文献中亦无载，只有两句存留。其他遗诏皆可见于《实录》。兹录明代遗诏最初者太祖遗诏和最后者熹宗遗诏如下，以见规制大概。

明太祖遗诏：

> 朕受皇天之命，膺大任于世，定祸乱而偃兵，妥生民于市野，谨抚驭以膺天命，今三十有一年。忧危积心，日勤不怠，专志有益于民。奈何起自寒微，无古人之博智，好善恶恶，不及多矣。今年七十有一，筋力衰微，朝夕危惧，虑恐不终。今得万物自然之理，其奚哀念之有？皇太孙允炆，仁明孝友，天下归心，宜登大位，以勤民政。中外文武臣僚，同心辅佐，以福吾民。凡葬祭之仪，一如汉文勿异。布告天下，使知朕意。孝陵山川因其故，无所改。一天下臣民，令到出临三日，皆释服，嫁娶、饮酒、食肉无禁；一发哭临宫殿中，当临者皆以旦晡临，各十五举哀，礼毕，罢。非旦晡临时，无得擅哭；一当给丧事服临者，皆无跣，绖带无过三付，无带兵器；一诸王各于本国哭临，不必赴京，中外管军戍守官员，毋得擅离信地，许遣人至；一国王所在文武衙门军士，今后一听节制，护卫军官，王自分处；一诸王不在令中者，皆以此令从事。故兹诏示，想宜知悉。①

① 今存《明太祖实录》不载太祖遗诏全文，仅称："遗命丧葬仪物一以俭素，不用金玉。孝陵山川因其故，无所改。天下臣民出临三日，皆释服，无妨嫁娶"。见《明太祖实录》卷257《洪武三十一年闰五月乙酉》，台北：台湾"中研院"历史语言研究所校勘本，1962年。按本章后文所引出自明代各朝实录者皆出自此版本，不再注出。《明太宗实录》则称："乙酉，太祖崩。是夜即殓，七日而葬。皇太孙遂矫诏嗣位，改明年为建文元年。踰月，始讣告诸王，且止毋奔丧。"见《明太宗实录》卷1《洪武三十一年闰五月乙酉》。推其原因，是由于太祖遗诏中有令皇太孙朱允炆继位之嘱，故永乐改纂《明太祖实录》时故意删节太祖遗诏文本，编撰《明太宗实录》群臣也为成祖曲笔回护。上引文本据《皇明诏令》卷3，《四库全书存目丛书》史部第58册，济南：齐鲁书社，1996年，第77—78页。谷应泰《明史纪事本末》卷15、姜清《姜氏秘史》卷1、《明史》卷2亦载太祖遗诏前半部分，其行文与前引《皇明诏令》本相关部分略有出入而大节相同。

明熹宗遗诏：

> 朕以眇躬，仰绍祖宗鸿业，七年于兹。深惟皇考取法尧舜之训，兢兢业业，不敢怠遑。迩者三殿告成，光复堂构，夷氛屡挫，边围渐安。方锐意治平，与民休息。不谓禀赋虚弱，自青宫已然，及临御以来，东西多警，朝夕在念，益用忧劳，多思伤脾，遂致绵惙。今乃复触夙恙，衄血陡发，凭几弥留，殆不能起，有负先考顾托之命，朕用尽伤。若夫死生尝理，人所不免，惟在继统得人，宗社生民有赖，全归顺受，朕何憾焉。皇五弟信王，聪明夙著，仁孝性成，爰奉祖训兄终弟及之文，丕绍伦序，即皇帝位。勉修令德，亲贤纳规，讲学勤政，宽恤民生，严修边备，勿过毁伤，内外大小文武诸臣，协心辅佐，恪遵典则，保固【皇图，丧礼依旧制，以日】易月，二十七日释服，毋禁民间音乐嫁【娶，宗室亲郡王藩屏为重，不】得辄离封域。各处总督镇巡三司【官地方攸系，不许擅去职守】，各止于本处朝夕哭临三日，进香【差官代行。卫所府州县土官，俱免进香。于戏！兄弟大伦，幸社稷之有主；君臣至义，期夹辅以为忠。尚体至怀，用承末命。布告中外，咸使闻知。】[①]

以上可见明代皇帝遗诏基本内容涉及以下数事：①回溯在位治绩；②检讨缺失；③宣告病笃将终；④认定继位之君；⑤嘱托嗣君善为政事；⑥叮咛内外臣工辅佐嗣君；⑦规定丧礼原则；⑧抚定地方诸王、军政大员。这些都是皇权轮替之际的大事，其语虽简，关系重大。从太祖遗诏到熹宗遗诏，可以明显看出遗诏内容范围及行文次第基本相同，已高度程式化。故其他遗诏行文，无需录出，其中有增加特殊内容者，后文再加引述、分析。

明代皇帝中，太祖遗诏不见于《实录》而见于其他多种史书，原因已见前文。成祖遗诏全文不仅不见于《实录》，其他文献中亦无记载，只有两句话散见于各类文献中，此为明帝遗诏中最难分辨者。另有 3 位皇帝根本未留下遗诏，其原因皆不难分说。

---

① 《明熹宗实录》卷 87《天启七年八月乙卯》，台北：台湾“中研院”历史语言研究所校勘本，1962 年。按实录正文有脱字，据“校勘记”补。

（1）成祖遗诏之疑点。《明太宗实录》记载成祖驾崩于永乐二十二年（1424年）七月辛卯，不载其遗诏。实际当时并无正式遗诏颁布天下，仅由皇太子颁布一份《丧礼令谕》，内称："皇太子令谕天下文武官员军民人等：仰惟大行皇帝为天下生灵讨灭胡寇，班师回至榆木川，不幸于七月十八日宾天，遗命中外臣民丧服礼仪一遵太祖高皇帝遗制。布告天下，咸使闻之。"①《明会典》于此事仅载："永乐二十二年，遗诏丧服礼仪，一遵太祖皇帝遗制。"②《礼部志稿》所载也极简略。③如此则成祖枭雄一生，临终遗言只笼统涉及丧礼，于天下政令、传位、自我评价等遗诏惯常内容皆无说法，这对于即位者之合法性认定，甚为不利，而且当时大军在外，情势不无可忧之处，却无相关安抚嘱托，甚不合于常理。谈迁对此做出解释说："大行故事有遗诏。榆木川之变，殆圣情违豫，仓皇中不及有所命也。"④然而谈迁似乎并未细致推敲相关事实，其解释也就十分勉强。《国榷》本身就记载，明成祖在七月庚辰日（7日）即已"不豫"，到辛卯日（18日）才去世。这样，前后有11天的时间，病情逐步加重，岂能说没有安排遗诏的时间？

《明太宗实录》的说法也有可疑处。按其说法，则该月丁亥日（14日）成祖已在回京途中，并询问何日可至北京，随后对大学士杨荣、金幼孜说："东宫历涉年久，政务已熟，还京后，军国事悉付之。朕惟优游暮年，享安和之福矣"。⑤这表明成祖在故去前4日已有预感，并开始安排身后之事。然而《明太宗实录》随后记载，成祖于戊子日（15日）下诏班师。这样就等于说当时是先已在回京的途中，后来才下达班师诏书，前后说法略有矛盾。己丑日（16日），"车驾次苍崖戍。上不豫"。庚寅（17日），"车驾榆木川。上大渐，遗命传位皇太子，且云丧服礼仪一遵太祖皇帝遗制"。辛卯（18日），成祖乃崩。从14日到18日，成祖尽有充分时间安排遗诏。然而《明太宗实录》

① 《皇明诏令》卷6，《四库全书存目丛书》史部第58册，济南：齐鲁书社，1996年，第128—129页。

② 《明会典》（正德）卷90，《景印文渊阁四库全书》第617册，台北：台湾商务印书馆，1986年，第841页。

③ 参看《礼部志稿》卷31，《景印文渊阁四库全书》，台北：台湾商务印书馆，1986年，第597册。

④ 谈迁：《国榷》卷17，卷末，第2册，北京：中华书局，1958年，第1215页。

⑤ 《明太宗实录》卷273《永乐二十二年秋七月丁亥》，台北：台湾"中研院"历史语言研究所校勘本，1962年。

接下来却无关于成祖是否安排遗诏、何人执笔、内容如何等的记载，转而记载太监马云等“以六师在远外，秘不发丧，密与大学士杨荣、金幼孜议，丧事一遵古礼，含敛毕载，以龙辇所至，御幄朝夕上食如常仪”之事。①

尤其蹊跷的是《明太宗实录》的记载与杨荣《文敏集》中附录所载《少师工部尚书兼谨身殿大学士赠特进光禄大夫左柱国太师谥文敏杨公行实》完全相同。其内云：“丁亥，次翠微岗。太宗皇帝御武帐中，凭几而坐，顾内侍海寿曰：‘计程何日可至北京？’对曰：‘八月中可至已。’乃谕公曰：‘东宫历岁滋久，政务已熟。吾还京之后，悉以军国之事委之，朕惟优游暮年，以享安和之福何如？’公对曰：‘殿下孝友仁厚，天下属心，允称皇上付托。’太宗皇帝喜，命太监马云以羊酒赐之。辛卯，次榆木川。太宗皇帝不豫，召公等受遗命，传位皇太子，遂崩。众仓卒莫知所措。公一遵古礼，敛含如度。谓太监马云等曰：‘六师去京尚远，不宜发丧，所至宜上食如常仪。’众是之。复条画军中事益，严号令，人皆莫测。”②撰写杨荣此一行实者名为江铁，他在该行实中自称：“铁谫陋，在昔同处郡庠，至为亲密，及入仕，复托寓舍馆，知公之历履颇为详悉。故不揆僭踰，谨述其大概如右，庶以备他日史氏之録云。正统元年岁次庚申，秋七月甲子，中顺大夫浙江提刑按察司副使同邑江铁谨述。”如此则虽然江铁的杨荣行状标记于正统元年（1436年），其说法应是来自先前杨荣讲述，与《明太宗实录》中关于明成祖驾崩情形记载一致，可见《明太宗实录》中相关说法也是出于杨荣交代。杨荣既是成祖宾天后事的主持者，又是后世史家关于成祖死因说法的唯一渊源，此人却在时间允许情况下没有提请或者安排拟写成祖遗诏，对成祖未有遗诏流传之事也没有提出任何疑问。其人用心细腻而所为事理不谐，不无可疑。明人王世贞就曾怀疑杨士奇、杨荣、金幼孜得幸于仁宗是“赏其榆木川顾托之功，或兼以阴拥翼故，不可知。”③此“拥翼”之功仅在于先前维护朱高炽太子地位，还是也

① 《明太宗实录》卷273《永乐二十二年秋七月》，台北：台湾“中研院”历史语言研究所校勘本，1962年。

② 杨荣《文敏集》《附录》，《景印文渊阁四库全书》第1240册，台北：台湾商务印书馆，1986年，第411—412页。

③ 参看王世贞：《弇山堂别集》卷22，《景印文渊阁四库全书》第409册，台北：台湾商务印书馆，1986年，第291页。

涉及成祖驾崩之际安排，待考。明末黄景昉也对当时事实有所疑惑：“榆木川之役，从杨荣议，液锡为椑具含殓，秘不发丧，上食如常仪。此振古未有之变，荣从何处想出？”[①] 联系今人赵中男对朱棣与朱高炽矛盾关系的相关探讨，可以推论明成祖遗诏之缺失背后，可能另有隐匿情节。[②]

（2）建文皇帝（惠帝）是明太祖嫡长孙，在明太祖之后继承皇位，在位 4 年后被明成祖发动的军事政变推翻，其人在明成祖军队进入南京时失踪或者被烧死。后来，成祖下令篡改建文在位时期已经编撰完成的《明太祖实录》，取消建文年号，称其为“矫诏”即位之君，将建文皇帝在位 4 年的史事，附入《明太祖实录》名下。这样，建文帝作为合法皇帝的历史事实被抹杀，与此相关的明太祖遗诏也被从《明太祖实录》中删除，建文皇帝本人也没有遗诏流传下来。建文皇帝逊国之际的其他史事虽多疑窦，但其无遗诏传世的事实及其原因，却很清楚。

（3）明景泰帝（代宗）在明英宗于 1449 年的土木之变中被蒙古瓦剌部俘获后登上皇位。英宗从蒙古回朝后，在一些大臣拥戴下复辟，废黜了景泰帝。景泰帝之后不久死去。他在位时期的事迹，后来是以附录的方式列在《明英宗实录》名下，作为被废黜的皇帝，景泰帝自然没有留下遗诏，此事无可疑之处。

（4）明崇祯帝（毅宗、思宗）为明朝末代皇帝，其去世后，已经不再有本朝官修《实录》的编撰，故其在位时期的文献不足征，有关史事需要考诸稗官野史。晚明野史中有称崇祯帝留有遗诏者，或云写于胸前白棉绸衣上，云：“朕不德，以致失国，羞著衮冕见祖宗于地下”；或云写于宫中御案，称：“朕即位十七年，五经□□，日切忧惧；不意任用匪人，致有今日。统大兵者，在外当协民心，以固国本；慎之！慎之！”[③]《国榷》也称思宗在衣襟上写有如下文字：“朕自登极十有七年，东人三侵内地，逆贼直逼京师。虽朕薄德匪躬，上干天咎，然皆诸臣之误朕也。朕死无面目见祖宗于地下，去朕冠冕，

---

① 黄景昉：《国史唯疑》卷 2，上海：上海古籍出版社，2002 年，第 46 页。

② 见赵中男：《朱棣与朱高炽的关系及其社会政治影响》，《湖南科技学院学报》2005 年 3 期。按若明成祖陵墓发掘，当注意有关成祖死因线索，或者于此处所疑，有所澄清。

③ 京口草莽臣钱邦芑辑录：《甲申纪变录》，《台湾文献史料丛刊》，台北：台湾大通书局，1987 年，第 249 种，第 107 册，《豫变纪略》附录，第 14 页。

披发覆面，任贼分裂朕尸，勿伤百姓。”[①] 此类说法甚多，但其规制、内容皆不合明朝皇帝遗诏大旨，无一足据。清朝官修《明史》称思宗有遗诏，谓：“十九日丁未，天未明，皇城不守，鸣钟集百官，无至者。乃复登煤山，书衣襟为遗诏，以帛自缢于山亭，帝遂崩。”[②] 其说法朦胧，当系采于野史，即使确有其事，所书“遗诏”也不过感慨遗言，与身后事安排无关，笼统称为“遗诏”而已。据崇祯十七年（1644 年）新组成的南明弘光朝廷派遣与清军谈判的使者陈洪范所作《北使纪略》的记载，该年十月十四日，弘光朝 3 位使者会见清军将领刚陵等，清军责问：“崇祯帝可有遗诏否？”对称：“先帝变出不测，安有遗诏？南都闻先帝之变，会今上至淮，天与人归，臣民拥戴，告立于高皇帝之庙，安事遗诏!”[③]《弘光实录钞》所载与此相同。[④] 清初人计六奇亦称，顺治元年（1644 年）四月十七日，清摄政王多尔衮发布晓谕江南等处文武官员军民人等书中称：“尔南方诸臣，向佐明朝，崇祯皇帝有难，天阙焚毁，国破君亡，不遣一兵，不发一矢，不识流寇一面，如鼠藏穴，其罪一也。及我进战，流寇西奔，尔南方未知京师确信，又无遗诏，擅立福王，其罪二也……”[⑤] 由是可知，崇祯皇帝或有简短遗言，或全无遗言，但无正式遗诏。

（二）明代遗诏的内容及草拟背景

前文已经指出，明代皇帝遗诏有程式化特点，其基本内容有 8 点，各诏皆以相似行文方式加以表述，只成祖遗诏全文不传，建文、景泰、崇祯三帝因失位、失国而无遗诏。在此基础上，此节对各遗诏内容之差异处加以梳理，以见各代史事、时局推演，并对各遗诏草拟背景加以考察，作为进一步分析

① 谈迁：《国榷》卷 100《思宗崇祯十七年三月丙午》，北京：中华书局，1958 年，第 6044 页。
② 张廷玉等：《明史》卷 309《李自成传》，北京：中华书局，1974 年，第 7965 页。
③ 陈洪范：《北使纪略》，上海：上海书店，1982 年影印神州国光社 1951 年本，第 122 页。
④ 参看明古藏室史臣：《弘光实录钞》卷 3，上海：上海书店，1982 年影印神州国光社 1951 年本，第 2367 页。
⑤ 计六奇：《明季南略》卷 3，北京：中华书局，1984 年，第 201 页。

之基础。为省篇幅，各遗诏特殊内容、可考草拟人及背景情况列为下表。

皇帝	传世情况	内容	起草人
太祖	全文	前述 8 项基本内容	齐泰？①
惠帝	无	——	——
成祖	口传片断	传位于太子；丧礼安排	——
仁宗	全文	前述 8 项之外，有“呜呼！南北供亿之劳，军民俱困，四方向仰，咸属南京，斯亦吾之素心”之句。重申其还都南京之意。②	杨士奇③
宣宗	全文	前述 8 项之外，有“长子皇太子祁镇天性纯厚，仁明刚正，其嗣皇帝位。在廷文武之臣，协心辅佐，务以安养军民为本，毋作聪明，以乱旧章。凡国家重务，皆上白皇太后、皇后，然后施行”句。④	杨士奇⑤
英宗	全文	前述 8 项基本内容之外，有“嗣君继承为重，婚礼不可过期”句。⑥	英宗口授，太监牛玉记录，大学士李贤为首润色。⑦
景帝	无	——	——
宪宗	全文	前述 8 项基本内容。⑧	万安？⑨
孝宗	全文	前述 8 项基本内容。⑩	刘健等⑪
武宗	全文	前述 8 项基本内容之外，有“嗣君未到京之日，凡有重大紧急事情，该衙门具本，暂且奏知皇太后而行”句。⑫	杨廷和⑬

① 据明宗室朱睦㮮撰《革除逸史》卷 1、明陆楫编《古今说海》卷 139、张廷玉等《明史》卷 141《齐泰传》，可知齐泰为拟定明太祖遗诏内容的主要人物，是否由他一人执笔，则尚不能肯定。

② 《明仁宗实录》卷 10《洪熙元年五月辛巳》，台北：台湾“中研院”历史语言研究所校勘本，1962 年。

③ 此遗诏为杨士奇起草，其原草拟文见杨士奇：《东里集·别集》卷 1，北京：中华书局，1998 年，属作于洪熙元年五月十二日，与《明仁宗实录》所载仅数字之差。

④ 《明宣宗实录》卷 115《宣德九年十二月乙亥》，台北：台湾“中研院”历史语言研究所校勘本，1962 年。

⑤ 此时杨士奇主持内阁，宣宗遗诏可能由杨士奇草拟，但未见确证。

⑥ 《明英宗实录》卷 361《天顺八年春正月庚午》，台北：台湾“中研院”历史语言研究所校勘本，1962 年。

⑦ 参看《钦定续文献通考》卷 99，《景印文渊阁四库全书》第 628 册，台北：台湾商务印书馆，1986 年，第 673 页。

⑧ 《明宪宗实录》卷 293《成化二十三年八月己丑》，台北：台湾“中研院”历史语言研究所校勘本，1962 年。

⑨ 张哲郎前引文称明宪宗遗诏及孝宗即位诏皆万安所草，根据为《明史》本传及《明孝宗实录》卷 24《弘治二年三月己巳》条及《明通鉴》卷 35《成化二十三年十月丁亥》条。按《明史·万安传》及《明通鉴》该条确载其曾起草孝宗即位诏，但未称其曾草宪宗遗诏，《明孝宗实录》亦不载万安曾草宪宗遗诏。故虽因当时万安为首辅，遗诏由他起草可能性很大，但毕竟没有确证。

⑩ 《明孝宗实录》卷 224《弘治十八年五月辛卯》，台北：台湾“中研院”历史语言研究所校勘本，1962 年。

⑪ 《明孝宗实录》卷 224《弘治十八年五月庚寅》、《明史》卷 181《刘健传》。

⑫ 《明武宗实录》卷 197《正德十六年三月戊辰》，台北：台湾“中研院”历史语言研究所校勘本，1962 年。

⑬ 参看张廷玉等：《明史》卷 190《杨廷和传》，北京：中华书局，1974 年。

续表

皇帝	传世情况	内容	起草人
世宗	全文	诏书内容范围亦大致包括前述 8 项，但检讨缺失文句具体恳切："祇缘多病，过求长生，遂致奸人乘机诳惑，祷祀日举，土木岁兴，郊庙之祀不亲，明讲之仪久废，既违成宪，亦负初心。迩者天启朕里，方图改辙，而遽婴（疢）疾，补过无由，每思惟增愧恨。"嘱托继立之君臣妥善为政更有具体安排："郊社等礼及朕祔葬【祔】享，各稽祖宗旧典，斟酌改正。自即位至今，建言得罪诸臣，存者召用，殁者恤录，见监者即先释放复职。方士人等，查照情罪，各正刑章。斋醮、工作、采买等项不经劳民之事，悉皆停止。"①	徐阶②
穆宗	全文	前述 8 项基本内容中，并无检讨缺失语句，其他皆有。③	张居正④
神宗	全文	诏书内容范围亦大致前述 8 项，但检讨缺失文句具体恳切，有云："嗣服之初，兢兢化理，期无负先帝付托。比缘多病，静摄有年，郊庙弗躬，朝讲希御，封章多滞，寮寀半空。加以矿税烦兴，征调四出，民生日蹙，边衅渐开，夙夜思维，不胜追悔。方图改辙，嘉与天下维新而遘疾弥留，殆不可起，盖愆补过，允赖后人。"嘱托嗣君及臣工之语类似世宗遗诏，极为具体，内有："皇长孙宜及时册立进学，瑞王、惠王、桂王各择善地，令早就藩封……内阁辅臣，亟为简任，卿贰大僚，尽行推补，两次考选并散馆科道官，俱令授职，建言废弃及矿税诖误诸臣，酌量起用，一切榷税并新增织造烧造等项，悉皆停止，各衙门见监人犯，俱送法司查审，应释放者释放，东师缺饷，宜多发内帑，以助军需，阵亡将士，速加恤录。⑤	方从哲、孙承宗⑥
光宗	全文	前述 8 项基本内容，无检讨缺失语，嘱托嗣君语中有"出入起居，倍宜兢慎；左右侍御，务近端良"语，若民间嘱托幼子口气。⑦	方从哲？⑧
熹宗	全文	前述 7 项基本内容，全文见上节。	方从哲？⑨
思宗	无	——	——

① 《明世宗实录》卷 566《嘉靖四十五年十二月辛丑》。文内"祔"字据《明会典》改补。

② 据《明世宗实录》，徐阶曾言："先帝所颁遗诏，草虽具于臣手，然实代先帝言也"。见《明穆宗实录》卷 22《隆庆二年七月乙丑》，台北：台湾"中研院"历史语言研究所校勘本，1962 年。

③ 《明穆宗实录》卷 70《隆庆六年五月己酉》，台北：台湾"中研院"历史语言研究所校勘本，1962 年。

④ 关于穆宗遗诏起草过程，史书记载略有差异，见《明穆宗实录》卷 70《隆庆六年五月己酉》、谷应泰：《明史纪事本末》卷 61、张廷玉等：《明史》卷 228《魏学曾传》等。综合现存记载，穆宗遗诏当由张居正所拟，交由冯保从内传出。

⑤ 《明神宗实录》卷 596《万历四十八年七月戊戌》，台北：台湾"中研院"历史语言研究所校勘本，1962 年。

⑥ 据钱谦益：《牧斋初学集》卷 47 下，《特进光禄大夫左柱国少师兼太子太师兵部尚书中极殿大学士孙公行状》，《续修四库全书》第 1390 册，上海：上海古籍出版社，2002 年，第 75 页。可知神宗遗诏草拟事由首辅方从哲主持，大学士孙承宗为主要参与人。

⑦ 《明光宗实录》卷 8《万历四十八年九月戊寅》，台北：台湾"中研院"历史语言研究所校勘本，1962 年。

⑧ 此时方从哲为首辅，由他起草遗诏可能性最大，然未见明确记载。

⑨ 此时方从哲为首辅，由他起草遗诏可能性最大，然未见明确记载。

如前所述，遗诏虽秉承大行皇帝遗愿，但其行文却出自当时柄国大臣手笔，其间可能渗入起草者或者地位最高的后妃的意图。这种情况，当不出现在那些完全规范化的遗诏，即限于规范的 8 项者中，而在于有特殊内容者。兹略梳理如下。

仁宗遗诏除标准 8 项之外，有“呜呼！南北供亿之劳，军民俱困，四方向仰，咸属南京，斯亦吾之素心”之句。此语显示回都南京之意，但以感叹而非遗命方式表达。仁宗曾拟回都南京，在位期间始终只称北京为行在，但遗诏于身后事安排从来清楚简捷，仁宗回都南京之意如此朦胧写入遗诏，煞是暧昧。很可能是起草遗诏者有意根据仁宗在位时的意向而朦胧加入之语。

宣宗遗诏除标准 8 项之外，有“在廷文武之臣，协心辅佐，务以安养军民为本，毋作聪明，以乱旧章。凡国家重务，皆上白皇太后、皇后，然后施行”句，这些话的要点全在“仰赖故人、率由旧章”，是维护杨士奇等老臣与太后联合柄政合法性的语句。

英宗遗诏除标准 8 项基本内容之外，多出“嗣君继承为重，婚礼不可过期”一句。此为日后不久办理嗣君婚礼之合法性铺垫。更值得注意的是遗诏文本中并无英宗废除嫔妃殉葬之嘱。该遗嘱为英宗大渐时口头嘱托，但未被写入布告天下之遗诏。《明英宗实录》载，天顺八年正月己巳：

> 上大渐，召皇太子及太监牛玉、傅恭、裴当、黄顺、周善至榻前谕之曰：“自古人生必有死。今朕病已深，傥言有不讳，东宫速择吉日即皇帝位，过百成婚。皇后钱氏名位素定，当尽孝养，以终天年。德王等王俱与善地，俾之国。殉葬非古礼，仁者所不忍，众妃不要殉葬……[①]

故《明史》等称嫔妃殉葬事“至英宗遗诏，始罢之”之类记载，[②] 是以遗嘱出于皇帝之口，泛称为遗诏之例。此类用法，亦不少见，但严格说来，两者不同。按《四库全书总目》：“秦汉天子之语皆谓之诏。宋以来以玺印颁

---

① 《明英宗实录》卷 361《天顺八年正月己巳》，台北：台湾“中研院”历史语言研究所校勘本，1962 年。按明初嫔妃殉葬，甚为残酷，参看郑晓《今言》卷 2。

② 张廷玉等：《明史》卷 113《列传第一 • 后妃一》，北京：中华书局，1974 年，第 3515—3516 页。

天下之书乃谓之诏。臣下面奉玉音，谓之圣旨。”[①] 如英宗废除嫔妃殉葬之遗嘱，口传于太子及太监，无大臣在侧，是为遗旨。殉葬为一极端恶劣制度，而英宗视之为帝王家事，并未作为国事嘱托大臣而以遗诏方式布告天下。《明史》等书称英宗此语为遗诏，为一泛滥用法，并未深究。故亦不当认为当时英宗有两个遗诏。

武宗遗诏中除标准 8 项基本内容之外，有“嗣君未到京之日，凡有重大紧急事情，该衙门具本，暂且奏知皇太后而行”句。此为杨廷和与太后政治同盟合法性的伏笔。因有此一伏笔，杨廷和在嘉靖初颇有左右朝政举动，过于托大。

明代诸帝遗诏文字最多者是世宗遗诏和神宗遗诏。世宗遗诏，内容范围并未出于前述标准 8 项之外，其增加文字涉及两方面内容。其一为检讨缺失文句具体恳切：“只缘多病，过求长生，遂致奸人乘机诳惑，祷祀日举，土木岁兴，郊庙之祀不亲，明讲之仪久废，既违成宪，亦负初心。迩者天启朕里，方图改辙，而遽婴（疢）疾，补过无由，每思惟增愧恨。”世宗临终容有悔意，但将如此痛切追悔文句布告天下，则反映草拟者的批评态度和更革意图。其二即为如何更革的具体方针，“郊社等礼及朕祔葬［祔］享，各稽祖宗旧典，斟酌改正。自即位至今，建言得罪诸臣，存者召用，殁者恤录，见监者即先释放复职。方士人等，查照情罪，各正刑章。斋醮、工作、采买等项不经劳民之事，悉皆停止”。此前遗诏嘱托继立之君臣妥善为政，只就基本态度笼统嘱托而已，此诏则安排具体，措辞坚决，而且俨然有“拨乱反正”态势。这是遗诏草拟者及其支持者为改革政略之合法性所做的铺垫。

穆宗在位日短，亦无大失德，遗诏内无检讨缺失之语，事属自然。神宗诏书所涉范围亦大致前述 8 项，其增加文字与世宗遗诏相同，也在检讨缺失和日后更张两个方面，文见上表。世宗遗诏和神宗遗诏突出体现明中后期士大夫着力通过遗诏矫正前朝弊政的努力，是明代士大夫政治自觉性与实际影响力的程度、君臣冲突表面化的表现，非官样文章可比。光宗在位仅仅弥月

---

① 永瑢等：《四库全书总目》卷 56《诏令奏议类存目》，北京：中华书局，1965 年，第 504 页。

而已，并无真正作为，遗诏内容、句式皆基本规范模样而已。其中嘱托嗣君语中“出入起居，倍宜兢慎；左右侍御，务近端良”语，为一般遗诏中所无。可能是编修《明光宗实录》者参照熹宗亲信近侍之行而增入之讽喻语。熹宗弊政累累，但遗诏仅标准 8 项内容，文字简约。可见其时草诏大臣已失去改革振兴的雄心志气。

清圣祖康熙洞悉遗诏每每出于皇帝遗意之例，故云：“自昔帝王，多以死为忌讳。每观其遗诏，殊非帝王语气，并非中心之所欲言。此皆昏瞀之际，觅文臣任意撰拟者。”[①] 有鉴于此，他于康熙四十六年（1707 年）前后即已自草遗言，后又在康熙五十六年（1717 年）十一月修改，宣谕臣下，并称：“此谕已备十年，若有遗诏，无非此言，披肝露胆，罄尽五内，朕言不再”[②]。此种见识作为，就帝王气象而言，自然高出明代诸帝之上，使得身后之臣下及嗣君，不能假托遗言而形容其如何追悔自责，亦难借遗诏而行政策更张。不过，明朝皇帝怠惰、失德者多，恰因其并不亲撰遗诏，为士大夫留出了改革调整的较大空间。清代皇帝强化对身后事的控制，使士大夫影响政局的精神更遭挫抑。

（三）明代遗诏的政治功能

明代遗诏在皇权交替之际的政治功能主要在如下几个方面。

第一，最终确定皇位继承人。所有传世遗诏，无论先前已立储君与否，皆明确指定皇位继承人，即使只存片语的明成祖遗诏中也有此内容。这是因为皇太子或者皇太孙只是皇位第一候选人，并非皇位最终合法继承人。皇位之实际继承必须直接受命于大行皇帝。因为如此，虽然朱允炆早已被明太祖公开选立为皇太孙，朱棣还是捏造说他未得太祖遗诏授命，而是“矫诏”自

---

① 《圣祖仁皇帝圣训》卷 9《康熙五十六年十一月辛未》，《景印文渊阁四库全书》第 411 册，台北：台湾商务印书馆，1986 年，第 247 页。

② 《圣祖仁皇帝圣训》卷 9《康熙五十六年十一月辛未》，《景印文渊阁四库全书》第 411 册，台北：台湾商务印书馆，1986 年，第 249 页。

立，并非合法，为自己篡位构建合法性根据。凡已经立有储君，遗诏之意义在于认可储君在大行皇帝之后立即即位。凡先前未立储君，则遗诏成为择定嗣君的唯一合法文件。这种情况，发生在世宗、思宗入继大统之时。以前者为例，武宗壮年无子，死时并未立遗嘱确定后继之君，杨廷和为首的士大夫乘此机会，选择了后来的世宗。《明史》称：

> 明年正月，帝郊祀，呕血舆疾归。逾月益笃。时帝无嗣，司礼中官魏彬等至阁言，国医力竭矣，请捐万金购之草泽。廷和心知所谓，不应，而微以伦序之说风之，彬等唯唯。三月十四日丙寅，谷大用、张永至阁，言帝崩于豹房，以皇太后命，移殡大内，且议所当立。廷和举《皇明祖训》示之曰："兄终弟及，谁能渎焉？兴献王长子，宪宗之孙，孝宗之从子，大行皇帝之从弟，序当立。"梁储、蒋冕、毛纪咸赞之，乃令中官入启皇太后，廷和等候左顺门下。顷之，中官奉遗诏及太后懿旨，宣谕群臣，一如廷和请，事乃定。①

武宗生病至去世，中间大约有二三月时间，因其没有男性子嗣，太监魏彬等曾到内阁，劝首辅杨廷和等去寻访武宗可能留在民间的私生子，但杨廷和等不理。武宗死后，杨廷和引据《皇明祖训》主张立兴献王长子，得其他大学士赞同，告知皇太后之后确定继立之君。显然武宗的遗诏，其实根本不出于武宗本人的意思，而是出于杨廷和等人的主张，是杨廷和等人借助皇太后的名义，确认了嘉靖皇帝即位的合法性，因而才会出现嘉靖初年士大夫放手革除弊政，"中外大悦"，乃至内阁与新君抗衡的局面。

第二，特殊情况下授权后宫干预政治。此种情况，见于宣宗、武宗遗诏。后宫干政本为明初祖制所禁止，然而宣宗临终时，太子为一小儿，宫府内外相隔，嗣君之侧，需有长者，且杨士奇等欲保持仁宣时代基本方针，凸显仁、宣皇后，有利于保持人事安排及政策的连续性。武宗遗诏委托皇太后预政，为一临时安排，限于"嗣君未到京之日"和"有重大紧急事情"之时。此为杨廷和等在该时期做出决策之合法性、权威性的铺垫，并非蓄意安排后宫干

① 张廷玉等：《明史》卷190《杨廷和传》，北京：中华书局，1974年，第5034页。

政。后来皇太后亦不能左右嘉靖意志。

第三，为随后改革弊政张本。此为遗诏最具有政治和社会意义的功能。这种改革，从上文列表看，以世宗、神宗遗诏所嘱范围最广，转折最大，行文亦最为明快。此为士大夫借助遗诏清理弊政努力的突出表现。虽然列朝皇位交替之际，都有政策更改，但其中有的出于口授，虽后来史书称出于遗诏，却无文本根据，前文所说英宗废除嫔妃殉葬事为其中一例。若如世宗、神宗遗诏那样将诸多重大更革明白宣示天下，表示其弊端已经深重沉积，引起士大夫群体的强烈反感。故世宗、神宗遗诏中的大更革，反映的是士大夫的群体意志和背后的君臣冲突。史称：世宗崩，徐阶草遗诏，"凡斋醮、土木、珠宝、织作悉罢，'大礼'大狱、言事得罪诸臣悉牵复之。诏下，朝野号恸感激，比之杨廷和所拟登极诏书，为世宗始终盛事云。"[①] 反对者则攻击徐阶假借遗诏以行已意，如户科左给事中张齐上疏弹劾徐阶，"世宗皇帝十八年神仙土木，皆阶所赞成，及世宗崩，乃手草遗诏，历数其过"。[②] 穆宗时期，依据世宗遗诏，对政策做了全面调整，但遗诏中所说"郊社等礼……各稽祖宗旧典，斟酌改正"之事，涉及世宗最为得意的礼制更革，经过礼部分析，凡世宗之礼与祖宗成例无冲突者，尽量保持不变，根据则为"三年无改于父之道"的古训。[③] 神宗遗诏中的检讨缺失语及更革弊政语，都是万历中叶以至末年士大夫与神宗反复争吵而不得解决的大问题，神宗一旦死去，士大夫如逢大赦，岌岌乎做一政治大翻盘。其细节此前多经学者讨论，不述。世宗、神宗之外，士大夫借助遗诏改革弊政者较多。如前所述，武宗宾天时并无大臣在侧，亦未留下遗诏，而史称其遗诏"召兴献王长子嗣位。罢威武团营，遣还各边军，革京城内外皇店，放豹房番僧及教坊司乐人……释系囚，还四方所献妇女，停不急工役，收宣府行宫金宝还内库……执江彬等下狱。"凡此等等，都是杨廷和等士大夫自己的主张。[④] 遗诏简短，其中关于政策更革，只表述基本意

① 张廷玉等：《明史》卷 213《徐阶传》，北京：中华书局，1974 年，第 5636 页。

② 《明穆宗实录》卷 22《隆庆二年七月甲子》，台北：台湾"中研院"历史语言研究所校勘本，1962 年。

③ 参看《明穆宗实录》卷 9《隆庆元年六月丙申》，台北：台湾"中研院"历史语言研究所校勘本，1962 年。

④ 张廷玉等：《明史》卷 16《本纪第十六·武宗》，北京：中华书局，1974 年，第 212 页。

向，随后发布新君即位诏书，详细公布更革事项。

（四）太后遗诏及矫拟遗诏

明代太后公开发布的遗嘱也称遗诏，但大多不涉国家政策，意义在于公告其事及说明丧仪而已。但也有涉及国家政务者，其中最突出者为仁宗皇后张氏遗诏。张氏在宣德、正统、景泰、天顺四朝皇位频繁轮替中扮演着重要角色，遗诏亦郑重若出于帝王者。其文中主要是对大臣的嘱托及丧礼原则，内曰：

> 吾自洪武中配仁宗皇帝三十余年，为未亡人十有八年，今命止此，得全归以从先帝于地下，足矣。允惟国家重事，存没在念，皇帝聪明孝敬，仁厚刚果，尔内外文武群臣，宜尽诚辅导。夫天下者，祖宗之天下；军民者，祖宗之军民。惟爱人为保国之本，惟施仁为爱人之道。尔群臣咸佐皇帝，惇行仁政，各秉廉公，忠诚勤慎不懈，庶几克济。宫中庶务，悉取皇太后处分，诸后妃家，并须遵奉皇祖训戒，不许干预国政。吾素无德，及下身没之后，丧服悉遵仁宗皇帝遗诏，以日易月，二十七日而除，哭临三日即止，君臣皆同，不得故违。皇帝宜念万机之重，群臣当共慰勉，毋得过哀，成服三日后，即听政。天地、宗庙、社稷之祭，不可以卑废尊，及百神之祀，皆循常勿停。宗室诸王，藩屏为重，毋辄离本国，但遣人进香，不必送葬。诸子先有君命召者，君命为重，仍听赴京。在外大小文武衙门，并免进香，中外臣民之家，并勿禁音乐，嫁娶悉遵。行之勿违。①

万历时人王世贞曾据此遗诏考野史所说三杨请修建文朝实录等说法不尽可信。②其后，宣宗皇后孙氏驾崩，也有遗诏公布于内外文武群臣。正统、景泰、天顺之际皇位更替，皆以请于太后的名义布告天下，故其曾成为皇位轮替的合法性依据，但至其故去时，遗诏已皆为礼仪规范性说法，不具体涉

---

① 《明英宗实录》卷97《正统七年冬十月乙巳》，台北：台湾“中研院”历史语言研究所校勘本，1962年。

② 参看王世贞：《弇山堂别集》卷23《史乘考误四》，北京：中华书局，1985年，第411页。

及国家大事。[①]后来英宗皇后崩，有遗诏，虽有对嗣君、臣工的嘱托，但基本无具体安排，甚至不再提及诸王无需进京吊孝之惯常行文语句。[②]此后皇太后宾天，有发布遗诏者，有不见遗诏留存者，也有如神宗特为生母去世而拟发遗诏减免赋税以收人心者，但基本与国家大政关系疏远。由此看来，明代皇太后干预政事而得到合法性认可的情况，只发生于洪熙到天顺之间。至于正德、嘉靖之际的武宗皇后，只是被朝臣借用名义而已。其他皇后，基本不干预国政。

有关明代的官私史书，都有矫诏之说，包括矫拟遗诏之说。遗诏事关重大，如何动辄矫拟，当做考察。

前文说到，明成祖以靖难入继大统，为申明合法性，称建文帝是矫拟明太祖遗诏即位的，这是明代第一个重大矫诏说法，但其为明成祖编造，事属显然，无需更论。成祖时期也有所谓矫拟遗诏之说。其事颇为可疑。《明太宗实录》载，永乐二十一年（1423年）五月，常山中护卫总旗王瑜告变，称常山中护卫指挥孟贤等纠合羽林前卫指挥彭旭等密谋举兵推赵王朱高燧为主，图谋篡位。经皇太子下令捕至以后，成祖召皇太子、赵王朱高燧、公、侯、伯、都督、尚书、学士等皆至，在右顺门内亲自审问。查得有素为皇太子疏斥的宦官王俨、江保等，素来依附赵王朱高燧，与孟贤等勾结“老军”多人，阴谋在宫中毒死明成祖，随后发动兵变，推朱高燧为帝。为此，他们曾豫令一个名为“高正”的“兴州后屯卫老军”“伪撰遗诏”，布置已定，被高正的外甥王瑜告发。“上（明成祖）览所伪撰遗诏震怒……顾高燧曰：‘尔为之耶？’高燧惴慄，不能□。皇太子为之营解曰：‘高燧必不与谋，此下所为耳。”[③]历来萧墙之变，诡秘无常，不能断言朱高燧阴谋全无踪影，但是以上《明太宗实录》所记草拟遗诏之事，却极可疑。所有案涉人犯中，并无重臣，遗诏竟然由一“老军”起草，如何癫狂错乱，至此地步？这与万历时期发生的梃击

① 《明英宗实录》卷344《天顺六年九月》，台北：台湾“中研院”历史语言研究所校勘本，1962年。

② 《明孝宗实录》卷209《弘治十七年三月壬戌朔》，台北：台湾“中研院”历史语言研究所校勘本，1962年。

③ 《明太宗实录》卷259《永乐二十一年五月己丑》，台北：台湾“中研院”历史语言研究所校勘本，1962年。

案的主角竟然是一个疯癫人张差一样，都属于便于嫁祸，易于灭口，难于查实之类的说法。故赵王朱高燧矫拟明成祖遗诏说，并不可信。

天顺八年（1464 年），英宗大渐。学士钱溥曾以史官身份教习小内侍习文，其所教内官中有典玺局丞王纶，“以次当柄用，结溥草遗诏。为邻居内阁学士陈文所发，谪知县”。[①] 当时大学士以李贤为首，当草拟遗诏，将命笔时，大学士陈文“起夺其笔曰：‘无庸，已有草者。’因言纶、溥定计，欲逐贤以溥代之，而以兵部侍郎韩雍代尚书马昂。贤怒，发其事”[②]。后钱溥等皆遭处分。钱溥欲乘皇位转移之机，借助内监而进入权力核心，权欲过盛，反为挫抑。就万历间人沈德符看来，钱溥所行与穆宗宾天之际，张居正所为类似，但结果有天渊之别。当时张居正“以遗诏诸事，密付司礼太监冯保，为同事大学士高拱所见，面叱之。不数日，穆宗升遐，拱反被逐。事虽同，而所托异，故成败天渊”。[③] 其实不仅王纶势位不及冯保，钱溥不过内阁学士，而张居正已然居于内阁次辅地位，虽然首辅高拱应该主持遗诏草拟，但张居正有资格参与商讨。前后背景并不相同。

谷应泰称，穆宗驾崩时，太监冯保居中用事，“矫传大行遗诏云：‘阁臣与司礼监同受顾命’”。[④] 此说对后来史家影响不小，但是明穆宗的遗诏全文尚存，其中并无阁臣与司礼监同受顾命之语，所以冯保的所谓矫传大行遗诏，至多是口传遗言，如英宗废除嫔妃殉葬的嘱托一类，并非真的矫拟了遗诏。

回顾以上考察，明代遗诏除内容、规制、存留的基本情况以外，值得特别关注者有如下要点。第一，遗诏为皇位交替之际最重要的正式文献，即使在已经立有储君的情况下，仍然是嗣君即位合法性的必要基础。第二，正常情况下，皇帝通常召集重臣、皇后、太子等当面留下遗言，亦有遗言由内监传于臣僚的情况，一般由内阁主持者依据皇帝临终嘱托起草遗诏文本，公布天下。第三，由于遗诏由文臣起草，士大夫有可能借草拟遗诏之机，渗透自己的政策更革的主张。遗诏之颁行，通常带来一定的政策调整。其最突出者，

① 沈德符：《万历野获编》卷 6，北京：中华书局，1959 年，第 159 页。
② 张廷玉等：《明史》卷 168《陈文传》，北京：中华书局，1974 年，第 4521 页。
③ 沈德符：《万历野获编》卷 6，北京：中华书局，1959 年，第 159 页。
④ 谷应泰：《明史纪事本末》卷 61，北京：中华书局，1977 年，第 937—938 页。

在于世宗遗诏和神宗遗诏，这反映出遗诏作为士大夫群体纠正皇帝弊政的潜在途径的意义。第四，官私史书中常混淆遗言与遗诏，故流传记载中多有所谓“遗诏”中语却不见于现存遗诏全文文本中的情况。当能辨析。第五，明代太后也有发布遗诏者，其中仅仁宗皇后张氏遗诏具有明确国政安排涵义，宣宗皇后孙氏遗诏略有其意而已，其余则无，这可资查见明代后妃干政现象之变迁。第六，遗诏为政局动荡或者微妙之际的特殊文献，有关矫拟遗诏的说法甚多，然非都能视为确然之事实。最后，明成祖遗诏仅传两句之事，可能掩盖重要史事，待考。此外，清代皇帝防备大臣借草拟遗诏而更革前朝政令，显示清初帝王识见、心机非明朝诸帝可比，然而却堵塞了国家政策调整的一个可能渠道。

十二

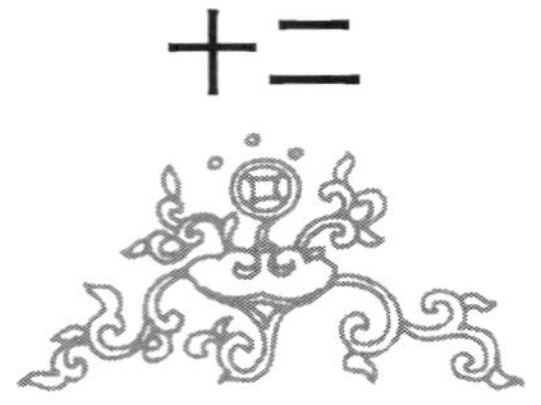

明宣宗御制《官箴》中的皇权政治秩序观

明宣宗朱瞻基撰《官箴》1卷，35篇，依国家机关体制系统排列，对从五军都督府到地方儒学主官做出训诫。35篇之前有宣宗圣谕，称：

> 朕承大宝，临抚兆民，实赖中外文武群臣同心同力，以兴起治功。昔舜命九官十二牧，皆孜孜训谕，虞史书之。夫以大舜为君，禹、皋、稷、契辈为之臣，犹致儆如此，况朕菲薄，敢不究心？然远臣既不得数见而人谕之，近臣虽朝夕相接，亦不得数以言谕。因取古人箴儆之义，凡中外诸司，各著一篇，使揭诸厅事，朝夕览观，庶几有儆。然古之君臣，有交儆之道，凡在位君子，有以嘉谟告朕者，尤朕所乐闻也。箴凡三十五篇。[①]

依据《明史》，该箴在宣德七年（1432年）六月撰成，并宣示百官。[②]嘉靖十七年（1538年）经南京国子监祭酒伦以训再次刊布。将此35篇箴言排列次序与宣德前后其他政书所载国家机关设置情况相比，略有差异，其中可能有宣宗时期国家机关格局调整的一些消息；各篇关于诸司职能的概括，以

---

① 朱瞻基：《官箴》，《四库全书存目丛书》史部第261册，济南：齐鲁书社，1996年，第202页。按本文所引《官箴》皆出此本，因该文献较短，下文除超过3行引用外，不再注出页码。

② 张廷玉等：《明史》卷9《本纪第九·宣宗》，北京：中华书局，1974年，第123页。

及关于诸司主官为官之道的说法，是宣宗口中表达的皇帝对各政府机构功能及其主要官员境界、品格的理解与期许。因而，对这一文献进行细致解读，当有助于对明代乃至整个中国帝制时代政治制度与政治文化的理解。

（一）明宣宗时期的国家机关核心体制

《官箴》所列政府机构次序如下：都督府、吏部、户部、礼部、兵部、刑部、工部、都察院、太常寺、大理寺、通政司、詹事府、翰林院、左右春坊、司经局、六科、光禄寺、鸿胪寺、太仆寺、国子监、钦天监、京府、行人司、锦衣卫、中都留守司、各都指挥使司、内外诸卫、各布政司、各按察司、各府、各州、各县、王府官、盐运司、儒学。这一次序未必依照当时国家机关地位关系严格排列，但显然可以表示在宣宗本人心目中，这些机构是从中央到地方的重要国家机关，是他运行明朝统治机器的主要凭借，所以需要“天语”叮咛，务求使之依照统一精神运作。

将《官箴》机构排列次序与《诸司职掌》《明会典》，及清修《明史》比照，可以看到一些值得注意的情况。

洪武二十六年（1393 年）刊印的《诸司职掌》所列国家机关仅仅 9 个，依次为：吏部、户部、礼部、兵部、刑部、工部、都察院、通政司、大理寺。[①]当时体制初创未久，《诸司职掌》所列国家机关及职责偏重于中央文职机构，并不表示五军都督府地位低于所列文官衙门。但同属中央文职系统的机构之间次序，依然值得注意。《诸司职掌》在六部、都察院之后所列，是通政司、大理寺。《官箴》在六部、都察院之后所列则依次是：太常寺、大理寺、通政

① 《诸司职掌》，杨一凡点校：《皇明制书》第 2 册，北京：社会科学文献出版社，2013 年，第 351—673 页。按杨一凡认为，《诸司职掌》“详细规定了吏、户、礼、兵、刑、工六部及都察院、通政司、大理寺、五军都督府的官制及其执掌”，见杨一凡点校：《皇明制书及所载法制文献的版本》，《皇明制书》第 1 册，第 9—10 页。但《诸司职掌》中其实并没有规定五军都督府的主要官制及其执掌，只是在大理寺职掌之后，设有“五军都督府断事官”一目，其下规定了职掌五军都督府军官、军人刑名的机构、官员职责，而所涉事务的主管上级机关是大理寺，且该部分关于五军都督府主官所掌军队事务等职责无一字提及，故该部分其实应是大理寺带管范围。参看《诸司职掌》，杨一凡点校：《皇明制书》第 2 册，北京：社会科学文献出版社，2013 年，第 661—667 页。

司……其中，太常寺不见于《诸司职掌》，通政司则在《诸司职掌》中列于大理寺之前。太常寺原称太常司，吴元年（1367年）始设，洪武三十年（1397年）改称太常寺，但功能地位未变。《明史》称："初，吴元年置太常司，设卿，正三品……三十年改司为寺，官制仍旧。"①明太祖极重祭祀，但并未在《诸司职掌》中将太常寺列为主要国家机关，宣宗则将之置于通政司、大理寺之前，这是否关涉特殊因由，一时难以确定。但至少表示，宣宗对祭祀之事非常注重。通政司在《官箴》中被改置于大理寺之后，与在《诸司职掌》中地位相比，似乎有下向调整迹象。但是，通政司在后来编定的《明会典》中复又列于大理寺、太常寺之前。

弘治时期，明朝国家机关建制已经完备，基本体制其后变化甚微。该时期编定到正德时期刊行的《明会典》序列各机关次序如下（凡南京亦设机构附京师同名机构项内）：宗人府、吏部、户部、礼部、兵部、刑部、工部、都察院、通政使司、中书舍人、六科、大理寺、太常寺、詹事府（含左春坊、右春坊、司经局）、顺天府、应天府、光禄寺、太仆寺、鸿胪寺、国子监、翰林院、尚宝司、钦天监、太医院、上林苑监、五城兵马指挥司、僧录司、道录司、神乐观、中军都督府、左军都督府、右军都督府、前军都督府、后军都督府、上二十二卫。万历重修《明会典》与正德《明会典》排列机构次序基本相同，不论。如将《官箴》、正德《明会典》序列各机关情况比较，还可看到另外一些值得注意之处。

第一，《明会典》首列宗人府，而《官箴》中列出的35个/类机构中，根本不含宗人府。《明史·职官志》载宗人府沿革颇简，"洪武三年置大宗正院。二十二年改为宗人府，并以亲王领之。其后，以勋戚大臣摄府事，不备官，而所领亦尽移之礼部。其属，经历司，经历一人，正五品，典出纳文移。"②《诸司职掌》编定时，宗人府已经建立，但该机构并未列入主要机关内。洪武到宣德间，宗藩制度变更频繁。建文削藩，燕王"靖难"，宣宗仍继续削弱藩王实力。所以，到宣宗撰写《官箴》之际，宗室在明朝国家统治体系中的地位

① 张廷玉等：《明史》卷74《志第五十·职官三》，北京：中华书局，1974年，第1797页。
② 张廷玉等：《明史》卷72《志第四十八·职官一》，北京：中华书局，1974年，第1730页。

尚未明确，宣宗也不将宗人府视为主要政府机构。宗藩地位在宣德以后确定下来。弘治、正德时期修撰《会典》，为完整覆盖明朝国家机关体系，才将宗人府等纳入其中。正德《明会典》凡例称：

> 本朝设官，大抵仄周制，虽文武并置而政事皆归文职。故《诸司职掌》所载衙门惟六部、都察院、通政使司、大理寺及五军都督府断事官。其文武官制，则分见于吏、兵二部。今《会典》义当从备，故文武衙门各有执掌者逐另开具（文职如宗人府之类，武职如五军都督府之类），叙其建置沿革及所掌职事而事必归于六部。①

显然，《明会典》修撰之时，宗人府地位并未见如何提高，但为覆盖全面而纳入，又因其职事特殊，推原“天子亲亲”之义，将之列于其他诸司之前。到清修《明史》时，宗人府也如《明会典》列在诸司之前。

第二，《官箴》将都督府列为第一机构。如前引正德《明会典》凡例所云，编定《诸司职掌》时，因“事皆归文职”，未列武职，五军都督府不在其内。但宣宗显然颇重武事，作《官箴》时将五军都督府列为第一机构，其后亦为锦衣卫、中都留守司、各都指挥使司、内外诸卫分别作箴。但是正德、万历两《会典》，皆将五军都督府及各卫置于文职各衙门之后。可见宣宗《官箴》的序列，体现的是宣宗本人重视军伍之事的倾向，而不意味着基本制度发生了重大变化。明朝皇帝中太祖、成祖、宣宗重武，其后除武宗之外，皆重文轻武，累积成弊，到崇祯时期，因内外用兵，再崇武职，但徒成大帅拥兵自重局面，不能挽救明朝崩溃之势。

第三，《官箴》特别重视东宫。《诸司职掌》不涉东宫官，《官箴》则在六部、都察院、太常寺、大理寺、通政司之后列詹事府、翰林院、左右春坊、司经局。其中，詹事府、左右春坊、司经局都是辅佐皇储的专门机构。将这 3 个机构列于如此显要地位，且分别为之作箴，足见宣宗对皇储的重视。正德、万历两《会典》虽也列出这些机构，但左右春坊、司经局都被附列于

① 徐溥等撰，李东阳等重修：《明会典》凡例，《景印文渊阁四库全书》第 617 册，台北：台湾商务印书馆，1986 年，第 6 页。

詹事府之下。宣宗子朱祁镇生于宣德二年（1427 年）十一月，宣德三年（1428 年）二月不满 4 个月时就被立为太子，随后原皇后胡氏废，太子生母孙氏被立为后。到宣宗撰写《官箴》的宣德七年（1432 年）六月，太子未满 5 岁，而相关培养教育机构，却受到如此重视。这似乎有些超乎常理，是否别有隐情，一时不能厘清。至少，这与后来世宗、神宗迟迟不立储君，亦不推动东宫讲学的做法，形成对比。可见明朝皇权政治的行事风格，个人色彩浓重，因而政风屡变。宣宗英年早逝，在位仅 10 年，而皇位承续平稳，并无波折，这与宣宗的精心安排，预立皇储，应有一定关系。

第四，《官箴》将锦衣卫从其他诸卫析出。《官箴》所列武职，除五军都督府被列于首位之外，其他有锦衣卫、中都留守司、各都指挥使司、内外诸卫。但在两《会典》中，锦衣卫皆不单列，而在“上二十二卫”之中。这显示锦衣卫地位在宣宗心目中，远在其他诸卫之上，但这种特殊地位在明中叶变得略为模糊。

第五，《官箴》不涉内阁。这印证内阁在宣德时期依然不被视为一个国家机构的推测。洪武十五年（1382 年）后，陆续设华盖殿、武英殿、文渊阁、东阁、文华殿大学士，皆正五品，侍从皇帝于禁中，备秘书、顾问之事。永乐时期，阁臣得参与机务，“然其时，入内阁者皆编、检、讲读之官，不置官署，不得专制诸司。诸司奏事，亦不得相关白”。[①] 仁宗时期，杨士奇以礼部侍郎兼华盖殿大学士，杨荣以太常卿兼谨身殿大学士，阁职渐崇。宣宗作《官箴》之时，大学士地位正处于提升期，但当时的内阁显然还是没有被视为一个正式国家机关。内阁体势在正统、景泰时期基本确立，嘉靖以后，地位相对于其他国家机构又有提升。[②]

此外，《官箴》将行人司单独列出，而两《会典》则将行人司列入礼部之内。这显示明前期于对外事务较中后期更为注重。

---

① 张廷玉等：《明史》卷 72《志第四十八·职官一》，北京：中华书局，1974 年，第 1734 页。

② 嘉靖时期内阁通过更紧密附庸皇权实现相对于六部以下政府机构地位的提升，但若从内阁与皇权间关系角度看，则内阁失去明中期较为独立的风格而地位下降。参看后文。

（二）明宣宗心目中各国家机关的职能与秉政要点

《官箴》通篇四言，所涉诸司各有标题，少者16句，多者40句，略取二、四句韵，但并不严格。各箴行文次第，大致皆首先指出该机构基本功能与重要性，若有古制依据者即加回溯，以见该机构精神传统，进而指出其核心职能，再进一步提出其主官必须秉持的为官要旨，其后申明禁忌，再加叮嘱而终结。现依次加以分析。

首篇《都督府箴》，并未回溯古制依据，从太祖以武力取天下、崇尚武备说起，到太宗、仁宗继承太祖之志，以大都督府总兵戎之政，宣宗率由旧章。因为六部等行政机构箴言皆回溯上古制度，此篇及后面涉及军制的各篇皆未回溯，表明中国历史上军事制度比行政制度变革频繁。明代军制在晚近军制基础上变通而成，上古机构、称谓已面目全非，难以比拟。不过，古今军队基本功能相似，无非“靖乱保民，安内攘外”。宣宗强调五军都督府总制四方兵卫，“宜敬念之，以修其政。将有才智，士有勇锐，部伍有训，储偫有备。除治戎器，豫戒不虞，政修兵坚，孰敢侮予！”其事至重，显而易见，箴语不繁。

六部各有箴言，皆回溯上古，以见名称虽变，职能隐然对应，颇能显示行政机构设置的历史继承性。兹取《吏部箴》全文，展现行文格局气象：

> 周官六卿，其长太宰，统治百寮，以熙功载。汉设选部，官置尚书，有佐有属，代袭弗渝。致治之本，实资用贤，甄拔简任，尔持衡铨。尔惟敬之，务公戒私，善尔勿蔽，才尔勿遗。必黜憸邪，必进忠贞，用舍适宜，治由汝兴。苟或贸贸，弗博询采，谋面而用，弗究其内，玉石不分，臧否莫明，治之弗兴，亦由汝成。度德定位，乃称任使，小知大受，官罔不阤。精尔识鉴，励尔正直，相予于治，夙夜无斁。①

宣宗将吏部渊源上溯到周代六卿中的太宰，及汉代选部。太宰亦称冢宰，明代官场中人亦习称吏部尚书为冢宰，可知这种回溯出于当时普遍意识。吏

---

① 朱瞻基：《官箴》，《四库全书存目丛书》史部第261册，济南：齐鲁书社，1996年，第204页。

部核心功能就是简任贤能，并无枝蔓。帝制时代，人治色彩较浓，故吏部事简而权重，是国家治乱的枢机。其主官施政精神在于秉公无私，黜憸邪，进忠贞，“用舍适宜”。这算得是上古及帝制时代政治对于铨选机关的共同期许。宣宗对吏部的要求，与前代并无不同，也极明确。但明代的官员选任，毕竟还是随着明朝政治体制整体效能的降低而不断混乱，而且晚明的选官用人遭到党比纷争的严重拖累，这是宣宗难以预见的。

与吏部箴言类似，户部箴言也被追溯到古代的“地官”，其核心职能是管理赋税征收。然而宣宗强调的户部秉政精神，并不在于聚敛社会财富，而是“均节惠和”，使“民克阜殷，树艺以蕃，上下毕充”，体现帝王与国家的仁义之政。箴言特别指出，前代违背此种仁义政治的教训必须力戒，“秦之商鞅，唐之宇文，苛征暴括，邦以不振。尔惟鉴兹，毋纵掊克，毋诡于随，毋败于墨”。由此可见，明代前期财政的主观意旨颇能汲取历史教训，不求聚敛而尚均节养民，这是“小政府”意识的体现。然而中叶以后，法久弊生，形格势禁，朝廷聚敛，民生疲敝，逐步失其初衷。

礼部也被追溯到上古，体现古人“法天出治”的传统。该部尚书在明代官场，仿古称为“大宗伯”。其具体功能是“既治神人，亦和上下，政本之地，实宣教化”。通人神，宣教化，被视为维系社会尊卑、秩序的根本，“治国去礼，犹耕无耜”。所以，宣宗对礼臣期待殷切，“夙夜惟寅，秉其直清……安上治民，爰及四裔，祗循旧章”。此中折射出明代国家体制中一定程度的宗教色彩，惟该种色彩与神权政治尚有深刻差别，不可混淆。①

兵部被追溯到上古的“司马”，是整备军队、保护边防的主要机关。宣宗叙其功能，“凡厥武臣，畴过叙勋，乘马在垧，考牧用蕃。车驾舆服，城戍邮驿，守经制宜，皆尔之职”。可知兵部与五军都督府之分工，兵部主持兵备、叙功、车驾舆服、城池戍守及邮传；五军都督府主持军队作战之事，及各地驻军训练管理。兵部官秉政的精神要在朝夕警惕，“怠则隳政，贪则乱法，毋为泄泄，毋为沓沓”。

---

① 此问题请参看赵轶峰：《明代国家宗教管理制度与政策研究》，北京：中国社会科学出版社，2008年。

刑部功能通常比于上古的司寇，但宣宗并未做机构的具体类比，只是从刑法立意角度回溯了古代的“圣人制刑，辅治弼教”。我们将《刑部箴》与《礼部箴》比较，应注意到礼部所司被称为“本”，而刑部所司被称为“辅”。礼本刑辅，是宣宗理解的治国要领之一。刑部秉政的精神首先是公，“惟公乃明，惟明能烛”。而如要做到公正，首先必须清廉，贪渎必失公正。其次在于怀哀悯之心，“惟敬惟慎，毋忘哀矜”。宣宗在此处说得很具体：“死狱求生，何昔之德，移情就律，何今之刻。深文巧诋，实民之贼，如鉴如衡，刑乃弗忒。毒威以逞，下情郁堙，私意以行，枉直失真。司命之寄，毫丝罔僻，罪疑惟轻，庶鲜冤抑。天不可违，民不可罔，断不可续，应则如响。”大意是执掌刑狱的主官必须体法古人，哀悯生人，判狱力求生机，不可深文周内，移情逞威，陷人于罪。宣宗甚至明确提出了“罪疑惟轻”的原则，这与现代法律“疑罪从无”原则内涵接近，精神一致，甚为难得。这种法理主张的观念根由，一是法从天德，二是民不可欺，三是重生慎刑。箴言结末处说到，刑法之用，需秉仁心，“庶几祥刑”。刑为肃杀之事，不得已而用之，必须严忌纵滥，然后近祥。这些主张很精到地表达了明代帝制框架内刑法运用的指导精神，明代虽在朱元璋、朱棣时期偏于重罚，其后也曾偶尔使用寸磔之类酷刑，但大多数时期不尚严刑峻法，这与宣宗的此种主张应有一定关系。

工部渊源也被上溯到上古。虞舜时代即有百工，周代设司空，汉置水衡都尉、将作监、少府等，分司其事。明代工部尚书，亦习惯称司空，负责国家与皇室建筑工程、器物制造。宣宗期待工部主官“顺理而治，勿苛以残……为所当为，毋耗于材，逸所当逸，毋殚其力。毋纵已私……毋溺于贿”。这种意向，明前期略得大旨，但在嘉靖以后，宫室、陵寝建造，屡屡成为举国财政重大负担，由是而盘剥社会，构成明朝灭亡的背景条件之一。

都察院不见于先秦。宣宗追溯，只及御史，是以汉制为其源头。这应是由于先秦世袭贵族为政体主流，非世袭官僚系统未彰显。秦代以后，贵族萎缩而官僚系统膨胀，从而附属于皇权的监察机构扩张。明代都察院主要职责是“任之耳目，委以纲纪。纠违绳愆，激浊扬清，用献嘉言，惟直与明”。即受皇帝委托，监察百官，纠察违纪，建言献策。其秉政精神是“必究大体，毋克毋颇。必由中道，毋过不及，毋以贿迁，毋以势慑”，敦仁笃义，清白坚贞。如果软弱从人，缄默充位，本心不端，必废其职。中国帝制绵延近两千年，监察系统始终是政治运行中的主要机构，体现皇帝政治与官僚体制之如影随形。其中含有诸多管理官僚系统的历史经验，值得总结。但不可不注意，帝制时代监察系统权力既由皇权托付，其责任也对应于皇权。皇权强化与监察系统完备相辅相成，至明清时代达到顶峰。既然只能体现皇权对官僚系统的监察，而非体现社会对国家政治的监督，帝制时代的监察系统便会随着皇权的周期性腐朽而周期性地丧失效能。

祭祀神祇，肇端上古，太常名目，汉代也已出现，但宣宗并未上溯其历史渊源，而是直接指出其基本职能：“为国之要，事神理民，太常典祀，式交百神”。因其职能非常明确，故其运行精神全在恭穆虔谨，以事神明，“仪度必饬，粢盛必洁，无黩无慢，凛乎对越”。

大理寺被上溯到上古的“有虞用士，弼教明刑”，相当于秦时廷尉，汉景帝时也曾用大理名目，其职能在后世延续下来。明代大理寺以复核已经审判的案件为主，参与重案审理为辅，故宣宗称其功能为“鉴空衡平，视狱之成”。其应秉持的精神与刑部相似，但更强调通过慎刑体现公正。其主官需“简于五辟，以正刑罚，维过斯宥，维义之合。刑不可赎，死不可生……易简明慎，书戒钦恤……”切不可因同僚友人情面、贿赂而背离此旨。明代刑部、大理寺、都察院三法司分工监督处理刑事案件，将慎刑理念落实到体制，是帝制长久维系的一个基础。不过，明朝的慎刑似乎在处理民间案件中能够体现，但朝政中却经常发生不经三法司而直接以廷杖、诏狱、厂卫办案方式处置官员之事。后者主要出于皇权的滥用，而这种滥用的直接受害者，更多是官员，波及下层民众涉案的比例反而略少。

通政司名目虽是明代所设，但其渊源也被宣宗上溯到上古纳言出令机构，被视为沟通君主、臣工、庶民的枢机。其精神在于使上下相通，“崇卑一气，流贯无间”。为此，主官需要敬谨忠诚，“命必下究，情必上通”。

詹事府是明代辅佐储君的主要机构。宣宗此箴并未回溯该机构的历史渊源，径直指出，储君为朝廷万世攸传之“大本”，其官履职要点在于见识国政大体，循序而进，导储君于高明，“言行政事，有体有要，必谨大猷，必以辰告。譬如陟崇，由下而升，不怠以休，乃跻高明”。为此须敬谨共事，无事谗佞。

明宣宗将翰林院上溯到周代的司言之职，认为后世袭用，“愈密而重”。其实翰林名目始见唐代，宋以后方为正式机构。宣宗指出的明代翰林院职责是“策命所出，讲学所资，机务之严，于度于咨”，是草撰策命诏旨，探求治国学识，备位密勿，以供咨询的机构。因为此类官员对皇帝决策乃至思想境界有很大影响，必以端凝慎守儒臣充任。宣宗期望翰林官“启沃之言，惟义与仁，尧舜之道，邹孟以陈。词尚典实，浮薄是戒，谋议所属，出毖乎外。必存大公，罔役于私……”看来言求仁义，词尚典实，谨慎无私，是宣宗期待的翰林官理想境界。翰林为清华之地，也是明代文官领袖出身渊薮，虽然在日常政务中无显赫权威，但却关乎国家上层政治气象。这一机构在宋、明时代的隆崇，反映出该时代儒家士大夫在国家政治体制中地位的显要，也是明代政治取儒家基线的标志。

左、右春坊与詹事府同为辅佐储君的机构，但詹事府偏重日常事务，春坊偏重储君德性之熏陶。因而春坊官职责的要点在于食息言动间，引导储君习染尧舜周孔仁义之道。“玉资琢磨，乃荐宗庙”，异日明君之品德，因此而得以养成。宣宗叮嘱任此官者“尔端尔行，尔正尔心，非圣不道，其慎其钦”。明代储君培养，还有其他机制，如东宫讲学，由皇帝专门指定儒臣负责，翰林、春坊官也在备选之列，并非专官。此外，洪武初，以太子太师、太子太傅、太子太保、太子少师、太子少傅、太子少保、太子宾客为东宫大臣，辅导太子，无定员，无专授。但在洪武三年（1370年）之后，就因专设东宫官而将太子师、傅、保等变为了名誉头衔。储君培养系统中的另一机构是司经局，其品秩不高，但因关系“国本”，所以被宣宗视为主要政府机构之一。其职责是掌管培育储君所用典籍，“凡厥典册，尔实司之”。宣宗要求司经局主官殚心竭思，搜求体现尧舜仁义之道的典籍，充备典藏，日月启沃，使储君臻于中道，切忌“曲学阿世”。

六科品秩低微而权重。给事中名目，秦已有之，取“给事禁中”之意，是加官而非固定机构。唐代为门下省属官，掌审查、封驳章奏。明洪武时期对应六部名义分设六科，使给事中职能更为扩展。明宣宗称其所司为“命令之出，于汝纪之，章奏之入，于汝度之。考其得失，举其愆戾，厘革欺蔽，以赞予治”，是以出纳皇命、监督章奏、拾遗补阙为主的机关。但因对应六部而设，稽查六部事务也是其责任。履行这些职责，不在处理具体政务，而在查举朝政运行过程中发生的不当现象，故六科给事中与都察院御史并称言官。然而六科是侍从、密勿、近臣，御史则是外廷之臣，功能、角色还有不同。宣宗要求给事中缜密严格、至公得体，“敬共朝夕，无纵以逸，无易以忽，必毖以密。达夫大体，由乎至公……”所忌则是怙借皇威，不率正道，正邪不分，苟且尸位。

光禄寺被宣宗上溯到周官，并称历代皆有相应机构。该寺在明代主要负责朝廷享祀、宾客宴饮之事。其主官需遵“先王之礼，丰俭有宜，惟敬惟诚……粢盛必备，牺牲必洁……廪之饩之，必精必丰”。不可俭公肥私，暴殄天物。鸿胪寺掌朝觐礼仪。其事要在庄重肃穆，“必考于度，必协于中，无简无繁，周旋雍容”，不可慵懒靡怠。太仆寺掌军马养育储备之事。其主官需做到“政令攸宜，阅省以时，不愆不忘，乃蕃乃滋”，切不可侵克马户。此三寺职能单纯，毋庸琐议。

国子监作为国家培养人才的机构，源自古代辟雍。其主官祭酒、司业需本惇良师道，言传身教，“咨尔为师，敬尔仪则，以教以率，罔懈朝夕。咨尔为学，明善诚身，克智与能，匪敬弗臻”。钦天监之职，被上溯到“五帝之世”，历代袭承。其主官需“夙夜惟寅，用率厥属，咸致其勤。必精推策，必审观候”，以使朝廷“行奉天道，动协时宜”。如或惰慢失误，灾咎随之。

《京府箴》所指，应是顺天府，是否包括应天府，不能确定。[①] 宣宗指出京师辇毂为政风观瞻表率要地，“王者施仁，笃近举远”，周代以降，其官皆“不轻畀人，择贤以付”。其主官务必体察此情，勤勉周至，“情必上通，泽必下流。冰清玉刚，准平绳直，毋惮豪右，毋纵奸慝”。

《行人司箴》将行人司上溯到周制。其职能是宣达朝命于四方，任职者代

① 宣宗在位10年，宫室、行政皆在北京，但其间北京一直被称为“行在”，到正统六年方“定都北京，文武诸司不称行在”。见张廷玉等：《明史》卷10《本纪第十・英宗前纪》，北京：中华书局，1974年，第132页。

表朝廷气象，必须“有容有章，必敬必饬”，不可礼仪失当，贪渎废事。锦衣卫名目虽然晚出，但其渊源被上溯到古代环卫传统。宣宗指出该卫执掌皇帝服御出入、警卫，兼以查防“匪人”。任职者需勤谨、慎重、廉洁、守义、从善、恭敬。明洪武间将临濠设为中都，置中都留守司，专门防卫朱元璋祖陵。宣宗《中都留守司箴》用词甚多，但无非渲染祖宗功业、皇陵威严，要求其官抚饬士伍，确保无虞。

各地都指挥使被宣宗比喻为古代的“连帅”，其职责是“内藩朝廷，外固封疆”，维系纪纲。其官应“居安虑危，训励以时。勇智信严，仁则为大”，不可贪戾暴害。《内外诸卫箴》指出，兵卫之职“内以宿卫，外以御侮”，必须严明纪律，勤于操练，养威藏锐。其官当智勇兼全，善抚士卒，修饬屯务，保境安民，不可残虐苛薄。

布政司为明代省级行政主管机关，是国家统治分布到地方的主要机构。宣宗将之回溯到上古的牧伯，指出其官当知“农时为先，柔远能迩，惇德允元……承流宣化……谨其操持，端其表仪”，明查郡守、邑令之贤否，凭公去取，求知民瘼，使地方“生息有养，礼让有兴”。《各按察司箴》指明，各地藩牧身系国家养民之责，必需另设宪臣，使其肃安。其职责为“锄奸戢暴，去顽革嚚，用植善柔，用畅郁堙。以义行仁，以刑弼教……”要能做到这些，须自身端正，以为表率。如怠于职、败于度、慑于权、怙其势，“吐刚茹柔，或私灭公”，则会有身家之凶。

各府、各州、各县三箴，主要差别只在于职司范围，其履职事项、精神则相类似。府比于前代郡守民牧，需体察民为邦本精神，“教之育之，一主于仁”，督劝耕桑，修饬学校，范防蟊蠹，循典祭祀，礼贤尚德，奉法循理，廉正公明。州亚于府，是“承流宣化”的临民之官，待民当诚心仁和，“如保赤子”，不妨稼穑，不殚民力，“兴举学教，敬恭神祇。狱讼必平，赋税必时。毋纵民厉，毋侈货黩”。各县为官，与民尤近。“民之休戚，咸其所职。”其人更需诚心保民，“如父与母，字厥孩提”，厚其生，道其俗，敬神祀，励学校，不可侵渔苛暴。

《王府官箴》指出，宗室封国“用作藩屏”，“藩王之德，惟忠与孝，惟善之存，惟仁之蹈”。作为藩王辅弼，此官必须导王于贤，进王于道，“非圣之书，弗陈于前”。注意此箴儆诫语比其他各箴都要严厉，有“苟纳于邪，汝则于辟”这样以死威胁的语句。这与当时去“靖难”之事不远，削弱藩王的努力仍在推进之中自然相关，同时也透露出当时皇帝对藩王极度猜忌、防范的心理。

食盐作为民生必需品，从上古就由国家控制，设官管理。明代设盐运司，宣宗称其为“下以惠民，上亦资国”之事。任职者需“敛发有制，私窃有禁”，公忠无倦，使得贸迁通畅，赋税饶衍。切忌从中谋取私利。

各地儒学是地方培育人才、化民成俗之所。为官者需本乎师道，“清修实践，正学博闻……体仁由义，诵法周孔”。此箴有叮嘱而无儆诫，颇存斯文体面。

（三）明宣宗《官箴》的政治文化意涵

中国上古时代就出现了以“箴”为言的文字，内容主要是对君主施政加以针砭，虽被一些人通过对“箴”字的训释而解释为官箴书的远祖，但其实属于政治讽咏类文献，还不是真正意义上的官箴书。帝制时代，官僚政治发达，出现了许多为官僚出仕提供告诫、经验、哲理的书，构成广义的官箴书，是展现帝制时代官僚政治发达且伴随官僚政治文化逐步精微细腻化的一个庞大的文献系统。一般认为，现存最为典型的官箴书是宋代吕本中所撰《官箴》，官箴书的说法也在这篇文字问世之后成为一个明确的类别。这一情况表示，官箴书的发达与宋代官僚士大夫政治的活跃是有一定关联的，可能是官僚士大夫群体自觉意识趋于清晰的一个侧面的表现。后来的绝大多数官箴书，是熟谙官场规则与潜规则的人，一般是做过官或者仍在官场的人所作，内容主要是阐释为官的伦理原则或者利弊权衡的经验，为混迹官场的人提供处事的智慧。此类文献可用来透视帝制时代官僚政治运行的精神理路，对于分析帝制时代官僚价值观、人生观，及官僚的自我定位和生存策略，有不可替代的价值。

明宣宗御制《官箴》既为此类官箴书中的一种，又是为数极少的由皇帝撰写的特殊官箴之一，因而与前述主流的官箴书有很大的差别。差别之一是此一官箴的撰写主体不是官僚士大夫，而是皇帝，因而体现的是皇帝对官僚的期待和要求。这种期待与要求在基本层面与官僚士大夫的表述并无直接冲突，但更偏重于官僚服务于帝制国家的伦理原则和使命，而疏于固位、安身、立命策略的建议。差别之二，此一官箴是逐一针对明朝国家机关各个主要衙门主官而立言，不以泛化的“为官之道”为主，而以各个岗位重要官僚具体的基本职责与立心之道为主。从这种意义上说，此一官箴其实也是朝廷各衙门主官的品格责任书，是皇帝对他们的要求。差别之三，一般官箴书不过是为官僚们提供劝诫的箴言，采择与否，全在于读者。此一官箴书却是以皇帝名义下发的文件，是在位皇帝对其治下的各机构主官的明确要求，与《大诰》之类文献类似，具有最高规范的性质，甚至具有法律意义上的权威性，若不遵循，可能导致惩罚。差别之四，此一官箴书直接体现宣德时期国家机关设置、分工，而一般官箴书并不具有同样的制度史文献意义。

此外，明宣宗御制《官箴》，恰好在皇权与官僚权力的交结点发论，集中体现出中国帝制时代皇权政治与官僚政治契合的观念状态。宋、明两代是中国帝制时代士大夫政治最为活跃的两个时期，其间形成的大量臣僚论说君德的言论，能够很清晰地表达出当时士大夫对于君主角色与精神境界的期待。比较而言，从君主角度对臣僚角色的界定，则更为分散。就明前期而言，明太祖对君主、臣僚的角色、境界提出的要求最多。宣宗则通过此箴，也提出了对臣僚明确且系统的要求。其后罕有类似作品，因而此箴值得特别注意。

帝制时代的国家权力，原则上最终集中于皇帝，皇权是政治运行的中轴。然而皇权不能单独运行，必须有一个官僚体系将之伸展、落实于各门类、地区的具体事务之中。官僚体系逐渐发达，与儒家思想为主的文化传统相互熏染，形成逐渐明晰的官僚群体自我意识，经宋代理学的探索、激励，其偏重理想主义的一脉就围绕道统之类的学说展现出具有一定独立价值取向的人格和价值观，形成与皇权政治既交结又差别的诉求，共同构成相互纠结又有所差异的两条政治文化线索。

明宣宗御制《官箴》从皇权地位出发而对官僚士大夫公职角色、道德、责任加以规定，展现出当时皇权政治与士大夫政治之间高度契合的基本关系，但也流露出一些微妙的差异。宣宗《官箴》所表达的皇帝对官僚的要求，语气甚为平和，与明太祖《大诰》等语气严厉的训诫不同，俨然“太平天子”气象。明太祖时期国家初创，尚以“治乱世用重典”为手段。宣宗时期则社会局面趋于平静，国势强盛而无大的战事，正是从容培养元气的时候。所以，宣宗对官员的要求，都从体法古代圣王仁德政治精神立言，凡有前代渊源、典范者，皆加以回溯，并不强调官员创立不世奇功，而强调其不失本分，明确体现出明代国家政治对前代政治体制、传统的继承性。全文思想要旨大致符合儒家政治理念，但是除了《儒学箴》中有“诵法周孔”一句提到孔子之外，再无提及孔子之处。其立言的逻辑更多地不是从孔子学说开始，而是从更早的尧舜等上古“圣王”经验开始。这与士大夫言君德时的动辄引用孔孟之言，构成微妙差别，中国君主政治理念与儒学有密切关系，但也有独特的渊源。中国的皇帝，虽大多尊重孔孟，但并不如士大夫那样专一认同孔孟之道，帝王政治的历史经验是他们更重要的观念来源。这种微妙差别，在明朝稍后的历史中，逐渐发展到具有一定的冲突性。其中，正德时期士大夫的群体谏止皇帝出巡、嘉靖初年的大礼议争端、万历时期“东林”在野议政，以及天启、崇祯时期江南党社的一些干预朝政活动，都是突出表现。

十三

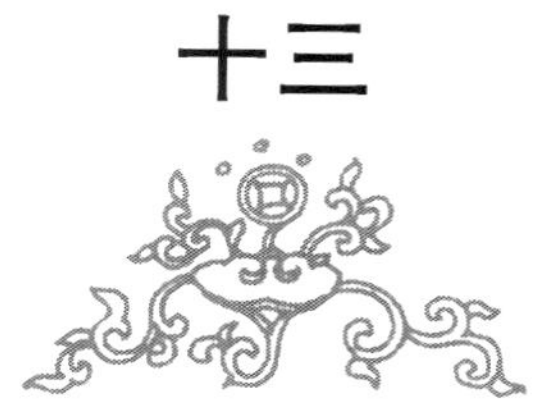

明代中枢权力结构的演变

前节集中讨论皇权政治运行的轨迹。然而皇权运行必须与官僚行政体系结合才能实现。明代官僚行政体系发生了秦以降的一次巨大变化，就是先秦时代就已经存在的以相为核心的中枢行政体制被废除，行政权直接归于皇帝，然后又形成了内阁体制。清代明而兴，也没有回复到传统相制。所以明初中枢权力运行体制的变化对于其后帝制国家权力运行的功能所产生的影响，需要专门梳理和分析。

（一）明初至正德末年士大夫政治地位的升浮

明初皇权高度膨胀，士大夫缺乏群体话语权，被要求以皇权运作中的“工具”角色参与国家事务。其间突出的表现包括：明初设“不为君用”之法，凡不肯应皇帝要求出任政府职务的士大夫被判定有罪；[①] 洪武十三年（1380年）废除沿袭近2000年的以丞相为官僚系统长官负责国家日常政务的制度，改为一切由皇帝乾纲独断；发动多起公案，打击官僚集团势力；颁布《大诰》

---

① 张廷玉等：《明史》卷94《志第七十·刑法二》：“及十八年《大诰》成，序之曰：‘诸司敢不急公而务私者，必穷搜其原而罪之。’凡三《诰》所列凌迟、枭示、种诛者，无虑千百，弃市以下万数。贵溪儒士夏伯启叔侄断指不仕，苏州人才姚润、王谟被征不至，皆诛而籍其家。寰中士夫不为君用之科，所由设也。”北京：中华书局，1974年，第2318页。按洪武十八年（1385年）颁布的《大诰》共10个条目，末条为“寰中士夫不为君用”。

《大诰续编》《大诰三编》《皇明祖训》，将皇帝本人言论直接作为最高法规。这一时期，士大夫虽有诸多“功业”，然而并无群体性政治表现和独立话语权。

建文时期（1399—1402 年），皇帝在方孝孺、齐泰、黄子澄等士大夫影响下，试图推行温和改革，一切政令以宽缓为原则，培育士人，然而因触犯大贵族势力而快速终结。永乐时期（1403—1424 年），刻意取缔建文政令，恢复洪武旧制，喜功多战，士大夫群体在社会基本稳定条件下有所成长，但在永乐帝强势皇权之下，仍基本没有独立话语权。①

洪熙帝在位虽不足一年，但其即位诏书表达出改变永乐严猛政治的意向，杨士奇、杨荣、杨溥为首的士大夫在政策走向中开始发挥重大作用。此种倾向在宣德（1426—1435 年）、正统（1436—1449 年）前期继续下来，形成了士大夫政治的第一次高涨。明代内阁在庙堂政治权力结构中的体势正是在这个时候基本确定下来的。宣德、正统时期，大学士开始兼六部长官，获得师、傅、保等最高荣誉头衔，又明确了票拟职权，遂成为士大夫群体在庙堂政治中的代表者。这一时期皇帝继替频繁，但政局基本稳定，这主要是依赖内阁为核心的士大夫群体力量。

正统末年，三杨相继去世或休致，明朝庙堂政治格局出现高层士大夫代表势力的缺失，正统帝与宦官开始摆脱制约，胡乱作为，发生“土木之变”。这场事变划出了明代政治史上一个不大不小的分界，此前的洪熙、宣德、正统时期是士大夫主持朝政，皇帝“垂拱而治”，此后直到嘉靖初“大礼议”发生，主流是皇帝与其亲近密勿者流结成的内朝圈子与士大夫为主构成的内阁、行政机关两元并存的格局。其特点是皇帝及其密勿集团在以皇宫为核心的活动空间尽其所欲为玩好之事，与国家日常政务及长远大计疏离，但控制锦衣卫、东厂、西厂等规模不大却具有特殊权力的特务机关，非规则性地涉及外廷人事、司法、政务；士大夫照料国家日常政务，尽量将皇帝及其密勿圈子归拢在皇宫之内，遇有皇帝触动根本大法或者祖制之时，出而抗争，时时左

① 洪武时期废除丞相之后，选用一些中书舍人之类低级文官在皇帝左右提供文书、咨询服务，并无任何实际权力。永乐时期，为充实中枢权力机构运作，设立大学士，备顾问，代草王言，士大夫在决策层面影响力上升，但仍通过被咨询、秘书的方式隐形表现。大学士品级既低，对于六部等行政机构也没有直接影响力。

右政局，或者与皇帝达成妥协。这一时期，出现了诸多善与皇帝妥协的文臣，也出现了诸多有作为、有担当的内阁大学士及六部大臣。到大礼议发生的时候，恰好是前述两元格局向皇权主导还是士大夫主导演变的抉择节点。

武宗去世之前，与士大夫群体关系紧张。正德十四年（1519 年），武宗计划南巡江浙，阁臣上疏谏止，六科给事中、十三道监察御史及在京官员伏阙力争。武宗杖责为首者，致使 11 人伤重身亡，但武宗此次南巡也终于搁置。不久宁王朱宸濠发动叛乱，武宗借机离京南征，车驾方达涿州，王守仁平定叛乱的捷报就已到达。武宗秘而不宣，继续"南征"，直到次年八月才启程北返，路上因渔猎落水致病，旋即去世。武宗无子，亦无预立的皇位继承人，皇太后对皇位继承者人选并无定见，听由士大夫选择拥立了兴王朱厚熜。武宗皇帝遗诏和朱厚熜即位诏书，也是杨廷和等士大夫起草的。该即位诏书，洋洋近 8000 言，借新君之口对大行皇帝提出批评，[①] 进而以这种批评为基础，提出大赦、新政条款 80 条，其中革除累朝积弊条款中最重要的包括：优恤正德时期触怒皇帝而受到迫害朝臣，革除正德时期皇帝越过常规选任官系统程序而直接升赏的"传奉官"，清理权势侵夺的民间土地财产，蠲免赋税，整理盐法等。与此同时，正德皇帝的密勿亲信受到严厉清算，其中势力最大的钱宁和江彬皆被处死。[②] 至此，士大夫话语权在整个明朝历史上达到顶峰。

（二）"大礼议"中皇帝与士大夫的对抗

朱厚熜入继大统，改元嘉靖，旋就其已故生父兴献王朱佑杬的名誉、礼仪待遇问题发动争论，直至将兴献王尊为皇考并以皇帝名义奉入太庙，此过

---

① 诏书内言："惟我皇兄大行皇帝，运抚盈成，业承熙洽，励精虽切，化理未孚。中遭权奸，曲为蒙蔽，潜弄政柄，大播凶威。朕昔在藩邸之时，已知非皇兄之意。兹欲兴道致治，必当革故鼎新……"见《明世宗实录》卷 1《正德十六年四月壬寅》，台北：台湾"中研院"历史语言研究所校勘本，1962 年。

② 明人李贽就此评论说："自宸濠播乱，讹言载路，包藏祸心者，可尽防与？人心将涣，大势将倾，仕者咏同车之招，居者怀恤纬之忧，此何等景象邪？公（杨廷和）血诚只影，周旋其间，远奉纶音，近承慈旨，大合众谋，小事独断。竟俾边无鸣镝，衢寡惊柝，安平且泰，俟上之回。呜呼，可不谓公劳已乎？！"见李贽：《续藏书》卷 12《内阁辅臣·杨文忠公》，北京：中华书局，1959 年，第 224 页。

程前后历 20 年，方告完结。[①] 此过程中影响最为深远的变化，并不是嘉靖皇帝究竟以谁为“皇考”，而是明朝士大夫政治的挫抑和皇权的膨胀。

在当时握有强势话语权的杨廷和等士大夫对于由他们选择入继大统的刚刚 15 岁的少年嘉靖帝显然有略为压制的意图。他们要求嘉靖帝以孝宗为“皇考”，称其生父兴献王为“皇叔父兴献大王”，称其生母为“皇叔母兴献王妃”。这实际上是把嘉靖帝当做单身过继给孝宗的旁枝子孙，其父母保持原来身份不变，其政治含义是保持新君被士大夫选择拥立的客位体势，形成士大夫凭依孝宗皇统主导朝政的格局。[②] 嘉靖帝不接受这样的安排，坚持考其生父兴献王，其中固然有尊崇亲生父母的人情成分，然而其政治涵义则是强化嘉靖皇帝本人作为皇帝的充分合法性，弱化士大夫拥立的意义，为皇权主导朝政奠定基础。两种主张各不相让，形成明朝开国以来士大夫与皇帝之间最大规模且持续的对立。

在这场政治对抗的最初两个多月中，嘉靖帝处于完全被动地位。该年七月初，新科进士张璁向嘉靖帝上疏，主张嘉靖帝只“继统”，不“继嗣”。嘉靖帝将此疏出示杨廷和，要求修改前说。杨廷和拒绝。嘉靖帝又召集杨廷和、蒋冕、毛纪，“授以手敕，令尊父母为帝后”。[③] 杨廷和及群臣皆执前议。到了九月，嘉靖帝生母至京。嘉靖帝力排众议，确定其生母从中门入宫、谒见太庙，并再次申谕在其生父母名号中加“皇”字。他为此痛哭流涕，威胁要避位回湖广做藩王。杨廷和为首的士大夫虽然做出一些让步，但再次拒绝在嘉靖帝生父母名号中加皇字，并且：

> 自请斥罢。廷臣诤者百余人。帝不得已，乃以嘉靖元年诏称孝宗为

① 明中叶以后的传统史家就这场旷日持久的庙堂之争曾有诸多记载、评论，然而整个 20 世纪前 80 年的新史家却对之罕有论述，直到 Carney T. Fisher 在 1990 年出版 *Succession and Adoption in the Court of Ming Shizong*（Sydney etc.：Allen & Unwin Australia PtY Ltd.，1990。对于该书，有 Chu Hung-lam（朱鸿林）的评论：“Review of *The Chosen One*：*Succession and Adoption in the Court of Ming Shizong* by Carney T. Fisher”，载 *Harvard Journal of Asiatic Studies*，54.1（1994）：266—277）。此后，关于大礼议的研究逐渐升温，出现了多部相关著作和一系列研究论文。其中尤其重要者，为田澍：《嘉靖革新研究》，北京：中国社会科学出版社，2002 年；胡吉勋：《大礼议与明廷人士变局》，北京：社会科学文献出版社，2007 年。然而对于此间政治文化的内在演变，尚有待深入讨论。

② 明亡之后，黄宗羲著《明夷待访录》，主张民为主，君为客，而民主君客的体制需由士大夫居间主持。由此可见，黄宗羲的政治主张委实与明朝的具体政治经验直接关联。

③ 张廷玉等：《明史》卷 190《杨廷和传》，北京：中华书局，1974 年，第 5037 页。

皇考，慈寿皇太后为圣母，兴献帝、后为本生父母，不称皇。当是时，廷和先后封还御批者四，执奏几三十疏，帝常忽忽有所恨。①

嘉靖帝生父崇信道教，嘉靖帝即位后也“颇事斋醮”，杨廷和引梁武帝、宋徽宗教训劝喻。嘉靖帝要求内阁草拟敕谕遣官到江南监督织造，杨廷和等“不奉命”。嘉靖帝再加敦促，杨廷和便上疏言：

臣等与举朝大臣、言官言之不听，顾二三邪佞之言是听，陛下能独与二三邪佞共治祖宗天下哉？且陛下以织造为累朝旧例，不知洪武以来何尝有之，创自成化、弘治耳。宪宗、孝宗爱民节财，美政非一，陛下不取法，独法其不美者，何也？即位一诏，中官之幸路绌塞殆尽，天下方传诵圣德，今忽有此，何以取信？②

然而嘉靖帝仍然设法绕过杨廷和派出宦官。在这种情况下，杨廷和几次以辞职要挟，以为嘉靖帝必然让步。岂知嘉靖三年（1524年）正月，嘉靖帝索性听任杨廷和辞职，给事中、御史多人请求慰留，嘉靖帝不理。从嘉靖帝即位到杨廷和去职之间的两年多时间里，杨廷和为首的士大夫控制了朝廷中的主流话语权，皇权则在相当程度上处于被遮掩状态。

杨廷和既去，嘉靖帝即依赖张璁等人改议孝宗为皇伯考。但杨廷和时代的士大夫在庙堂强势话语传统还没有消失，杨廷和之子翰林院修撰杨慎、编修王元正、给事中张翀等公开号召群臣力争。于是包括阁部九卿及诸曹、翰林、台谏在内的各级官员230余人跪伏左顺门集体请愿，大呼高皇帝、孝宗皇帝，自辰至午跪伏不起。世宗遣锦衣卫执为首者8人系诏狱，其余四品以上者夺俸。群臣撼门大哭，声震阙廷。世宗于是又下令收系五品以下官员若干人，对180余人实施廷杖，18人被杖死，杨慎、王元正俱遭谪戍。这次历史上著名的“左顺门事件”是皇权打击士大夫话语权的一次暴力展示。

接替杨廷和主持内阁的几位大臣在考兴献王问题上不得不对嘉靖帝逐步退让，但士大夫立朝的尊严气节尚在，皆不肯过分逢迎皇权。首先是蒋冕，《明

① 张廷玉等：《明史》卷190《杨廷和传》，北京：中华书局，1974年，第5038页。
② 张廷玉等：《明史》卷190《杨廷和传》，北京：中华书局，1974年，第5038—5039页。

史》说他“当正德之季，主昏政乱，持正不挠，有匡弼功。世宗初，朝政虽新，而上下捍格弥甚，冕守之不移。代廷和为首辅仅两阅月，卒龃龉以去，论者谓有古大臣风”[①]。接替蒋冕的是毛纪，主持内阁不过 3 个月，也被放归。史载：

> 廷和、冕相继去国，纪为首辅，复执如初。帝欲去本生之称，纪与石珤合疏争之。帝召见平台，委曲谕意，纪终不从。朝臣伏阙哭争者，俱逮系，纪具疏乞原。帝怒，传旨责纪要结朋奸，背君报私。纪乃上言曰：“曩蒙圣谕，国家政事商榷可否，然后施行。此诚内阁职业也，臣愚不能仰副明命。迩者大礼之议，平台召对，司礼传谕，不知其几似乎商榷矣，而皆断自圣心，不蒙允纳，何可否之有。至于笞罚廷臣，动至数百，乃祖宗来所未有者，亦皆出自中旨，臣等不得与闻。宣召徒勤，捍格如故。慰留虽切，诘责随加。臣虽有体国之心，不能自尽……乞赐骸骨归乡里，以全终始。”[②]

内阁中另一位大学士石珤在议礼时，“帝欲援以自助，而珤据礼争，持论坚确，失帝意，璁、萼辈亦不悦”。[③]后在嘉靖六年（1527 年）与费宏一起被放归田里。自此之后，“迄嘉靖季，密勿大臣无进逆耳之言者矣”。[④]

以上几人离开内阁都是嘉靖三年（1524 年）的事情。所以嘉靖三年是大礼议期间士大夫群体的第一次重大挫败。此后，庙堂政治风气逐渐变化：“自时厥后，政府日以权势相倾。或脂韦淟涊，持禄自固。求如诸人，岂可多得哉”。[⑤]前述几人离开内阁后，费宏为首辅，遭议礼新贵张璁、桂萼排挤，在嘉靖六年（1527 年）致仕去。张璁、桂萼不久后入阁。嘉靖七年（1528 年），内阁中尚有杨一清、翟銮、谢迁。翟銮自称“陛下明圣，臣将顺不暇，何献替之有”[⑥]，“陛下，即天也。春生秋杀，何所不可！”[⑦]因此在杨一清、桂萼、

① 张廷玉等：《明史》卷 190《蒋冕传》，北京：中华书局，1974 年，第 5045 页。
② 张廷玉等：《明史》卷 190《毛纪传》，北京：中华书局，1974 年，第 5046—5047 页。
③ 张廷玉等：《明史》卷 190《石珤传》，北京：中华书局，1974 年，第 5049 页。
④ 张廷玉等：《明史》卷 190《石珤传》，北京：中华书局，1974 年，第 5049 页。
⑤ 张廷玉等：《明史》卷 190《赞》，北京：中华书局，1974 年，第 5051 页。
⑥ 张廷玉等：《明史》卷 193《翟銮传》，北京：中华书局，1974 年，第 5111 页。
⑦ 张廷玉等：《明史》卷 193《翟銮传》，北京：中华书局，1974 年，第 5111 页。

张璁罢任后，独留内阁秉政两个月。他后来丁生母忧，服阕后营求朝中内援还朝，晚年多贪渎营私之事，被罢官。杨一清与张璁、桂萼不和，嘉靖八年（1529 年）被排挤出阁。谢迁为正德时期阁臣，嘉靖六年（1527 年）十月复入内阁，七年（1528 年）三月罢，前后不足半年。嘉靖七年六月《明伦大典》编成，颁示天下，反对嘉靖帝主张的议礼诸臣纷纷被定罪，杨廷和等人被削夺仕籍，朝廷正式尊称嘉靖帝生父母为皇帝、皇后，内阁与皇权的关系从根本上转变。嘉靖八年以后，张璁、方献夫、翟銮、李时、夏言、严嵩、徐阶交替为首辅，并无一人再有杨廷和等人与皇帝颉颃的气势。

（三）议礼新贵及其后继阁臣立朝角色的扭曲

在杨廷和一派士大夫纷纷下野的背后，是议礼新贵地位的快速上升。以张璁、桂萼为代表的议礼新贵虽然就出身和身份而言属于士大夫阶层，但其快速得势，正是利用了大礼议这场大规模君臣冲突，通过附庸皇帝私情、抨击遏制皇帝以私情为礼法的政敌而实现的，其爬上权力顶端的过程，伴随着一系列排陷异己的行为和迎合皇权的机会主义行为。随着此类人物的上台，明朝的政治风气以及士大夫与皇权的关系也发生了深刻的变化。《明史》说："及廷臣伏阙哭争，尽系诏狱予杖。死杖下者十余人，贬窜相继，由是璁等势大张。其年九月卒用其议，定尊称。帝益眷倚璁、萼，璁、萼益恃宠仇廷臣，举朝士大夫咸切齿此数人矣。"[①]"璁缘饰经文，委曲当帝意，帝益器之。璁急图柄用，为大学士费宏所抑，遂与萼连章攻宏。"[②]张璁"积怒廷臣，日谋报复"，借李福达狱向嘉靖帝指称廷臣因为议礼之故陷害贵戚郭勋。嘉靖帝果然怀疑诸臣朋比，命张璁、桂萼、方献夫复查，结果：

> 尽反其狱，倾诸异己者。大臣颜颐寿、聂贤以下咸被搒掠，录等坐罪远窜。帝益以为能，奖劳之便殿，赉二品服，三代封诰。京察及言官

① 张廷玉等：《明史》卷 196《张璁传》，北京：中华书局，1974 年，第 5176 页。
② 张廷玉等：《明史》卷 196《张璁传》，北京：中华书局，1974 年，第 5176 页。

互纠，已黜御史十三人，璁掌宪，复请考察斥十二人。又奏行宪纲七条，钳束巡按御史。其年冬，遂拜礼部尚书兼文渊阁大学士入参机务。[①]

费宏去职之后，杨一清为首辅。“而璁终以压于一清，不获尽如意，遂相龃龉。指挥聂能迁劾璁，璁欲置之死。一清拟旨稍轻，璁益恨，斥一清为奸人鄙夫。”[②] 嘉靖八年（1529 年），杨一清罢去，张璁成为首辅。嘉靖十年（1531 年），张璁因自己的名字与嘉靖帝名字有一字谐音，要求更改，遂得嘉靖帝赐名“孚敬”。稍后夏言得嘉靖帝宠信，张璁积怨盈朝，数次被弹劾罢任而复起用，直到嘉靖十五年（1536 年）去世。

张璁等议礼新贵既然以投机、倾轧方式立朝，就必须在皇帝面前争个人荣宠，后果之一是士大夫官僚群体的分裂，后果之二是朝廷大臣的软熟。议礼新贵掌控内阁与杨廷和派掌控内阁在表面上看似乎情形相似，其实却有很大不同，差异的关键是内阁与皇权的关系。杨廷和一派在内阁，所持是士大夫与皇帝共天下的基本立场。他们利用正德、嘉靖皇位交替时的皇权空白期，颁布维新政令，目的是清除皇帝因私情而滥用皇权造成的政策混乱；其坚持嘉靖帝考孝宗而不考兴献王，是鉴于武宗时期教训，试图保持庙堂政治中皇权弱势和士大夫主持朝政的格局。张璁、桂萼等议礼新贵是靠皇帝超擢而骤登上位的，从一开始就依赖迎合皇帝个人需求，其获得权位的根本意义是强化皇权，其所作所为固然并非事事可非，但整个士大夫群体与皇权的关系，却进入了高度附庸的轨道。此类人在进退之际，无不表现出恋栈、营求、倾轧异己之类情状。正是由于议礼新贵主导内阁时期皇权的膨胀和士大夫的凋零，后来的大臣基本软熟，为“青词宰相”把持朝政铺垫了道路。

与张璁呼应上升的桂萼是正德六年（1511 年）进士，嘉靖初仅为南京刑部主事，在嘉靖二年（1523 年）底起频频上疏论大礼，皆揣摩嘉靖帝心意立论，因而得嘉靖帝召入京师为翰林学士，专为对抗杨廷和等大臣之用。随后

① 张廷玉等：《明史》卷 196《张璁传》，北京：中华书局，1974 年，第 5177 页。按“录”指时任山西巡按马录，原负责李福达狱审理。

② 张廷玉等：《明史》卷 196《张璁传》，北京：中华书局，1974 年，第 5178 页。

桂萼与张璁一起，“复排廷议，希合帝指”。[①] 到嘉靖七年（1528 年）初，桂萼已经是吏部尚书加太子太保。《明伦大典》修成后，更加少保兼太子太傅。“萼既得志，日以报怨为事。”[②] 又以王守仁“不附已，力龂龁。及守仁卒，极言丑诋，夺其世封，诸恤典皆不予”。[③] 嘉靖八年（1529 年）二月，桂萼入阁，不久遭给事中弹劾。被罢斥后，虽又得复官，气焰已灭，不久乞归。此间入阁的李时也是靠“恭顺”立朝的。他是弘治十五年（1502 年）进士，嘉靖三年（1524 年）礼部右侍郎，嘉靖十年（1531 年）入内阁。张璁、夏言前后主持内阁，“咸好更张，所建诸典礼，咸他人发端，而（李）时傅会成之。或廷议不合，率具两端，待帝自择，终未尝显争。以故帝爱其恭顺”。[④] 另一位阁臣顾鼎臣官任礼部右侍郎时，看到嘉靖帝好长生术，内殿设斋醮，遂上呈《步虚词》七章，且说明上坛时应做节目，由此得到嘉靖帝赞赏。“词臣以青词结主知，由鼎臣倡也。”[⑤] 夏言主持内阁时，顾鼎臣“素柔媚，不能有为，充位而已”。[⑥] 阁臣严讷原与李春芳入直西苑，因为“所撰青词皆称旨”，步步高升，入内阁后，“晨出理部事，暮宿直庐，供奉青词，小心谨畏，至成疾，久不愈”。[⑦] 另一位阁臣袁炜是由于在西苑伺候嘉靖帝撰写青词称旨，得入内阁的。史称：

> 炜才思敏捷。帝中夜出片纸，命撰青词，举笔立成。遇中外献瑞，辄极词颂美。帝畜一猫死，命儒臣撰词以醮。炜词有“化狮作龙”语，帝大喜悦。其诡词媚上多类此。以故帝急枋用之，恩赐稠叠，他人莫敢望。自嘉靖中年，帝专事焚修，词臣率供奉青词。工者立超擢，卒至入阁。时谓李春芳、严讷、郭朴及炜为“青词宰相”。[⑧]

李春芳于嘉靖二十六年（1547 年）举进士，除修撰，入西苑撰青词，大

---

① 张廷玉等：《明史》卷 196《桂萼传》，北京：中华书局，1974 年，第 5183 页。
② 张廷玉等：《明史》卷 196《桂萼传》，北京：中华书局，1974 年，第 5184 页。
③ 张廷玉等：《明史》卷 196《桂萼传》，北京：中华书局，1974 年，第 5184 页。
④ 张廷玉等：《明史》卷 193《李时传》，北京：中华书局，1974 年，第 5113 页。
⑤ 张廷玉等：《明史》卷 193《顾鼎臣传》，北京：中华书局，1974 年，第 5115 页。
⑥ 张廷玉等：《明史》卷 193《顾鼎臣传》，北京：中华书局，1974 年，第 5115 页。
⑦ 张廷玉等：《明史》卷 193《严讷传》，北京：中华书局，1974 年，第 5116 页。
⑧ 张廷玉等：《明史》卷 193《袁炜传》，北京：中华书局，1974 年，第 5118 页。

被帝眷，至嘉靖四十四年（1565年）入阁参机务，“自学士至柄政，凡六迁，未尝一由廷推”。[①] 另外一些大僚如顾可学、盛端明、朱隆禧者流，甚至以进献房中秘方之类争取宠信。[②]

“青词宰相”中曾经最得嘉靖帝信任的夏言是一个悲剧性的机会主义者，作为第一个被皇帝处死的内阁首辅，也是个象征性的人物。此人在正德十二年（1517年）中进士，稍后擢兵科给事中，在嘉靖初年颇为敢言。嘉靖七年（1528 年）后因所议祭祀等礼仪改制诸事符合嘉靖帝本意，辅助嘉靖帝更定文庙祀典及大禘礼，在嘉靖十年（1531年）被提拔为礼部尚书。“帝每作诗，辄赐言，悉酬和勒石以进，帝益喜。奏对应制，倚待立办。数召见，咨政事，善窥帝旨，有所傅会。”[③] 他在嘉靖十五年（1536年）入内阁，参机务，同年底为首辅，与严嵩争宠不已，朝政昏暗。后来因举荐陕西总督曾铣恢复河套，嘉靖帝原本支持，后来改变主意，加上严嵩挑拨离间，在嘉靖二十七年（1548年）罢官。严嵩又构陷曾铣交结近侍，牵连夏言被捕，竟遭弃市。以夏言与杨廷和比较，夏言本意一味迎合嘉靖皇帝，以交结近侍这种莫须有的罪名被处死；杨廷和立朝公然遏制皇权，乃能全身而退。这种差别背后正是嘉靖初年的士大夫政治主导与嘉靖中期的皇权绝对权威恢复的差异。夏言以后的内阁，已经更彻底地异化为皇权的附庸，甚至是皇帝个人的奴仆，又长期被贪渎成性的人所把持，与嘉靖初年士大夫的昂藏气象相比，已经判然有别。

与内阁在皇帝面前沦为伺服者相表里，皇帝对于朝臣的廷杖也达到明朝历史上最为频繁严厉的状态。耿直臣僚如海瑞就曾上疏指出，当时是“君道不正，臣职不明”，“以猜疑诽谤戮辱臣下，人以为薄于君臣”。[④] 休致尚书林

---

① 张廷玉等：《明史》卷193《李春芳传》，北京：中华书局，1974年，第5119页。

② 史载嘉靖三十九年八月，“太子太保礼部尚书顾可学卒，赐祭葬如例，谥荣僖。可学，直隶无锡人，初以进士历官参议，病免且十年，觊进用无蹊迳，瞯上好长生，乃纳重贿大学士严嵩所，自言能炼童男女溲为秋石，服食却老有验。嵩荐于上，诏遣使赍金币，即其家赐之。可学乃赴京谢恩，得留用，累升至今官。然唯带空衔支俸，炼秋石供服饵，不与闻公家事也。至是以迁葬予告归，卒于家。初可学与盛端明俱以方被召，端明虽贵幸，颇自知耻，闭门谢宾客。可学则扬扬自得，甚复通苞苴嘱托，诸司有不从，即阴持吏短胁之。是时官邪赂章，廉耻道丧，然以缙绅而甘厮养之行，任人唾骂，恬无服容，则可学为甚焉。死后七年，会隆庆改元，奉遗诏褫其官。”见《明世宗实录》卷487《嘉靖三十九年八月壬戌》，台北：台湾“中研院”历史语言研究所校勘本，1962年。

③ 张廷玉等：《明史》卷196《夏言传》，北京：中华书局，1974年，第5193页。

④ 海瑞：《治安疏》，黄宗羲编：《明文海》卷56，《景印文渊阁四库全书》第1453册，台北：台湾商务印书馆，1986年，第510—514页。

俊在嘉靖四年（1525年）秋上书：

古者挞人于朝，与众辱之而已，非必欲坏烂其体肤而致之死也，亦非所以待士大夫也。成化时，臣及见廷挞三五臣，容厚绵底衣，以重毡叠帊，犹床褥数月，淤血始消。正德时，逆瑾用事，始启去衣之端，重非国体所宜，酿有末年谏止南巡挞死之惨。幸遇新诏收恤，士气始回。不谓又偶有此。臣又见成化、弘治间诏狱诸旨，惟叛逆妖言强盗好生打着问，喇虎杀人打着问，其余常犯送锦衣卫镇抚司问，镇抚奏送法司议罪，中间情重，始有来说之旨，部寺覆奏，始有降调之旨。今一概打问，无复低昂，恐旧典失查，非祖宗仁厚之意。①

四川副使余珊则在嘉靖四年（1525年）上疏明确指出嘉靖初到嘉靖四年间庙堂政治发生了深层变化：

正德朝，衣冠蒙祸，家国几空，幸陛下起而收录之。乃未几而狂瞽之言，一鸣辄斥。昔犹谪迁外任，今或编配遐荒。昔犹禁锢终身，今至棰死殿陛……正德朝，奸邪迭进，忠谏不闻，幸陛下起而开通之。顾阅时未久，而此风复见。降心未惩其愤，逆耳或动诸颜。不剿说而折人以言，即臆度而虞人以诈。朝进一封，暮投千里。甚至三木囊头，九泉含泣……正德之世，大臣日疏，小人日亲，致政事乖乱，赖陛下绍统，堂廉复亲。乃自大礼议起，凡偶失圣意者，谴谪之，鞭笞之，流窜之，必一网尽焉而后已。由是小人窥伺，巧发奇中，以投主好，以弋功名。陛下既用先入为主，顺之无不合，逆之无不怒。由是大臣顾望，小臣畏惧，上下乖戾，寖成睽孤，而泰交之风息矣。②

《明史》也就此评论说：

嘉靖三年，群臣争大礼，廷杖丰熙等百三十四人，死者十六人。中年刑法益峻，虽大臣不免笞辱。宣大总督翟鹏、蓟州巡抚朱方以撤防早，

① 孙承泽：《春明梦余录》卷45《刑部二》，《景印文渊阁四库全书》第868册，台北：台湾商务印书馆，1986年，第800页。

② 张廷玉等：《明史》卷208《余珊传》，北京：中华书局，1974年，第5497—5498页。

> 宣大总督郭宗皋、大同巡抚陈耀以寇入大同，刑部侍郎彭黯、左都御史屠侨、大理卿沈良才以议丁汝夔狱缓，戎政侍郎蒋应奎、左通政唐国相以子弟冒功，皆逮杖之。方、耀毙于杖下，而黯、侨、良才等杖毕，趣治事。公卿之辱，前此未有。又因正旦朝贺，怒六科给事中张思静等，皆朝服予杖，天下莫不骇然。四十余年间，杖杀朝士，倍蓰前代。①

从嘉靖初年士大夫对皇权的遏制，到大礼议以后内阁的软熟甚至奴化和皇帝对士大夫肆无忌惮的廷杖折辱，这种变化无疑是巨大的，其最根本的含义是皇权的恶性膨胀和士大夫政治的挫抑。在此期间，明朝的整体局面也是危机四伏，每况愈下。

（四）嘉、隆、万之际依附皇权的强权内阁

夏言之死是皇权奴视内阁的象征性事件，是大礼仪之后出现的张璁内阁逐渐沦为皇权附庸的基本位势格局孕育的结果。嘉靖中期以后的大量杖杀朝臣，也是大礼议时代皇权恶性膨胀留下的恶果。然而内阁大臣在皇权面前虽然柔媚无骨，在面对士大夫群体的时候，却又多是强权者，出现了一批“权相”。显然大礼议和嘉靖政治留下了另一种遗产——内阁由士大夫群体拥护的领袖转变为皇权的附庸，转而凭借在皇帝面前争得个人宠信，成为中下层士大夫的次等主宰者。何以如此？其政治文化涵义又如何呢？

嘉靖中期到万历前期这段时间的权臣类人物，最突出的是张璁、夏言、严嵩、徐阶、高拱、张居正。他们的共同特点，一是其权威都来自皇帝的私人宠信，二是都是玩弄权术的高手，三是都在权位倾轧中遭受重大挫折。这3个特点在正德以前都不曾趋势性地出现。

张璁任首辅，“颐指百僚，无敢与抗者”。②夏言入阁，与严嵩倾轧不已，得意于皇帝者即凌驾他人之上，其最后一次入阁，“直陵嵩出其上。凡所批答，

---

① 张廷玉等：《明史》卷95《志第七十一·刑法三》，北京：中华书局，1974年，第2330页。
② 张廷玉等：《明史》卷196《夏言传》，北京：中华书局，1974年，第5193页。

略不顾嵩，嵩噤不敢吐一语。（嵩）所引用私人，言斥逐之，亦不敢救”。[①]严嵩任首辅，侵夺六部职权，时人说：“严分宜在事，凡秉国十九年，以吏兵二曹为外府，稍不当意，或诛或斥，二曹事之如掾吏之对官长，主奉行文书而已”。[②]当时有人评论他：

> 俨然丞相自居，挟皇上之权，侵百司之事。凡府部每事之题覆，其初先呈稿而后敢行，及今面禀而后敢起稿。嵩之直房，百官奔走如市；府部堂司，嵩差人络绎不绝。事无大小，惟嵩主张，一或少违，显祸立见。及至失事，又谢罪于人。虽有前丞相之专恣，未有如斯之甚者。[③]

运用权谋驱逐严嵩的徐阶是这几位权臣首辅中较多带有士大夫政治气质的人物，但也是权谋家色彩甚浓。他在嘉靖二年（1523年）中进士，其最初在士大夫中造成影响是由于不肯附和嘉靖帝与张璁联手贬抑孔子祭祀礼仪的主张。[④]稍后，他为了与严嵩周旋，“乃谨事嵩，而益精治斋词迎帝意”。[⑤]偶欲有所主张，一旦触怒皇帝，立即服软。[⑥]徐阶甚至在严嵩得势时，将其孙女许配给严嵩的孙子，后来严世蕃判处斩刑，徐阶之子将亲生女儿毒杀。[⑦]其心机刚狠，逾于常人。黄宗羲对徐阶这样评价：“先生之去分宜，诚有功于天下，然纯以机巧用事……无论先生田连阡陌，乡论雌黄，即其立朝大节观之，绝无儒者气象，陷于霸术而不自知者也。诸儒徒以其主张讲学，许之知道，此是回护门面之见也。”[⑧]徐阶取代严嵩为首辅之初，在直庐中题写了三句话：

---

① 张廷玉等：《明史》卷196《夏言传》，北京：中华书局，1974年，第5197页。

② 沈德符：《万历野获编》卷9《内阁·阁部重轻》，北京：中华书局，1959年，第245页。

③ 杨继盛：《乞诛奸险巧佞贼臣疏》，黄宗羲编：《明文海》卷54，北京：中华书局，1987年，第463—464页。

④ 《明史》载：“帝用张孚敬议欲去孔子王号，易像为木主，笾豆礼乐皆有所损抑。下儒臣议，阶独持不可。孚敬召阶盛气诘之，阶抗辩不屈。孚敬怒曰：‘若叛我。’阶正色曰：‘叛生于附。阶未尝附公，何得言叛？’长揖出。”见张廷玉等：《明史》卷213《徐阶传》，北京：中华书局，1974年，第5631页。

⑤ 张廷玉等：《明史》卷213《徐阶传》，北京：中华书局，1974年，第5633页。

⑥ 事如嘉靖帝孝烈皇后方氏死，嘉靖帝欲将其祔太庙，事下礼部讨论。徐阶提出女后无先入庙者，请祀之奉先殿。嘉靖帝大怒，“阶皇恐谢罪，不能守前议”。见张廷玉等：《明史》卷213《徐阶传》，北京：中华书局，1974年，第5633页。

⑦ 沈德符：《万历野获编》卷8《内阁·严东楼》，北京：中华书局，1959年，第213—214页。

⑧ 黄宗羲：《明儒学案》卷27《南中王门学案三·文贞徐存斋先生阶》，北京：中华书局，1985年，第618页。

“以威福还主上，以政务还诸司，以用舍刑赏还公论。”① 这次内阁的自我重新定位，核心是由嘉靖初年的实权内阁角色回复到永乐、洪熙时的顾问协调角色。徐阶这样做，使得他能够保持首辅地位，其实颇事韬晦。直到嘉靖帝去世后，徐阶才起草遗诏，“凡斋醮、土木、珠宝、织作悉罢，‘大礼’大狱、言事得罪诸臣悉牵复之。诏下，朝野号恸感激，比之杨廷和所拟登极诏书，为世宗始终盛事云。”② 虽然具体主张较为接近士大夫群体一般意见，但徐阶沿着张璁、夏言、严嵩的首辅强势传统，在发布这些政令时，也是不与内阁中其他辅臣如高拱、郭朴等人商量的。当时李春芳、严讷皆“事阶谨，侧行伛偻，若属吏”。③ 于是郭朴就指称徐阶“谤先帝，可斩也”。④ 高拱虽是徐阶引进内阁的，但也忌恨徐阶“独柄国”，指使御史弹劾徐阶。徐阶在内阁后期地位不稳。高拱作为内阁大臣，同时掌吏部尚书之位，又欲插手赵贞吉负责的都察院事务，史称：“拱以私憾，欲考察科道”。赵贞吉上疏反对，隆庆帝不从。

> 拱以贞吉得其情，憾甚。及考察，拱欲去贞吉所厚者，贞吉亦持拱所厚以解。于是斥者二十七人，而拱所恶者咸与。拱犹以为憾也。嗾门生给事中韩楫劾贞吉庸横，考察时有私。贞吉疏辨乞休，且言：“臣自掌院务，仅以考察一事与拱相左。其他坏乱选法，纵肆作奸，昭然耳目者，臣噤口不能一言，有负任使，臣真庸臣也。若拱者，斯可谓横也已。臣放归之后，幸仍还拱内阁，毋令久专大权，广树众党。”疏入，竟允贞吉去，而拱握吏部权如故。⑤

曾经弹劾高拱的吏科都给事中胡应嘉得知高拱东山再起，“惊悸而卒，或云其胆已破裂矣”。⑥ 内阁大僚对士大夫的强势姿态与对皇帝的柔媚姿态，形

---

① 王世贞：《嘉靖以来首辅传》卷5，《景印文渊阁四库全书》第452册，台北：台湾商务印书馆，1986年，第483页。

② 张廷玉等：《明史》卷213《徐阶传》，北京：中华书局，1974年，第5636页。

③ 王世贞：《嘉靖以来首辅传》卷6，《景印文渊阁四库全书》第452册，台北：台湾商务印书馆，1986年，第491页。

④ 王世贞：《嘉靖以来首辅传》卷6，《景印文渊阁四库全书》第452册，台北：台湾商务印书馆，1986年，第491页。

⑤ 张廷玉等：《明史》卷193《赵贞吉传》，北京：中华书局，1974年，第5124页。

⑥ 沈德符：《万历野获编》卷8《内阁·两给事攻时相》，北京：中华书局，1959年，第218页。

成强烈反差。这种局面下，玩弄权谋成为士大夫立朝的必要手段，与内阁大僚的关系成了政治命运的关键，这就留下了内阁与士大夫对立、士大夫分裂和党争的隐患。在这种政治格局和政治文化氛围中，明朝进入了张居正把持内阁的时代。

张居正上任不久，遇到与嘉靖初类似的事情。万历帝生母原为宫女，按照明朝规矩，新君即位后，大行皇帝正宫皇后与新君生母并称太后，但徽号等级存在差别。太监冯保为了取媚万历皇帝生母李氏，劝张居正以两宫并尊。“居正不敢违，于是下议尊皇后曰仁圣皇太后，尊皇贵妃曰慈圣皇太后，而两宫不复别矣。”① 观此事原委，张居正虽然在百官面前严峻倨傲，但对于皇家压力并不敢违抗，以此确保自己的政治地位。这与杨廷和的竭力裁抑嘉靖帝生母名号，力求建立士大夫主持政局的做法，大异其趣。张居正与杨廷和两人，都有担当天下、起衰振綦气概，都有利用皇帝幼弱而借机塑造相权内阁的倾向。但是杨廷和对嘉靖帝亲情压抑过度，陷入与皇权的正面冲突，遭致惨败。张居正初掌权力时，万历皇帝年仅 10 岁，皇权由原为宫女的李太后料理，后者实际必须采取一种类似信托的方式与外廷大臣结成同盟，因而给张居正极好的空间和时间，发展出自明朝废除丞相以来最具有相权色彩的内阁。张居正既依赖妥协和权术在皇权庇护下掌权，就不免逶迤于皇室而作威福于百官，以至于“其所黜陟，多由爱憎。左右用事之人多通贿赂”。② 及其去世，皇帝急于确立本人权威，百官有被压抑的愤懑要发抒，加上宫廷内与冯保势力不协的太监搬弄是非，于是张居正很快被削夺、抄家。《明史》论张居正结局，认为其“威柄之操，几于震主，卒致祸发身后”。③ 然而这种“震主”是操皇权之威柄导致的猜忌，杨廷和直接用士大夫话语权与皇权颉颃，反而坦然，结果也是允其辞归而已，并未招致穷追不舍的迫害。

张居正主政风格与徐阶的座右铭可以比较。史称：“居正为政，以尊主权，

---

① 王世贞：《嘉靖以来首辅传》卷 7，《景印文渊阁四库全书》第 452 册，台北：台湾商务印书馆，1986 年，第 508 页。

② 张廷玉等：《明史》卷 213《张居正传》，北京：中华书局，1974 年，第 5650 页。

③ 张廷玉等：《明史》卷 213《张居正传》，北京：中华书局，1974 年，第 5653 页。

课吏职，信赏罚，一号令为主。”[①] 两者相比，在遵从皇帝权威方面，完全一致。然而徐阶内阁将行政事务还于诸部院，并能抒发言路；张居正则将日常政务总揽于自身并以部院、言路为工具甚至统治的对象。这就会与已经再度膨胀了的皇权以及士大夫群体都发生冲突。与皇权的冲突由于皇帝年幼而一时没有表面化，与士大夫的冲突则立即发生。史载张居正刻意裁抑言路，“以御史在外，往往凌抚臣，痛欲折之。一事小不合，诟责随下，又敕其长加考察。给事中余懋学请行宽大之政，居正以为风己，削其职。御史傅应祯继言之尤切。下诏狱，杖戍。给事中徐贞明等群拥入狱，视具橐饘，亦逮谪外”。[②] 御史刘台在万历四年（1576 年）上疏弹劾张居正，奏疏中有这样的话：“二百年来，即有擅作威福者，尚惴惴然避宰相之名而不敢居，以祖宗之法在也。乃大学士张居正偃然以相自处，自高拱被逐，擅威福者三四年矣”。[③] 明朝文学家沈德符说：“追今上冲年，张江陵以受遗当阿衡之任，宫府一体，百辟从风，相权之重，本朝罕俪。部臣拱手受成，比于威君严父，又有加焉。”[④]《明史》称：“明制，六部分莅天下事，内阁不得侵。至严嵩，始挠部权。迨张居正时，部权尽归内阁，逡巡请事如属吏。”[⑤] 至张居正丁父忧，户部侍郎李幼孜倡其夺情，张居正示意冯保出面请皇帝挽留，居正遂吉服视事。编修吴中行、检讨赵用贤等上疏指责张居正“忘亲贪位”。张居正大怒，“中行等四人同时受杖。中行、用贤即日驱出国门，人不敢候视”[⑥]。观政进士邹元标上疏批评张居正，也被廷杖，继而远逐。张居正原对吏部尚书张瀚有私恩，属意张瀚支持居正夺情，张瀚不肯，张居正即嗾使言官弹劾张瀚，勒令致仕，并通过皇帝谕旨警告群臣，再论此事者必要治罪。京城人士愤怒，作谤书张贴，声称张居正图谋造反。王世贞说他：“雅自负不世出，为刘台等所挞，志意渐恍惚。而至是，始知天下之不见与，思以威权劫之，益无所顾忌。”[⑦] 明代历

① 张廷玉等：《明史》卷 213《张居正传》，北京：中华书局，1974 年，第 5645 页。
② 张廷玉等：《明史》卷 213《张居正传》，北京：中华书局，1974 年，第 5645—5646 页。
③ 张廷玉等：《明史》，卷 229《刘台传》，北京：中华书局，1974 年，第 5989 页。
④ 沈德符：《万历野获编》卷 9《内阁·阁部重轻》，北京：中华书局，1959 年，第 245—246 页。
⑤ 张廷玉等：《明史》卷 225《杨巍传》，北京：中华书局，1974 年，第 5917 页。
⑥ 谷应泰：《明史纪事本末》卷 61《江陵柄政》，北京：中华书局，1977 年，第 950 页。
⑦ 王世贞：《嘉靖以来首辅传》卷 7，《景印文渊阁四库全书》第 452 册，台北：台湾商务印书馆，1986 年，第 515 页。

史上屡屡发生廷杖朝臣之事，但此前皆因士大夫触怒皇帝而受责，此时则屡屡因为士大夫触怒张居正而发生廷杖，可见内阁首辅的体面已经与皇权重合，而内阁与六部、言路的分裂则已经体制化。与此同时，从嘉靖中叶开始居首辅之位的人中，除了李春芳和张四维，夏言、翟銮、严嵩、徐阶、高拱、张居正六人，或遭软禁，或被处分，或死后被清算，竟无善终者。

（五）后张居正时代的士大夫分裂和内阁软熟

张居正主持内阁时，事权统一，政府效率大为提高，明朝国力恢复，这是不可抹杀的事实。但其去世之后，立即发生政局混乱，再不可收拾。士大夫群体与内阁也对立起来。有一段著名的对话：首辅王锡爵一日对顾宪成说，近来有奇怪之事，“内阁所是，外论必以为非；内阁所非，外论必以为是”。顾宪成则说，近来怪事其实是“外论所是，内阁必以为非，外论所非，内阁必以为是”。[①] 从中可见后张居正时代内阁与士大夫群体近于分裂为两个阵营。

这实际上是专制政治和过度依赖个人的政治体制经常表现出来的弊端。后张居正时代的混乱乃至不可收拾与大礼议到张居正专权造成的政治文化环境一脉相承。在万历后期长期主持内阁的叶向高曾回顾说：“盖当主上冲年，江陵为政，一切政事，不相关白。至于起居食息，皆不自由，上心积愤不堪，深恶臣下之操权矣。代者窥见此意，曲为将顺，后来相沿，无所救正。”[②] 清初人谷应泰也看到了张居正专权的当下行政有效与文化根本动摇的双重特性，他说：

> 考居正大节，特倾危陗刻，忘生背死之徒耳……居正以去保之疾者，还以固纶扉之宠。鬻权夸毗，若互市然。及乎九龄远引，颐浩外徙，始乃宫府交通，更唱迭和。冯倚执政则言路无忧，张恃中涓即主恩罔替。

① 高攀龙：《高子遗书》卷 11《南京光禄寺少卿泾阳顾先生行状》，《景印文渊阁四库全书》第 1292 册，台北：台湾商务印书馆，1986 年，第 678 页。

② 叶向高：《答刘云峤》，《苍霞正续集》，陈子龙等：《明经世文编》卷 461，北京：中华书局，1962 年，第 5049 页。

以故扇殿清暑，铺毡御寒，居正所蒙，壹皆媚珰之力也……然予以居正救时似姚崇，褊礉则似赵普，专政似霍光，刚鸷则类安石。假令天假之年，长辔获骋，则吏道杂而多端，治术疵而不醇。斯岂贞观之房、杜，而元佑之司马乎？更可异者，自居正以钱谷为考成，而神宗中叶大启矿税。居正以名法为科条，而神宗末造丛脞万机。呜呼！手实之祸，萌自催科，申、商之后，流为清静，则犹居正之贻患也。[①]

这种看法深有见地。张居正为政，取媚后宫，内侍为援，褊狭刚狠，深刻自用，放任权术，于是在实现当下行政有效性的同时，使政治文化风气恶化。而政风恶化到一定程度，一旦政治强势者去位，矫正呼声必起，若矫枉过正，行政效力和政治文化风气就双双断送了。后张居正时代的内阁主持者惩张居正专权的教训，以柔弱折中为能事，言路纷纷扰扰，难以形成一致的行动方略，万历皇帝既不能像张居正本人在世时一样保持行政系统的有效性，又厌倦了言官的扰攘，遂将朝政大量搁置，把搜刮民间财富供皇室使用当做了天下大事，庙堂政局成为无序混争的泥潭。到万历十八年（1590 年），王家屏乞休疏指出朝政已经陷入乱局：

议论纷纭，罕持大体；簿书凌杂，只饰靡文。纲维纵弛，愒玩之习成；名实混淆，侥幸之风启。陛下又深居静摄，朝讲希临。统计臣一岁间，仅两觐天颜而已。间尝一进瞽言，竟与诸司章奏并寝不行。今骄阳烁石，小民愁苦之声殷天震地，而独未彻九阍。[②]

这时的内阁早已没有张居正时代的行为能力，只好逶迤各种政治势力之间，有所主张，也只有祈求皇帝去推行，皇帝却闭目塞听，弃之如禽兽之音，内阁苦闷，难以言表。首辅王家屏就曾上疏指出：

乃顷来九阁重闭，五位深居，宴安之毒是怀，兢业之衷潜替，郊庙不飨而仁孝之念疎，堂陛不交而君臣之谊隔。天灾物异之警罔彻宸聪，

① 谷应泰：《明史纪事本末》卷 61《江陵柄政》，北京：中华书局，1977 年，第 960—961 页。
② 张廷玉等：《明史》卷 217《王家屏传》，北京：中华书局，1959 年，第 5728 页。

民生国计之忧不关圣虑。皇上试省此心，敬耶？怠耶？于治道得耶？失耶？臣备员辅弼，既不能婉导密规，防君志未萌之欲，又不能明诤显谏，扶乾坤将坏之枢，旷职瘝官，久当退避……乃今数月之间，请朝讲不报，请元旦受贺不报，请大计临朝不报。臣犬马微诚，不能感回天意已可见于此矣……臣诚不忍明主蒙咈谏之名，清朝有横施之罚，部科罹无妄之罪，宗社蓄不测之忧也。循省虚庸，终惭匡救，若复依回保禄，淟涊苟容，正汲黯所谓从谀承意以陷主不义，诒辱朝廷者耳，死且有余僇焉。愿乞圣恩，亟赐罢归，俾全晚节。①

万历皇帝仍然不认真理睬，王家屏遂坚决辞职而去，其主持内阁仅仅半年。

后张居正时期朝廷讨论最多的大事：一是所谓争“国本”，二是“矿监税使”。在这两件事情中，万历皇帝与几乎整个士大夫群体站在了对立面，士大夫群体在无法劝说万历皇帝的情况下，将一切无奈和后果归罪于内阁，加上人事恩怨，结成派系相互攻击，于是士大夫群体精神和群体行为能力也瓦解了。

“国本”之争源于神宗正宫皇后无子，宫女出身的王恭妃所生皇长子朱常洛不为神宗所喜，欲立其偏爱的郑贵妃所生皇三子朱常洵。廷臣则依据礼法、祖训，要求神宗早定朱常洛为太子，反对废长立幼。礼法固然保守僵化，但是在此问题上，礼法的意义是构成公共认同尺度，从而使皇位不至于由居皇位者随意授受，神宗的主张肯定是取乱之道。此争论从万历十四年（1586年）内阁首辅申时行上疏请求册立皇长子为太子开始，神宗一再推诿，阁部诸臣合疏要求早定其事。申时行却随后上了一封“密揭”给神宗，表示自己不甚坚持，请神宗“惟宸断亲裁，勿因小臣妨大典”。② 申时行的首鼠两端自然激起士大夫的强烈反感，言路攻击四起。御史钱一本借机主张公选内阁：

庸者习软熟结纳之态，黠者恣凭陵侵夺之谋。外推内引，珰阁表里。始进不正，安望其终。故自来内阁之臣一据其位，远者二十年，近者十年，不败不止。嵩之鉴不远，而居正蹈之；居正之鉴不远，而时行又蹈

① 王家屏：《请罢第一疏》，贺复征编：《文章辨体汇选》卷115，《景印文渊阁四库全书》第1403册，台北：台湾商务印书馆，1986年，第337—338页。

② 张廷玉等：《明史》卷218《申时行传》，北京：中华书局，1959年，第5750页。

之。继其后者庸碌罢驽，或甚于时行；褊隘执拗，又复为居正。若非大破常格，公天下以选举，相道终未可言。[①]

到万历二十一年（1593 年），时任首辅王锡爵曲从神宗之意，提出将皇长子与其他两位皇子同封为王以待正宫皇后诞生嫡子的方案，以拖延立皇长子为太子的时间。于是举朝猛烈抨击王锡爵，同时抗击神宗以私情废国法的声音更为激烈。王锡爵迫于压力，自劾失误，请求罢斥。神宗最终不得已，在万历二十九年（1601 年）册封朱常洛为皇太子。但郑贵妃之子朱常洵迟迟不肯离开京师去所封藩国，使朝野担心皇太子地位不稳，出现了郑贵妃欲夺位的传言，直到万历四十二年（1614 年）福王朱常洵去洛阳就藩之后，还出现了疑似有人谋害太子的"梃击案"，上下猜疑攻击，朝政笼罩在诡异气氛之中。在所谓"国本"之争中，士大夫分崩离析，内阁权威丧尽，士大夫与皇帝之间也成水火。明末人吴应箕就此评论说："国家养士数百年，未尝不收其用，然有二尽：嘉靖时尽于议礼，万历时尽于国本，非议礼、国本尽之，而为留中永锢者尽之也。"[②]

"矿监税使"指自万历二十四年（1596 年）开始，皇帝以监督开发金银矿和税务征收为名派往全国各地的内监。当时"中官遍天下，非领税即领矿，驱胁官吏，务朘削焉"，"所至数激民变，帝率庇不问"。[③]这场皇帝绕过国家行政系统对社会的直接掠夺所得的财富，大部分被宦官贪占，小部分归入内府。大学士朱赓指出矿税之征侵蚀国家财政："自矿税设立以来，各处正供多被侵削，盐课壅滞，关征减少，曾未十年，其所亏损已四百六十十万"。[④]万历二十八年（1600 年），户科给事中田大益上疏，警告矿监税使正在逼迫人民造反：

人皆谓皇上意欲难盈，莫不反唇作色，嗔心詈口，而冀以智计甘言窃天下之誉，可得乎？贿聚必散，方今内帑收贮无虚岁，无虚时，无虚

① 张廷玉等：《明史》卷 231《钱一本传》，北京：中华书局，1959 年，第 6039 页。

② 吴应箕：《东林本末》下《三王并封》，中国历史研究社编：《中国历史研究资料丛书》，上海：上海书店，1982 年，第 16 页。

③ 张廷玉等：《明史》卷 81《志第五十七·食货五》，北京：中华书局，1959 年，第 1978 页。

④ 朱赓：《备陈边饷揭》，《朱文懿公文集》，陈子龙等：《明经世文编》卷 436，北京：中华书局，1962 年，第 4778 页。

月，无虚日。夫积而不泄，鬼将作祟，不有脱巾揭竿，藉为鼓噪之资，即恐英雄睥睨，席为用武之地。此虽家给人散，以见德惠，亦且蹴之覆之而不可反。是天地聚散之必然也。怨极必乱，夫众心不可伤也。今天下自周亲豪右，簪缨韦布，以至耕夫贩妇，健儿走卒，莫不茹苦荼毒，扼腕侧目，唏嘘而无所诉，已非一日。恐玉崩衅成，决而莫制，家为仇，人为敌，众心齐倡，而海内因以大溃。岂不大可惧乎？①

明大臣李三才指责皇帝所为是私心作祟："且一人之心，千万人之心也。皇上爱珠玉，人亦爱温饱；皇上爱万世，人亦恋妻孥。奈何皇上欲黄金高于北斗，而不使百姓有糠秕升斗之储？皇上欲为子孙千万年，而不使百姓有一朝一夕？"②东林人士支持李三才对皇帝的批评，极力推荐李三才入阁，但被其他派系阻挠，李三才及支持李三才的言官以及东林讲学士大夫被笼统指为"东林党"。到万历三十四年（1606 年）朱赓主持内阁的时候，已经是"朝政日弛，中外解体"③的状态了。稍后主持内阁的叶向高说得沉痛：

往日大事不行，小事则否；今大小事皆不行矣。小事行，故所争者专在于大事。今大小事皆不行，则无所不争矣……今日世道，得清议之力，亦受清议之苦。盖古人作事，尚有许多委婉，至于秽其迹、污其名而不恤。而今日稍有曲折，议论便生，众喙一腾，身名俱败，固其弊也。宁失人主之欢，而不敢犯悠悠之口；宁视事之不成，而不敢使心之不白；所以上下之交日离，而于天下之大计卒无济也。④

又说：

祖宗设立阁臣，不过文学侍从，而其重亦止于票拟。其委任权力与前代之宰相绝不相同。夫以无权之官，而欲强做有权之事，则势固必败；以有权之事，而必责于无权之官，则望更难酬。此从来阁臣之所以无完

① 《明神宗实录》卷 354《万历二十八年十二月庚辰》，台北：台湾"中研院"历史语言研究所校勘本，1962 年。

② 谷应泰：《明史纪事本末》卷 65《矿税之弊》，北京：中华书局，1977 年，第 1014—1015 页。

③ 张廷玉等：《明史》卷 219《朱赓传》，北京：中华书局，1959 年，第 5780 页。

④ 叶向高：《苍霞续草》卷 17《答刘云峤》，陈子龙等：《明经世文编》卷 461，北京：中华书局，1962 年，第 5050—5051 页。

名也。[①]

他虽然说无实权的内阁是祖制精神，但明初的这种纯粹顾问、秘书角色的内阁早在三杨时代就已经发生转变，其后内阁权势几度扩张，到杨廷和内阁已经可以和皇权颉颃，到张居正内阁更已经视六部大员如属吏，后张居正时代发生逆反，才积势而成万历后期的疲软内阁局面。积势疲软，无可作为，却又被朝野看做政局关键的内阁大员，在艰难困窘中，形成一个乞求退休的高潮。

（六）万历后期士大夫的无奈和乞休

明朝制度规定，官员经科道纠劾者，应自陈请致仕，取自上裁。这本来是激励士大夫风节和大臣出处体统的规矩。但是，到万历后期，科道纠劾已经在党争中沦落为帮派斗争的工具，乞休也成了在朝官僚标榜亮节或者避事自保的手段。故万历时期朝臣乞休之含义与此前不同，方式和朝廷对待的礼数也有不同。沈德符曾议论前后的变化：

> 宰相进退系国家大体。其自处，与主上处之，皆有礼。先朝无论矣。今上御极后，如高新郑、张新建之逐，出自内旨不必言，初则吕桂林四疏而退，申吴门为上所眷，留至十一疏亦允。后则王太仓尤受宠注，亦入疏即见俞。至许新安、王山阴，稍拂圣意，许以三疏，王以五疏，俱得请矣。至赵兰溪卧邸则时历三年，疏凡八十余上，而卒于位……沈四明告归仅匝岁，而辞疏亦至八十……是时相体已扫地矣。又至李晋江则在阁不两月，而居真武庙凡六年，谢事之章百余，始放归。直如囚之长系，兽之在槛而已。尚可曰相体，曰主恩哉？[②]

王家屏求去，“疏至三上，辞益痛切，上终不允。因坚卧不出，乃听去”[③]。

① 《明神宗实录》卷511《万历四十一年八月庚寅》，台北：台湾“中研院”历史语言研究所校勘本，1962年。

② 沈德符：《万历野获编》卷9《内阁・阁臣致政迥异》，北京：中华书局，1959年，第240页。

③ 《明神宗实录》卷391《万历三十一年十二月庚戌》，台北：台湾“中研院”历史语言研究所校勘本，1962年。按王家屏乞休三疏全文可见于贺复征编《文章辨体汇选》卷115。

朱赓在内阁，受五十余人抨击，朱赓已经病重，乞休疏二十余上而不准离去，终卒于任上。万历三十七年（1609 年），叶向高上疏神宗说："顷者，大小诸臣以被言求去，经岁杜门，章数十上而不得请。计出无聊，于是有挂冠径去者矣，有封印出城者矣。"[①]万历三十八年（1610 年），叶向高上疏表示对官员乞休造成政务废弛的忧虑："李三才义在决去，王象乾、黄嘉善、崔景荣则封疆重寄，岂可坚卧南京？六部尚书见在者只有一人，而都察院亦有考察之事，右都御史顾其志尚未到任，若丁宾又杜门不出，谁为管理？"[②]万历四十三年（1615 年）七月，工部尚书姚继上呈乞休之章凡四十五份，方得允许。万历四十四年（1616 年），礼部尚书掌詹事府事刘楚先、吏科右给事中韩光佑屡疏乞休，不得允许，"出城候命，越宿遂行"[③]。万历四十六年（1618 年），兵部左侍郎崔景荣乞休，不得允许，"竟封印去"。[④]万历四十年（1612 年），吏部尚书孙丕扬求去，不待旨允，挂冠径去。他再度入朝时年已 78 岁，颇欲有所作为，"后见朝政壅塞，章疏不下，推迁之请，庶官十不得一，大僚百不［得］一。即其所平生心服之吕坤，连章累牍，亦终不报，而会推、考选二事尤极惓惓。无计动天，于是浩然之志，始不可挽"[⑤]。叶向高感叹："夫功名爵禄，人情所甚爱，洁身勇退，人情所甚难。今使人弃其所甚爱，而就其所甚难，则亦足以观世道矣。"[⑥]

从以上考察中，可以归纳出以下判断：第一，"大礼议"是明代士大夫政治话语权挫抑、皇权膨胀的一个关键性的节点，是内阁揖别士大夫政治中心角色，更大程度上附庸皇帝个人好恶的转折点，此后内阁再未回归士大夫政治中心角色地位，"青词宰相"则是嘉靖后期内阁这种蜕变角色的形象写照，

---

① 叶向高：《纶扉奏草》卷 7《请处分求去诸臣疏》，《续修四库全书》第 481 册，上海：上海古籍出版社，2002 年，第 635 页。

② 叶向高：《纶扉奏草》卷 11《条陈各项急务疏》，《续修四库全书》第 481 册，上海：上海古籍出版社，2002 年，第 733 页。

③ 《明神宗实录》卷 550《万历四十四年十月丁巳》，台北：台湾"中研院"历史语言研究所校勘本，1962 年。

④ 谈迁：《国榷》卷 83《万历四十六年二月丁巳》，北京：中华书局，1958 年，第 5113 页。

⑤ 《明神宗实录》卷 492《万历四十年二月丙戌》，台北：台湾"中研院"历史语言研究所校勘本，1962 年。

⑥ 叶向高：《纶扉奏草》卷 8《官僚径去揭》，《续修四库全书》第 481 册，上海：上海古籍出版社，2002 年，第 665 页。并可参看李佳：《明万历朝官员"乞休"现象分析》，《求是学刊》2009 年第 2 期。

也是“大礼议”造成的政治文化蜕变之直接后果。第二，从政治文化的角度审视“大礼议”，尤其是从士大夫政治兴衰的角度审视“大礼议”，这个持续多年的事件之负面影响大于积极影响。“大礼议”之后的确曾经实施了一些政策兴革，但基本上是应对性举措，并非前瞻性体制改革，也基本没有超出杨廷和内阁在正德帝去世之际已经公布的兴革范围，嘉靖中后期的庙堂政治实际大为恶化。第三，嘉靖后期至万历十年（1582 年）间的强势内阁体现的是内阁基于皇权对于六部以下国家行政机构及中下层士大夫之控制权的增大，本质上就是皇权的膨胀，因而国家政治体制中的弹性实际降低。在此情况下，士大夫的分裂已然深化，党争已然开始。第四，以往研究者多强调张居正改革造成的行政有效性增强，对很多明末清初人士曾经指出的张居正时代造成的政治隐患不予关注，这是一种很严重的忽略。张居正时期造成的政治和政治文化裂痕难以弥补，而且不能用完全归罪于万历皇帝贪婪和怠政来遮掩。万历十年（1582 年）以后的内阁疲软无能，是前此强势内阁造成的政权体制内危机的逆反后果，此间无可作为的高层官僚大批主动脱离庙堂政治，与党争一起深化了庙堂政治的乱局。

以上结论，基本可以直接从前述内容中直接归纳导出。在此基础上，可再做延展讨论。嘉靖到万历政治文化的推演大致是每况愈下，而当时的江南地区经济保持繁荣，甚至有所发展。许多学者曾经试图将政治文化上的变迁推演之主因归于经济繁荣甚至所谓资本主义萌芽，然而从本文梳理的史事角度看，并不见这种关联的显著作用，无论当时士大夫在庙堂政治中还是在基层社会活动中的话语，都在传统政治文化的范畴之内。而且晚明政局中表现突出的士大夫并非皆出江南地区，江南区域利益也并未单独构成一个政治争论的焦点。如果深究晚明政治文化的历史涵义，最突出的莫过于儒家民本主义和天下关怀在皇权强化背景下的纠结与挣扎，这与社会经济的繁荣存在一般场景条件关系，却没有具体因果关系。如果试图从晚明政局的没落与经济繁荣（至少是东南区域的繁荣）之间找寻关联，可以直接看到的是晚明东南区域的经济繁荣与庙堂政治失序是平行的，因而经济繁荣并不保障政治有序性。

十四

晚明士大夫的救世情怀

嘉靖大礼议以后，明朝庙堂政治百弊丛生，虽在万历初年略有转圜，但到万历中后期还是达到了无可救药的状态。在此环境中，士大夫中普遍流行着关于世风败坏、山雨欲来、危机逼近的言论。在这样极端化的情境中，作为社会精英的士大夫的表现并非完全一致，考察他们有怎样的行为取向，应有益于了解这个群体的根本特征和潜能。

（一）晚明士大夫的社会危机意识：以吕坤为例

明代士大夫之主流，服膺儒学。宋代兴起的“新儒学”各学派，虽然在修养路线方面主张不同，但是无不继承了先秦经典儒学积极入世的民本主义传统，并且在世袭贵族阶层萎缩、科举入仕途径扩展的基本背景下，强化了社会担当的责任意识。因此，将国家政治符合儒家社会理念以及维护民生安乐的诉求与自己人生的意义感融合，是明代士大夫主流群体继承既有一般文化传统的自然趋势，此自明初已然。不过，明朝前期，社会从动荡趋于安定，经济由凋敝趋于恢复，朝政体制经调适而趋于定型，虽不断有问题发生，但并不构成难以逆转的社会危机，也未在士大夫群体中造成普遍危机的感受。所以直到明中叶以前，士大夫入世主要通过参与庙堂政治来实现，得君与行道并未明显分殊，也无所谓入仕以外的救世努力。到了明朝中叶，庙堂政治乱象已萌，社会结构变动，出现大规模流民，边疆地区不稳定现象增多，官场和社会风气趋于奢靡。士大夫中特别敏锐者，忧虑增多。其中一些人无法在庙堂政治中获得足够的发言权和影响力，开始利用自己在地方权力机构中的地位做出一些举措，试图直接影响区域社会状况。其中较为突出的是正德、嘉靖时期，王守仁在西南地方推行乡约以及大力推动书院讲学。其他如嘉靖至万历初年，庞尚鹏、海瑞等在东南地区实行赋税改革，[①] 诸多地方官员在所辖区域自行禁毁“淫祠”“淫祀”等，都具有官员在自己权限范围内针对社会问题自主决策的意味。明中叶，一部分士大夫已经有社会危机预感，但是就主流而言，这种感觉并不明显。万历中期以后，士大夫对于庙堂政治之黑暗、社会风气之沦落、社会大危机之迫在眉睫，已经形成基本共识。其中，吕坤的言论具有代表性。

吕坤（1536—1618年），字叔简，号新吾，归德府宁陵县（今河南商丘）人，生于嘉靖十五年（1536年），“万历二年进士，为襄垣知县，有异政。调大同，征授户部主事，历郎中。迁山东参政、山西按察使、陕西右布政使。擢右佥都御史、巡抚山西。居三年，召为左佥都御史。历刑部左、右侍郎”。[②] 万历皇帝派出矿监税使之后，万历二十五年（1597年），吕坤上《忧危疏》，论说天下安危，建议改革时政。疏入不报，遂称疾乞休。里居期间，他潜心著述，作《去伪斋文集》《呻吟语》《实政录》，甚为可观，至万历四十六年（1618年）卒。其《忧危疏》开篇即称乱象已形：

> 臣闻治乱之兆，垂示在天；治乱之实，召致在人。窃见元旦以来，

---

① 《明史》本传载：“庞尚鹏，字少南……改按浙江。民苦徭役，为举行一条鞭法。按治乡官吕希周、严杰、茅坤、潘仲骖子弟僮奴，请夺希周等冠带。诏尽黜为民。尚鹏介直无所倚，所至搏击豪强，吏民震慑……浙江、福建暨其乡广东，皆以徭轻故德尚鹏，立祠祀。”见张廷玉等：《明史》卷227《庞尚鹏传》，北京：中华书局，1974年，第5951—5952页。海瑞，号刚峰，隆庆三年“以右佥都御史巡抚应天十府。属吏惮其威，墨者多自免去。有势家朱丹其门，闻瑞至，黝之。中人监织造者，为减舆从。瑞锐意兴革，请浚吴淞、白茆，通流入海，民赖其利。素疾大户兼并，力摧豪强，抚穷弱。贫民田入于富室者，率夺还之。徐阶罢相里居，按问其家无少贷。下令飙发凌厉，所司惴惴奉行，豪有力者，至窜他郡以避。而奸民多乘机告讦，故家大姓时有被诬负屈者。又裁节邮传冗费，士大夫出其境，率不得供顿……尝言：‘欲天下治安，必行井田。不得已而限田，又不得已而均税，尚可存古人遗意。’故自为县以至巡抚，所至力行清丈，颁一条鞭法。意主于利民，而行事不能无偏云。”见张廷玉等：《明史》卷226《海瑞传》，北京：中华书局，1974年，第5927—5933页。

② 张廷玉等：《明史》卷226《吕坤传》，北京：中华书局，1974年，第5937页。

天气昏黄，日光黯淡，占者以为乱征。当今天下之势，乱象已形而乱机未动；天下之人，乱心已办而乱人未倡。今日之政，皆拨乱机而使之动，助乱人而使之倡者也。[①]

接下来，吕坤重申了“君身之安危，社稷之存亡，百姓操其权”的道理，进而指出：天下有“幸乱之民四焉，皆取天下者之所资而守天下者之所惧也”。其一“无聊之民”，其二“无行之民”，其三“邪说之民”，其四“不轨之民”。此四类幸乱之民，各代皆有，如果“圣王约己爱民，损上益下，则无聊者归恩，无行者守法，邪说者无所售其奸，不轨者不得行其智，四民皆我赤子。一失其心而堕其计，四民皆我寇仇”。[②]当今天下人心，已经到了令人不敢言说的地步，惟有期望皇帝做“有益于天下”之事，收拾人心。至于收拾人心之大端，实际也是天下危乱的因由，吕坤指出以下10点：

一为停止各地织造、烧造之征，包括西北“洮兰之间”之“绒货”、山西之紬、苏杭之纱罗段绢、饶州磁器、西域回青，“总是有余不急之物，徒累敲骨捶髓之民，望陛下一切停罢，而江南、陕西之人心收”。

二为停止宫庭大木之求取。“今大工木料既已报完，采办新林止需后用，倘少其数目，多其岁月，减其尺寸，增其价值，而川、贵、湖、广之人心收。”

三为限制开矿规模。“严禁散砂，不许借解，但有侵夺小民，捏害地方者，必诛无赦，而各省之人心收。”

四为取回官店内臣。“原坐租银，责令所在有司，照数解进。此一举也，而畿甸之人心收。”

五为减少诏狱。“俯从司寇之平，勉就祖宗之法，而囹圄之人心收。”

六为开言路、补缺官，“而士大夫之心收”。

七为救朝鲜，“早决大事，并力东征，而属国之人心收”。

八为查点内库贮藏，减少解纳。“陛下一留神则岁省不下百万，而解纳之人心收。”

---

① 吕坤：《忧危疏》，陈子龙等：《明经世文编》卷415，北京：中华书局，1962年，第4494页。

② 吕坤：《忧危疏》，陈子龙等：《明经世文编》卷415，北京：中华书局，1962年，第4494页

九为清理京师治理弊政，“省不急之上纳，禁监收之铺垫，严骗夺之刑，重需索之罪，清差役之繁，定优免之则，慎抄没之举，而都下之人心收”。

十为请慎宫禁出入、批发章奏。①

这些亟需朝廷改弦更张以免大乱的事项背后，都是朝廷与社会之间矛盾冲突的事实。这份奏疏最后的几句话很有琢磨的必要：

> 臣一点血诚，吁天叩地，斋宿七日，抽思万端，难裁迫切之衷，敬上忧危之疏。陛下倘信臣，将臣所已言者，慨赐施行，所未言者，再加修举，移宫中之勤，以勤庶政；推利国之念，以利蒸民。将人心欢悦，天意转回。臣所言，天下大计。臣具疏未敢告人，望陛下密行臣言，若出圣意，久留臣疏，以验将来。臣日夜祈天，惟愿臣言不验。使臣言而验，陛下虽悔将何及耶？②

这里除了再次强调对时局的忧虑和对皇帝命运的关切以外，用了请皇帝“推利国之念，以利蒸民”一语。这种用法提示，在吕坤的观念中，“国”就是皇帝，至多是“朝廷”，即使“国”指的是“朝廷”，与皇帝也近乎同义语。该书中另有一处称：“今日之人心，臣何敢言？惟望陛下择其无益于国家，有益于天下者收之而已。”③其中“国家”的含义与前引文中的“国”当是同义的。这样就引出了一个问题，吕坤乃至晚明士大夫的时局忧虑中，皇帝、朝廷、生民、天下是怎样的关系？从《忧危疏》中看，吕坤心目中的“国”“国家”同义，都是指的朱明王朝，这个朝廷立足于天下生民人心认可的基础上，当时天下生民已经由于“国家”的盘剥而凋敝困苦，离心离德，因而“国家”危在旦夕。吕坤呈送给皇帝的这份奏疏，在表层抒发的是对皇帝统治稳定性的忧虑，而在深层则是对民生即今天所谓社会状况的忧虑。他判断民生陷于困苦则“国家”必定而且是理所当然地要逼近崩溃，所以吕坤显然是一个民本主义者。

明代贺复征编《文章辨体汇选》中收有吕坤的《直陈天下安危圣躬祸福

---

① 吕坤：《忧危疏》，陈子龙等：《明经世文编》卷415，北京：中华书局，1962年，第4494—4498页。
② 吕坤：《忧危疏》，陈子龙等：《明经世文编》卷415，北京：中华书局，1962年，第4498—4499页。
③ 吕坤：《忧危疏》，陈子龙等：《明经世文编》卷415，北京：中华书局，1962年，第4494—4495页。

疏》，内容与《忧危疏》部分相近而又有行文不同者，内如：

陛下织造烧造日增，办取采取益广，敛万姓之怨于一言，结九重之仇于四海，臣窃痛之。使万里江山千年如故，即乾清宫一无所有，谁忍使陛下独贫？今禁城之内，不乐有君；天下之民，不乐有生。怨讟之声，愁叹之语，陛下闻之，必有食不下咽，寝不贴席者矣。臣观今日之势，如坐漏船，水未湿身；如卧积薪，火未及体。望陛下之速登岸而急起卧也。不然，积于千日，决于一旦，陛下虽有千箱锦绣，千箭金珠，岂能独厚享哉？前代覆车，后人永鉴，盖人心得则天下吾家，人心失则何处非仇？臣老矣，发白齿落，恐不得以太平终此身。又闻小民暗穿地穴以防兵，缙绅预买山庄以避乱。臣见此光景，仰天痛哭……①

这些文字更为清晰明确地表达了吕坤从民本主义基点出发对于社会危机临近的强烈感受。然而万历皇帝并不理会，吕坤遂称病乞休。离开庙堂之后，对于“国家”的责任感略为舒缓，对于天下生民处境的忧虑则远不能释怀，因而吕坤进行了更深层面的思考。他指出天下之事从根本上说要讲理，不可专任势力：

公卿争议于朝，曰天子有命，则屏然不敢屈直矣；师儒相辩于学，曰孔子有言，则寂然不敢异同矣。故天地间惟理与势为最尊。虽然，理又尊之尊也。庙堂之上言理，则天子不得以势相夺，既相夺焉，而理则常伸于天下万世。故势者，帝王之权也；理者，圣人之权也。帝王无圣人之理，则其权有时而屈；然则理也者，又势之所恃以为存亡者也。以莫大之权，无僭窃之禁，此儒者之所不辞而敢于任斯道之南面也。②

故天地间惟道贵，天地间人惟得道者贵。③

道者，天下古今共公之理，人人都有分的。道不自私，圣人不私道……

① 吕坤：《直陈天下安危圣躬祸福疏》，贺复征编：《文章辨体汇选》卷117，《景印文渊阁四库全书》第1403册，台北：台湾商务印书馆，1986年，第379页。

② 吕坤：《呻吟语》卷1《谈道》，上海：上海古籍出版社，2000年，第54页。

③ 吕坤：《呻吟语》卷4《品藻》，上海：上海古籍出版社，2000年，第241页。

然道无津涯，非圣人之言所能限；事有时势，非圣人之制所能尽。[①]

由此观之，吕坤的危机意识既出发于他对社会和政治状况的体察，也基于他的政治理想主义。他的忧虑自然不单是为帝王谋家族统治的长久，更重要的是为生民谋合理的生存，而天下需以“理”为秩序的依据则是他在更超越层面的主张。这时他对于庙堂政治已然失望，对于皇帝的批判就更深沉激烈了：

为人上者，只是使所治之民个个要聊生，人人要安分，物物要得所，事事要协宜。这是本然职分。遂了这个心，才得畅然一霎欢，安然一觉睡。稍有一民一物一事不妥帖，此心如何放得下？何者？为一郡邑长，一郡邑皆待命于我者也；为一国君，一国皆待命于我者也；为天下主，天下皆待命于我者也。无以答其望，何以称此职？何以居此位？夙夜汲汲，图惟之不暇，而暇于安富尊荣之奉，身家妻子之谋，一不遂心而淫怒是逞耶？夫付之以生民之寄，宁为盈一己之欲哉？试一反思，便当愧汗。[②]

天之生民，非为君也，天之立君，以为民也，奈何以我病百姓？夫为君之道无他，因天地自然之利，而为民开导撙节之；因人生固有之性，而为民倡率裁制之。足其同欲，去其同恶。凡以安定之，使无失所，而后天立君之意终矣。岂其使一人肆于民上，而剥天下以自奉哉？[③]

嗟夫！今之民，非古之民乎？今之道，非古之道乎？抑世变若江河，世道终不可反乎？抑古人绝德，后人终不可及乎？吾耳目口鼻，视古人有何缺欠？爵禄事势，视古人有何靳啬？俾六合景象若斯，辱此七尺之躯，腼面万民之上矣！[④]

吕坤的忧虑，不仅在于皇帝无道造成的民生困境与人心思乱，而且在于整个官场的腐败不堪：

---

① 吕坤：《呻吟语》卷1《谈道》，上海：上海古籍出版社，2000年，第49页。
② 吕坤：《呻吟语》卷5《治道》，上海：上海古籍出版社，2000年，第269页。
③ 吕坤：《呻吟语》卷5《治道》，上海：上海古籍出版社，2000年，第309页。
④ 吕坤：《呻吟语》卷5《治道》，上海：上海古籍出版社，2000年，第297—298页。

今日只见吾君之过而不思我辈之过更十百焉。灭纪法以树私交，怠职业而相玩愒，工机械而丑诚直，尚翕讹而无公论，苟目前而忘远虑，重宠利而轻民社，急虚文而弃实务，贪酷在在而荐剡谀悦为圣贤，冰馁家家而旗鼓供张塞道路。诸如此类，岂吾君逼之使然，出于不得已耶？①

拥有最高权力的皇帝昏庸，政治社会秩序就全赖士大夫以“道”的实践来维系。如果这时士大夫本身也腐败不堪，政治社会秩序就难以维系，部分士大夫的救世念头也就只能化作“呻吟”之语。

吕坤对于士大夫的失望并非其个人的过分敏感所致，万历时期礼部尚书于慎行有类似言论：“士之气节盛衰亦有时哉……本朝如靖难之举，死者不下十百，至于土木之难，寂然不过一二，如嘉靖大礼，举朝争之，死且窜者，不下数十，至于易世之后，如庙祧之递迁，两宫之推崇，亦有许大事体，复寂然无一人言者”②。“乃今风会日流，俗尚日浇，叙位于朝无尊卑之分，征年于乡无长幼之节，即在上之人不能以纪纲法度力挽颓波，况在下者乎?”③

吕坤对于朝廷日陷于与社会对立状态而且民不聊生、变乱日近的忧虑也不是他个人的杞人忧天。吕坤去朝后不久的万历二十八年（1600 年），田大益指出：

人皆谓皇上意欲难盈，莫不反唇作色，嗔心詈口，而冀以智计甘言窃天下之誉可得乎？……夫积而不滞（流）鬼将作祟。不有脱巾揭竿籍为鼓噪之资，即恐英雄睥睨，席为用武之地……夫众心不可伤也，今天下自周亲豪右、簪缨、韦布，以至耕夫贩妇、健儿、走卒，莫不茹苦荼毒，扼腕侧耳。唏嘘而无所诉。已非一日，恐土崩衅成，决而莫制，家为仇，人为敌，众心齐偕而海内因以大溃……④

户部尚书赵世卿对于民间已形之变乱不仅有所预感，而且充满同情：

---

① 吕坤：《去伪斋文集》卷 4《书启类下·答孙月峰二》，《四库全书存目丛书》集部第 161 册，济南：齐鲁书社，1997 年，第 121 页。

② 于慎行：《谷山笔麈》卷 16《璅言》，北京：中华书局，1984 年，第 183—184 页。

③ 于慎行：《谷山笔麈》卷 16《论略》，北京：中华书局，1984 年，第 190 页。

④ 《明神宗实录》卷 354《万历二十八年十二月庚辰》，台北：台湾“中研院”历史语言研究所校勘本，1962 年，第 6620—6622 页。

今人人思脱汤火，谁为首恶？在在图解倒悬，谁为胁从？所谓虽或杀之，必且继之者也。皇上将尽人而法之乎？则势必有所不能；抑尽人而宽之乎？则法又有所不可。盖至于力穷于施而法穷于驭，则皇上约束整齐之具亦太颠倒错乱，不可收拾矣。矧数年以来，皇上以矿税之故，赫怒诸臣，曾逮及方面矣，逮及守令矣，逮及士民矣。幽囚囹圄，三木囊头，泣夜雨而号西风，困缧绁而毙箠楚。即雷霆之摧折不惨于此也，泰山之覆压不烈于此也。固宜鞠躬屏气，俯首贴耳，任吾糜烂鱼肉而莫敢谁何可也。乃今日围烧某官，明日戕杀某役，清源之烬犹然，而湖湘之流已赤……闾阎如此，则皇上之法令与四海之奉行大较，居然可睹也。岂其民之敢于无上若此乎？势穷理极，为有所以迫之焉耳！语曰鹿死不择音。民之于上，德则其人也，不德则其鹿也。今之矿税，无乃鹿视其民，而使之不暇择乎？。[①]

凡此种种，不过是晚明士大夫的大量社会危机意识表述言论中之少数例证而已。仅仅从这些例证中看，当时的士大夫心理中对于朱明王朝命运的考虑并不体现其政治理性中的终极关怀，对于天下民生和政治社会合理性的考虑具有更根本的意义。在这种情况下，这些士大夫采取了怎样的举措呢？

（二）惨淡经营于庙堂：以叶向高为例

叶向高，字进卿，福清人，万历十一年（1583 年）中进士，授庶吉士，进编修，迁南京国子司业。万历二十六年（1598 年），召为左庶子，充皇长子侍班官。寻擢南京礼部右侍郎，改吏部。屡请罢矿税之征。万历三十五年（1607 年），擢为礼部尚书兼东阁大学士，与王锡爵、于慎行、李廷机并命。然而当该年十一月叶向高入朝时，于慎行已卒，王锡爵坚辞不出。及次年，首辅朱赓去世，次辅李廷机以人言杜门不出。于是万历三十六年（1608 年），

① 赵世卿：《请停苏松河南矿税疏》，《司农奏议》卷 9，《续修四库全书》第 480 册，上海：上海古籍出版社，2002 年，第 300 页。

内阁名义上有 3 位阁臣，但仅叶向高一人处理内阁日常事务。这种局面，自内阁形成以来绝无仅有，已然表示明朝中枢权力机构处于近于瘫痪状态。而且万历皇帝废弛朝事，偏宠郑贵妃、福王，君臣暌隔，政府各主要机构多缺主管官员不补，士大夫结党争斗，矿监税使横行天下。这时的许多士大夫早已看出明朝政治的无可救药，多有揖别庙堂而归野自处者，连王锡爵这样的首辅也不肯出来担当挽大厦之将倾的责任。叶向高却尽量周旋。《明史》载："向高用宿望居相位，忧国奉公，每事执争，效忠荩。帝心重向高，体貌优厚，然其言大抵格不用，所救正十二三而已。"[①]《明史》记载他曾请东宫讲学，不纳；请为太子生母王贵妃依礼发丧，得允；屡请福王之国以安太子，坚持多年，借助朝野舆论，方得实行；力请补缺官、见大臣、增阁僚，皆不听。于是叶向高上疏指出天下乱象五端：

> 今天下必乱必危之道，盖有数端，而灾伤寇盗物怪人妖不与焉。廊庙空虚，一也；上下否隔，二也；士大夫好胜喜争，三也；多藏厚积必有悖出之衅，四也；风声气习日趋日下，莫可挽回，五也。非陛下奋然振作，简任老成，布列朝署，取积年废弛政事一举新之，恐宗社之忧，不在敌国外患，而即在庙堂之上也。[②]

然而万历皇帝并不能用。叶向高只好上疏要求离去，却被皇帝一再挽留。叶向高进退两难，疏言：

> 臣屡求去，辄蒙恩谕留。顾臣不在一身去留，而在国家治乱。今天下所在灾伤死亡，畿辅、中州、齐、鲁，流移载道，加中外空虚，人才俱尽。罪不在他人，臣何可不去？且陛下用臣，则当行其言。今章奏不发，大僚不补，起废不行，臣微诚不能上达，留何益？诚用臣言，不徒縻臣身，臣溘先朝露，有余幸矣。[③]

然而万历皇帝还是留其人而不用其言。到万历四十年（1612 年）春，叶

① 张廷玉等：《明史》卷 240《叶向高传》，北京：中华书局，1974 年，第 6232 页。
② 张廷玉等：《明史》卷 240《叶向高传》，北京：中华书局，1974 年，第 6233—6234 页。
③ 张廷玉等：《明史》卷 240《叶向高传》，北京：中华书局，1974 年，第 6234 页。

向高借“历代帝王享国四十年以上者，自三代迄今止十君”之说，劝万历皇帝力行新政，结果万历皇帝根本不予理睬。“向高志不行，无月不求去。帝辄优旨勉留。”叶向高力请增置阁臣，敦请奏章至百余上，万历皇帝才增加了方从哲、吴道南入阁。到万历四十二年（1614 年）八月，叶向高终于得允离朝。

越六年，万历帝崩，光宗即位，诏叶向高还朝，不久熹宗立，再敕敦促，辞不得命，叶向高遂还朝再为首辅。不久，在万历朝觉得难以作为的叶向高发觉天启帝有不及万历帝者。万历帝时虽然君臣暌隔，但叶向高在阁时期，所有章奏必发其拟旨，很少出中旨，越过内阁办事。天启帝则不能“慎重纶音”，兼以信任魏忠贤、客氏，排陷朝臣。叶向高虽“不能謇直如神宗时”，然犹数有匡救，保护善类，力求避免缙绅之祸。但到了杨涟、左光斗等上疏弹劾魏忠贤二十四大罪，东林与阉党彻底决裂的时候，叶向高无以救之，才最终判断“时事不可为”[①]，力求归去。得允之后，清流无所依倚，朝士不附魏党者为之一空。抵熹宗崩，叶向高亦卒，年六十九而已。

叶向高入阁的万历三十五年（1607 年），明朝已经风雨飘摇，叶向高等一念不泯，苦心孤诣，力求补救，实际无可作为。天启初年的复出，表明叶向高对新君还抱一线希望，结果发现其昏庸过于万历帝，眼见庙堂政治崩裂无可挽救，终于离去。叶向高是晚明危机时代知其不可为而为之的代表人物，他身上很有鞠躬尽瘁、死而后已的古大臣气节，只是到了无论如何也无法挽救的时候，才不得不离去。叶向高是晚明惨淡经营于庙堂的士大夫中的突出人物，但不是唯一的，与他相似的臣僚，还有许多。

（三）讲学干政：以东林人士为中心

明中叶以来，书院讲学就已成为风气，其中影响最大的是王守仁。然而王守仁等在正德时代的讲学，主要着眼于对理学做修养路线上的突破，强调个人思想境界多于强调社会践履。故当大礼议之争发生，其在朝弟子多次请

---

① 张廷玉等：《明史》卷 240《叶向高传》，北京：中华书局，1974 年，第 6234—6238 页。

教并试图将他引入当时争论中时，王守仁并不提供明确意见，也坚决不肯介入这次造成庙堂震荡的争论。[①]万历中叶以后，顾宪成、高攀龙等人的讲学与之不同，他们主要着眼于当下的政治社会危机，包括士大夫本身的价值沦丧，强调救世超过强调个人的致圣。故他们在野讲学时，不仅不试图保持与庙堂的距离，而且以关注庙堂为责任所在，不仅以清议影响朝野舆论，甚至运作其中，干预朝政。所以东林人士的讲学与王守仁的讲学相比，有更直接的社会干预性质。就讲学的社会条件而言，嘉靖八年（1529 年），皇帝下旨禁止私创书院。到隆庆时期，书院讲学复盛，但在张居正掌权后，再次遭到禁止。到张居正死后的万历十一年（1583 年），书院及讲学禁令方才废除。所以东林人士的讲学有正德以来士大夫讲学的长期背景，又有后张居正时代舆论宽松的环境，然而更直接的原因则是东南士大夫在“抱道忤时”情况下救世的心态。顾宪成称：“官辇毂，念头不在君父上；官封疆，念头不在百姓上；至于水间林下，三三两两，相与讲求性命，切磨德义，念头不在世道上，即有他美，君子不齿也。”[②]高攀龙也说：“居庙堂之上，无事不为吾君；处江湖之远，随事必为吾民，此士大夫实事也。”[③]所以东林人士的讲学，本质上是在野干政。帝制时代，政治为少数人把持，在野者本无插嘴余地。然而每当庙堂政治陷入危机，则政治舆论向社会层面辐射延展。士大夫往往从社会层面向庙堂发出声音，其中肯定含有调动社会舆论影响庙堂政治的意图。晚明的庙堂政治，既坏于皇帝的专权而不理政务，也坏于士大夫本身的没落。东林领袖顾宪成等人既已离朝，不便脱离日常政务而批评皇帝，其批评的目标遂集中于士大夫。顾宪成认为当时的士大夫已经没落，“天下滔滔，上下一切，以耳目从事，士习陵迟，礼义廉耻顿然欲尽”[④]。士大夫的没落，根源于学术之不正，“天下不患无政事，但患无学术。何者？政事者存乎其人，人者

① 学界有认为王守仁支持嘉靖议礼新贵甚至认为议礼新贵的主张体现王守仁学说的看法，但未见论者提供切实根据。

② 黄宗羲：《明儒学案》卷 58《东林学案》，《景印文渊阁四库全书》第 457 册，台北：台湾商务印书馆，1986 年，第 987 页。

③ 高攀龙：《高子遗书》卷 8 上《答朱平涵》，《景印文渊阁四库全书》第 1292 册，台北：台湾商务印书馆，1986 年，第 486 页。

④ 顾宪成：《泾皋藏稿》卷 20《哭刘国征文》，《景印文渊阁四库全书》第 1292 册，台北：台湾商务印书馆，1986 年，第 218 页。

存乎其心。学术正则心术正，心术正则生于其心、发于政事者岂有不正乎？故学术者，天下之大本”。[①] 学术之坏，又由于王阳明学说的泛滥成灾。王学后人传播的“无善无恶心之体，有善有恶意之动，知善知恶是良知，为善去恶是格物”四句教就是乱人心术的根由之一。[②] 顾宪成认为无善无恶说的根本弊病是丧失原则性：

> 混则一切含糊，无复拣择，圆融者便而趋之，于是将有如所云：以任情为率性，以随俗袭非为中庸，以阉然媚世为万物一体，以枉寻直尺为舍其身济天下，以委曲迁就为无可无不可，以猖狂无忌为不好名，以临难苟安为圣人无死地，以顽钝无耻为不动心者矣。由前之说，何善非恶？由后之说，何恶非善？是故欲就而诘之，彼其所占之地步甚高，上之可以附君子之大道，欲置而不问。彼其所握之机缄甚活，下之可以投小人之私心，即孔门复作，亦奈之何哉！[③]

正是由于看到庙堂政局中盛行含混是非、一味逶迤的风气，东林人士才刻意主张明辨是非，区分君子、小人，提出“君子在朝，则天下必治；小人在朝，则天下必乱”。[④] 顾宪成又说：

> 以考亭为宗，其弊也拘；以姚江为宗，其弊也荡。拘者有所不为；荡者无所不为。拘者人情所厌，顺而决之为易；荡者人情所便，逆而挽之为难。昔孔子论礼之弊而曰，与其奢也，宁俭。然则论学之弊，亦应

---

① 高攀龙：《高子遗书》卷1《语》，《景印文渊阁四库全书》第1292册，台北：台湾商务印书馆，1986年，第344页。

② 见黄宗羲：《明儒学案》卷12《浙中王门学案二·郎中王龙溪先生畿》，《景印文渊阁四库全书》第457册，台北：台湾商务印书馆，1986年，第172页。按黄宗羲认为这四句教为王阳明未定之见，不曾笔之于书，是王畿将之大肆宣讲，其语云：“四句教法，考之阳明集中，并不经见。其说乃出于龙溪。则阳明未定之见，平日间尝有是言，而未敢笔之于书，以滋学者之惑”。见黄宗羲：《明儒学案》，《发凡·王龙溪畿》，第10页。

③ 黄宗羲：《明儒学案》卷58《东林学案》，《景印文渊阁四库全书》第457册，台北：台湾商务印书馆，1986年，第997页。这并不意味着顾宪成是王阳明思想的全面反对者，他曾做这样的区分：“朱子平，阳明高；朱子精实，阳明开大；朱子即修即悟，阳明即悟即修。以此言之，两先生所以考之事，为之著，察之念，虑之微，求之文字之中，索之讲论之际者，委有不同处，要其至于道，则均焉，固不害其为同耳。”见顾宪成：《小心斋札记》卷7《顾端文公遗书》，《续修四库全书》第943册，上海：上海古籍出版社，2002年，第168页。

④ 顾宪成：《泾皋藏稿》卷2《上相国瑶翁申老师书》，《景印文渊阁四库全书》第1292册，台北：台湾商务印书馆，1986年，第13页。

曰，与其荡也，宁拘。此其所以逊朱子也。[①]

然而自正德以来，王学各派之说流布天下，端正学术、收拾人心殊为不易。顾宪成等原是试图通过在朝参政有所作用，但既然在朝无以行道，则瞩目社会层面，“夫救世者有二端，有矫之于上，有矫之于下。上难而下易，势使然也”。[②]这种由社会影响庙堂的取径使东林人士以相当开放的姿态面对整个社会：

> 虞山会讲，来者不拒。人皆可以为尧舜，何论其类哉？凡我百姓，年齿高者与年少而知义理者，无分乡约公正粮里市井农夫，无分僧道游人，无分本境他方，但愿听讲，许先一日或本日早报名会簿，俟堂上宾主齐，该吏书领入，照规矩行礼。果胸中有见者，许自己上堂讲说。[③]

由讲学而端正学术即使是可能的，但需要漫长的时日，待端正了的学术带动人心归于正道，人心之端正又体现在国家政事之中，更不是可以指日而待的事情。所以东林人士既然存了干政的心思，就不能完全静心地把讲学当做纯粹的学术来做，还是要参与社会上的实务乃至庙堂的政务。如约万历三十二年（1604年），顾宪成为苏州牙行商人赵焕遭受地方官及税监迫害之事，致书地方官，为之伸冤，赵焕之子被释放，当地苛捐杂税也略宽减。[④]稍后江南大水，顾宪成曾致书先前同僚，敦促其上报灾情，赈济灾伤。[⑤]东林人士在常州、无锡等地还创立同善会，希望“人有所捐，聚而储之，见有隐于中者施之。于是无告之人，寒者得衣，饥者得食，病者得药，死者得櫘，同会者人人得为善”。[⑥]顾宪成及其兄弟还将其父亲留下的300多亩田地捐出，

---

① 顾宪成：《小心斋札记》卷3《顾端文公遗书》，《续修四库全书》第943册，上海：上海古籍出版社，2002年，第144—145页。

② 顾宪成：《泾皋藏稿》卷8《赠风云杨君令峡江序》，《景印文渊阁四库全书》第1292册，台北：台湾商务印书馆，1986年，第102页。

③ 耿橘：《院规志·会簿引》，张鼐等纂：《虞山书院志》卷4，赵所生、薛正兴主编：《中国历代书院志》，第8册，南京：江苏教育出版社，1995年，第91页。

④ 顾宪成：《泾皋藏稿》卷4《柬浒墅榷关使者》，《景印文渊阁四库全书》第1292册，台北：台湾商务印书馆，1986年，第38—39页；卷5《与陈鉴韦别驾书》，第56—58页。

⑤ 顾宪成：《泾皋藏稿》卷5《简修吾李总漕》，《景印文渊阁四库全书》第1292册，台北：台湾商务印书馆，1986年，第58—59页。

⑥ 高攀龙：《高子遗书》卷9上《同善会序》，《景印文渊阁四库全书》第1292册，台北：台湾商务印书馆，1986年，第560页。

为赡养族人之用，后来又以此为基础扩展，办成义田，“以其半赡族，以其半助役”。[①]

东林人士的讲学，留下了思想文化史上的重要遗产，他们在地方社会的举措也取得了积极的社会效应，然而他们的干政目标终究没有结果。其根本原因在于东林党人着眼于重建良好社会和良好政治的文化根基，然而他们所处的时代已经不容如此从容地去做基础培育的事情了。

（四）乡邦淑世：以陈龙正为例

明中叶以后，一些士大夫身处庙堂政治外缘，颇致力于基层社会建设，泰州学派的何心隐就是其中之一。按照东林党首领之一邹元标说法，何心隐于嘉靖三十二年（1553）在家乡“谋诸族众，捐赀千金，建学堂于聚和堂之傍，设率教、率养、辅教、辅养之人，延师礼贤，族之文学以兴。计亩收租，会计度支，以输国赋。凡冠婚丧祭，以逮孤独鳏寡失所者，悉裁以义，彬彬然礼教信义之风，数年之间，几一方之三代矣”。[②]后来何心隐在京师一带聚徒讲学，有忤于当道者张居正，被借故收捕，死狱中。[③]儒家士大夫参与地方社会建设，由来已久。[④]至于何心隐的江湖侠士般的参与风格，可能与王学尤其是王门泰州学派的学说特色有关。[⑤]不过，万历中期以后，对王学保持距离的士大夫也将目光转向社会底层，这就不是特定学派主张所促成的现象，而是士大夫在社会危机中的一般取向。东林学派主要人物高攀龙于万历四十二年（1614年）在家乡无锡创办同善会，宣讲圣人之说，劝化世风，同时以会员捐助之款救助贫弱。其弟子陈龙正继续其志，不遗余力。

---

① 顾宪成：《泾皋藏稿》卷5《与检吾徐中丞书》，《景印文渊阁四库全书》第1292册，台北：台湾商务印书馆，1986年，第61—62页。

② 邹元标：《梁夫山传》，容肇祖整理：《何心隐集》，北京：中华书局，1960年，第120页。

③ 关于何心隐被捕及被害具体经过叙述不一，参看邹元标：《梁夫山传》，容肇祖整理：《何心隐集》，北京：中华书局，1960年，第121页；黄宗羲：《明儒学案》卷32《泰州学案》序，《景印文渊阁四库全书》第457册，台北：台湾商务印书馆，1986年，第704—705页。

④ 元代士大夫就参与地方社会建设的内容，参看苏力：《元代地方精英与基层社会——以江南地区为中心》，天津：天津古籍出版社，2009年。

⑤ 参看邓志峰：《王学与晚明的师道复兴运动》，北京：社会科学文献出版社，2004年。

陈龙正，字惕龙，号几亭，嘉善人。从学于高攀龙。崇祯七年（1634 年）进士，授中书舍人。崇祯十一年（1638 年）五月，皇帝以星变下诏修省，“有哀恳上帝语”。陈龙正上疏劝为减刑好生之政，以救天心。后曾有多人举荐陈龙正可以大用，崇祯帝不纳。《明史》称，“龙正居冷曹，好言事……大指在听言、省刑。”崇祯十五年（1642 年）夏，陈龙正上言：

> 拯困苏残，以生财为本，但财非折色之谓。以折色为财，则取于人而易尽。必知本色为财，则生于地而不穷。今持筹之臣曰设处，曰搜括，曰加派，皆损下之事，聚敛之别名也。民日病，国奚由足？臣谓宜专意垦荒，申明累朝永不起科之制，招集南人巨贾，尽垦荒田，使畿辅、河南、山东菽粟日多，则京仓之积、边军之饷皆可随宜取给。或平籴，或拜爵，或中盐，国家命脉不专倚数千里外之转运，则民间加派自可尽除。①

然而当时中原已为战乱之地，有田不得而耕，陈龙正之说并非切实可行。崇祯十七年（1644 年）正月，陈龙正迁南京国子监丞。不久，北京陷落，福王政权召他为祠祭司员外郎，他并未赴职。南京失陷时，陈龙正已经病笃，随即逝世。② 从崇祯七年（1634 年）成进士到弘光元年（1645 年）去世，陈龙正处身仕途不过十年有余，而且尽管在士大夫中颇有声名，却不曾位居显要，屡屡言事，皆无得君行道迹象。明朝已近尾声，观陈龙正中原垦荒的庙议，他实在也拿不出切实可以使明朝起死复生的方略来。他的不赴弘光政权之召，可能与并没有将微不足道的礼部祠祭司员外郎看在眼里有关，但更大的可能是由于对明朝已经不再抱有任何希望。在庙堂政治中并无大的作为的陈龙正，在家乡嘉善县却做出了为史家称道的事情。早在崇祯四年（1631 年），陈龙正已经仿照乃师做法，在家乡嘉善创办了同善会。后来又曾在家乡做社仓救荒之举。据清人记载：

> 崇祯十三四年间，连岁旱荒，中书舍人陈龙正举社仓法于本乡。每

① 张廷玉等：《明史》卷 258《陈龙正传》，北京：中华书局，1974 年，第 6682 页。

② 张廷玉等：《明史》卷 258《陈龙正传》，北京：中华书局，1974 年，第 6682 页。按一些传记称陈龙正在弘光政权灭亡后绝食而死，然证据似乎并非充实可靠。

> 区将附近各村居人，挨次画图，列名置簿。插青之际，力不足者，户贷米五斗，多者一石，至冬加息二分纳还。借贷之时，须贴邻五家共立一票，稍寓保结之意。倘有不守本业，浪游花费，到冬无出，难于清楚者，不得姑作人情。至于收放，总用本色，不于例息二分之外，稍有参差。诸县仿行之。御史李悦心上其法于朝。[①]

当时灾害频发，富实之户多有参与救荒之事者，但动机各有不同。陈龙正的积极救荒是出于士大夫救世的责任意识。他说："回天变，莫如结人心；结人心，莫如救人命。而消弭挽回，非愚贱事，全赖富贵人，首在当道，次即乡绅。"[②]所以他在救荒实践中，虽然首重自己的宗族和家族所居住的社区，但颇注意倡导一种能够指导更多缙绅之家参与的救荒模式。如他在历代救荒经验中总结出先示谕、先请蠲、先处费、先择人、先编保甲、先查贫民的"六先"之法，主张将 20 到 40 个圩组成当地乡绅救荒的责任范围。[③]他还将其老师高攀龙创始的同善会的规则进行完善，使得江南地方的民间慈善救助具有更明晰的组织规范性。[④]宋人董煟曾经辑有《古今救荒活民书》三卷，元人张光大加以续补，明人朱熊复再补，陈龙正则将三家之言删除繁复，附以崇祯庚辰、辛巳嘉善救荒之事，为世人救荒参考之用。

陈龙正的这种士大夫救世责任意识，来源于他基于儒学的普世价值观。他说：

> 凡人者，自为一人而已矣。仁人者，天下之心。心觉一身之痾痒，仁人觉天下之痾痒。觉之故安之。未能安天下，且安目前。无安之之权，且使有权者动念于求安。安之心不可不自我存，安之绩不必自我成。法今传后，其与人为善之心乎？天下法之，天下皆善人矣。后世传之，后世皆善人矣。舜之所乐，其在兹乎？……上士贞其身，移风易俗，中士

---

① 鄂尔泰、张廷玉等：《钦定授時通考》卷 56《社仓》，《景印文渊阁四库全书》第 732 册，台北：台湾商务印书馆，1986 年，第 803—804 页。

② 陈龙正：《几亭全书》卷 25《政书・乡筹三》，《庚午急救春荒事宜》，《四库禁毁书丛刊》集部第 12 册，北京：北京出版社，1997 年，第 184 页。

③ 陈龙正：《几亭全书》卷 25《政书・乡筹三》，《辛巳六月公议各乡平粜约》，《四库禁毁书丛刊》集部第 12 册，北京：北京出版社，1997 年，第 193—194 页。

④ 归庄：《归庄集》卷 3《同善会约序》，北京：中华书局，1962 年，第 176—177 页。

自固焉而已，下士每遇风俗，则身为之移……今日言学，只提个生字。学者须得为万世开太平意思，方是一体，方是隐居工夫。不然，一生岩居川观，岂便无事可做？但云独善其身，亦觉与世隔绝。须识独善中原，有兼善事业，但目前不甚著明，只观百世而下所法所传，总是尧舜仲尼意思。大行穷居、当时事业，略有分别，久久决无分别，有分别之日短，无分别之运长。[①]

陈龙正时的明朝分崩离析，覆亡在即，较之顾宪成时代固然已经不可同日而语，较之叶向高时代，也已经面目全非。然而陈龙正的言论却已现从容气色。他的安天下之心，无论如何不是着落在安明朝上面，而在于安人心之善，安民生之得所，超越了挽救明朝的念头，着眼于“百世而下”的道体。陈龙正在明朝政局的不可收拾中，还是收拾了自我的心灵。

（五）晚明士大夫的公共品格

以上用直接例举的方式分析了晚明士大夫中一些人的 3 种思想和行为取向。直接例举的方式受分析者知识范围和主观倾向的较大影响，所以这些取向在何等程度上具有士大夫群体和那个时代的代表性，至此还是不确定的，需要对晚明士大夫的其他取向也有所考虑，以使前述分析不至于偏差过多。依据笔者对晚明史事的一般了解，当时士大夫的行为取向，除了前述 3 类之外，仍包括以下品类：①随时俯仰，敷衍时日，晚明多数官僚如此；②取媚皇帝权阉，追随权势者，顾秉谦、魏广微之类人如此；③激昂出位，舍身一搏，杨涟、左光斗等如此。此外，还有诸多山人、处士，因其身份介乎士大夫内外之间，不多讨论。前文特别梳理的 3 类取向是在搜罗晚明士大夫在危机心境中能够采取怎样比较积极的方式加以干预的意义上看到的情境。后面指出的另外 3 类取向，则是一般史籍记载更多，因而无需特别梳理的情况。

---

① 黄宗羲：《明儒学案》卷 61《东林学案四》，《景印文渊阁四库全书》第 457 册，台北：台湾商务印书馆，1986 年，第 1073—1075 页。

前 3 类取向展示出晚明士大夫在意识到社会危机的情境下会有积极作为，做出挽救危机的举措。其间的差别是叶向高式的庙堂经营是固着于庙堂来救世的取径。这种取径最终一定逃脱不出依赖一个好皇帝来拯救社会的窠臼。因而对于叶向高来说，救世与救朱明王朝是无法分开的，因而他的救世根本没有出路，他的苦闷也就难以排解，其结果只能是尽心而已。顾宪成等人的讲学干政，走的基本是清流政治的路径。这虽然由来已久，但是凡在过度集中的政治权威构成政治与社会状况失序主要原因的时代，仍然具有积极意义。这种意义就在于能扩展出一定的公共舆论空间，将政治变成较多人关注和参与的事情，从而促使“公理”的原则在政治决策和政治生活中得到更多的注意。它的问题是中国历史上的清流总是出在庙堂政治恶化，窒息了经常性的公议空间的时候，因而清流永远是现实政治的批判者，其主张的道理被细细地聆听之前，往往因为激怒其批判的利益集团而遭致摧残。其次，清流议政总是基于某种学术文化传统来呼吁一种合理性回归。这意味着他们改变现状的建议会由于过分着眼于治本而不会在短时间内收到实效。危机时世，任何一种主张如果不能显示出迅速的效用，都会被危机本身衬托为空谈。所以东林人士的救世，就其挽救明朝统治的意义而言，注定是不会成功的，他们遭受打击也是注定的。然而东林人士的救世，从社会、文化本身来看，却显示出这个社会还具有自我批判的能力，还保持着对于理性的诉求，这意味着明朝虽然是救不得了，但中国文化却仍有巨大的生命力，中国的士大夫也仍具有生命力。陈龙正等人的乡邦淑世具有更超越的性质。他们已经基本上把拯救朝廷的事情放开，却保持了救世的责任担当，他们的救世主要是救社会，不是救政府，因而显露出一些今天所说的公共知识分子的气质。

后 3 类取向中，随时俯仰，敷衍时日，以官场为身家名利场，是官僚政治的整个传统中多数人的姿态。任何一个社会，即使是其中的精英群体，都由平凡的人构成多数。平凡人的主流行为是反应性而非前瞻性的。所以一个社会如果具有在危机形势下自救的能力，也并不蕴含在这简单多数人中间，而在比他们更具有前瞻能力的人群中。追随权势是平凡人为适应环境和改善生存条件而经常显示出来的倾向，只要这种适应性的行为取向还受人性底线和社会根本利益底线约束，就不至于沦为社会公敌。晚明士大夫与阉党的冲突已经走到彻底对立的程度，所以附庸阉党的士大夫就成为士大夫的背叛者。这在文化和价值观意义上说，他们不再属于士大夫群体而成为士大夫的公敌。激昂出位、舍身一搏是少数人的表现，是一种极端行为。他们的举措的道德意义是肯定的，但实际引来的却常常是局势的恶化。这种激烈亢奋的取向，反映出士大夫群体的焦虑和无可奈何。这后 3 类取向，分别由于其平庸和极端，在本书的讨论中被安置在了边缘背景地位，而前文所述的 3 类则被认为具有更深层的政治文化含义。

前文讨论的 3 种思想行为取向，都出于对晚明世道、人心、政局持比较悲观看法的士大夫。对时局的悲观其实是儒者的一贯传统。其原因是儒者本质上是理想主义者，理想主义者都有社会应然的尺度，并总是敏感地察觉社会实况与应然尺度之间的差距。这种敏感性乃至悲观情怀强化了中国精英的社会担当意识，是中国传统文化价值长久延续的一个基础。然而当社会，如明代的中国那样，处于一种非传统化的巨大变迁发生之初的时候，作为中国社会精英群体的士大夫除了护持既有的文化价值和社会秩序以外，还具有怎样的行为能力，则是另外一个问题。

20 世纪 80 年代，笔者在研究晚明财政危机的过程中，曾注意到晚明士大夫中弥漫着一种忧虑世风日下的情绪。这种情绪直接映衬出的是当时士大夫偏重道德判断、疏于实务而在艰难时世感受到悲凉与无可奈何。① 后来笔者注意社会史，梳理晚明士人在声色场中的流连，看到的是儒家伦理影响下的知识分子的伦理实践的内在矛盾和“儒”者在一个更宽泛的文化知识阶层中的溶解。② 近年梳理明代庙堂政治，笔者对一些士大夫立朝行事的原则性、担当精神和显著作为又有深刻印象。此节考察则表明，晚明士大夫在庙堂政治混乱甚至黑暗的情势下能够做出的积极举措，主要还是在庙堂之上做出种种改良施政的吁请，发出道德沉沦的警示，以及做鞠躬尽瘁服务于皇帝的臣子。在这种意义上说，晚明的士大夫即使已经处于社会大变迁的处境下，主

① 赵轶峰：《明末清初中国知识分子的道德沉沦感》，《东北师大学报》1987 年 4 期。
② 赵轶峰：《晚明士子和妓女的交往与儒家传统》，《中国史研究》2001 年 4 期。

要仍作为文化、庙堂政治的角色存在。只有其中一少部分人，将儒家传统的天下关怀和民本主义扩展到把民生和社会状态看作更根本价值主体的行为路线上来，区分了朝廷与社会。无论讲学干政的东林人士，还是陈龙正那样的乡邦淑世的士大夫，都具有了一些公共社会品格。然而综括地说，这个时代士大夫的公共社会品格微而不彰，还是无法以先觉者的姿态来引领这个社会。

十五

明清庙堂政治的差异

明清两代的中国，处于世界大变迁的新的国际环境下，经济体系已经与西方及周边国家形成更深入广泛的联系，社会与文化领域也呈现出诸多先前并未清晰展现的新动向。无论是否将这类动态归结为在某种意义上体现“现代性”的动向，明清时代中国的经济、社会、文化领域都有“非传统性”的动态是公认的。然而国家政治领域，是否也朝着非传统的方向演变，是否具有一些“现代性”迹象，讨论却不充分。明清时代的中国，如果只有经济、社会、文化领域的非传统演变而政治领域并未顺向而动，则逻辑上可以期待的社会前景必定还在帝制框架之内，除非发生外来的强烈刺激。此章目的在于从差异的角度，考察明清易代在庙堂政治领域究竟带来了怎样的演变趋势，以求有助于对前面涉及的更大范围的总问题加深理解。因为问题颇为复杂宏阔，且有一些具体问题前面已经触及，这里的考察偏重于取公认史实而透视其间结构关系演变之大关节，不拟较多征引具体文献，以免繁冗。

（一）清代皇权的进一步强化

帝制时代皇权强弱，从结构角度说，主要在于皇帝与其他权势主体之间的权力配置关系，首先是皇权与文官系统的关系。秦代继承先前已经存在的相制，以丞相作为文官系统主脑，统理国家日常行政，其后虽在具体称谓、设置方式方面有所变化，但抵于明初，大决策取决于皇帝而由丞相统合百官、主理日常政务，是基本制度格局。洪武十三年（1380 年）废除丞相，等于将文官系统首脑的政务管理权剥夺，皇帝不仅拥有国家最高权力，而且直接掌握行政权，从而使皇权达到前所未有的强度。然而相权与皇权的一个重要区别是相权永远由选拔的人才掌握并接受监督，虽人才心术、能力不同，但毕竟具有常态水准；皇权则落于英明、仁厚、愚昧、乖戾、幼小、无能何等人物之手难以确定且可监督性弱，所以相权并入皇权，会加剧政治不确定性，无法确保政治中枢系统稳定运行。所以在废除丞相制之后，在不长时间内演出内阁制度，为皇权直接掌握行政体系的可行性做出一些补充。但是朱元璋祖制难以废除，内阁只能通过“献替可否，奉陈规诲，点检题奏，票拟批答，以平允庶政”[①]，为皇权专制诸司补充一些常态运行机制，不能恢复文官系统对行政的直接管辖权，也无法恢复文官系统首脑对皇权的实践制约力。这是黄宗羲所说“有明之无善治，自高皇帝罢丞相始也”[②]的本意所在。清代并未恢复丞相，继续内阁制度，其间自然体现出两代前后在保持皇帝直接控制行政权精神的延续性。然而明代内阁据中枢之地而不是行政主体，造成明代中枢权力运行中无尽弊端，清代若完整继承这种格局，从一开始就会落入明代覆辙。实际发挥补充、替代作用的先后有多方面因素，先有议政王大臣会议，稍后有南书房，至雍正十年（1732 年）正式设立军机处，达于清代中枢权力运行的稳定格局。

雍正时期，议政王大臣会议已经形同虚设，内阁不仅没有类似丞相的行政管理权，而且不再具有明代内阁的庙堂政治“调和”“献替”及包揽“票拟”功能，保留的基本是文史侍从顾问功能，同时作为优礼重臣的名衔。军机处也没有承当洪武十三年（1380 年）之前的丞相职能，其基本性质是皇帝处理政务的机要办事处。承皇命办事，其履行公务的地方称“值房”，禁内边缘，瓦屋数间而已。而且军机处不设专官，以原官兼职，无关品级、俸禄，其上

---

① 张廷玉等：《明史》卷 72《职官一》，北京：中华书局，1974 年，第 1732 页。

② 黄宗羲：《明夷待访录》，“置相”，北京：古籍出版社，1955 年，第 7 页。

位没有程序规制，皇帝钦点而已。此外，军机处形成于西北用兵之时，一直保持统摄军务、政务的姿态。由这样的机构把握庙堂政治枢机，军国体制色彩浓厚，文官系统的地位也就进一步黯淡了。在这种体制下，不仅相权不再，内阁借助“献替”和“票拟”而体现的微弱调节力也基本消失，能够对皇权产生制约性影响的机制弱化。而且皇帝通过军机处实现对军政两大系统的直接掌控，君主集权达到了前所未有的程度。此理显而易见，无需多论。

从体制功能角度看，像清代这样的皇权集中化，会因为皇帝个人能力、德性、身体条件等出现不定时的中枢运行障碍问题。此类问题集中在清初与清末，中期略为平稳。所以能够一一渡过，根本上是由于清代皇帝政治具有很强的家族群团政治属性，这在下节讨论。

（二）清代贵族政治的回潮

贵族政治曾在先秦时代构成基本政治社会体制。帝制体系，除了居于权力金字塔顶端的皇帝之外，以郡县体制、官僚体制、贵族体制三个系统构成三足相辅的支撑。郡县体制改变先前的贵族层级分权自治，实现中央对地方的垂直管辖；官僚体制实现国家管理人员的非世袭化、专业化和流动性；贵族体制则构成皇帝世袭的家族延续性基础。与先秦时代相比，贵族的政治地位大幅度弱化是结构性的改变，无法恢复。然而贵族特权利益诉求与皇帝家族利益优先取向，经常造成贵族政治过度膨胀，威胁皇权。西汉初七国之乱，晋八王之乱，明初靖难之役，都是贵族权势过重造成的体制失衡的后果。宋代贵族政治并不凸显，元代因带有部族社会风气而使贵族政治回潮，明初分封诸王，过度凸显贵族政治，造成体制失衡。永乐以后，皇室贵族和军功贵族在国家行政、军事常规管理中皆无体制性地位，宗室成为庞大的寄生性人群。清承明后，但没有沿袭明代贵族孱弱的格局，发生的是类似元代的情况，将较强的氏族贵族势力带入全国政治体制，造成贵族政治的回潮。

具体而言，首先是议政王大臣会议体现贵族共议体制的遗存。清太祖努尔哈赤创建八旗制度后，以其宗亲子侄为主体的八旗贝勒与另外选拔的议政大臣五人、理事大臣十人协议国政。皇太极正式称帝后，各旗主贝勒称王，与八旗固山额真、出自各旗的议政大臣共同议政，此“议政王大臣会议”，亦称“议政王贝勒大臣会议”，体现满族上层贵族对权力的群体掌控正式上升为国家体制。清朝入主中原后，因应中原政权统系惯性，通过增加议政会议参与者，逐步削弱贵族决策机制，并先后通过设立内阁、南书房、军机处等机构，扩展皇帝直接决策与处理政务的范围。乾隆五十六年（1791 年）曾有旨不再授予满洲尚书、大学士议政空衔，一般认为该制度到是年终结。在此一个多世纪间，满洲上层贵族坐拥旗主地位，参与议政，掌握军队，贵族政治与皇权政治并驾齐驱，凌驾于官僚政治之上。此间皇帝与贵族之间的冲突，包括围绕皇位的冲突，虽然未至于爆发战争，但就频繁复杂程度而言，远过明代。但因清代贵族政治体现满洲群体政治特权，其争斗以共同维系既有皇权为限，故并未削弱皇权在面对官僚体系时的位势。清初多尔衮摄政、晚清醇亲王载沣摄政，都没有威胁皇权。直至晚清，诸多王爷、宗亲在皇权周围把持政治核心权力。明代皇子长大，必须离京“之国”，以免动摇“国本”。如此则京城之内，呈现为皇帝与官僚系统管理国家，贵族边缘化的景象。清代则皇子酌封亲王，留驻京师，“内襄政本，外领师干，与明所谓不临民、不治事者乃绝相反”。[①] 如此则形成皇帝在贵族直接簇拥中共同运作官僚体系管理国家的局面。除此之外，清代宗室整体高崇，有专门的进身阶梯，八旗子弟有特权，官僚体系中专设满洲缺，这使得贵族政治精神沿着族属区分线索而衍射到更广大的社会结构层面。

（三）后妃干政在清代的复活

帝制体系最高权力归于皇帝。皇帝制度本身具有贵族家族世袭性质，所以皇帝权力有沿着其家族线索散布的倾向，因此作为皇帝配偶的后妃干预国

① 赵尔巽等：《清史稿》卷 215《列传二・诸王一》，北京：中华书局，1977 年，第 8936 页。

家政治难以在帝制时代根除。然而明初对后妃干政既有厉禁，载在政典，后来后妃仅在个别时期对庙堂政治产生轻微影响，并无明显把持政局之事。此种传统显然不为清朝继承。

清入关后共十帝，顺治、康熙、同治、光绪、宣统五帝时期，皆有太后掌握朝政之事，依照年号计，竟达 50%之多，依照时间计，所占时段比例差减。大多太后主政，初因皇帝年幼，但光绪成年时期，慈禧太后依然控制大权，对皇帝废立如意。这种情况显然不是因机缘巧合而偶然发生，而是与贵族政治回潮一致，构成清代庙堂的特色。后妃干政与贵族政治回潮其实同根同源，都在于清朝将更多家族政治精神带入中原庙堂体制。贵族政治沿皇族家系、族系关系伸展；后妃干政沿夫妇家庭关系伸展。后妃得以多次干政，在一定程度上，是以存在庞大的贵族政治势力为基础的。正因为如此，清代后妃多次干政，却基本没有引发严重的政治反抗。光绪帝在百日维新时期尝试反抗慈禧太后，有强烈政见差异因素，亦有权势竞争含义，但主要不是为了反抗太后干政这一清朝政治的传统本身。

从后果来看，清初太后干政主要起到维护皇权作用，丝毫没有威胁皇权。然而晚清慈禧太后长期专政，实际上是将同治、光绪两位皇帝化为傀儡。这使得国家政治，长期偏离体制主轨，国家最高权力运行，大幅度转移到宫闱裙带之间，更深程度地将中国政治与家庭关系纠结一处。这种局面，实际意味着皇权公共权力属性的削弱，私人属性的强化。晚清政治衰朽至不可收拾，与此大有关系。

（四）士大夫政治在清代的蜕化

清代皇权、贵族权，乃至后妃权力扩大的对面，是士大夫政治的蜕化。自从靖难之役后贵族势力弱化，明代庙堂政治舞台上的演出者主要是皇帝与掌握文官系统的士大夫群体。加以后妃不得参政，士大夫群体在明代政治舞台角色地位甚为突出，且有宋代士大夫政治传统之影响，形成了中国帝制时代最后一次士大夫政治活跃期。内阁体制虽然就体现士大夫在庙堂政治中的权势角度而言，弱于丞相体制，但是明代庙堂之内，惟有内阁具有整合政务信息的功能，其他机构皆分理某一特定部门。所以明代内阁本身虽然直接行政权力不大，却实际体现着士大夫群体在庙堂政治中的突出地位。在宣德、正统初、弘治、正德与嘉靖之交、隆庆、万历初，内阁暨士大夫势力在实际上左右政局。正德、嘉靖初、万历、泰昌、天启、崇祯时期，士大夫群体性政治行为皆有突出表现。无论如何评价其间的是非得失，明代士大夫持续性地表达出政治主体意识，与皇权曾发生多次正面冲突，晚明甚至将政治话语传达到社会层面，形成党社运动。所有这些在清代，都销声匿迹。其中最具有政治文化含义的是清代再无士大夫以群体姿态抗衡皇命的事情。清代士大夫之自我意识弱化，其在庙堂政治中的工具性意义增强，可以说，中国帝制时代的士大夫政治，及清而终结。到了晚清自强、洋务、维新时代，士大夫主体意识苏醒，已经与外力有关，并且旋即发生士大夫政治向现代精英政治的转变。

清代士大夫政治的消沉，当与前文所说的皇权强化相表里。如果把一个国家的权力考虑为一个定量，权力中心的各参与者之间此消彼长。皇权强化，自然一定程度上抵消士大夫权力。其间诸如密折、廷寄、六科并入都察院等制度，都直接削弱了士大夫的话语权。况且在明代处于呆弱状态的贵族在清代成为国家权力体系中举足轻重的势力，也抵消了士大夫的话语权与影响力，后妃干政之活跃在权力结构中也起到同样作用。而且清初皇帝与贵族联合，以“文字狱”“朋党”名义，严厉处置大批官员、士人，在明代曾经申抒的士大夫以己意参政议政的精神大遭挫抑。明朝的崩溃在王朝政治史上留下许多教训，其中包括士大夫党派纷争加剧庙堂政治混乱的教训，这也会造成士大夫在入清以后惮于发抒。此外清朝与明朝相比，有更浓厚的“军国”体制色彩。以“军机处”为国家政务的枢机，就是具有象征意义的设置。总督、巡抚之常设，八旗地位的优越等，也凸显军政的意味。明代中期以迄末年，重文轻武。皇帝以外，文臣不仅在承平时代主持政务，而且在发生战事时出而典兵，士大夫势力遮掩军人势力，直到万历后期垂于解体时及入南明时期，才出现强势武臣。清代则武臣地位崇高，前期有吴三桂等雄踞一方称王，稍后有年羹尧、岳钟琪等坐拥重兵，虽不挑战皇权，但高居文臣之上。军人地位之崇高，衬托出士大夫地位之降低。

士大夫政治并不直接意味良好政治，但在帝制体制前提下，士大夫群体最能体察中国政治文化传统的底蕴，而这种政治文化传统是以儒家民本主义为根基的，所以士大夫自主意识趋向于要求国家权力运行依照儒家理想轨迹，这比皇权绝对化状态的个人随意化倾向更接近社会的公共性、合理性诉求。故当士大夫政治与皇权政治达成平衡状态时，高度皇权专制的弊端可能弱化，国家政治也扩大了开放性，增加了活性。然而在皇权体制内的士大夫政治，与比较纯粹的皇权专制相比，技术上说会增加政治成本。这种复杂关系，需另外讨论。

（五）清代宦官政治的止息

明代皇帝缺乏强有力贵族势力扈从，后妃也无干政资格，直接与掌握国家日常运行的士大夫群体相对，加之怠惰者多，勤政者少，其亲信密勿人员，包括宦官，便得以在明朝废除丞相，中枢权力机制虚空、脱扣的情况下，逐渐参与朝政运作，甚至间歇性地控制庙堂政务中的较大权力，成为国家政治中一大势力。复因宦官身份不过是皇帝家奴，其参政及控制朝政并无制度合法性，遂引起士大夫群体的不断抨击，多次引发强烈的庙堂政局动荡。与汉末、唐后期的宦官专权局势相比，明代宦官政治始终没有挑战皇权，实际伸展了皇帝的权力。与宦官势力经常对抗的只有士大夫群体。士大夫多次借助皇位更替、宦官与皇帝关系松软的时机，对宦官势力加以裁抑、打击。同时，士大夫群体也是在宦官势力膨胀时遭致摧残的对象。晚明清初思想家对此曾加痛彻反思，认为是明代最大弊政之一。

清代皇权本身强化，又有强大贵族势力辅翊，而且士大夫不再如明代时那样坚持政治主导者诉求，完全听命于皇权，加之明朝宦官政治殷鉴不远，清朝皇帝并无引入宦官参政的动机基础。通清一代，宦官不构成庙堂政治中主要角色地位。晚清个别宦官依赖慈禧太后宠信有较大影响力，但也没有形成全面影响政局的情况。宦官政治止息，与明朝相比，减少了国家政治中的一种非制度性运作机制，减少了政治的不可几性。

综上，明清两代庙堂政治有多方面的差异。其中突出的表现包括清代的皇权进一步强化、贵族政治回潮、后妃干政复活、士大夫政治退化，以及宦官政治止息。这些差异基于明清以后政治局势的推演，具有庙堂政治体系结构性变动的含义，相互牵连，并都与清朝的满洲贵族政治主导地位有关。就主要方面而言，这些变化推动中国帝制时代皇权政治达到顶峰，专制性也达到顶峰。皇权专制的顶峰状态，在国内外大局面稳定的时代，表现为增强国家行政效率，增强国家处理对外及边疆问题的行为能力，甚至推动国家掌握的文化事业发展，但也降低了政治文化活性，缩小了政治自由空间，降低了国家政治的公共属性。到国内外大局发生动荡，或者需要实施深度政治、社会变革的时候，皇权高度专制就会深化最高权力主体的顽固和腐败，从而使国家与社会付出巨大代价。这并不能抵消清代在中国历史上的种种成就，然而也不可因清代的成就而小觑了其弊端。

从追问中国帝制时代后期的国家政治是否具有基于本土的现代性转变这个问题角度看，答案应该是否定的。这并不意味着中国社会体系自身在本质上与“现代”社会是绝缘的，否则明清时代社会经济文化领域的非传统化变化就无法解释。清代庙堂政治保持传统基调而且有皇权专制强化与贵族制回潮的表现，主要体现的是中国政治演变相对于经济社会文化演变的滞后性。而这种滞后性的根源又在于华夏文明共同体核心区与边缘区之整合是中国社会向“现代”社会演变历程中无法绕过去的环节。这个环节在欧洲各国历史上皆无同样的必要性，故中国帝制社会的现代化转变需要通过更漫长复杂的路径。

十六

明清之际社会批判思潮的诉求——以《明夷待访录》为中心

黄宗羲（1610—1695年）所作的《明夷待访录》是中国思想史上一部传奇性的著作。它的篇幅不长，但影响深远。与黄宗羲同时的另一位思想家顾炎武读过之后就觉得这是一部足以挽救百代颓势而振兴天下的著作，称“于是知天下之未尝无人，百王之敝可以复起，而三代之盛可以徐还也”[①]。然而，代明而兴的清朝，不仅与黄宗羲、顾炎武心仪的理想社会相去甚远，而且比前代更加专制。《明夷待访录》即使删除了一些最遭时忌的篇章，仍然难以公开流传，只能在黄宗羲的弟子、家人中间传看，并不为清朝前期的世人所广泛了解。19世纪后半叶的梁启超等人，在了解卢梭等西方启蒙思想家表述的社会思想基础上，发现被湮没两百多年的《明夷待访录》其实是中国思想史上与西方民主思想最为接近的著作。于是把这本小书印刷发行，成了晚清革命的一股现实的推动力。从梁启超以降，近百年来的许多学人对这部著作做了研究，甚至美国、日本的学者也发表了许多相关的著作。他们研究这部著作的着眼点其实是想要回答这样的问题：在中国思想文化传统中，是否曾经产生过民主思想？如果没有产生过，为什么？这些的确是非常重要的问题。因为《明夷待访录》是中国历史上抨击君主专制体制最为激烈、最为系统的

---

① 黄宗羲：《明夷待访录·顾宁人书》，北京：古籍出版社，1955年，第3页。

著作，如果连这部著作也不包含民主政治思想，那么中国文化传统就非常可能是与民主思想“绝缘”的。这会影响今天的人们看待中国历史文化的基本态度。如果《明夷待访录》包含了民主政治思想，那么达到了怎样的程度？其文化根源和理路究竟如何？这又是涉及到对中国文化传统，包括儒家思想的基本看法的重要问题。如果前面这些问题都过分把提问的方式集中在了“民主”这个概念上，那么，无论如何，《明夷待访录》肯定是中国从秦到清帝制时代出现的最为系统化的新社会构想，是中国式的“乌托邦”，那么中国帝制时代可能产生的新社会构想指向什么社会状态？这是理解中国帝制时代思想和社会趋势的一个重要问题。

黄宗羲于明万历三十八年（1610 年）八月八日出生在浙江绍兴府余姚县通德乡黄竹浦（今余姚市明伟乡浦口村）的一个书香世家，为家中长子。其父黄尊素是万历壬子科进士，后为东林党的中坚人士。天启六年（1626 年），黄尊素与一些东林人士一起，被魏忠贤逮捕，不久死于狱中。崇祯初，魏忠贤被诛杀，被阉党迫害的东林人士得到平反。黄宗羲在江南人文荟萃之地，参与士人结社，成了其中一个颇有地位的成员。1644 年，明朝北京政府在李自成、吴三桂、清兵三股势力的打击下崩溃。明朝部分官僚拥戴明宗室福王朱由崧在南京继位，年号弘光，以图保全明朝统系。但清军不久南下，弘光政权和另外两个打出抗清旗号的明朝小朝廷相继覆亡。黄宗羲的老师刘宗周在 1645 年绝食身死。黄宗羲在家乡余姚变卖家产，组织乡人参与鲁王政权的抗清斗争，被授予兵部职方司主事的官衔，后改为监察御史兼职方司主事。鲁监国四年（清顺治六年，1649 年），鲁王任命黄宗羲为佥都御史，不久提升为左副都御史。后来他发觉在鲁王政权中无所作为，辞官回乡。

黄宗羲幼承庭训，后依父训，从刘宗周为学。刘宗周死后，黄宗羲认真研读刘宗周的遗著，遍览明代及前代各类史籍，钻研儒家经典、诸子百家书，以及研究当时由耶稣会士传入中国的一些西方科学历算之书。他把家藏的图书尽读之后，又到周边著名藏书之家抄书。顺治十年（1653 年）之后，抗清事业日渐渺茫，黄宗羲渐渐把精力转入学术层面的思考和研究。就在这一年，黄宗羲写下了《明夷待访录》的前身《留书》。此书仅一卷八篇，分别为《文质》《封建》《卫所》《朋党》《史》《田赋》《制科》《将》，只为手稿，不曾刊刻。到康熙二年（1663 年），黄宗羲得知永历政权已经覆亡的消息，抗清事业的希望彻底破灭，才将《留书》内容扩充改写，完成了从更深远意义上思考社会制度问题的《明夷待访录》。

康熙三十四年（1695 年）七月三日，黄宗羲去世。嘱以平常衣服入殓，不用棺椁，不做佛事，不做七七，鼓吹、巫觋、铭旌、纸钱等一律不用，墓前三池荷花，望柱上刻“不事王侯，持子陵之风节；诏钞著述，同虞喜之传文”[①]。这是他把自己的一生与东汉初人严子陵（严光）和两晋时人虞喜相比拟，以一个有气节的遗民和学者之身，心安理得地离开人间。

《明夷待访录》正文之前有一段简短的《题辞》，正文则共分 21 节，分别为《原君》、《原臣》、《原法》、《置相》、《学校》、《取士》（上、下）、《建都》、《方镇》、《田制》（一、二、三）、《兵制》（一、二、三）、《财计》（一、二、三）、《胥吏》、《奄宦》（上、下）。该书已经有多种注释本，不再讨论。下面对该书思想要旨进行分析。

（一）《明夷待访录》思想基本定位辨析

一种体系化的政治、社会思想，必有内在的逻辑，须当整体而非割裂地解读。整体地审视此类思想，总能看出其基本意向。关于《明夷待访录》之基本意向，本文所论与前贤论述之主要不同约略如下：

第一，《明夷待访录》之政治、社会诉求不是“资本主义社会”。20 世纪中叶，诸多思想史家在判定明清时代形成“资本主义萌芽”的基础上解读《明夷待访录》，将之视为此种萌芽的思想表现。近年以来，出自明清史家的前沿性探讨中已不多见此说之重申，但通史、通论、教材、其他专业引述中，却可见其影响的根深蒂固。此种解释的主要弱点有二。其一，就文本论，《明夷

---

① 黄宗羲：《梨洲末命》，沈善洪主编：《黄宗羲全集》第 1 册，杭州：浙江古籍出版社，1985 年，第 191 页。

待访录》中并无以任何方式论述“资本”之处，亦无与“资本”内涵相似之概念。仅凭关于“工商皆本”寥寥数语，根本不足做出该判断，苦乏陈述依据。其二，黄宗羲所处的17世纪中国社会，并未向资本主义社会运动，其后百年为帝制清朝的逐渐繁荣、衰落，而非资本主义成长，故无事实证据。若以“资本主义”为一抽象概念，其某些经济方面内涵，如资本、市场、雇佣关系，的确可以见于黄宗羲以前中国社会，但此为将“资本主义”分解后的要素论，而个别要素若不构成有机联系，不足成趋势。如以“资本主义”为一事实性社会形态，则中国未有，人所共知。故以为《明夷待访录》为对“资本主义社会”的期待或为资本主义萌芽的声音，失于牵强。

第二，《明夷待访录》之政治、社会诉求非以“反封建”为目标。“封建”一语，在20世纪后半叶中国学术主流中，指奴隶社会后、资本主义社会前的一种特定社会形态，举凡地主制、官僚制、君主制、郡县制、父家长制、宗法制、男尊女卑，皆被视为此种社会形态的特征。“封建”一词语脱胎于欧洲中古Feudalism的翻译。而欧洲Feudalism的特征，则在采邑分封体现的权力与社会组织分层制度，与前述中国中古时代的情状相去远甚。语言转译导致概念混乱，莫此为甚，已有专门研究加以澄清。[①]如取中文“封建”之本义，则封建指分封制，其盛行在周代，至于17世纪虽仍有孑遗，不成主流制度。《明夷待访录》中有“方镇”一节，开篇即云：“今封建之事远矣；因时乘势，则方镇可复也”。[②]其意是指要遏制君主极端专权，上古封建制年代久远而不能法，可取时代稍近之方镇制度实行以得其大旨。如此，则《明夷待访录》不仅不反“封建”，恰有变通复“封建”之意。如此，《明夷待访录》所抨击者，无论何物何事，必非“封建”。

① 近年关于“封建社会”的研究颇多，参看冯天瑜《“封建”考论》，武汉：武汉大学出版社，2006年；赵轶峰：《关于中国“封建社会”的一些看法》，《东北师大学报》2005年第3期。按中国“封建社会”之研究，始终并非“封建制”本身或者“封建”一词的概念问题，而是中国社会形态演变研究中的一部分，故必须关照社会形态理论之探索，梳理中国封建社会之历史定位。

② 黄宗羲：《明夷待访录》，北京：古籍出版社，1955年，第21页。

第三,《明夷待访录》之政治、社会诉求不可比附于“启蒙主义”。[①]“启蒙主义”亦从英文翻译而来,英文中为“Enlightenment”,专指 18 世纪欧洲由中世纪宗教愚昧文化控制解脱之思想运动,而中国古典时代成立之文明精神、制度虽恒在嬗变中,却不曾被腰斩,文明一脉贯通,不曾沦落于“黑暗”“蒙昧”,故中国现代以前无所谓“启蒙”。此既为一事实,又合情合理。正如日常生活中,不曾忘记,即无所谓想起;不曾睡去,也无由醒来。如必言中国之思想启蒙经历,则必在思想文化之社会性大转变时期,其最显著者是 19 世纪后期至 20 世纪初由传统思想价值主导向“现代”思想价值主导的转变。若以为中国必定有与西方大致同步之启蒙运动而后有历史,则中国尚需有中世纪、古典文化之湮没、宗教之统治、文艺复兴等类似背景,否则启蒙运动从何而来?故有无启蒙运动,并不碍中国历史的存在。《明夷待访录》之批判锋芒所指在君主集权制度,不在信仰体系,其所凭依仍在儒学原理之发明。

第四,《明夷待访录》之政治、社会诉求不是“富民社会”。[②]“富民社会”说将黄宗羲思想归结为某一特定阶级、阶层、群体自己利益之诉求,而此类由个别群体利益而涉及国家制度之倾向,于现代西方社会视为当然,于中国传统社会则罕见于大思想家论述中。如承认黄宗羲思想仍沿儒家思想、价值意识理路,则其终极关怀为“天下”而非自己所属之小群体无疑。“富民社会”论者以一阶级意识之狭隘心态度黄宗羲之天下情怀,不得要领。《明夷待访录》“原君”述上古理想时代君主起源曰:“有人者出,不以一己之利为利,而使天下受其利,不以一己之害为害,而使天下释其害……”[③]“原臣”曰:“盖天下之治乱,不在一姓之兴亡,而在万民之忧乐……出而仕于君也,不以天下

① 代表者为侯外庐,他将黄宗羲的《明夷待访录》比作 17 世纪中国的《人权宣言》。在《中国早期启蒙思想史》(北京:人民出版社,1956 年版)中,侯先生说:“客观的历史使他(黄宗羲)憧憬着资本主义式的一治”(第 157 页);“人文主义的自我解放或自由的思想,和他的政治哲学脉络相贯,而为近代启蒙者的精神”(第 155 页);“他所经历的历史具有着资本主义的萌芽形态,因此他也有将来的信仰”(第 157 页);“明白了以上三点(按指:类似《人权宣言》、近代思维的伟著、东林复社的自我批判),我们才可以研究他的近代民主思想的具体意义,才可以析辨他的启蒙思想有什么样的历史内容”(第 159 页)。

② 主此说者为日本学者沟口雄三,见氏著:《中国前近代思想的演变》,北京:中华书局,1997 年,第 234—252 页。其中“从君民一元的专制向‘富民’分权的专制”一节中有:“大略可以断言,他的自私自利,是以保全他们(《别论》所说的‘中坚地主’阶层)的私有财产或权益为内实的”。见该书第 242 页。

③ 黄宗羲:《明夷待访录》,北京:古籍出版社,1955 年,第 1—2 页。

为事，则君之仆妾也；以天下为事，则君之师友也。”[①] 故黄宗羲固然反对“夺富民之田”，以江南重赋为弊政，但其意在于存人民耕地私有权、均平赋税负担，不在求以“富民”凌驾其他人群之上，亦非为江南人争天下。况且江南重赋问题发源于南宋，明朝前期就有许多讨论，并非黄宗羲时代之新问题。

第五，《明夷待访录》之政治、社会诉求并非老生常谈。近人研究明清之际史事，常受“现代”标准影响，若与现代概念不符，则被判为无新意。如称黄宗羲的政治思想“不仅不是王权体系的掘墓人，反而继续攀附在王权体系的大树上，变本加厉地点缀和武装着王权；它不能从缺乏民主的实践中抽象升华出所谓的民主主义启蒙思想，而仍然只能从传统王权体系的实践中升华出王权思想，这种思想只能充当传统王权体系的一件鲜艳的‘红嫁衣’。”[②] 纵观《明夷待访录》，大多数主张有前人思想痕迹，或幽或显。然而通体揣摩，则灿然为一发明。中国人文思想发达，中古以后，社会组织究竟如何建构，常在治国者如何选择、诠释、发明。黄氏之说，在根本上不脱儒家思想理路，却将儒家政治、社会观推演为一更具民本精神之制度化蓝图。其中以制度限制君权、臣为君主师友而非仆妾、以公天下为法而私法非法、宰相执政、使治天下之具皆出于学校、多途取士、君主三妻而止等等，无不振聋发聩，超越古人。若以为其所论仍与“现代”不侔而定其为无新见，则失于以“现代”事物为绝对尺度。

第六，近年学界有一较新颖看法，即《明夷待访录》所主张为“新民本主义”。此说之最大可取处在于有意识摆脱使用含有欧洲历史特殊内涵之概念解读黄宗羲，寻求更多基于中国历史经验之解释方式，并于近代中国思想界以《明夷待访录》比附西方启蒙、民主思想之历史经历有深刻分析。[③] 就黄

---

① 黄宗羲：《明夷待访录》，北京：古籍出版社，1955 年，第 4—5 页。

② 参看张师伟：《民本的极限——黄宗羲政治思想新论》，北京：中国人民大学出版社，2004 年，第 17 页。按该书研究之方法论及基本结论与本文意旨有重大分歧，然其书并不失为近年关于黄宗羲政治思想研究的重要著作。其他在研究预设方法论方面类似的有影响的著作还有石元康《〈明夷待访录〉所揭示的政治理念——儒家与民主》等，参看石元康：《从中国文化到现代性：典范转移？》，北京：生活・读书・新知三联书店，2000 年，第 314—336 页。

③ 参看谢贵安：《〈明夷待访录〉的近代“误读”与“新民本”思想的历史影响》，《哲学研究》2003 年第 2 期。其他关于“新民本”解释的研究，尚有吴光：《“以力行为工夫”：黄宗羲新民本思想的哲学基础》，《浙江学刊》2005 年第 4 期；李存山：《从民本走向民主的开端》，《浙江学刊》2005 年第 4 期等。

宗羲思想既以中国古代民本思想为渊源而又具有时代新气息而言，称其说为“新民本主义”，大致可取。然于赞同之外，尚须申明保留：“新民本”思想被论为“传统民本政治和近代民主政治之间的一种过渡形态”，其基础是“资本主义萌芽”。而所谓“资本主义萌芽”并不足支撑黄宗羲政治社会诉求，17世纪中国亦未处于“近代民主政治”的前夜。换言之，“新民本主义”说在逻辑理路上仍有社会形态线性演进论的痕迹，该概念之内涵亦未在具体层面展开。

（二）《明夷待访录》政治、社会思想之要点

1. 十七世纪中国的“乌托邦”

《明夷待访录》不是关于现实社会的描述，而是在对现实社会进行批判的基础上提出的一个理想社会的设计蓝图。无论这部著作提出的理想社会具体内容如何，从文明史的角度说，这是中华文明具有理想追求的一个表征。它直接表明中华文明具有内生性的自我批判和改进社会的思想能力，而这构成了对于曾经在学术界流行许久的关于中华文明内在性地停滞而缺乏发展动力论调的一个反证。

西方文明历史上曾经多次出现关于理想社会的设想。古希腊时代柏拉图的《理想国》是其中较早的一部作品。该书以苏格拉底与他人对话的形式，描述了一个完美城邦国家的体制与文化精神面貌。这个城邦国家通体贯彻着他所理解的“正义”“善”的精神，具有知识、价值判断能力和哲学家气质的统治者代表国家拥有巨大的权力，在武士阶层的拥戴下统治以平民为基本大众的整个社会。今天看来，柏拉图的这种社会理想的问题不一而足，但是所有理想社会构想本身都是对现实社会状态的批判，都是改进社会心理的表现；而没有形成理想社会构想的文明，则肯定是缺乏社会改进的内在思想能力的。柏拉图的思想在后来的西方文明史中屡有继续者，其中最著名的是15世纪英国托马斯·莫尔（Thomas More）所作的《关于最完全的国家制度和乌托邦新

岛的既有益又有趣的全书》，简称《乌托邦》（*Utopia*），这在后来成了所有想象社会的代名词。这部著作以叙述一个虚构的航海家在一个奇异国度“乌托邦”中的见闻的形式，展现了另一个理想社会的面貌。在这个社会中，官员选举产生，财产公有，人民平等，按需分配，共同生活。这个虚构的理想社会，后来启发了对人类历史产生巨大影响的社会主义思潮。在莫尔之后，黄宗羲之前，意大利文艺复兴时期康帕内拉（Tommas Campanella）的《太阳城》，也是关于理想社会构想的著作。在他们之后，世界上继续出现一些针对现实社会弊端而设计的理想社会蓝图，只要现实社会存在重大弊端，人类就还会有类似的尝试。

从柏拉图到现代乌托邦，所有理想社会构思都包含一些类似的要素。其中包括一种超越的预设的社会价值理念，如正义、平等、自由、民主等等。在黄宗羲的思想中，则是民本。这种价值理念是理想社会合于理想的根据和尺度，也是社会制度安排的价值与逻辑原点。其中还会包括一系列以公共社会生活能够落实前述基本理念为目标的制度设计，如政体结构、法律精神等等，这在黄宗羲的思想中也很突出地表现出来。所有关于理想社会的构想都带有空想性，因为对于整个社会应然状态的设想永远也难以精确地关照所有现实条件和把理想变为现实的过程中会发生的各种情况，永远会有不能落实的成分。这种思想最大的意义是给社会变动一种方向感，开拓思想者前行的视野，而不是提供直接的社会工程图纸。17世纪的中国能够产生《明夷待访录》这样关于理想社会的构想，表明当时的中华文明具有积极的思想和探索的活力。如果将黄宗羲的思想根源归于儒家传统，那么《明夷待访录》也意味着儒家学说到17世纪的时候，依然具有批判和前进的能力与社会价值。

2. 民本的政治价值论

中国传统政治伦理的深层主流是公天下的观念。这种主张在先秦时代就已经表述出来，但是在政治实践中，逐步被君主集权、极权的体制与行为所掩盖，以至于许多人以为中国的政治传统就是极权、专制，看不到中国政治历史和政治文化中存在个人极权统治与人民本位之间始终没有消失的张力。

公天下与君主极权两种势能，在思想的历史上和政治实践的历史上，一直在博弈。公天下的政治价值论在思想史中得到了很充分的、持续的论说，是中国政治文化传统中的公理；君主极权的倾向在中国政治实践中总体上趋于增强，构成中国政治实践历史中的现实。公理与现实，始终没有重合起来，但是民本的公理又始终构成对于君主极权的至少是理论上的制约，有时也被落实为一些制度上的限制。

中国现存最古老的文献《尚书》的《泰誓》篇中就有这样的说法："民之所欲，天必从之。"[①]那时人们观念中的天是终极的创造者和裁判者，所以这句话的含义就是人民的欲望、愿望、需求就是宇宙间的至理。这里并没有提到任何形式、名目的人间统治者，但又显然在申明，任何人间统治者的权力都不能凌驾在人民的愿望之上，因为人民的意愿是与天的意志统一的。《尚书》是中国上古思想的源泉之一，后世的人们不停地到《尚书》中去汲取古代圣王治理天下的道理，人民愿望至上的观念逐渐成为衡量政治得失的根本尺度。这种思想在中国古典文化最辉煌的时期，也就是百家争鸣的春秋战国时代得到儒家思想家更为明确的表述。《孟子・尽心下》说得更加具体明白："民为贵，社稷次之，君为轻。"[②]这在本质上并没有超过前面提到的《泰誓》中语的涵义，但是却因为把人民、社稷、君排成了次序，因而就极为具体地表述出了人民高于君主的价值观。夹在其间的社稷，更值得思量，因为那大致是指的"国家"。当时用社稷来表示的国家特指既有君主家族承袭的政权系统，与现在的民族国家或人民国家不同，但毕竟这种作为系统的国家也比个别君主要重要。如此，人民就不仅高于个别的君主，而且高于君主的治统。没有什么其他的东西比人民更具有政治的终极价值意义了。

其他一些战国时代的思想家也反复论证了人民为本的政治价值观。比如《荀子・大略》中就有"天之生民，非为君也。天之立君，以为民也"[③]的说

① 孔颖达疏：《尚书正义》卷 11《泰誓上》，《十三经注疏》，北京：中华书局，1980 年，第 181 页。

② 赵岐注，孙奭疏：《孟子注疏》卷 14 上《尽心章下》，《十三经注疏》，北京：中华书局，1980 年，第 2774 页。

③ 王先谦撰，沈啸寰、王星贤点校：《荀子集解》卷 19《大略篇第二十七》，《新编诸子集成》，北京：中华书局，1988 年，第 504 页。

法。《慎子·威德》中也有："立天子以为天下，非立天下为天子。立国君以为国，非立国以为君也。立官长以为官，非立官以为官长也。"[①] 即使是主张强化君主集权的法家商鞅的著作《商君书·修权》篇也说道："尧舜之位天下也，非私天下之利也，为天下位天下也。"[②] 杂和诸家的《吕氏春秋》中的《贵公》篇则说："天下非一人之天下也，天下之天下也。"[③] 这里的各家说，有的强调人民本位，有的强调天下的公共属性，而这两种表述在根本意义和逻辑上是一致的。因为天下的公共性就基于其人民性，天下在前述语境中，基本是人民的同义语。所以民本的政治价值观与天下为公的政治价值观是完全一致的。那么为什么主张君主极权的思想者与不主张君主极权的思想者都会有这种类似的言论呢？因为到了春秋战国的后期，人民是政治的目的与政权合法性基础的观念已经成为公理，所有政治理论都需要关照这一公理来展开自己的主张，就像现代各种相互矛盾的政治学说都要声称是代表人民利益的一样。区别是真诚的民本思想者把民本作为衡量政治一以贯之的尺度，而极权主义的思想者则在论证展开的过程中把民本抽象化，把君主极权论证成为最符合民本的政治形式，悄悄地将民本价值虚悬起来。人们经常把春秋战国时代的思想文化视为中国的古典文化，或者借用西方学者的说法，叫做"轴心期"文化，认为这个时期的思想文化奠定了中华文明后来的方向和基调。这是很有道理的。在这样的语境中，我们就可以说，民本主义和公天下的观念是中国古典政治文化的突出特征。

秦朝开始，中国进入了君主权力更为集中化的帝制时代，一直延续到清朝灭亡。即使在这样一个漫长的君主个人权力膨胀并且日益强化的时代，民本的政治价值观仍然没有被忘记。西汉董仲舒就曾说："天之生民，非为王也，而天立王以为民也。故其德足以安乐民者，天予之；其恶足以贼害民者，天夺之。"[④] 汉代以后，出现一个约500年的政治混乱时期，天下纷纷扰扰，以

① 慎到撰，钱熙祚校：《慎子（附逸文）》，《威德》，北京：中华书局，1985年，第3页。

② 蒋礼鸿：《商君书锥指》卷3《修权第十四》，《新编诸子集成》，北京：中华书局，1986年，第84页。

③ 许维遹撰，梁运华整理：《吕氏春秋集释》卷1《孟春纪第一·贵公》，《新编诸子集成》，北京：中华书局，2009年，第25页。

④ 董仲舒撰，凌曙注：《春秋繁露》卷7《尧舜不擅移汤武不专杀第二十五》，北京：中华书局，1975年，第273页。

武力争胜，于是讲求天下政治应然状态的价值观，就不能彰显。唐宋以后，则又伴随着儒学的复兴和发展而凸显出来。

民本主义和天下为公的观念并不直接意味着反对君主政治，因为中国历史上所有政治思想家都是在君主制的现实框架里来思考的，他们可能会偶尔想到桃花源式的孤立的几乎没有什么政治统治的小社会，但从来也没有想象出那个被称为“天下”的大共同体社会如果没有君主，会是什么样子。所以一般的民本思想和公天下的思想，只构成对君主极权的一种理论上的制约，却既不构成制度性制约，也不能提供一种替代的制度构想。在实践上，中国历史上的民本思想和公天下思想常常与君主政治处于妥协状态；在思想历史上，中国的民本思想和公天下思想也长期停留在价值诉求的层面而没有达到制度建构的层面。在这种基本状态中，有时会听到一些比较激进的声音，比如元代邓牧就对君主极权做出过尖锐的抨击，明确指出，“天生民而立之君，非为君也，奈何以四海之广，足一夫之用邪?”[①]到了明末清初的时代，这类思想形成了高峰。其中，与黄宗羲同时代的另一位思想家王夫之就有多处言论。在《读通鉴论》中，他说：“以天下论者，必循天下之公，天下非夷狄盗逆之所可尸，而抑非一姓之私也。”[②]在《黄书》中，他说：“不以天下私一人。”[③]在《噩梦》中他说：“若土，则非王者之所得私也。”[④]对《明夷待访录》甚为激赏的顾炎武在《日知录》中也说：“以天下之权，寄之天下之人。”[⑤]

了解了这样一个悠远的思想观念传统，就可以知道《明夷待访录》的政治思想的渊源和本质了。这实际上是中国民本主义传统在明朝弊政、灭亡教训刺激之下的一次升华。《明夷待访录》尖锐地剖析和抨击了君主专制制度，但这不是由于黄宗羲是一个反传统的思想家，而是因为他是一个深谙儒家政治文化传统的思想家。他实现的升华在于前代的民本和公天下言说只是一种

---

① 邓牧：《伯牙琴》，《君道》，《景印文渊阁四库全书》第1189册，台北：台湾商务印书馆，1986年，第506页。

② 王夫之：《读通鉴论》卷末《叙论一》，北京：中华书局，1975年，第2538页。

③ 王夫之：《黄书》，《宰制第三》，王伯祥校点：《黄书·噩梦》，北京：古籍出版社，1956年，第17页。

④ 王夫之：《噩梦》，王伯祥校点：《黄书·噩梦》，北京：古籍出版社，1956年，第1页。

⑤ 顾炎武著，严文儒、戴扬本校点：《日知录》卷9《守令》，华东师范大学古籍研究所整理；黄珅、严佐之、刘永祥主编：《顾炎武全集》第18册，上海：上海古籍出版社，2011年，第398页。

价值申诉，而且大多以片言只语的方式表述，既不是系统的理论性论证，也没有推进到制度安排的层面。而黄宗羲在这本书中，由价值观而深入到制度论。其中最为突出的是《明夷待访录》最具有批判性的《原君》《原臣》两节，表达了一种“君臣公器”论。如前所说，中国古典时代和帝制时代的思想家都不曾设想出一种没有君主的政治制度，黄宗羲也是一样。但君主政治的弊端一而再再而三地呈现出来，人民、“天下”为之一次次地饱受苦难，迫使思想家探讨对君主滥用权力加以限制的办法。而中国的儒家想问题从来是伦理取径的，也就是说，凡他们主张什么，一定要论证到“应该如此”的地步，而绝不会像意大利的马基雅维利一样，一味从权衡利弊的逻辑说下去。所以限制君主的制度就必须着落在君主的角色、本分的判断上。所以才有《原君》——推原君主的本分，和《原臣》——推原臣的本分。推原的逻辑正是从民本和天下为公的起点出发，申明君主和臣工都不是政治的目的、权力的来源、天然合法的权力主体，而是“为人民服务”的，其权力都来自人民的福祉需求，都是受评价的客体。换言之，君、臣都是实现天下公利的器，也就是工具。因为君、臣皆为公利而设，所以君臣之间相处的原则，就与父子之伦不同，臣不可无原则地惟君命是从，要守持为人民的宗旨。做臣者需要知道“我之出仕也，为天下，非为君也；为万民，非为一姓也”。这个原理在理想的“三代”是实现了的，但后世颠倒了政治运行的道理，君主从器具变成了目的，从客变成了主。

《明夷待访录》在政治伦理层面表达的另一个体现民本主义价值观的思想是“集私而为公论”。人民构成了天下，天下构成大公，那么天下人各自的私利（这里应该包括私人的利益和权利）汇聚到一起，就是政治的目的和尺度了。这种论说把社会单个成员的私利确立为社会合理性的基础要素，把天下的公理建立在个人私利天然合理的价值基础上。这是非常要紧的。因为几乎所有专制的理论，尤其是现代专制的理论，都举着一个抽象化的“公”作为政治价值的目标与尺度，都要求个人的私利服从于那个抽象化的公。承认私人利益的自然合法性，也就承认了社会是私人的组合，这就理顺了一个道理：不是社会缔造个人，而是个人缔造社会。这距离卢梭的社会契约论，已经呼吸相及了。

差的是什么呢？就是没有将个人私利的合理性落实成为制度意义上的私人权利。如果私人利益的合理性落实成为制度意义上的私人权利，那么就可以直接推演出主权在民的政治观，然后就是个人作为社会权利主体而享有的公民权，在此基础上，就可以直接得出民主社会的体制论来。这一层没有突破，于是黄宗羲的万民之私、天下之公，就还得通过集中使用的权力来落实，就成为由君主率领的朝廷的事情，天下万民于国家政治之间的日常化的即现实的通道就没有打通，只有一种理论化的即难以实现的通道。人民既然无法日常化地参与政治，那么无论说什么，也只能停在嘴上。所以黄宗羲把民本的、公天下的政治伦理看得清楚，说得透彻，但最后开出来的制度架构，还只能是一种开明的、有制约的君主制。

3. 公法为法的法制观

《明夷待访录》关于法制的论证也具有新意，但并非在于黄宗羲认为“有治法而后有治人”，这种说法其前已经有人提出，而是在于他提出了以公法为法的法制观。这种观念的要点是：治理天下，必须先要制定出合理的法律，然后才有可能通过具体的人来实现治理，不能在没有良好法律的情况下靠贤明的人来实现治理。“三代”之法，是以“养”天下、规约社会关系为目标的，不是以维护私人控制为目标的。而后世的统治者在建构法律体系的时候没有“一毫为天下之心”，从而失离了正当立法的本意。其所立之法也以维护权力握有者的私人利益为终极目的，本质上是“私法”。用这种“私法”治国，“法愈密而天下之乱即生于法之中”，也就是说不合理的法律的本身就是社会混乱的基础。这种“非法之法”不除，无论统治者在具体层面如何举措，社会还是不会治理良好的。这样的论说提出了对全部“法的精神”做彻底反省的问题。黄宗羲从推原政治合法性的伦理基础上澄清人民利益为政治合法性、合理性终极尺度的基础上，指出“三代”以后历史上的法律都是在根本上错位的，几千年来一直没有真正意义上的公法存在，因而“有乱无治”。这意味着他所面对的这个社会需要深刻彻底的改造。在中国帝制时代漫长的历史中，从来没有一个人像黄宗羲这样，对古往今来国家立法的基本精神进行过这样尖锐的质疑，更没有人能够像他那样把公法为法的观念与政治体制的改革设想密切结合，并做出这样明确的论说。

不过，黄宗羲虽提出公法社会理想，但因为他在政治基本体制层面未能突破君主制的框架，没有能够论证出没有君主的别种政制，也没有打通政治主权如何落实到人民手中的路径，所以还是悬空的。在黄宗羲的政体设计中，君主已经不再是类似明朝的那种专制君主，已经由天下的“主”，变成了“客”，变成了实现人民利益的工具，其决策权也已经受到“相”为首的官僚的制约，并且受到“学校”代表的公共舆论的监督。但是对于如何确保处于政权最高地位而且世袭的君主不通过手段把国家政治引导到私人统治的轨道上，如何在常态运行中，而不是通过社会革命来取缔可能出现的暴君、恶政，及阻止危害人民的政策推行，黄宗羲还是没有阐释清楚。从我们今天能够想到的政治理念角度看，他所缺乏的其实是一种类似立宪君主制或者宪政的观念。也就是说他还没有形成清晰的类似“宪法”的概念，即作为整个社会体制之至上原则的成文法的概念。所以他所设想的所有制约不仅要依赖一个知识和道德精英群体不断地去争取，而且要通过最高权力握有者的意志来推行，需要开明高尚的最高权力的握有者，他的振兴百代之颓势的社会理想蓝图还是需要期待一个伟大者的出现。政治的合理化如果还依赖于伟大者，那就绕不出专制的怪圈。此外，黄宗羲关于公法的落实，虽然考虑过政治权力的分工，却没有论证到法权的分割。这也就留下了政治回落到集权架构中去的潜在出口。

4. 士大夫政治主导论

在黄宗羲的构想中，社会的民本原则和公法为法的精神，并不完全依赖君主一个人来保障，但也并不依赖人民的参与来保障，而是着落在士大夫的肩上。他设计的其实是一个士大夫主导的政治体制。在这种体制中，君的角色已经由统治者降低为与臣同样的“曳大木者”，不再是终极决策者。宰相作为行政机关的首脑自然要参与决策，宰相以下的其他臣既与君、宰相同为“曳大木者”，也有参与决策的资格。学校是士人聚集的地方，也是学术文化最高的中心，所以要由学校为天下立规则，甚至得以评判重大国事，也就具有了一定的参与决策资格。这样就形成了君主、宰相与百官、学校构成的三维决策系统的格局。其中两个系统是士大夫主导的，因而整个政治体制也是士大夫主导的。与此一致，黄宗羲主张军队也要由士大夫来主导，用文官系统的权力把军队覆盖起来，抵消武人把持军队的问题。与君主专制体制比较，士大夫主导的政治更接近多数人的政治；但如将之与民主政治做比较，则会看到这是一种精英特权政治，具体说，是一种士大夫精英政治，与民众的、民主的政治有很大区别。士大夫政治虽然比君主独裁要更能体现政治的非个人性质，但毕竟还是少数人主导的政治，人治的色彩仍然遮掩着法治的精神。

士大夫政治的思想大意其实深埋在儒家传统观念之中。秦以后政治历史的一个重要线索就是士人政治与君主专政之间的博弈。宋代曾经出现过士人政治的一个高峰，明代后期士人政治诉求也比较活跃，但抵御不了皇权政治的威力，缺乏实际的效果。[①] 从社会政治主导人群的角度看，黄宗羲设计的政治体制还是儒家思想传统的伸展，而不是对儒家思想传统的颠覆。但这并不能降低黄宗羲政治思想的价值，因为各个时代即使最新颖的思想也一定在其先前的历史文化传统中有些渊源。儒家民本主义是一种博大深邃的思想，虽然在政体层面一直在有君论形式上思考，但是在政治价值论层面是以人民为本的，所以从来没有关闭限制君主权威甚至否定君主权威的逻辑通路。身处中国文化的外部却对中国儒家文化有深湛理解的美国学者狄百瑞（William. Theodore de Bary）曾经指出：“黄宗羲（1610—1695）和顾炎武（1613—1682）都写过文章猛烈抨击王朝的体制。王朝体制使许多有良知的儒家陷入了一种看似绝望的困境中。对于这样一个在根本上存在缺陷的体系，即便儒家拥有超凡的英雄气概和自我牺牲精神，也无法克服它固有的种种功能缺陷……明朝专制统治的严重和过度暴力所造成的灾难性后果深深地震撼了这些 17 世纪的学者。”[②] “当我们即将‘告别’明朝时，我们看到，在 17

---

① 关于宋代士人政治的表现，余英时曾经做过深入的研究；参看余英时：《朱熹的历史世界：宋代士大夫政治文化的研究》，北京：生活·读书·新知三联书店，2004 年。关于明代士人政治情况，则可参看赵轶峰主编：《权力·价值·思想·治道——明代政治文化丛论》，北京：社会科学文献出版社，2014 年。

② 狄百瑞著：《儒家的困境》，黄水婴译，北京：北京大学出版社，2009 年，第 66—67 页。

世纪的中国，儒家理想与中国的帝王统治、君子与圣皇之间那种长期矛盾依然存在。”[①] 他洞悉了黄宗羲所依托的儒家思想传统与专制君主体制之间内在而持久的纠结与冲突。

在黄宗羲构想的政治体制中，君主可以世袭，但不可以专权，必须选拔德才相称者以宰相的名义出来担当行政首脑，然后再通过科举、荐举、太学、任子、郡县佐、辟召、绝学、上书 8 个途径并用，选拔出优秀的士人出来担任公职，包括军事机关也以士人来管理，以避免武人掌握国家权力。这里需要看到，黄宗羲设想的公职人选途径比明代实行的拓宽了许多，但还是并未包括民选。这是黄宗羲的理想政治不是民主政治的又一个例证。士大夫主导的政治与君主专制政治相比，更能避免公共权力运用的私人性，是多数人直接参与的政治，但依然不是民众直接参与的政治。

黄宗羲重新设计的学校作为政治体制中的一个重要机构，与君、相鼎足而立，既形成对君权的一重制约，也构成了一个独立的政治文化方向监督机关。这种学校理念的根源，明显是延续了中国古代的乡校议政和帝制时代的太学清议传统，其主要进步在于将之制度化，从而成为士大夫政治主导地位的一个支柱。正是因为学校在根本上说体现的是士大夫政治，所以才会在论证学校的一篇中提出严格的社会风俗文化管理政策。那不是君主对文化的控制，而是士大夫对文化的控制。士大夫政治主导权压制了君主的为所欲为，同时也将底层民众的文化自由管控起来。黄宗羲肯定看到了君主个人极权的弊病，但是没有能够因而看到君主个人极权的基础其实是政府极权，所以设计出来的新社会政治方案在多方面限制君主的个人极权，却并没有削弱政府极权。克服政治极权的出路，根本在于把政治权力最大幅度地落实于社会，而不是把政治权力聚敛到管理上层。这对于依然处于儒家精英主义政治藩篱中的黄宗羲来说，似乎还离得很远。

黄宗羲用很长篇幅来讨论的培育和选拔官员的内容，在基本方向角度看，主要也是为落实士大夫政治主导地位而主张的。对科举制度的改革，主要是

---

① 狄百瑞著：《儒家的困境》，黄水婴译，北京：北京大学出版社，2009 年，第 67 页。

恢复墨义古法，要点在于逐渐使士人风气平实起来，从而涌现出务实的人才。考试内容有所拓宽，选拔人才的途径有所扩展，用人的方式更注重实践历练而不是科举考试的成绩。这些具体的改进，如果离开黄宗羲士大夫政治主导的主张来看，就显得琐碎而缺乏意义了。

5. 中央与地方分权制约论

黄宗羲对君主极权深恶痛绝，而君主极权与中央集权是相互表里的制度，所以他的政体设计一定要包括从中央与地方关系角度对君主极权的制约。极权君主制度不仅包括君主对中央权力机器的绝对控制，也包括君主对地方政府的直接控制。所以秦汉郡县体制的普遍化与君主极权是相互辅成的过程。郡县体制的另一个重大弊端是不能有效捍御边疆，导致频繁的“夷狄”入侵。在《留书》中，黄宗羲主张通过恢复上古时代地方权力相对独立的封建体制来克服郡县制的弊端。但在《明夷待访录》中，他调整了主张，指出封建体制也有各诸侯间强弱吞并，中央难以制约的弊端，不能全面恢复，应该采用折中的办法，即实行内地郡县、沿边方镇相结合的体制。这种两结合的体制对于黄宗羲说来，并不是完全理想的，而是权衡利弊之后的可选择方案。

中国历史上曾经多次出现在边疆地区设立比内地更具有自主性的军政合一单位的情况。就是到了明代，也曾任命沐氏家族世守云南，在当地行使比内地行省更大的自主权。而沐氏家族在云南世袭罔替，基本保持了云南安宁，从来不曾威胁中央，甚至在北京失守之后，还把明朝的旗号维持了数十年。至于方镇在唐朝历史中的角色，历来的评论者主要从唐朝皇权沉浮的角度讨论其削弱中央权力的作用。但在黄宗羲之前，宋人尹源已经说过：“弱唐者诸侯也。唐既弱矣，而久不亡者，诸侯维之也。故唐之弱者，以河北之强也；唐之亡者，以河北之弱也。”[①] 晚近也有学者对唐代方镇进行了重新论证，指出不应夸大方镇导致混乱割据的作用。[②] 对于中国历史上在边疆地区设置与内地相比有较大自主权的军政合一体制的情况，还需要从多方面加

---

① 脱脱等：《宋史》卷442《文苑四·尹源》，北京：中华书局，1977年，第13082—13083页。

② 参看张国刚：《唐代藩镇研究》，北京：中国人民大学出版社，2009年，第17—29，77—104页。

以研究。

黄宗羲这种中央与地方分权分利、相互制约的思想中最积极的内容，其实在于从“天下”安危的角度而不是君统安危的角度来考虑体制设计问题。郡县制是最利于保障君统安危的体制，郡县与方镇结合的体制则更利于保障整个社会安全的体制。

6. 均平均富社会论

一幅重安天下的蓝图，除了对公共权力架构的安排之外，自然还要有对于经济制度和政策的构想。《明夷待访录》中相关的篇章包括《田制》3 篇、《兵制》3 篇、《财计》3 篇，共 9 篇，篇幅接近全书一半，显然是用心良苦的。把这些论述加以整理概括，可以看到其追求的目标是社会均平、均富。这与黄宗羲的前述政治思想的基本方向是一致的。

农业社会均平的基础是土地均平占有。黄宗羲主张统计天下田地，以均平为原则重新分配给人民。在此基础上，政府按照低税率原则征收赋税，从而保持人民相对均平的富庶状态。但他并不追求绝对平均，而是允许富民在余田范围内增广田地，只是超出社会平均田地占有量部分要加征赋税，有些兼顾社会基本保障与允许善经营者占有生产资料水平差异的意思。

耕者有其田是中国这个传统农业社会下层人民长期、普遍的社会诉求，也是从孟子以下许多思想家的理想。这种诉求一直到 20 世纪仍然是现实的，还发生了历史上最大规模的“土地改革”。任何有关中国社会建设的理想蓝图，都不能无视这个诉求。在黄宗羲的时代，任何有关社会公平或者繁荣的构想，自然也都需要先有均平田地的安排。在此意义上看，黄宗羲的主张体现了中国社会的长久趋势，也是其民本主义的重要体现。但是均田的理想即使实现，也不意味着社会进入全新的轨道，因为许多朝代建立之初也曾经进行过均田，造成一段时间的田地占有相对均平，但没有多久就被打破。黄宗羲并没有提出如何保证一次均田之后长期保持土地相对均平的思路。所以黄宗羲的这项主张充分体现了他的以民为本和追求社会公平的价值取向，但在实践层面却并没有思考得很彻底。

土地占有的相对均平如果脱离了赋税平等，就会失去社会均平的意义，也不会成为人民普遍富庶的基本条件。所以政府必须实行以均平为原则的赋税制度，在再分配层面体现社会均平原则。对于这一点，黄宗羲针对明代的赋役不均于全书多处申明主张。其次，在土地、赋税基本均平的基础上，政府还必须实行轻赋税原则。政府不是社会的目的，也不是人民的统治者，是实现人民利益最大化的工具，因而没有理由征收超过服务于公共社会所必须量以外的赋税，社会财富应该最大限度地留在人民之间，而不是聚集到政府手里。这是一种经济意义上的小政府主张，即政府在社会财富再分配环节最少介入的主张。正是出于前述要点，黄宗羲用很长的篇幅和控诉性的语言来揭露历代人民赋税负担不断加重，使人民陷于苦难的事实。

黄宗羲看到明朝货币体制的混乱，主张废除金银货币，恢复钱钞兼用的政策。这种主张的基本着眼点是利于民生。他认识到货币制度的合理目标在于便利流通，所以反对政府通过发行货币谋取自身利益，他也懂得政府发行纸币必须有足够的真实货币储备并运行常态兑换机制，懂得主币与辅币结合的必要性。当然明代社会充斥大量白银，使之退出流通是很难实现的事情，黄宗羲实际上跳过了这个问题，直接从新建社会的出发点来提出他的货币主张。从实践层面看，这种论证问题很大，但从探讨黄宗羲思想取向的层面看，他的货币主张显然是其均平均富社会观的体现。

黄宗羲主张对民间奢侈生活进行干预，从政治角度看，体现出他的精英威权主义，从经济社会角度看，则其着眼点显然也是保持民间的均富。

7. 其他

除了前述6项思想主张，《明夷待访录》中还用了很大篇幅来讨论军民合一的体制、胥吏治理、防止宦官政治、建都等问题。在这些主题范围内，黄宗羲的论说也各有值得注意之处，但并不具有与前面6项思想主张同样重要的思想意义。

军民合一体制着眼于在赋税均平的基础上实现对维系国家安全所必需的军队的供给。这种思想从价值观念角度看并无不当，但是为此所要实行的均田制度很难实行，更难保持，这在前面已经指出。而且黄宗羲的设想与他所了解的上古兵民合一体制并没有重要的差别，而具有这种精神的体制实践曾被多次尝试，北朝、唐代的府兵制就是这类实践，但是都未能持久。黄宗羲既然没有对以往军民合一体制都无法持久的原因进行分析，他的这种主张就是缺乏根基的。

胥吏危害下层人民是帝制时代的通病，其根源还是在于帝制时代的君主极权、政府集权的体制。因为一切权力归于社会管理上层，所以任何行使政府权力的人，乃至任何具有带有政府行为功能性质的连带行为，都是民间难以拒绝的。在这种政治结构中，为各级衙门处理具体事务的胥吏，无论是文案胥吏，还是奔走胥吏，都非常可能弄权罔民。黄宗羲设想通过文案胥吏用儒生，奔走胥吏用充役的办法来遏制胥吏为害，出发点全在顾惜下层人民的生存状态，但前者不过是其士大夫政治主导论的一个具体体现，后者也只在技术的层面。如果君主极权与政府集权的权力结构不改变，儒生未必不做恶，充役者也未必不盘剥。

宦官政治在明代特别凸显，本质是明代皇帝极权政治的表现。黄宗羲对宦官政治依赖于君主极权，宦官本质上体现极权君主的家奴政治的认识，是很清晰深刻的。他的解决方案，在关照到他对于新社会体制中君主的中心定位说情况下，也是比较实际的。但相关的论证并没有表述出超出前述基本政治思想的新质内容。

黄宗羲主张新社会的首都应建立在经济最富庶的江南地区的核心城市南京，这在军事防御角度看弊病不少。但是如果关照到他为边疆防御已经设计了内地郡县、边疆方镇的两元体制，那么南京一带军事防御方面的缺陷似乎可以被抵消。但关于首都地点选择的论说中，毕竟也没有什么新质的思想内容。

整体看，《明夷待访录》这部著作最有价值的是其中的国家政治思想。这种思想勾画出的政治体制，包括具有议政权和文化管理权的学校。降低为“曳大木者”的君主，与君主同为“曳大木者”的相，以服务于“万民”为宗旨的各级官员，在一个以“公天下”为原则的法制精神指导之下，为了人民的福祉而运行公共权力。这与明代政治实际相比较，与帝制中国各个时代的政治实际相比较，都显然是一个新的政治体制。在这个新社会，政治价值的基点是公众利益；法律的精神为“公”而排斥个人统治性质的私法；君主权势虚悬，可以世袭但不具备最高立法权，也不具备绝对的行政权。这是一个以人民为政治终极目的的，没有任何个人可以合法地凌驾于公共社会之上的，经济制度贯彻着均平精神的，公共权力分割制约的政治体制。这种新体制肯定比中国历史上任何时代的政治实际状况，乃至比中国历史上任何人曾经设想到的政治图景，都更接近于现代社会。但是，这又肯定不是一个民主的社会，而是一个士大夫主导的精英主义、威权主义的社会。

《明夷待访录》完成以后的政治历史实际，距离黄宗羲所期待的“大壮”理想甚远。清代君主极权程度超过明代，宰相制度并没有恢复，臣对于君不仅没有制约抗衡的权利，而且其中最得信任者甘心自称“奴才”，黄宗羲苦心孤诣设计的士人政治无从谈起，学校更没有成为议政的机关。从社会经济角度看，黄宗羲主张的废除金银货币、均田、兵农合一等都没有发生。黄宗羲理想与清代社会实际的反差，更映衬出黄宗羲思想的空想性。

（三）《明夷待访录》与帝制农商社会

凡较大规模的社会体系变迁，至少受两大势能制约，其一为进化趋势，其二为文化传统。进化趋势在积累中导致进步，主要在技术性、刚性层面发力，其相近于线索；文化传统于沉淀中倾向稳定，主要在价值取向与思想、行为方式等弹性层面作用，其相近于气息。故 19 世纪中叶后百年间，西方社会制度挟竞争优势而来中国，举国求变，其大更革不一而足，然而即使“全盘西化”论者亦不能使中国变为与西方同质之社会，不能不存本文化之眷恋。黄宗羲时代，进化之趋势昭然，稳定之势力亦强劲，且无极强大外力牵引。此时代之思想，即使最激进者亦不能不折中，不能不顺势利导。《明夷待访录》不能例外，半为现实之注脚，半为改进之设计。

就其现实部分而言，黄宗羲所处为一变动中之帝制农商社会。帝制为一明确事实，亦为一悠久传统。通明一代，无论多少变迁，都未在根本上触及帝制本身。黄宗羲之政治制度设计，亦在承认君主制度基础上构思。“帝制”一语，不仅意味君主制，且为覆盖广大、组织复杂之中央集权的而非层级分权体系。如此则必然有发达之官僚制度，其发展又带来官僚培育、选拔之精细安排，具体表现于科举、学校、铨选制度。此基本制度，明、清相沿袭，黄宗羲对此虽有改革说法，但亦未对之做颠覆性挑战。其政治安排主张基本在此类制度之内，寻求改善之法。

农业为中国社会传统本业。明清时代无论经济结构发生多少变化，农业的根本地位未变，农民为人口主体的情况未变。商业则为一强有力上升成分。纯粹农业社会无法成为大规模文明体系，中华文明之融会聚合过程，商业与农业皆起到根本作用，故商业于中华文明传统中本非异己，商业传统可以直接上溯至文明起源时代。然而毕竟农业之发生较为自然而然，即使孤立之个体亦可以为农。商业之发生，从来在交换关系中，非较发达之社会网络及秩序条件不足成商业之繁荣。所以商业之发展，随农业之后。不迟于春秋时代，中国商业已经成为社会基础中基本成分之一。主要由于竞争，农战成为国家生存斗争之主要手段，在此基础上国家体系超强发达。大一统体系奠定后，须有稳定之农业人口构成稳定之军队来源，商业带来之财富悬殊及社会流动，遂隐然具有对于社会稳定之威胁性，抑制商业言论及控制之法亦行发展。然而无论政府、民间，都不能离弃商业。其后商业在农业之后发展，未有农业繁荣而商业退步或农业萧条而商业反呈繁荣之时代。然而五代以前，国家控制商业行为及商业人口过于严格琐细，农商地位悬殊。宋代以后则农商两兴，已经由帝制农业社会渐渐进入帝制农商社会轨道。然而元代人口分类控制较严，虽然贸易发达，但社会组织关系不通不畅，后期社会混乱，秩序荡然。明朝前期恢复秩序，但刻意遏制商业，控制手工业，力复小农经济，一度商业低迷。经元末、明初之挫抑，抵明中叶以后，积势迸发，中国社会遂向发达帝制农商社会持续演变。

明中叶后之中国，已卷入全球性大变迁。西方向世界伸展，中国对外贸易已经成为国内经济、财政、金融之强大影响要素。人口突然挣脱 6000 万数字怪圈，直线上升。白银占据主要货币地位，国家财政体制由实物财政转变为货币财政。全国市场体系在区域性市场的基础上基本形成。赋役体系全面货币化，基本削除各类人身依附关系对商品交换关系之制约。乡村经济与国内、国际商品交易密切联系。人口流动规模空前巨大。此时社会分层体系趋于简单化，四民等级说已经基本失去意义。从主流看，已呈“绅民两元”状态。平民文化大为繁荣，知识之用有从专注庙堂转向服务社会之趋势。此时之儒学极力调试，更向民生、日常用心。这些情况综合在一起，已经构成流动性很强、商品化程度很高之社会，并沿此方向发展。清朝稳定之后，此种倾向再进一步。明清两代制度的差异主要在政府组织方式及与政府组织有关之政策，亦未超出帝制范畴，农商社会之发展趋势则前后相继。清代前期为一发达帝制农商社会，而殖民地危机加深之后，则陷于半殖民地半帝制农商社会。

综上所述，《明夷待访录》政治社会诉求之基本指向为开明帝制农商社会。此种社会理想有明代社会实际为事实基础，有以儒家为主之传统政治哲学为渊源，非资本主义、民主社会之直接建议，乃 17 世纪中国社会进化与文明嬗变的一种可能性之思想表现。

索　引

八旗制度，xv，171，172，199，348

白银，xii，xiii，xiv，35，56，62，67，71，72，73，89，90，107，108，109，110，111，112，114，115，117，118，120，121，122，125，129，136，137，138，371，375

包衣，181，189，190，191，192，199

宝钞，71，108，109，110

保甲，xv，80，171，180，181，194，195，196，197，198，199，200，257，260，262，340

闭关锁国，xiv，48，49，50，51，78，79，80，87，90，101，136，138

财政体制，xiv，21，107，109，117，118，119，120，121，122，128，169，217，375

长期停滞，iii，iv，13，48

朝贡，50，51，52，56，57，58，59，60，61，62，66，74，75，76，90，91，92，93，94，95，97，98，100，102，124

陈龙正，338，339，340，341，342，344

大礼议，xv，214，241，242，243，251，255，300，302，303，304，306，307，311，312，317，323，325，334

《大明律》，51，80，141，157，159，221，223，224，227，228，229，246

大赦，220，221，223，228，231，232，233，234，235，236，237，238，240，242，243，248，249，250，251，254，255，258，261，262，263，264，266，267，281，303

狄百瑞，204，367，368

帝国，iii，vii，26，27，29，30，35，36，37，41，43，44，45，47，68，73，76，209

帝制，v，vi，vii，x，xiii，xiv，xvi，18，19，20，21，22，35，43，57，77，87，112，130，131，132，133，134，136，137，138，139，140，141，143，148，159，164，167，169，170，183，199，200，205，215，216，217，218，

244，268，292，293，294，298，299，301，345，347，348，350，351，352，354，356，372，373，374，375
帝制农商社会，vii，ix，xiii，xiv，xv，17，19，21，22，130，132，170，205，209，216，217，244，373，374，375
帝制农业社会，17，19，20，21，374
帝制时代，i，v，x，19，23，25，28，37，57，62，78，102，133，134，136，148，158，159，162，185，207，208，211，215，218，239，287，292，294，298，299，335，349，350，352，354，362，364，365，368，372
东方专制主义，iii，13，49，162
东林，54，210，211，214，300，320，321，334，335，336，337，338，341，342，344，354，357
费正清，iii，13，49
封闭，12，49，50，55，56，61，73，77，78，87，116
封闭性，13，49，50，77，78，136，167
封建，iv，v，8，32，42，45，77，159，161，162，355，356，369
封建社会，iii，iv，v，77，131，158，164，356
佛郎机，53，55，56，65，66，68，69，71
赋税，28，72，107，108，109，110，112，113，114，116，117，118，121，124，128，129，135，138，139，148，153，154，155，156，157，160，162，166，168，169，195，196，217，228，229，240，244，252，259，260，261，264，266，283，292，297，298，303，326，358，370，371
工业革命，xiv，6，34，36，43，44，45，46，47，79
工业化，v，35，41，130
公行，46，97，101，102，272，276
共同体，viii，xiv，4，5，6，7，8，14，15，16，17，18，22，23，24，58，78，111，132，151，170，204，206，208，213，216，363
古典社会，18，21
顾炎武，45，52，117，155，208，213，353，363，367
雇佣劳动，v，xiii，35，43，46，47，130，147，166
关税，53，55，87，88，94，98，100，101，118，142
官僚制，19，212，356，374
官绅，46
《官箴》，xv，286，287，288，289，290，291，298，299，300
贵族，xiii，xiv，8，18，19，42，43，77，115，133，141，147，151，152，153，156，157，158，159，160，161，162，164，165，166，167，168，171，172，

174，189，191，205，207，209，212，214，240，243，293，302，325，347，348，349，350，351，352
贵族政治，21，207，214，347，348，349，352
海关，55，83，84，85，86，87，88，93，94，96，98，100，101，135
海禁，49，50，51，52，53，54，55，56，58，62，63，77，78，80，81，82，85，86，87，124
合法性，10，61，91，110，142，143，209，210，213，218，219，221，222，223，224，227，229，230，232，233，234，235，236，237，240，241，242，248，249，250，271，277，278，280，282，283，284，304，351，362，364，365
黑格尔，iii，13，48
后妃干政，xv，207，285，348，349，350，352
后现代主义，vi，6，24
宦官政治，xv，351，352，371，372
皇权，xv，45，61，120，131，135，152，190，206，207，212，214，215，217，218，222，240，241，248，249，250，256，258，259，267，270，290，293，294，299，300，301，302，303，304，305，307，308，310，312，315，316，322，323，324，345，347，348，349，350，351，352，369
皇权政治，xv，167，207，215，218，232，267，268，286，290，299，300，301，348，351，367
黄宗羲，45，114，116，117，206，208，213，214，304，310，313，335，336，338，341，346，353，354，355，356，357，358，360，363，365，366，367，368，369，370，371，372，373
货币白银化，xiv，107，109，110，111，113，114，121，122，128，217
货币财政，111，119，120，121，122，128，147，169，205
即位诏，61，218，219，220，221，222，223，224，226，227，228，229，230，231，232，233，235，236，237，238，239，240，241，242，243，244，246，248，249，250，251，253，254，255，256，257，258，259，260，261，262，263，264，266，267，268，275，282，302，303
加州学派，vi
嘉靖帝，241，242，249，251，304，305，307，308，310，313，315
嘉靖皇帝，241，248，251，280，304，310
贱民，147，151，155，156，162，165，166，168，171，194，195
金融体系，xiv，113，136，137
缙绅，153，160，162，164，165，169，211，241，310，329，334，340

经济结构，x，xiv，107，110，113，127，129，130，132，137，141，166，169，374

君主专制，213，353，363，367，368

郡县制，19，356，369，370

康乾盛世，xii

科举制，20，164，165，368

科学，ii，vi，vii，viii，xi，6，9，10，11，27，29，30，31，32，35，38，43，44，45，47，49，56，57，59，61，62，66，67，68，72，79，89，136，141，149，207，242，243，251，287，292，304，338，354，367，384，385

礼乐，18，60，313

历史趋势，v，vi，vii，3，22，79，217

隆庆开海，55，62，65

吕坤，323，325，326，327，328，329，330，331

马戛尔尼，97，100，101

马克思，iii，iv，41，48，49

马克斯·韦伯，40

庙堂政治，xv，215，232，241，249，258，267，302，306，308，311，324，325，330，334，335，338，339，342，343，345，346，349，350，352

民本主义，xv，25，212，324，325，328，329，344，351，358，362，363，364，367，370

民主政治，25，42，210，354，359，367，368

明太祖，28，50，51，57，59，60，74，126，134，152，219，221，223，269，273，275，279，283，288，299，300

《明夷待访录》，xv，206，353，354，355，356，357，358，359，360，363，364，365，369，370，371，372，373，375

南洋禁令，84

内阁，xv，82，190，206，207，214，241，254，255，258，263，267，269，275，276，280，284，290，301，302，303，305，306，308，309，310，312，313，314，315，316，317，318，319，320，321，322，323，333，334，346，348，350

内聚，x，3，8，14，15，16，17，19，20，22，23，91

内聚性，3，14，17，25

奴隶，18，19，33，34，150，158，159，161，356

奴隶制度，34，35，41，150

奴仆，150，155，157，160，161，168，169，171，172，173，174，183，185，186，187，188，189，191，192，193，194，310

旗档，176，184

启蒙，xv，4，32，36，44，45，47，209，353，357，358

迁海令，81

前古典社会，17，21
乾隆帝，86，96，97，100，174，190
人口，vi，x，xiii，xiv，5，12，15，21，29，33，34，35，41，44，48，55，72，77，107，113，116，120，122，126，127，133，134，135，138，139，147，154，155，157，160，161，162，165，167，168，169，170，171，172，176，177，180，183，185，186，187，188，193，?194，205，211，213，230，237，248，374
商品交换，44，109，110，112，123，128，375
商人，xiii，xiv，19，21，29，34，40，46，51，54，56，57，63，64，74，76，83，84，86，88，94，96，97，98，100，101，102，116，123，124，125，126，132，134，135，136，139，140，141，142，143，147，154，205，217，266，337
商业，x，xiii，xiv，8，16，19，21，29，31，40，43，44，46，49，63，94，102，116，118，122，123，124，126，127，128，129，130，131，132，133，134，135，136，138，139，140，141，142，143，163，205，207，216，217，374
商业资本，43，46，123，126
社会分层，xiii，xiv，18，147，148，149，150，151，152，156，158，161，162，163，164，165，166，168，169，170，172，185，200，205，375
社会结构，v，vii，xiii，xiv，xv，3，19，30，31，147，148，150，151，161，163，165，166，170，171，172，185，200，326，348，384
社会精英，xiii，18，132，162，325，343
社会流动，xv，134，147，152，155，161，163，164，165，374
社会权利，xiv，149，150，151，154，155，156，157，164，166，168，169，171，194，365
社会身份，xiv，113，148，150，151，153，154，156，163，166，167，195
实物财政，117，119，120，122，128，169，375
士大夫，xiii，xiv，xv，20，34，68，102，137，155，164，209，210，211，212，214，215，216，231，241，243，248，249，250，251，254，263，267，278，279，280，281，284，295，298，299，300，301，302，303，304，305，306，307，308，310，311，312，313，315，316，317，319，320，321，322，323，324，325，326，327，328，331，332，333，334，335，338，339，340，341，342，343，349，350，351，366，368，369，373

士大夫政治，xv，19，204，207，212，214，215，216，267，278，298，301，302，304，310，312，313，323，349，350，351，352，366，367，368，372

士绅，xiv，134，143，147，153，154，156，157，160，161，164，165，166，167，168，169，170，171

世界大变迁，ix，xiv，14，26，63，64，125，345

世界贸易，34，44，124，125

庶民，xiii，xiv，20，21，43，49，113，114，134，135，141，147，152，153，154，155，156，157，159，160，161，162，164，165，166，167，168，169，170，171，180，187，191，194，195，205，210，211，215，219，294

四民，134，152，155，157，158，259，264，327，375

铜钱，71，89，108，109，110，111，112，136，137，225

《万历会计录》，115，119

王夫之，45，117，208，213，363

王守仁，134，153，245，303，309，326，334，335

魏特夫，iii，13，49

文明，iii，ix，xi，xii，xiv，1，3，4，5，6，7，8，9，12，14，15，16，17，18，19，20，21，22，23，24，25，26，27，29，31，33，36，37，38，39，43，45，46，47，52，57，60，91，110，132，141，156，205，357，359，374，375

文明共同体，ix，xiv，8，21，23，352

文艺复兴，21，30，32，36，37，38，39，42，45，47，357，360

倭寇，xii，50，51，52，53，54，55，59，62，63，65，66，122，124，138，217

乌托邦，354，359，360

西方中心主义，iii

现代化，ix，4，22，23，24，25，26，34，36，39，41，42，43，45，47，95，352

现代社会，i，3，12，13，23，55，112，148，150，156，216，373

现代性，vi，ix，13，21，110，130，131，168，169，207，211，216，345，352，358

辛者库，191，194

新清史，vii

延续性，3，8，9，12，14，17，25，37，45，214，217，346，347

杨荣，271，272，290，302

杨士奇，225，226，227，229，230，231，257，272，275，277，280，290，302

杨廷和，241，242，243，244，248，258，275，278，280，281，303，304，305，307，308，310，314，315，322，324

耶稣会，xii，31，38，39，67，83，102，

354
叶向高，317，321，323，332，333，334，341，342
一口通商，97，99，100
一条鞭法，108，114，115，119，135，166，266，326
依附性，xv，24，147，150，159，160，161，162，168，183，194
遗诏，xv，61，218，220，224，233，242，249，250，251，254，258，261，263，264，266，268，269，270，271，272，273，274，275，276，277，278，279，280，281，282，283，284，303，310，314
有限开放，xiv，48，49，50，57，73，78，101，136
张璁，304，305，306，307，308，312，313
张居正，115，134，214，254，255，256，258，266，276，284，312，315，316，317，318，319，322，324，335，338
郑和下西洋，27，28，29，33，36，40，56，61，62，64，231
政治文化，xv，9，10，19，201，203，204，205，208，210，212，214，215，216，217，218，222，223，232，267，287，298，300，304，312，315，317，318，324，343，350，351，352，360，362，363，367，368
殖民地，22，24，26，32，33，34，41，46，94，95，97，109，375
殖民扩张，xi，xii，21，30，33，34，35，36，40，42，43，58，94
殖民主义，22，24，28，34，37，40，41，42，58，79，90，94，209
中华文明，ix，x，xi，xiii，xiv，3，8，9，11，12，14，15，16，17，18，19，20，21，22，23，24，25，37，57，77，90，94，132，209，215，359，360，362，374
朱元璋，x，28，50，51，59，60，134，152，159，212，218，220，229，293，297，346
资本主义，iv，v，vi，4，24，25，36，40，41，43，44，45，46，130，143，149，217，355，356，357，359，375
资本主义萌芽，v，43，45，131，324，355，359
宗法，18，205，356
宗教，12，17，20，30，31，32，36，37，38，39，40，43，45，68，150，156，292，305，357
族群国家，23

后　记

此书是在我于 2008 到 2016 年间所撰写的部分明清史研究论文基础上整理而成的。这段时间我一直在东北师范大学工作，承蒙学校对我的所有工作一直给予支持，使我饱暖无忧，并且为本书出版提供资助，感激有加。国家社科基金将我关于明清社会结构的研究立项资助，结项时几位匿名评审专家也提供了有益的建议，在此表示谢意。

研究中的许多认识，得益于学界同仁、师友的研究成果，且在切磋琢磨之间，常受启发。尤其感谢南开大学南炳文先生和中国社会科学院陈启能先生多年来的奖掖鼓励；感谢中国社会科学院商传、彭卫、万明、张兆裕，北京大学赵世瑜，南京大学范金民、夏维中，厦门大学陈支平，河南大学李振宏，北京师范大学葛金芳，云南大学林文勋，江西师范大学方志远，首都师范大学李华瑞，澳门大学汤开建，南开大学何孝荣、庞乃明，吉林大学张鹤泉、许兆昌、王剑，浙江大学吴艳红，故宫博物院章宏伟，中央民族大学彭勇等同道的诸多交流与帮助。东北师范大学吴宇虹、王彦辉、张强、王晋新、梁茂信、周巩固等与我长期共事合作，受益匪浅。还要感谢同门赵毅、冷冬、李渡、牛建强、罗冬阳、胡凡、赵中男、张明富、王景泽等多年来相濡以沫的关照。

我多年从事研究的直接伙伴主要是我的学生，除了较早毕业离校的赵现海、孙强、王雪萍、陈超、苏新红、刘喜涛、王伟等人外，近几年间主要是李媛、李佳、梁曼容、刘波、常文相、闫瑞、李小庆、宋兴家、王慧明等。我研究的重要问题都曾与他们反复讨论，他们的追问和评析，也常能提示我做一些延伸的思考。他们各自撰写的论文，其实构成本书基本见解的广义支撑。而且，他们都直接参与了我近年陆续发表的论文乃至本书的查核校对工作，此次整理书稿过程中，常文相、王慧明、宋兴家、李小庆用力尤多。与这些年轻人的合作使我这些年的研究轻松愉快。

科学出版社耿雪女士为本书出版做出许多努力，愿她诸事如意。

书中可能存在的缺陷，完全由我本人负责。

赵轶峰

2016 年 12 月 30 日